DDR – Politische Gliederung

Rudolf Mau

Der Protestantismus im Osten Deutschlands (1945–1990)

Kirchengeschichte
in Einzeldarstellungen

IV/3

Herausgegeben von
Ulrich Gäbler und Johannes Schilling
Begründet von
Gert Haendler und Joachim Rogge

Rudolf Mau

Der Protestantismus im Osten Deutschlands (1945–1990)

EVANGELISCHE VERLAGSANSTALT
Leipzig

Die Deutsche Bibliothek – Bibliographische Information

Die Deutsche Bibliothek verzeichnet diese Publikation in der Deutschen Nationalbibliographie; detaillierte bibliographische Daten sind im Internet über <http://dnb.ddb.de> abrufbar.

Printed in Germany · H 6995

Gedruckt auf alterungsbeständigem Papier
Layout: Jochen Busch
Druck und Binden: Druckerei Böhlau, Leipzig

ISBN 3-374-02319-3
www.eva-leipzig.de

Vorwort

Von 1945 bis 1989 lebten die Menschen im Osten Deutschlands unter dem Diktat der sowjetischen Besatzungsmacht und der mit totalitärem Anspruch herrschenden SED. Fünfzehn Jahre nach dem epochalen Wandel von 1989/90 aber scheint, während das Brandmal des nationalsozialistischen Jahrzwölfts unauslöschlich bleibt, die Erinnerung an die zweite deutsche Diktatur selbst für viele, die sie erlebten, zu verblassen. Schon während des fast halben Jahrhunderts ihrer Dauer war die lebensweltliche Eigenart der kommunistischen Herrschaft mit politischem Anpassungsdruck und weltanschaulicher Indoktrination einem Begreifen von außen her nur schwer zugänglich. In der „Ostzone“ und späteren DDR blieben die Kirchen, anders als in benachbarten Ostblockländern, zwar institutionell autonom. Doch setzte die ideologische Diktatur alles daran, sie in eine gesellschaftlich irrelevante Nische zu drängen, aus der dann auf Abruf Beifall für eine Politik, die den Sinn aller Geschichte zu erfüllen behauptete, ertönen sollte. Die volkskirchliche Tradition des anfangs noch überwiegend protestantischen Stammlandes der Reformation erlitt starken Abbruch. Im Rahmen eines gesamteuropäischen Situationswandels aber wurde die Evangelische Kirche aufgrund dessen, was sie mit ihren schrumpfenden Gemeinden unspektakulär und scheinbar unpolitisch geblieben war, besonders von jungen Menschen geradezu neu entdeckt als Raum eines anderen geistigen und kulturellen Horizonts, einer Sprache und Denkweise, die zum offenen Fragen nach Wahrheit und Menschenwürde ermutigte. Im Laufe eines Jahrzehnts ermöglichte die relativ schützende, so aber auch umsichtig zu erhaltende verfasste Kirche eine Ereignisfolge von zunehmender Dichte und wachsender Resonanz, mit der sie zum Ausgangspunkt der Friedlichen Revolution wurde.

Der Eindruck, man habe, indem sich so der Bann der Angst löste und die SED-Diktatur erlosch, eine „protestantische Revolution“ erlebt, wurde rasch überlagert durch die Entdeckung, dass auch die Kirche kein Stasi-freier Raum gewesen war und dass auch sie, zwar anders als die Masse der DDR-Bürger und doch analog, den Zwängen der Diktatur Rechnung getragen, sich „angepasst“ hatte. Diese Ansicht beherrschte im Zusammenhang mit politischen Konstellationen für Jahre die öffentliche Debatte. Daneben aber gab es nach einem überbordenden Bekunden persönlicher Erfahrungen auch eine vielgestaltige gezielte Nachfrage zum Weg der Kirche unter der kommunistischen Diktatur. Sie ergab ein weit gefächertes Spektrum von Daten, Vermutungen und Einsichten durch Aussagen von Zeitzeugen, biographische Beiträge und Textdokumentationen, durch Studien zu besonderen Vorgängen und theologischen Orientierungen, zu kirchlichen Arbeitsfeldern, Personen und Institutionen. Daneben blieben manche Aspekte, wie etwa das Profil und die spezifischen Erfahrungen einzelner Landeskirchen, bislang wenig beachtet.

Nicht selten zeigen Publikationen zum Weg der Kirche unter der SED-Diktatur die

Problematik selektiver Wahrnehmung. Wegen der Nichtbeachtung oder falschen Gewichtung von Situationen gab es Fehlurteile besonders hinsichtlich des kirchenleitenden Handelns. Deshalb gilt im Folgenden dem Verhältnis von Staat bzw. Partei und Kirche(n) die erste Aufmerksamkeit. Daneben bleiben die Konstanten und die Varianten im Leben von Christen und Gemeinden im Blick. Besondere Beachtung gilt der geistlichen Bewältigung von Konflikten und der auf verschiedenen Ebenen geleisteten theologischen Arbeit zu Fragen des Lebens der Christen und des Auftrags der Kirche. Bei im Einzelnen unterschiedlichen Positionen, situativer „Anpassung" und Bereitschaft zu konkreter Kooperation blieb der fundamentale Gegensatz zwischen der ideologischen Diktatur und dem Christusglauben mit seinem Auftrag zu Zeugnis und Dienst gesamtkirchlich stets bewusst; dafür sorgte schon die harte staatliche Position im nie unterbrochenen Konflikt über Ziele und Praxis von Erziehung und Bildung. Doch gab es stets auch innerkirchliche Gründe dafür, dass die Kirche im Osten Deutschlands auf der ganzen Strecke jenes Weges eine „Konfliktbewältigungsgemeinschaft" (Johannes Hempel) war. Das zeigte sich nicht zuletzt im Scheitern des von Vielen unterstützten und beinahe gelingenden Versuchs, traditionsbedingte Differenzen zugunsten der Bildung einer gemeinsamen Kirche zu überwinden.
Entsprechend dem mit dem Titel dieses Bandes – *Der Protestantismus im Osten Deutschlands (1945–1990)* – bezeichneten geographischen und zeitlichen Rahmen bezieht sich die folgende Darstellung auf die landeskirchlich verfasste Evangelische Kirche in der sowjetischen Besatzungszone und der DDR. Der Protestantismus im weiteren Sinne von religiösen Einstellungen und Assoziierungen über jenen institutionell-kirchlichen Rahmen hinaus kann nicht ausdrücklich thematisiert werden. Das Spektrum der protestantisch geprägten *Freikirchen* in der DDR wird in einem Kapitel des jüngst erschienenen Bandes von Karl Heinz Voigt (KGE III/6) behandelt, der unzureichenden Forschungslage wegen aber ohne den politischen Aspekt.
Eigenes Erleben von der Abiturphase bis nahe an die Emeritierung blieb nicht ohne Einfluss auf die Darstellung. Meinem Freund Friedrich Winter danke ich für ein sachkundig-kritisches Teilnehmen an der Bearbeitung des Themas, eine erste Lesung des Manuskripts und wichtige Hinweise, ebenso auch Max-Ottokar Kunzendorf, Archivpfleger i. R. der Evangelischen Kirche in Berlin-Brandenburg. Johannes Schilling gab verständnisvolle Hinweise für behutsame, im Rahmen dieser Reihe notwendige Kürzungen des Gesamttextes. Meiner Frau danke ich für die geduldige Begleitung der Arbeit und mehrfaches Lesen im Endstadium vor allem zugunsten nichttheologischer Leser. Ein herzlicher Gruß gilt aus langjähriger Verbundenheit Gert Haendler, dem Mitbegründer dieser Reihe, der die Bearbeitung des Themas mit besonderem Interesse begleitet hat.

Berlin, 9. Mai 2005 Rudolf Mau

Inhaltsverzeichnis

Abkürzungen

Außer bzw. abweichend von den Abkürzungen bei Siegfried Schwertner, Abkürzungsverzeichnis der TRE, 2. Aufl. 1994, werden folgende Abkürzungen verwendet:

AG	Arbeitsgruppe
AGCK	Arbeitsgemeinschaft Christlicher Kirchen
APU	Altpreußische Union
BArch	Bundesarchiv Berlin
BEK	Bund der Evangelischen Kirchen in der DDR
BK	Bekennende Kirche
BstU, ZA	Der Bundesbeauftragte für die Unterlagen des MfS, Zentralarchiv
CDU	Christlich-Demokratische Union
ČSSR	Tschechoslowakische Sozialistische Republik
CVJM	Christlicher Verein Junger Männer
DC	Deutsche Christen
DDR	Deutsche Demokratische Republik
DFD	Demokratischer Frauenbund Deutschlands
DM[-Ost]	Deutsche Mark (als zeitweilige Bezeichnung der DDR-Währung)
EAK	Evangelische Kirche Augsburger Konfession (Polen)
EKiBB	Evangelische Kirche in Berlin-Brandenburg
EKU	Evangelische Kirche der Union
ena	Evangelischer Nachrichtendienst (DDR)
EOK	Evangelischer Oberkirchenrat
EOS	Erweiterte Oberschule
ESG	Evangelische Studentengemeinde
EZA	Evangelisches Zentralarchiv Berlin
FAK	Facharbeitskreis
FDGB	Freier Deutscher Gewerkschaftsbund
FDJ	Freie Deutsche Jugend
GenSup	Generalsuperintendent
GG	Grundgesetz
HAL	Hauptabteilungsleiter
IM	Inoffizieller Mitarbeiter des MfS
IMHW	Innere Mission und Hilfswerk
KEK	Konferenz Europäischer Kirchen

KKL	Konferenz der Kirchenleitungen
KOK	Kirchliche Ostkonferenz
KonsPräs	Konsistorialpräsident
KPČ	Kommunistische Partei der Tschechoslowakei
KPCh	Kommunistische Partei Chinas
KPD	Kommunistische Partei Deutschlands
KPdSU	Kommunistische Partei der Sowjetunion
KPS	Kirchenprovinz Sachsen
KR	Kirchenrat
KSZE	Konferenz für Sicherheit und Zusammenarbeit in Europa
LDPD	Liberaldemokratische Partei [Ost-]Deutschlands
LK	Leuenberger Konkordie
LKA	Landeskirchenamt
LPG	Landwirtschaftliche Produktionsgenossenschaft
MfS	Ministerium für Staatssicherheit
ND	Neues Deutschland, Zentralorgan der SED
NDPD	Nationaldemokratische Partei [Ost-]Deutschlands
NS	Nationalsozialismus, nationalsozialistisch
NSDAP	Nationalsozialistische Deutsche Arbeiterpartei
NVA	Nationale Volksarmee
OB	Oberbürgermeister
OKR	Oberkirchenrat
OLKR	Oberlandeskirchenrat
ÖRK	Ökumenischer Rat der Kirchen
ÖkAG	Ökumenischer Arbeitskreis für Strukturfragen der Gemeinden
PDS	Partei des Demokratischen Sozialismus
Pfr	Pfarrer
RdB	Rat des Bezirkes
SBZ	Sowjetische Besatzungszone
SED	Sozialistische Einheitspartei Deutschlands
SDP	Sozialdemokratische Partei (DDR, Herbst 1989)
SKK	Sowjetische Kontrollkommission
SMAD	Sowjetische Militäradministration
SoFD	Sozialer Friedensdienst
SPD	Sozialdemokratische Partei Deutschlands
Sup	Superintendent
TARF	Theologischer Arbeitskreis für Reformationsgeschichtliche Forschung
ThSA	Theologische Studienabteilung beim BEK
VEK	Vereinigte Evangelische Kirche
VELKD	Vereinigte Evangelisch-Lutherische Kirche Deutschlands
VELK/DDR	Vereinigte Evangelisch-Lutherische Kirche in der DDR
VP	Volkspolizei
VVO	Veranstaltungsverordnung
WAK	Weißenseer Arbeitskreis
ZK	Zentralkomitee

Quellen- und Literaturverzeichnis

Kurztitel in [...]

UNGEDRUCKTE QUELLEN

Evangelisches Zentralarchiv [EZA], Bestand 4, Kirchenkanzlei der EKD: 116, 117, 118, 326, 329, 335, 338, 449 450, 451, 452, 459, 460.

Bundesarchiv Berlin, Bestand DO 4, Staatssekretär für Kirchenfragen [BArch-O 4]: 402, 408, 418, 434, 447, 587, 747, 748, 766, 767, 768, 770, 951, 957, 967, 998, 1025, 1026, 1220, 1437, 1456, 1457, 1473.

Der Bundesbeauftragte für die Unterlagen des Staatssicherheitsdienstes der ehemaligen DDR [BStU]: ZA A 387/85.

GEDRUCKTE QUELLEN UND FORSCHUNGSBERICHTE

Besier, Gerhard, Stephan Wolf (Hg.), „Pfarrer, Christen und Katholiken". Das Ministerium für Staatssicherheit der ehemaligen DDR und die Kirchen, Neukirchen-Vluyn 1991. Historisch-Theologische Studien zum 19. und 20. Jahrhundert (Quellen), Bd. 1 [Besier/Wolf].

Gemeinsam unterwegs. Dokumente aus der Arbeit des Bundes der Evangelischen Kirchen in der DDR 1980–1987, hg. vom Bund der Evangelischen Kirchen in der DDR, Berlin 1989 [Gemeinsam unterwegs].

Hartweg, Fréderic (Hg.), SED und Kirche. Eine Dokumentation ihrer Beziehungen. Bd. 1: 1946–1967, bearb. v. *Joachim Heise*; Bd. 2: 1968–1989, bearb. v. *Horst Dohle*, Neukirchen-Vluyn 1995 [SED und Kirche 1. 2].

Kirchliches Jahrbuch 1945–1948, 1949...1992 [KJ].

Kundgebungen. Worte, Erklärungen und Dokumente der Evangelischen Kirche in Deutschland. Bd. 1, 1945–1959, hg. v. *Friedrich Merzyn*; Bd. 2, 1959–1969, hg. v. *Joachim E. Christoph,* Hannover 1993/94 [Kundgebungen EKD 1. 2].

Kundgebungen. Worte, Erklärungen und Dokumente des Bundes der Evangelischen Kirchen in der DDR, hg. v. *Manfred Falkenau*; Bd. 1, 1969–1980; Bd. 2, 1981–1991. Hannover 1995/96 [Kundgebungen BEK 1. 2].

Maser, Peter (Hg.), Kirchen und Religionsgemeinschaften in der DDR 1949–1989. Ein Rückblick auf vierzig Jahre in Daten, Fakten und Meinungen, Konstanz 1992 (Bibel – Kirche – Gemeinde, Bd. 41) [Maser].

Mehlhausen, Joachim, Einführende Literatur zur Kirchengeschichte der DDR; in: VF 43 (1998), 3–23.

Schultze, Harald, in Verb. mit *Friedrich-Wilhelm Bäumer, Siegfried Bräuer, Reinhard Henkys, Werner Krusche u. Martin Onnasch* (Hg.), Das Signal von Zeitz. Reaktionen der Kirche, des Staates und der Medien auf die Selbstverbrennung von Oskar Brüsewitz 1976. Eine Dokumentation, Leipzig 1993 [Schultze, Signal].

Silomon, Anke, Situation, Probleme und Stand bei der Erforschung der Geschichte der evangelischen Kirche im geteilten Deutschland; in: Dähn-Heise (s. u.), 97–140.

Winter, Friedrich, Zeitgeschichtliche Forschung zur Evangelischen Kirche in Berlin-Brandenburg (1945–1995). Stand – Probleme – Wünsche; in: Dähn-Heise, 165–185.

Zwischen Anpassung und Verweigerung. Dokumente aus der Arbeit des Bundes der Evangelischen Kirchen in der DDR. Im Auftrag des Rates der EKD hg. v. *Christoph Demke, Manfred Falkenau u. Helmut Zeddies*, Leipzig 1994 ²1995 [Dokumente].

QUELLEN UND LITERATUR ZU EINZELNEN ASPEKTEN

Staat-Kirche-Verhältnis

Besier, Gerhard, Der SED-Staat und die Kirche. Der Weg in die Anpassung, München 1993 [Besier 1].
Besier, Gerhard, Der SED-Staat und die Kirche 1969–1990. Die Vision vom „Dritten Weg", Berlin/Frankfurt a. M. 1995 [Besier 2].
Besier, Gerhard, Der SED-Staat und die Kirche 1983–1991. Höhenflug und Absturz, Berlin/Frankfurt a. M. 1995 [Besier 3].
Bräuer, Siegfried/Clemens Vollnhals (Hg.), „In der DDR gibt es keine Zensur". Die Evangelische Verlagsanstalt und die Praxis der Druckgenehmigung 1954–1989, Leipzig 1995.
Dähn, Horst, Konfrontation oder Kooperation? Das Verhältnis von Staat und Kirche in der SBZ/DDR 1945–1980, Opladen 1982.
Dähn, Horst/Joachim Heise (Hg.), Staat und Kirchen in der DDR. Zum Stand der zeithistorischen und sozialwissenschaftlichen Forschung, Frankfurt a. M./Berlin/Bern/Bruxelles/New York/Oxford/Wien 2003 [Dähn/Heise]
Dibelius, Otto, Obrigkeit?, Privatdruck 1959.
Goeckel, Robert F., Die evangelische Kirche und die DDR. Konflikte, Gespräche, Vereinbarungen unter Ulbricht und Honecker. Aus dem Amerikanischen von Katharina Gustavs, Leipzig 1995.
Heinecke, Herbert, Konfession und Politik in der DDR. Das Wechselverhältnis von Kirche und Staat im Vergleich zwischen evangelischer und katholischer Kirche, Leipzig 2002.
Henkys, Reinhard, Kirche, Staat und Westmedien; in: Dähn/Heise, 45–54.
Lepp, Claudia/Kurt Nowack (Hg.), Evangelische Kirche im geteilten Deutschland (1945–1989/90), Göttingen 2001.
Mau, Rudolf, Eingebunden in den Realsozialismus? Die Evangelische Kirche als Problem der SED, Göttingen 1994 [Mau, Eingebunden].
Mehlhausen, Joachim/Leonore Siegele-Wenschkewitz (Hg.), Zwei Staaten – zwei Kirchen? Evangelische Kirche im geteilten Deutschland. Ergebnisse und Tendenzen der Forschung, Leipzig 2000.
Pollack, Detlef, Kirche in der Organisationsgesellschaft. Zum Wandel der gesellschaftlichen Lage der evangelischen Kirchen in der DDR, Stuttgart/Berlin/Köln 1994 [Pollack].
Schalück, Andreas, Eine Agentur der Kirchen im Staatsapparat? Otto Nuschke und die Hauptabteilung „Verbindung zu den Kirchen" 1949–1953, Berlin 1999.
Siegele-Wenschkewitz, Leonore (Hg.), Die evangelischen Kirchen und der SED-Staat – ein Thema der Zeitgeschichte, Frankfurt a. M. 1993.
Vollnhals, Clemens (Hg.), Kirchenpolitik von SED und Staatssicherheitsdienst. Die Behandlung der Kirchenpolitik im Staatsapparat und in den Massenorganisationen, Berlin 1996 [Vollnhals, Kirchenpolitik].
Wartenberg, Günther (Hg.), Evangelische Kirche nach 1945 in der SBZ/DDR (HerChr 20 [1996]) [Wartenberg].
Weber, Hermann, Die DDR 1945–1990, 3. erw. Aufl. München 2000.
Winter, Friedrich, Die Evangelische Kirche der Union und die Deutsche Demokratische Republik. Beziehungen und Wirkungen, Bielefeld 2001 (Unio und Confessio, Bd. 22) [Winter, EKU].

Personen, Biographien

Althausen, Johannes, Alle Welt vor Augen, Berlin 2004 [Althausen, Welt].
Eppelmann, Rainer, Fremd im eigenen Haus. Mein Leben im anderen Deutschland, Köln 1993.

Geißel, Ludwig, Unterhändler der Menschlichkeit. Erinnerungen, Stuttgart 1991.
Grüber, Heinrich, Erinnerungen aus sieben Jahrzehnten, Stuttgart-Hamburg 1968.
Hahn, Udo, Annehmen und frei bleiben. Landesbischof i. R. Johannes Hempel im Gespräch, Hannover 1996 (Zur Sache. Kirchliche Aspekte heute, 36).
Krusche, Hans-Martin, Pfarrer in der DDR. Gespräche über Kirche und Politik, Berlin 2002.
Leich, Werner, Wechselnde Horizonte. Mein Leben in vier politischen Systemen, Wuppertal und Zürich 1992 [Leich].
Mäkinen, Aulikki, Der Mann der Einheit. Bischof Friedrich-Wilhelm Krummacher als kirchliche Persönlichkeit in der DDR in den Jahren 1955–1969, Frankfurt a. M./Berlin/Bern/Bruxelles/New York/Oxford/Wien 2002 [Mäkinen].
Rink, Sigurd, Der Bevollmächtigte. Propst Grüber und die Regierung der DDR, Stuttgart/Berlin-Köln 1996 (KoGe 10).
Scharf, Kurt, Brücken und Breschen, Berlin(-West) 1977 [Scharf].
Schönherr, Alfred, ... aber die Zeit war nicht verloren. Erinnerungen eines Altbischofs, Berlin 1993.
Steinlein, Reinhard, Die gottlosen Jahre, Berlin 1993 [Steinlein].
Stolpe, Manfred, Schwieriger Aufbruch, Berlin 1992 [Stolpe].
Stupperich, Robert, Otto Dibelius. Ein evangelischer Bischof im Umbruch der Zeiten, Göttingen 1989.
Weiß, Konrad, Lothar Kreyssig. Prophet der Versöhnung, Tübingen 1998.

Kirchliche Handlungsfelder

Beier, Peter, Missionarische Gemeinde in sozialistischer Umwelt. Die Kirchentagskongreßarbeit in Sachsen im Kontext der SED-Kirchenpolitik (1968–1975), Göttingen 1999 (AKZG B 32).
Dorgerloh, Fritz, Geschichte der evangelischen Jugendarbeit. Teil 1: Junge Gemeinde in der DDR, Hannover 1999.
Günther, Rolf-Dieter, Die evangelische Jugendarbeit in der Mark Brandenburg 1963–1974; in: Wartenberg, 155–171.
Hübner, Ingolf/Jochen-Christoph Kaiser (Hg.), Diakonie im geteilten Deutschland. Zur diakonischen Arbeit unter den Bedingungen der DDR und der Teilung Deutschlands, Stuttgart/Berlin/Köln 1999 [Hübner/Kaiser].
Kähler, Christoph, Kirchliche Hochschulen in der DDR; in: Hochschule Ost 5/1992, 3–9.
Mau, Rudolf, Das „Sprachenkonvikt". Theologische Ausbildungsstätte der Evangelischen Kirche in Berlin-Brandenburg („Kirchliche Hochschule Berlin-Brandenburg") 1950–1991; in: BThZ 9 (1992), 107–118.
Mendt, Dietrich, Der Auftrag bestimmt die Gestalt der Gemeinde. Gemeindekonzeptionen in der evangelischen Kirche der DDR; Wartenberg, 172–179.
Noack, Axel, Weder Helden noch Verräter. Selbstbestimmtes Handeln von Christen und Kirchengemeinden in der DDR; in: *Gert Kaiser, Ewald Frie* (Hg.): Christen, Staat und Gesellschaft in der DDR, Frankfurt a. M./New York 1996, 143–175.
Onnasch, Martin, Kirchliche Hochschule in Naumburg; in: Hochschule Ost 5/1992, 23–29.
Opitz, Hannfried, Geschichte der Evangelischen Forschungsakademie, Berlin 1998.
Ott, Dorothea/Martin Seils, Die Luther-Akademie Sondershausen. Eine Dokumentation, Münster 2004 (Rostocker Theologische Studien, Bd. 9).
Reiher, Dieter, Kirchlicher Unterricht in der DDR 1949–1990, Göttingen 1992.
Rink, Sigurd, Propst Grüber und das Evangelische Hilfswerk in der SBZ/DDR; in: Hübner/Kaiser, Diakonie, 91–102.
Schmutzler, Georg-Siegfried, Gemeindepädagogik in Aktion. Von der Mauer bis zur Wende, Bielefeld 1994 (Unio und Confessio 18).
Stengel, Friedemann, Die Theologischen Fakultäten in der DDR als Problem der Kirchen- und Hochschulpolitik des SED-Staates bis zu ihrer Umwandlung in Sektionen 1970/71, Leipzig 1998 (AKThG 3).

Landeskirchen und kirchliche Zusammenschlüsse

Amberg, Ernst-Heinz, Staat und Kirche in der DDR. Studien auf der Grundlage der Akten der VELKD und der VELK in der DDR, Hannover 1995 (Texte aus der velkd 61/1995).
Beier, Peter, „Kirchwerdung" im Zeichen der deutschen Teilung. Die Verfassungsreformen von EKD und BEK als Anfrage an ihre „besondere Gemeinschaft", Göttingen 2004 (AKZG B 37).
Björkman, Thomas, Ein Lebensraum für die Kirche. Die Rundbriefe von Landesbischof D. Mitzenheim 1945–1970, Lund 1991 (Bibliotheca historica-ecclesiastica Lundensis 28).
Engelbrecht, Sebastian, Kirchenleitung in der DDR. Eine Studie zur politischen Kommunikation in der Evangelisch-Lutherischen Landeskirche Sachsens 1971–1989, Leipzig 2000 (AKThG 6) [Engelbrecht, Kirchenleitung].
Engelbrecht, Sebastian, Der sächsische Weg in der DDR. Das Verhältnis von Entscheidungsträgern der Evangelisch-Lutherischen Landeskirche Sachsens zur Politik; in: Gottlose Jahre? (s. u.), 57–67.
Geißel, Ludwig, Der Weg zum DDR-Kirchenbund; in: Gottlose Jahre?, 101–107.
Goeters, J. F. Gerhard/Joachim Rogge (Hg.), Die Geschichte der Evangelischen Kirche der Union. Ein Handbuch. Bd. 3: Trennung von Staat und Kirche. Kirchlich-politische Krisen. Erneuerung kirchlicher Gemeinschaft (1918–1992), hg. v. *Gerhard Besier u. Eckhard Lessing*, Leipzig 1999 [EKU-Geschichte 3].
Halbrock, Christian, Evangelische Pfarrer in Berlin-Brandenburg 1945 bis 1961, Berlin 2004.
Hornig, Ernst, Zur Schlesischen Kirchengeschichte 1945/46; in: JSKG 1967, 91–151; *ders.*: Die Schlesische Kirche bald nach dem 2. Weltkrieg; JSKG 1968, 123–191; JSKG 1969, 102–191.
Mau, Rudolf, „Regionalisierung" aus der Sicht der SED; in: JBBKG 60 (1995), 184–218 [Mau, Regionalisierung].
Neß, Dietmar, Die Unterstützung von Gemeinden und Gemeindegliedern in Schlesien östlich der Neiße; Wartenberg, 106–127.
Radatz, Werne/Friedrich Winter, Geteilte Einheit. Die Evangelische Kirche in Berlin-Brandenburg 1961 bis 1990, Berlin 2000 [Radatz/Winter].
Schönherr, Albrecht, Die Regionalisierung der Evangelischen Kirche in Berlin-Brandenburg; JBBKG 60 (1995), 156-168 [Schönherr, Regionalisierung].
Seidel, Thomas A., „Thüringer Weg" und „Thüringer Initiative". Eine Regionalgruppe des Arbeitskreises Solidarische Kirche am Ende der DDR; in: Gottlose Jahre?, 85–100.
Wilhelm, Georg, Evangelische Kirche in Leipzig 1933–1958. Totale Machtansprüche und kirchliche Antworten in der Zeit der Diktaturen, Göttingen 2004 (AKZG B 39).
Winter, Friedrich, Die Evangelische Kirche in Berlin-Brandenburg im Spiegel staatlicher Akten der DDR, Berlin 1994.

QUELLEN UND LITERATUR ZU DEN EINZELNEN KAPITELN

Kap. 1: Sowjetische Besatzung und Neuordnung der Volkskirche. Ost-West-Konfrontation und wachsende Pressionen (1945–1952)

Besier, Gerhard u. a. (Hg.), Kirche nach der Kapitulation, Bd. 1 u. 2, Stuttgart-Berlin-Köln 1989/1990 [Besier/Thierfelder 1. 2].
Greschat, Martin (Hg.), Im Zeichen der Schuld. 40 Jahre Stuttgarter Schuldbekenntnis, Neukirchen-Vluyn 1985.
Heidtmann, Günter (Hg.), Hat die Kirche geschwiegen? Das öffentliche Wort der Evangelischen Kirche 1945–1954, Berlin 1954 [Heidtmann].
Kampmann, Jürgen, Neuorientierung nach dem Ende des Zweiten Weltkrieges; in: EKU-Geschichte 3, 561–649 [Kampmann].
Kühne, Michael, Die Neuordnung des kirchlichen Lebens in der Sowjetischen Besatzungszone. Die Protokolle der Kirchlichen Ostkonferenz 1945 bis 1950 (Typoskript), Diss. Naumburg 1993.

Lind af Hageby, Gabriel, Selbstreinigung der Pfarrerschaft; in: JBBKG 62 (1999), 183–200 [Lind af Hageby].

Ludwig, Hartmut, Entstehung, Wirkung und Aktualität des Darmstädter Wortes; in: In die Irre gegangen? Das Darmstädter Wort in Geschichte und Gegenwart, Berlin 1997, 7–23.

Meier, Kurt, Volkskirchlicher Neuaufbau in der Sowjetischen Besatzungszone; in: *V. Cozemius/M. Greschat/H. Kocher* (Hg.), Die Zeit nach 1945 als Thema kirchlicher Zeitgeschichte, Göttingen 1988, 213–234 [Meier, Neuaufbau].

Seidel, J. Jürgen, Aus den Trümmern 1945. Personeller Wiederaufbau und Entnazifizierung in der evangelischen Kirche der Sowjetischen Besatzungszone Deutschlands. Einführung und Dokumente, Göttingen 1996 [Seidel, Trümmer].

Seidel, J. Jürgen, „Neubeginn" in der Kirche? Die evangelischen Landes- und Provinzialkirchen in der SBZ/DDR im gesellschaftspolitischen Kontext der Nachkriegszeit (1945–1953), Göttingen 1989 [Seidel, Neubeginn].

Seidel, Thomas A., Erblast und Erneuerungsversuche in Thüringen. Eine mitteldeutsche Landeskirche im Spannungsfeld von Besatzungsmacht und deutscher Verwaltung 1945–1949; in: Wartenberg, 87–105.

Kap. 2: Totalitäre Kulturrevolution. Angriff auf die volkskirchliche Tradition (1952–1961)

Dibelius, Otto, Obrigkeit?, Berlin(West) 1959

Friebel, Thomas, Kirche und politische Verantwortung in der sowjetischen Zone und der DDR 1945–1969. Eine Untersuchung zum Öffentlichkeitsauftrag der evangelischen Kirchen in Deutschland, Gütersloh 1992.

Goerner, Martin Georg, Die Kirche als Problem der SED. Strukturen kommunistischer Herrschaftsausübung gegenüber der evangelischen Kirche 1945–1958, Berlin 1997 (Studien des Forschungsverbundes SED-Staat an der FU Berlin) [Goerner].

Greschat, Martin/Joachim-Christoph Kaiser (Hg.), Die Kirchen im Umfeld des 17. Juni 1953, Stuttgart 2003 (KoGe 31).

Hamel, Johannes, Christ in der DDR, Berlin(-West) 1957, 6. Aufl. 1960.

Hamel, Johannes, Christ unter marxistischer Herrschaft, Berlin(-West) 1959.

Onnasch, Martin, Konflikt und Kompromiß. Die Haltung der evangelischen Kirchen in den gesellschaftlichen Veränderungen in der DDR am Anfang der 50er Jahre; KZG 1 (1990), 152–165 [Onnasch, Konflikt].

Onnasch, Martin, Kirche an der Grenze. Folgen der Grenzsicherung für die evangelischen Kirchen am Beginn der fünfziger Jahre; in: Wartenberg, 128–138.

Schulze, Rudolf u. a., gehen oder bleiben. Flucht und Übersiedlung von Pfarrern im geteilten Deutschland und die Gesamtverantwortung der Kirchenleitungen. Bericht und Dokumentation, Leipzig 2002.

Ueberschär, Ellen, Junge Gemeinde im Konflikt. Evangelische Jugendarbeit in SBZ und DDR 1945–1961, Stuttgart 2003 (KoGe 27) [Ueberschär].

Violett-Buch zur Obrigkeitsschrift von Bischof Dibelius, Frankfurt a. M. 1963.

Wilke, Manfred, SED-Kirchenpolitik 1953–1958. Die Beschlüsse des Politbüros und des Sekretariats der SED zu Kirchenfragen 1953–1958. Arbeitspapiere des Forschungsverbundes SED-Staat Nr. 1/1992 [Wilke].

Kap. 3: Die Mauer. Zeugnis und Dienst der schrumpfenden Kirche (1961–1969)

Althausen, Johannes, Was kommt nach der Volkskirche? Oder: Wie lassen sich Strukturen überlisten? Die „Strukturstudie" des ÖRK in der DDR 1962–1973, erlebt, neu erforscht, dokumentiert und ins Gespräch gebracht, Rothenburg o.d.T. 1997 (Ökumenische Studien Bd. 6) [Althausen, Strukturen].

Dietrich, Christian, Die Gründung des Bundes der Evangelischen Kirchen in der DDR in den Jahren 1968/69; in: Gottlose Jahre?, 23–34 [Dietrich].

Hamel, Johannes, Kirche für die Welt – ein Abänderungsvorschlag zu den Zehn Artikeln; KiZ 5/1964 = KJ 1964, 200–205 [Hamel, Zehn Artikel].
Henkys, Reinhard (Hg.), Bund der Evangelischen Kirchen in der DDR. Dokumente zu seiner Entstehung ausgewählt und kommentiert, Witten-Frankfurt-Berlin(West) 1970 (EPD Dok Bd. 1) [Henkys, Bund].
Jacob, Günter, Versuche einer Wegweisung; JK 4/1964 = KJ 1964, 195–200.
Kühne, Hagen, 1968 – ein Schwellenjahr. Erfahrungswandel und kirchlich-theologische Urteilsbildung in den östlichen Gliedkirchen der EKD; Wartenberg, 40–58.
Seidel, Thomas A. (Hg.), Gottlose Jahre? Rückblicke auf die Kirche im Sozialismus der DDR, Leipzig 2002 (HerChr Sonderbd. 7) [Gottlose Jahre?].
Winter, Christian, Gewalt gegen Geschichte. Der Weg zur Sprengung der Universitätskirche Leipzig, Leipzig 1998 (AKThG 2).

Kap. 4: Lernwege der Eigenständigkeit „im Sozialismus" (1969–1978)

Aufschlüsse. Ein Glaubensbuch. Im Auftrag des BEK hg. von der Arbeitsgruppe Glaubensbuch, Redaktion *Rose-Maria Raatz, Jürgen Henkys,* Berlin 1977 ^{2}1978.
Dohle, Horst, Grundzüge der Kirchenpolitik der SED zwischen 1968 und 1978, Diss. B (Typoskript), Akademie f. Gesellschaftswissenschaften beim ZK der SED, 1988 [Dohle].
Heidingsfeld, Uwe-Peter, Die „besondere Gemeinschaft" der Kirchen – Stabilisierung der DDR?; in: Rendtorff, Revolution, 79–120 [Heidingsfeld].
Kirche als Lerngemeinschaft. Dokumente aus der Arbeit des Bundes der Evangelischen Kirchen in der DDR, hg. vom Sekretariat des BEK, Redaktion: *Roswitha Bodenstein, Lutz Borgmann, Christoph Demke,* Berlin(Ost) 1981.
Krusche, Günter, „Alle Menschen sind frei und gleich". Die Kirche an der Seite der Unterdrückten. Die Rezeption des Programms zur Bekämpfung des Rassismus in den Kirchen der DDR im Prozeß der Auseinandersetzung um die Menschenrechte, Rothenburg o. d. T. 1998 (Ökumenische Studien Bd. 7).
Nach-Denken. Zum Weg des Bundes der Evangelischen Kirchen in der DDR. Im Auftrag des Kirchenamtes der EKD für die Arbeitsgemeinschaft zur Aufarbeitung der Vergangenheit hg. v. *Ulrich Schröter u. Helmut Zeddies,* Hannover 1995 [Nach-Denken].
Onnasch, Martin, Das Spitzengespräch vom 6. März 1978 – Glücks- oder Sündenfall?; in: Das Spitzengespräch vom 6. März 1978. Schriftenreihe des Instituts für vergleichende Staat-Kirche-Forschung, H. 5 (1998) [Onnasch, Spitzengespräch].
Schröder, Richard, unter Mitarbeit v. *Johannes Zachhuber, Karsten Laudien u. Christian Raschke,* Der Versuch einer eigenständigen Standortbestimmung der Evangelischen Kirchen in der DDR am Beispiel der „Kirche im Sozialismus". Expertise für die Enquete-Kommission des Deutschen Bundestages „Aufarbeitung von Geschichte und Folgen der SED-Diktatur in Deutschland" (Typoskript), 1994.
Thumser, Wolfgang, Kirche im Sozialismus. Geschichte, Deutung und Funktion einer ekklesiologischen Formel, Tübingen 1996 (BHTh 95).

Kap. 5: Friedenszeugnis und wachsende Öffentlichkeit (1978–1985)

Beier, Peter, „Kirchwerdung" im Zeichen der deutschen Teilung. Die Verfassungsreformen von EKD und BEK als Anfrage an die „besondere Gemeinschaft", Göttingen 2004 (AKZG B 37).
Büscher, Wolfgang u. a. (Hg.), unter Mitwirkung v. *Reinhard Henkys,* Friedensbewegung in der DDR. Texte 1978–1982, Hattingen 1982.
Dietrich, Christian/Uwe Schwabe (Hg.), Freunde und Feinde. Friedensgebete in Leipzig zwischen 1981 und dem 9. Oktober 1989. Dokumentation, Leipzig 1994.
Hammer, Walter/Uwe-Peter Heidingsfeld, Die Konsultationen. Ein Ausdruck der „besonderen Gemeinschaft" zwischen der EKD und dem BEK in der DDR in den Jahren 1980 bis 1990, hg. i. A. des Rates der EKD durch das Kirchenamt der EKD, Hannover 1995 [Konsultationen].

Henkys, Reinhard (Hg.), Die evangelischen Kirchen in der DDR. Beiträge zu einer Bestandsaufnahme, München 1982.

Lingner, Olaf, Die Entwicklung im Bund der Evangelischen Kirchen in der DDR: Ein Prozess des Zusammenwachsens; KJ 1981/82, 430–471.

Neubert, Ehrhart, Geschichte der Opposition in der DDR, Berlin 1997 [Neubert, Opposition].

Pollack, Detlef, Politischer Protest. Politisch alternative Gruppen in der DDR, Opladen 2000.

Silomon, Anke, „Schwerter zu Pflugscharen" und die DDR. Die Friedensarbeit der evangelischen Kirchen in der DDR im Rahmen der Friedensdekaden 1980 bis 1982. Göttingen 1999 (AKZG B 33) [Silomon, Schwerter].

Winter, Friedrich, Die Ostberliner Bluesmessen. Ein Insiderbericht über sieben Jahre Lernprozess; in: Bye bye Lübben City. Bluesfreaks, Tramps und Hippies in der DDR, hg. v. *Michael Rauhut u. Thomas Kochan*, Berlin 2004, 154–172.

Ziegler, Martin, Spitzengespräche. Zur Gesprächsstrategie des Bundes der Evangelischen Kirchen in der DDR 1978–1989; in: Ev. Arbeitsgemeinschaft f. Kirchliche Zeitgeschichte. Mitteilungen, Folge 19, München 2001, 31–65.

Kap. 6: Gesellschaftliche Diakonie zur Friedlichen Revolution (1986–1990)

Aktion Sühnezeichen Friedensdienste e.V. (Hg.), Ökumenische Versammlung für Gerechtigkeit, Frieden und Bewahrung der Schöpfung Dresden – Magdeburg – Dresden. Eine Dokumentation, Berlin 1990 [Ökumenische Versammlung].

Burgess, John P., The East German Church and the End of Communism, New York/Oxford 1997.

Czok, Karl, Nikolaikirche – offen für alle. Eine Gemeinde im Zentrum der Wende, Leipzig 1999.

Dietrich, Christian, Fallstudie Leipzig 1987–1989. Die politisch-alternativen Gruppen in Leipzig vor der Revolution; in: Deutscher Bundestag (Hg.), Materialien der Enquete-Kommission, Frankfurt a. M. 1995, Bd. VII/1, 558–666.

Keine Gewalt! Der friedliche Weg zur Demokratie. Eine Chronik in Bildern, hg. von *Norbert Heber u. Johannes Lehmann*, Berlin 1991.

Rein, Gerhard, Die protestantische Revolution 1987–1990, Berlin 1990 [Rein, Revolution].

Rendtorff, Trutz (Hg.), Protestantische Revolution? Kirche und Theologie in der DDR: Ekklesiologische Voraussetzungen, politischer Kontext, theologische und historische Kriterien. Vorträge und Diskussionen eines Kolloquiums in München, 26.–28. 3. 1992, Göttingen 1993 (AKZG B 20) [Rendtorff, Revolution].

Silomon, Anke, unter Mitwirkung v. *Ulrich Bayer,* Synode und SED-Staat. Die Synode des Bundes der Evangelischen Kirchen in der DDR in Görlitz vom 18. bis 22. September 1987, Göttingen 1997 (AKZG B 24) [Silomon, Synode].

Winter, Friedrich (Hg.), Die Moderatoren der Runden Tische. Evangelische Kirche und Politik 1989/90, Leipzig 1999 [Winter, Moderatoren].

Kap. 7: Neuaufstellung im Zeichen der Einheit Deutschlands

Beyer, Michael, Die Stasidebatte in evangelischen Monatszeitschriften zwischen Ende 1990 und Mitte 1995; Wartenberg, 209–223.

Heckel, Martin, Die Vereinigung der evangelischen Kirchen in Deutschland, Tübingen 1990 (Jus ecclesiasticum 40).

Große, Ludwig u. a., Überprüfungen auf Stasikontakte in den östlichen Gliedkirchen der EKD. Dokumentation und Kommentar i. A. des Kirchenamtes der EKD; ZdZ 1997, Beiheft 1 [Überprüfungen].

Krötke, Wolf, Kirche im Umbruch der Gesellschaft. Theologische Orientierungen im Übergang vom „real existierenden Sozialismus" zur demokratischen, pluralistischen Gesellschaft, Tübingen 1994.

Schultze, Harald, Stasi-Belastungen in den Kirchen? Die Debatten in den Evangelischen Kirchen zu Befunden und Unterstellungen (1990-1996); KJ 1996, 285–407.

Kapitel 1
Sowjetische Besatzung und Neuordnung der Volkskirche. Ost-West-Konfrontation und wachsende Pressionen (1945–1952)

A KONTINUITÄT UND INSTITUTIONELLER NEUBEGINN

1. Erste Erfahrungen unter dem Besatzungsregime

Die im Frühjahr 1945 zusammenbrechende nationalsozialistische Herrschaft hinterließ ein unüberschaubares Maß an Zerstörung, Leid und Not. Im Osten Deutschlands löste der Vormarsch der sowjetischen Truppen Panik aus und wurde von einer beispiellosen Selbstmordwelle begleitet. Nach der Waffenruhe rückte die Rote Armee auch in zunächst von amerikanischen und britischen Truppen besetzte Gebiete ein und räumte dafür die für die Westalliierten bestimmten Sektoren in Berlin. Gemäß dem Potsdamer Abkommen vom 2. August 1945 übte der von den vier Siegermächten gebildete Alliierte Kontrollrat die höchste Regierungsgewalt in Deutschland aus.
Von Anfang an waren die Kirchen für die Besatzungsmächte wichtige Ansprechpartner und Mittler zur deutschen Bevölkerung. Auch in der sowjetisch besetzten Zone normalisierte sich das kirchliche Leben. Stark besuchte Gottesdienste und Kirchenkonzerte wurden für viele zu einer Brücke aus dem Zusammenbruch in die noch ganz ungewisse Zukunft. Führende Kirchenleute erlebten angesichts der bekannten Religionsfeindschaft des Sowjetstaates mit Erstaunen eine weithin entgegenkommende Haltung der Besatzungsoffiziere. Auch bei den neu gebildeten zivilen Behörden gab es Verständnis für wichtige kirchliche Anliegen wie den Religionsunterricht an den Schulen oder die Wiedereröffnung Theologischer Fakultäten. Nur ausnahmsweise kam es zu Komplikationen, so beim Bestehen von Militärkommandanten auf vollständiger Kontrolle und Genehmigungspflicht für kirchliche Aktivitäten. Die großen Zerstörungen und das Fehlen von Pfarrern und kirchlichen Mitarbeitern erschwerten die kirchliche Arbeit. Oft nur mit äußerstem Einsatz waren räumliche Entfernungen zu überwinden. Ein Klima von Angst und Rechtsunsicherheit entstand durch schwere Übergriffe von Rotarmisten, Raub oder Vergewaltigungen, durch willkürliche Verhaftungen und Deportationen. Kirchliche Amtsträger aber genossen einen gewissen Schutz und Bewegungsfreiheit, indem sie sich durch Amtstracht oder Armbinden erkennbar machten.

2. Neue Landes- und Provinzial-Kirchenleitungen

In den überwiegend protestantischen, nunmehr sowjetisch und polnisch besetzten Gebieten Ost- und Mitteldeutschlands gab es aufgrund des Kirchenregiments der „Deutschen Christen“ keine „intakten“ Landeskirchen mehr. Die Neubildung bzw. bekenntniskirchliche Umbildung der Kirchenleitungen gehörte für die Bruderräte

und führenden Männer der Bekennenden Kirche zum Gebot der ersten Stunde. Wo der Vormarsch der Roten Armee den Zusammenbruch besiegelt hatte, gelang sie rasch und ohne Komplikationen. In den zunächst amerikanisch oder britisch besetzten Gebieten hatten DC-Kirchenführer einen Amtsverzicht zunächst verweigert.
Die auch am Ende des Dritten Reiches noch bestehende volkskirchliche Situation war eine wesentliche Vorgabe für die Erneuerung der Leitung und Verfassung der Kirchen. Die Initiative lag hier weitgehend bei Theologen und Juristen der bruderrätlich verfassten Bekennenden Kirche. Doch zeigte sich rasch, dass die Vorstellungen der dahlemitischen Richtung der BK für eine Neuordnung vorerst schon personell nicht realisierbar waren. Bei Einvernehmen über die bekenntnisorientierte Erneuerung ging es um ein rasches Revirement, um effektive Leitung angesichts der erdrückenden Vielfalt gleichzeitig zu bewältigender Aufgaben. Zum Neubeginn gehörte überall die Wiederbelebung des Ältestenamtes und die Wahl von Gemeindekirchenräten. Eine Umgestaltung zu bruderrätlich-synodalen Leitungsorganen auch auf anderen Ebenen erforderte Zeit und langen Atem. Bei verbleibenden landeskirchlichen Unterschieden blieb dieser Impuls, gefördert durch den Situations- und Mentalitätswandel der folgenden Jahrzehnte, langfristig wirksam.
Schon im Februar 1945 war in *Schlesien* angesichts der Winteroffensive der Roten Armee problemlos die Ablösung des DC-Kirchenregiments und die Etablierung einer bruderrätlichen BK-Leitung gelungen.

Das DC-Konsistorium hatte Breslau verlassen und ließ sich später in Görlitz durch eine staatliche Instanz auflösen. Acht Pfarrer und zwei Vikarinnen, die in der „Festung" Breslau verblieben waren, erklärten ihre Zugehörigkeit zur Bekennenden Kirche. Der Präses des Provinzialbruderrates der BK, Pfarrer Ernst Hornig, übernahm die Kirchenleitung. Er erreichte am 4. Mai gemeinsam mit einem katholischen Prälaten die Übergabe Breslaus durch den Wehrmachtsbefehlshaber. Die durch den BK-Bruderrat gebildete „Evangelische Kirchenleitung der Provinz Schlesien" wurde durch die sowjetische Militärbehörde und die polnische Zivilverwaltung zunächst anerkannt, widersetzte sich aber der im August von der polnischen Regierung verfügten Eingliederung in die polnische Evangelische Kirche Augsburger Konfession (EAK) unter Hinweis auf die nicht preiszugebende Abendmahlsgemeinschaft mit Reformierten, die Geltung der Barmer Erklärung, die bruderrätliche Verfassung und die ungeklärte Frage endgültiger Grenzen. Anfang 1946 bestanden noch fast tausend Gemeinden, die von den verbliebenen Pfarrern und Diakonen sowie vielen Lektoren, Ältesten und Diakonissen geistlich versorgt wurden. Im Spätsommer 1946 erreichte die Vertreibung der deutschen Bevölkerung ihren Höhepunkt; im Dezember 1946 traf sie auch die Breslauer Kirchenleitung, die nun in Görlitz ihren Dienstsitz nahm. Einige zehntausend Evangelische verblieben weiter in Niederschlesien. Das Gemeindeleben wurde durch Laien und wenige Pfarrer sowie durch Unterstützung aus dem Gebiet westlich der Neiße, die Übersendung von Lesepredigten, aufrechterhalten.

Entschlossenes Handeln hatte unmittelbar nach dem Schweigen der Waffen auch in *Berlin-Brandenburg* zur Bildung neuer kirchenleitender Organe geführt.

Am 7. Mai 1945 erklärte der frühere kurmärkische Generalsuperintendent Otto Dibelius vor den erreichbaren Mitgliedern des BK-Bruderrats, dass er nach der rechtswidrigen Zwangspensionierung durch die braune Generalsynode von 1933 nunmehr wieder sein Amt ausübe. Er beanspruchte auch den Vorsitz im Konsistorium und veranlasste den DC-nahen Konsistorialpräsidenten Johannes Heinrich zum Rücktritt. Ein mehrheitlich aus den BK-Bruderräten von Berlin und Brandenburg gebildeter, als Kirchenleitung fungierender Beirat legte ihm den Bischofstitel bei, vor allem im Hinblick auf den Umgang mit den russischen

Behörden.[1] Das Ergebnis des Vorgehens von Dibelius, die Stärkung der Behörde statt einer bruderrätlichen Leitung, stieß auf Kritik aus der BK, doch weckte sein umsichtiges und zielsicheres Handeln auch Respekt. Im Juli 1945 legitimierte die Synode der Berliner BK die getroffenen Entscheidungen, doch müssten weitere Schritte „einer dem Bekenntnis der Kirche entsprechenden Gesamtordnung dienen". Im Oktober wurde die vorläufige Kirchenleitung auch von der Brandenburger BK-Synode anerkannt.

Das Gebiet der *lutherischen Landeskirche Sachsens* war bei Kriegsende im Osten mit Dresden russisch, im Westen mit Leipzig und Zwickau amerikanisch besetzt. Bis zur vollständigen sowjetischen Besetzung gab es hier einen regional geteilten Neubeginn kirchenleitender Arbeit.

In Dresden übernahm der als BK-Mitglied zwangspensionierte juristische Oberlandeskirchenrat Erich Kotte die Leitung des Landeskirchenamtes. Pfarrer Lic. Franz Lau, bis 1940 BK-Mitglied, wurde von der Dresdner Pfarrerschaft mit den beiden Dresdner Superintendenturen betraut und zum geistlichen Leiter der Landeskirche bestellt. Seine Rundbriefe an die Pfarrerschaft dienten dem geistlichen Wort zur Situation und den kirchlichen Aufgaben. Im amerikanisch besetzten West-Sachsen rief angesichts separatistischer Bestrebungen ein „vorläufiger Kirchenausschuss" die Pfarrerschaft zu einem engen Zusammenschluss auf. Mit dem Einrücken der Roten Armee wurde auch hier die Dresdner Kirchenleitung zuständig. Franz Lau blieb zunächst deren Vorsitzender. 1947 wurde der wegen seiner BK-Haltung 1938 aus Sachsen ausgewiesene Dresdner Superintendent Hugo Hahn, seither Pfarrer in Stuttgart, zum Landesbischof gewählt. Für dessen Rückkehr und Amtsantritt in Dresden in der Phase der beginnenden Ost-West-Konfrontation leistete Dibelius wirksame Fürsprache bei der Sowjetischen Militäradministration.

In *Thüringen* hatte nach der amerikanischen Besetzung der DC-Bischof Hugo Rönck seinen Rücktritt verweigert. Erst das Eingreifen der Militärbehörden und die Verhaftung Röncks führten zur Ablösung der DC-Kirchenleitung. Der Leiter der Lutherischen Bekenntnisgemeinschaft, Pfarrer Moritz Mitzenheim, übernahm die Amtsgeschäfte. Unter dessen Vorsitz trat am 2. Mai ein neuer Landeskirchenrat zusammen, der unter Ausschluss der radikalen DC das Gesamtspektrum der vorhandenen kirchlichen Kräfte repräsentierte. Mitzenheim erhielt „in Anlehnung an die Praxis in anderen Landeskirchen" im Dezember 1945 den Titel Landesbischof. Er betonte das volkskirchliche Anliegen und die bischöfliche Autorität.[2] Eine dichte Folge bischöflicher Sammelrundschreiben informierte die Pfarrerschaft und erteilte kirchenregimentliche Weisungen. Erst 1948 wurde eine Landessynode gebildet.

Das Land *Mecklenburg* war bei Kriegsende in der Westregion amerikanisch (Schwerin) und britisch (Wismar) besetzt. Der DC-Bischof Walther Schultz und der Oberkirchenrat in Schwerin hatten, gestützt auf die amerikanische Militärverwaltung, die im Mai 1945 von bekenntnistreuen Pastoren und Gemeindegliedern erhobenen Rücktrittsforderungen zurückgewiesen. Erst kurz vor der Übergabe an die sowjetische Besatzungsmacht gelang es, die DC-Kirchenführung abzulösen. Schultz wurde durch die britischen Behörden verhaftet und erklärte seinen Rücktritt. Der Oberkirchenrat übergab die Amtsgeschäfte an den Vorsitzenden des BK-Landesbruderrats, Pastor Dr. Niklot Beste. Er wurde zum kommissarischen Landesbischof ernannt und 1946 durch die neu gebildete Landessynode in seinem Amt bestätigt.

Von der zunächst unklaren Situation der teils sowjetischen, teils polnischen Besetzung Mittel- und Ostdeutschlands war allein und in großem Umfang die bisherige preußische Landeskirche (APU – Evangelische Kirche der altpreußischen Union)

1 Dem sowjetischen Stadtkommandanten General Bersarin stellte Dibelius sich als „Metropolit von Berlin" vor.

2 Der für kirchliche Angelegenheiten zuständige sowjetische Generalmajor Kolesnitschenko bezeichnete Mitzenheim als „Thüringer Landeskirchenvater"; Meier, Neuaufbau, 222.

betroffen. Teile der bisherigen evangelischen Bevölkerung waren noch in Ostpreußen und in den Gebieten östlich von Oder und Neiße (Pommern, Schlesien, brandenburgische Neumark) verblieben. Wie Schlesien befand sich auch *Pommern* nur mit der kleineren, westlichen Region im Hoheitsbereich des Alliierten Kontrollrats; hier aber nahm die kirchliche Reorganisation einen bemerkenswert anderen Verlauf.

Nach der Zerstörung des Konsistoriums in Stettin hatte die Kirchenleitung ihre Tätigkeit an vorpommersche Orte und ab Juni 1945 nach Greifswald verlegt. Die Neubildung der Kirchenleitung erfolgte hier von vornherein in Abstimmung mit der rasch wieder hergestellten Autorität des altpreußischen Evangelischen Oberkirchenrats (EOK) in Berlin. In Pommern hatte sich die Bekennende Kirche frühzeitig gespalten; namhafte BK-Theologen hatten der These von der Geltung des Notrechts widersprochen und ab 1935 mit Vertretern der „Mitte" und kirchlicher Werke im Provinzialkirchenausschuss zusammengewirkt. Der BK-Provinzialbruderrat war durch den Tod seines Vorsitzenden, Superintendent Friedrich Onnasch, den im Februar 1945 in Köslin plündernde Rotarmisten erschossen hatten, empfindlich geschwächt. Anfang Juli wurde der Greifswalder Superintendent von Scheven[3] mit dem geistlichen Referat im Konsistorium beauftragt. Im September bildete man hier wie in Berlin als bruderrätliche Komponente einen Beirat. Der aus der BK kommende Wunsch nach einer Vereinigung mit Berlin-Brandenburg blieb ohne Chance. Im Herbst 1946 wählte die erste pommersche Synode eine neue Kirchenleitung mit von Scheven als Vorsitzendem. Er wurde im Benehmen mit der APU zum Generalsuperintendenten mit der Amtsbezeichnung „Bischof" ernannt.
Ganz unspektakulär verlief auch die Neubildung von Leitungsorganen in der *Kirchenprovinz Sachsen*. Hier waren die kirchenpolitischen Gegensätze schon seit 1942 auf der Linie des Einigungswerks von Bischof Wurm entschärft worden. Ein „Einigungsausschuss" verhandelte mit Vertretern des Magdeburger Konsistoriums, dessen Präsident Dr. Otto Fretzdorff zunächst noch im Amt blieb. Einigungsausschuss, Konsistorium und BK-Provinzialbruderrat vereinbarten die Bildung einer Vorläufigen Geistlichen Leitung der Kirchenprovinz, die im August unter dem Vorsitz von Pfarrer Ludolf Müller/Heiligenstadt, dem Vorsitzenden des BK-Bruderrates, ihre Arbeit aufnahm. Anfang 1946 wurde eine Vorläufige Kirchenleitung gebildet. Fretzdorff trat zurück; der Jurist Dr. Lothar Kreyssig, profilierter Vertreter der Bekennenden Kirche,[4] wurde Konsistorialpräsident und war ab 1947 Präses der Synode. Erst jetzt wurde Ludolf Müller mit dem Bischofsamt, das er für seine Person nicht erstrebt hatte, betraut.
Die *Landeskirche Anhalts*, die nicht zur APU gehörte, sich aber als uniert verstand, wurde bis Kriegsende durch den vom NS-Regime gestützten, zum radikalen Flügel der DC gehörenden Landeskirchenrat geleitet. Nach dem Zusammenbruch wurde er aus dem Amt entfernt. Ein neuer Landeskirchenrat wurde aus Vertretern der BK und der Mitte („Wittenberger Bund"), die seit 1943 im Einigungswerk zusammengearbeitet hatten, gebildet und im Juli 1945 durch die sowjetischen Besatzungs- und die neuen Zivilbehörden mit der Leitung der Landeskirche beauftragt. Im Februar 1946 bestätigte ein verfassungsgemäß gebildeter Landeskirchentag als synodales Organ den Landeskirchenrat im Amt.

3 Bis 1935 war von Scheven BK-Mitglied und dann Vorsitzender des Provinzialkirchenausschusses gewesen.

4 Kreyssig, Landgerichtsrat in Chemnitz, 1937 Amtsrichter in Brandenburg, war 1942 wegen seines Einspruchs gegen die Euthanasiemorde zwangspensioniert worden. Er hatte den BK-Bruderräten in Sachsen, Brandenburg und der APU angehört.

3. Altpreußische Union und lutherisches Bekenntniskirchentum

Das entschlossene, effektive Handeln von Generalsuperintendent Dibelius galt außer der Provinzialkirche Berlin-Brandenburg sofort auch einer bekenntniskirchlichen Wiederherstellung der altpreußischen Landeskirche (APU), vorab ihres Leitungsorgans, des Evangelischen Oberkirchenrats (EOK) in Berlin. Eine legitime Erneuerung der APU hatte zu den selbstverständlichen Zielen des altpreußischen BK-Bruderrats gehört. Dieser hatte noch vor Kriegsende drei Mitglieder (Dibelius, Hans Böhm und Missionsinspektor Lokies) mit der Wahrung der BK-Interessen auf der APU-Ebene beauftragt. Auch hier ergriff vom ersten Moment an Dibelius die Initiative im Sinne der zu revitalisierenden Rechtskontinuität, indem er bei der vorhandenen Institution und akzeptablen Personen, vor allem BK-Kräften, anknüpfte.

Der EOK als leitende Behörde war nach Stolberg im Harz evakuiert worden. Mit dessen in Berlin verbliebenen Mitgliedern Walther Tröger und Oskar Söhngen verabredete Dibelius die Berufung eines Beirates und übernahm, hierzu gebeten, dessen Vorsitz. Rasch folgten weitere Entscheidungen, nun im Hinblick auf die für August geplante Kirchenführerkonferenz im hessischen Treysa, wo Dibelius auch die APU vertreten wollte. Er veranlasste EOK und Beirat, ihn zum Präsidenten des EOK zu berufen. Da der APU-Kirchensenat und die Generalsynode nicht mehr bestanden, vereinigte er noch auf derselben Sitzung am 7. August EOK und Beirat zu einer „Kirchenleitung", die die Aufgaben jener Gremien wahrzunehmen habe. Sie richtete sogleich an die APU-Provinzialkirchen in der sowjetischen Besatzungszone die Bitte, Vertreter in die neue Leitung der APU zu entsenden.
Dibelius wollte der Bekennenden Kirche in den neuen Gremien eine feste Stellung geben, stieß aber seiner Leitvorstellungen und seines Vorgehens wegen auf Kritik aus ihren Reihen: Sein Handeln sei unvereinbar mit den BK-Grundsätzen von „rechter Kirchenordnung",[5] die eine Dezentralisierung und bruderrätliche Leitung der APU vorsahen. Hier bahnte sich ein jahrelanger Konflikt an.

Zum Hintergrund der entschlossenen Wiederherstellung der APU als handlungsfähiger Institution gehörten die seit dem Kirchenkampf verfolgten lutherischen Pläne, die Union zugunsten konfessioneller Eindeutigkeit aufzulösen und deren überwiegend lutherischen Gebiete in eine zu bildende lutherische Kirche Deutschlands zu integrieren. Ein entsprechender Verfassungsentwurf lag im August 1945 vor.[6] Die lutherische These vom Bekenntnis-Defizit der Union, ein Empfinden von Fremdheit und geistlicher Distanz war und blieb im Miteinander lutherischer und unierter Kirchen wirksam. Deutlich hörbar wurde sie noch in der Mahnung des Leitenden Geistlichen in Sachsen an die dortigen Pfarrer, angesichts des Zusammenschlusses der lutherischen Kirchen (VELKD) offen zu „bleiben gegen alle Brüder", da man nur dem wirklichen Irrlehrer „die Kirchengemeinschaft aufsagen" dürfe, „nicht dem, den wir – trotz mancher Vorbehalte vielleicht – Bruder nennen".[7]

---

5 Die BK-Denkschrift „Von rechter Kirchenordnung" war am 10. Jan. 1945 in Potsdam beschlossen worden.

6 Tagung des Lutherrats am 24./25. August in Treysa, unmittelbar vor der zur Gründung der EKD führenden Kirchenversammlung.

7 Landessuperintendent Lic. Franz Lau, Rundbrief vom 20. Nov. 1946; Seidel, Aus den Trümmern, 583 f.

4. Evangelische Kirche in Deutschland und „Kirchliche Ostkonferenz"

Der württembergische Bischof Theophil Wurm lud im Sommer 1945 die deutschen evangelischen Kirchenleitungen zu einer Konferenz im hessischen Treysa ein, die dem nach DC-Herrschaft und Richtungskämpfen erstrebten Zusammenschluss des deutschen Protestantismus gelten sollte. Der schwer überwindbaren Zonengrenze wegen rechnete man kaum mit einer Teilnahme aus der sowjetischen Besatzungszone. Nur Bischof Dibelius konnte mit zwei Begleitern Treysa erreichen. Hier gelang vom 27. bis 31. August unter der Leitung von Wurm die im Vorfeld noch sehr fragliche Verständigung über eine „Vorläufige Ordnung der Evangelischen Kirche in Deutschland" (EKD[8]), die von der Autonomie der Landeskirchen ausging. Die Frage der dann später bejahten Rechtskontinuität zur DEK von 1933 blieb zunächst offen, doch wurden deren tragende Institutionen, Kirchenkanzlei und Außenamt, in neuer Besetzung[9] schon zu Organen der EKD. Angesichts der vielfältigen Not in Deutschland setzte die Konferenz mit der Gründung eines Hilfswerkes der EKD ein wichtiges Zeichen. Der Rat der EKD mit Bischof Wurm als Vorsitzendem und Martin Niemöller als Stellvertreter sollte die Gesamtkirche in der Öffentlichkeit vertreten und eine Grundordnung vorbereiten. In dem zwölfköpfigen Gremium war der Osten Deutschlands nur durch Bischof Dibelius vertreten. Dieser ergriff sogleich nach der Rückkehr aus Treysa die Initiative für eine enge Zusammenarbeit der evangelischen Kirchen in der Ostzone im Rahmen der EKD. Für Ende September lud er die Leiter der drei lutherischen Landeskirchen und Anhalts zu einer Besprechung nach Berlin ein. Als Vorsitzender der APU-Kirchenleitung sprach Dibelius zugleich für die vier unierten Provinzialkirchen, die von der dritten Tagung an auch mit eigenen Vertretern präsent waren.[10]

Beim ersten Treffen am 29. Sept. 1945 wurde der gemeinsame Wunsch nach einer „enge[n] Zusammenarbeit innerhalb des Ostraums" und die Zustimmung erklärt, dass Dibelius „sich als ermächtigt und verpflichtet anzusehen" habe, „die gemeinsamen kirchlichen Anliegen gegenüber den in Betracht kommenden Stellen zur Geltung zu bringen." Damit war das bald als „Kirchliche Ostkonferenz" (KOK) bezeichnete Gremium konstituiert, das von nun an alle zwei bis drei Monate unter dem Vorsitz von Dibelius meistens in Berlin, aber auch an anderen Kirchenleitungsorten tagte. Dringliche Fragen bestimmten die Tagesordnungen: die verfassungsmäßige Neuordnung der Kirchen, die Stellung von Pfarrern aus den östlichen Gebieten hinsichtlich der noch zu erhoffenden Rückkehr vieler Gemeindepfarrer aus der Kriegsgefangenschaft; fast immer ging es auch um den Religionsunterricht unter den neuen Bedingungen, der zum raschen Aufbau eines eigenen Katechetenstandes nötigte, sowie um die innerkirchliche „Entnazifizierung", den Umgang mit den DC-Pfarrern nach kirchlichen Kriterien. Aus wiederholten Anlässen bedurfte auch die Frage politischer Äußerungen und Aktivitäten kirchlicher Amtsträger der Verständigung und Abstimmung. Die Ostkonferenz wurde zu einem wichtigen Gremium gemeinsamer Wegsuche unter dem sowjetischen Besatzungsregime.

---

8 Die anfängliche Abkürzung „EKiD" wurde bald ungebräuchlich.

9 Hans Asmussen wurde Leiter der Kanzlei zunächst in Stuttgart, dann in Schwäbisch-Gmünd; Martin Niemöller wurde seines besonderen Ansehens und seiner ökumenischen Kontakte wegen das Außenamt übertragen.

10 Das Protokoll spricht erstmalig am 5./6. Febr. 1946 von der „Konferenz der östlichen Landes- und Provinzialkirchen in Berlin-Spandau", die auch sämtlich vertreten waren; EZA 4/116.

Dibelius' Versuch, die KOK sogleich institutionell zu stärken, provozierte Spannungen mit der EKD-Leitung. Durch eine „Präsidialverfügung" nahm er die „Berliner Stelle" der EKD-Kanzlei als Geschäftsstelle der Ostkonferenz in Anspruch und begann, da „die Gesamtkirche vom Westen her" die Aufgaben der KOK „nicht ohne weiteres erfüllen" könne, sie personell auszubauen. Er übertrug der Gesamtheit der ostdeutschen Bischöfe als Beirat „die allgemeine Verantwortung für die Tätigkeit der Kanzlei in Berlin", wies aber den Verdacht einer „Absonderung von der Gesamtheit der EKD" ausdrücklich zurück.[11] Von gemeinsamen Konferenzen lutherischer und unierter Kirchenleitungen erwartete er, sie würden „über divergierende Strömungen hinweg" die „Zusammenarbeit aller Kirchen des Ostraums" und deren „einheitliche Vertretung nach außen" sichern.[12]

B GEISTLICHE ORIENTIERUNG UND KIRCHLICHE AGENDA

1. Das Mandat der Kirche: Geistliche Erneuerung

Neben dem Aufbau der Leitungsebene vormals „zerstörter" Kirchen ging es um die geistliche Erneuerung der Kirche, ihre „Reinigung vom nationalsozialistischen Geist und Wesen". Der Zusammenbruch Deutschlands gab Anlass, eindringlich von „Gottes Gericht", von Buße, Umkehr und „Heimkehr zu Gott"[13] zu reden. Angesichts der desolaten Lage kostete es Mut, öffentlich von der „Befreiung" von „unerhörter Tyrannei, von Schmach und Schande, ... zu der das deutsche Volk selbst nicht fähig war", zu sprechen.[14]

Die kirchliche Selbstwahrnehmung schien zunächst wenig Anlass zu bieten, konkret nach eigener Schuld und folgenreichem Versagen zu fragen. Man nahm bewegt und staunend wahr, inmitten der Katastrophe noch als Kirche da zu sein – die Kirche jedenfalls sei „nicht mit hineingezogen in den Zusammenbruch"[15] – und Anerkennung bei den jetzt politisch Verantwortlichen zu erfahren. Dass „Ungezählte" um ihres Glaubens willen dem Nationalsozialismus widerstanden, traf zwar im Sinne bekenntnisbegründeter Distanz, kaum aber des Märtyrer-„Beispiels" von Paul Schneider zu.[16] Zu weiterreichender Einsicht führte das Stuttgarter Schuldbekenntnis des Rates der EKD vom Oktober 1945. Wenige Tage danach erklärte die Brandenburgische BK-Synode: „Vor Gott sind wir nach unserer eigenen Schuld gefragt, nach unserer großen, unermeßlichen Schuld. ... Zu ihm schreit wider uns all das unschuldig vergossene Blut, all die Lästerung seines heiligen Namens und all die Unmenschlichkeiten, die in unserer Mitte geschahen, sonderlich an den Juden".[17]

11 Kühne, 43–47.
12 Dibelius, Brief an Bischof Wurm vom 15. Juli 1946; EZA 4/116.
13 Heinrich Vogel auf der Berliner BK-Synode im Juli 1945; Seidel, Trümmer, 31.
14 Heinrich Vogel vor der zerstörten Berliner Kaiser-Wilhelm-Gedächtniskirche; Seidel, Trümmer, 27 f.
15 Rundbrief Landessup. Lau, 29. Juni 1945; Fortsetzung: „Wir sagen das ohne Stolz, ...: ‚Nicht uns, Herr, sondern Deinem Namen gib Ehre'". Zu Neujahr 1946 aber rief Lau die sächsischen Gemeinden auf, „Schuld einfach und redlich zu bekennen, ohne andere Bekenntnisse abzuwarten"; Seidel, Trümmer, 32.
16 Kirchenleitung von Berlin-Brandenburg, „Wort an die Gemeinden" zum 20. Juli 1945, dem Jahrestag des missglückten Hitler-Attentats. Pfarrer Schneider, der „Prediger von Buchenwald", war am 18. Juli 1939 im dortigen KZ umgekommen.
17 Wort zum Bußtag 1945; Greschat, Schuld, 122.

2. Kirchlicher Umgang mit der DC- und NS-Vergangenheit: „Wiederherstellung eines bekenntnisgebundenen Pfarrerstandes“

Allein „Schrift und Bekenntnis“ sollten nach den Jahren weltanschaulicher Verirrung den Glauben und das Leben der Kirche bestimmen. Hier musste jetzt vieles zugleich geschehen. DC-Gesetze und -Verordnungen waren aufzuheben, örtlich noch bestehende NS-Kultpraktiken zu beseitigen.[18] Zentrales Thema war die Wiederherstellung eines bekenntnisgebundenen Pfarrerstandes.[19] Für den Umgang mit der NS-Vergangenheit in den eigenen Reihen war die Kirche nicht an die „Entnazifizierungs“-Praxis der Besatzungsmacht und der zivilen Behörden gebunden, sondern handelte aus eigener Vollmacht. Rechtlich-disziplinarische Entscheidungen fielen insgesamt moderat aus. Das trug der sonst mit Respekt behandelten Kirche öffentliche Kritik ein. Kommunistische Zeitungen forderten eine „klare antifaschistische Führung an der Spitze der Pfarrerschaft“; zum Abbau von Nazis sei nur in der Kirche noch „nichts geschehen“.[20] Dass die Kirche, statt wie zunächst die politischen Instanzen, rigoros und undifferenziert gegen NS-Parteimitglieder vorzugehen, auf Reintegration bedacht war, begünstigte den Vorwurf generellen Versagens bei der Erblast der jüngsten Vergangenheit. Verstärkt wurde dieser Eindruck noch, als wegen des großen Bedarfs an Religionslehrern viele wegen ihrer NSDAP-Mitgliedschaft aus dem Schuldienst entlassene Lehrer als Katecheten in den kirchlichen Dienst übernommen wurden.

3. Selbstverständnis und öffentliches Auftreten der Kirche

Entgegen anfänglichen Befürchtungen erkannte auch die sowjetische Besatzungsmacht die überkommene Rechtsstellung der Kirche an, stellte die Staatsleistungen nicht in Frage und respektierte die innerkirchliche Autonomie. So hatte und behielt die Kirche in der sowjetischen Besatzungszone und danach in der DDR einen unvergleichlich günstigeren Status als die Kirchen in einer Reihe anderer Ostblockländer. Dies kam auch ihrem Selbstbewusstsein unter den neuen politischen Verhältnissen zugute. Die Kirchenleitungen sahen sich vor die Aufgabe gestellt, dem gesamten Volksleben wieder zu einer christlichen Orientierung zu verhelfen. Zwar verlor mit der Trennung von Staat und Kirche in der Ostzone die Religion ihre bislang integrale Stellung in den Schulen; die christliche Glaubensunterweisung blieb aber mit der nach BK-Tradition kirchlich verantworteten „Christenlehre“ vorerst auch in der Volksbildung präsent.

Während des Kirchenkampfes hatte in der BK die Auffassung dominiert, für die DC-Irrlehre in der Kirche seien vor allem Aufklärung und Säkularisierung verantwortlich, so dass jetzt dieser Vorgang wieder umzukehren sei mit dem Ziel einer neuen kulturellen Meinungsführerschaft der Kirche, die „das Gesamtleben des Volkes“ nicht sich selbst überlassen dürfe;[21] dies besage auch die 2. Barmer These vom Herrschaftsanspruch Christi über alle Bereiche: Kirche und Volk seien vor „das große Entweder-

18 Lind af Hageby, 189.
19 Erklärung des Rates der EKD bei seiner ersten Tagung am 19. Okt. 1945.
20 Seidel, Trümmer, 393 f.
21 Predigt von Dibelius am 28. Apr. 1946; Seidel, Neubeginn, 278.

Oder" gestellt.[22] Diese Sicht bestimmte das kirchenleitende Handeln und wichtige Bereiche kirchlicher Arbeit. Auch die politisch-ökonomische Parole vom „Wiederaufbau" Deutschlands wurde so für viele junge Christen zum Motiv gerade für ein *kirchliches* Engagement.

4. Kirche als Anwalt der Menschen in der Nachkriegsnot

Täglich erlebte existentielle Nöte – Hunger, Krankheit und Epidemien, erbärmliche Unterkunft, Sorge um das Schicksal von Verhafteten oder willkürlich Deportierten – verdrängten die Frage nach eigener Verantwortung und Schuld. Die Kirche sah sich von Anfang an gerufen, angesichts neuen Unrechts, das auch Einsicht und Umkehr hinsichtlich der NS-Zeit relativiere, zu klagen und zu warnen. Schlimmste Befürchtungen für die nächste Zukunft veranlassten leidenschaftliche Appelle an die Besatzungsmächte. Die Kirchliche Ostkonferenz suchte im März 1947 über den Rat der EKD Gehör bei der Moskauer Konferenz der Siegermächte: Man dürfe das deutsche Volk „nicht auf Jahrzehnte hinaus dem Hunger und der Verelendung" preisgeben; dringlich sei auch die Heimkehr der Kriegsgefangenen, eine Aufhebung der Zonengrenzen wie auch das Recht der aus den Ostgebieten vertriebenen Deutschen, „wieder als freie Menschen im Land ihrer Väter" leben zu dürfen.[23]

5. Staat-Kirche-Verhältnis in den ersten Nachkriegsjahren

Vorerst gab es kein klares, positives Verhältnis der Evangelischen Kirche zur parlamentarischen Demokratie. Die kurzzeitigen Demokratie-Erfahrungen stimmten eher skeptisch: Gerade unter demokratischen Regierungen sei Deutschland „als Paria behandelt" worden, habe aber unter einem „national-militaristischen System" viel „Aufstiegsfreiheit" erlebt.[24] Die nationalen Belange gehörten nach wie vor zum Fundus politischer Überzeugung; dagegen galten „demokratische Strukturen" als Ausdruck des Zeitgeistes, der jedenfalls in der Kirche nicht herrschen dürfe.[25]

Das Trauma der NS-Zeit wurde aber auch zum Anlass, gegenüber politisch-ideologischem Zwang auf freier Gewissensentscheidung zu bestehen. Dies betonten gerade auch junge evangelische Christen bei 1946 noch möglichen Diskussionen mit SED-Funktionären: Ideologischer Bekenntniszwang würde den Wiederaufbau Deutschlands in seinen Grundlagen gefährden. In der Kirche galt generell, dass auch Pfarrer zwar politischen Parteien angehören, wegen ihres an alle gerichteten Verkündigungsauftrags sich aber nicht parteipolitisch betätigen dürften.[26] Als Bischof Mitzenheim

---

22 Dibelius, Predigt zum Tag der Evangelischen Kirche in Berlin, 27. April 1947; Greschat, Schuld, 123.

23 8. Sitzung der KOK am 5. März 1947; EZA 4/117.

24 Brief von Dibelius an Prof. Adolf Keller/Genf vom 19. Juli 1945; Besier/Thierfelder 2, 142.

25 So betonte Bischof Mitzenheims Rundbrief an die Pfarrer in Thüringen vom April 1947 das „Eintreten für die Einheit und Selbständigkeit Deutschlands und für genügend Lebensraum für unser Volk"; Björkman, Rundbriefe, 29.

26 KOK am 2./3. April 1946 in Berlin-Spandau; EZA 4/116.

1947 beim SED-dominierten „Volkskongress" auftrat, mahnte die Ostkonferenz, in politischen Fragen eine einheitliche Haltung zu finden und sich in dringenden Fällen schnellstmöglich zu verständigen.[27] Thüringer Pfarrer, die von politischen Stellen zu Äußerungen über die Friedensfrage gedrängt wurden, sollten sich nach Anweisung des Landeskirchenamtes auf eine Erklärung des Bischofs beziehen oder diese verlesen.[28]

Erstmalig im Sommer 1946 sah sich die Kirche genötigt, zu kommunistisch gelenkten, massiv propagierten Aktionen Stellung zu nehmen. Ein Volksentscheid in Sachsen am 30. Juni zielte auf die Enteignung von 4600 Betrieben. Er wurde als ein „Friedensbekenntnis" deklariert, solle den militaristischen Geist treffen und das Kriegsgewinnlertum ausschalten. Örtliche Stellen, auch sowjetische Kommandanturen, forderten von den Pfarrern Zustimmungserklärungen. Die Landesverwaltung drängte auch die Dresdner Kirchenleitung zur Stellungnahme. Diese erwirkte die amtliche Zusage für ein gerechtes Verfahren, wonach keine Sozialisierung oder Abschaffung des Privateigentums beabsichtigt sei. Mit diesem Bescheid an die Gemeinden – die Enteignungen richteten sich nur gegen den nationalsozialistischen Ungeist – verband die Kirchenleitung den Wunsch, Gott möge den Volksentscheid „zu einem Werk des Friedens in der Welt und in unserm Volk werden" lassen.[29]

Im Herbst 1946 boten Gemeinde-, Kreis- und Landtagswahlen Gelegenheit zu politischer Beteiligung. Doch die Aufforderung der Kirchenleitungen an die Gemeindeglieder, ihre „staatsbürgerliche Pflicht" zu erfüllen,[30] erwies sich angesichts der massiven Begünstigung der SED als problematisch.[31]

Bald sahen sich Gemeinden und Kirchenleitungen samt der Mehrheit der Bevölkerung mit neuen Zumutungen konfrontiert. Die SED begann, die gerade erst etablierten demokratischen Strukturen zu zerstören; nach ersten Konfrontationen spitzte sich auch der Ost-West-Konflikt bedrohlich zu. Die kommunistische Agitation überblendete das anfängliche Feindbild „Faschismus" durch das des radikal zu verabscheuenden westlichen Kapitalismus. Dieses ideologische Konstrukt samt entsprechender Machtpraxis forderte die Kirche zum schlichten Einstehen für Wahrheit, Freiheit und Menschenwürde heraus.

Die Anerkennung kirchlicher Eigenständigkeit durch die Besatzungsmacht ermöglichte es, die nach dem Kriegsende weitergeführte oder neu strukturierte kirchliche Arbeit insgesamt fortzusetzen. Dies betraf auch das vielseitige, innerhalb des Sowjetimperiums einzigartige diakonische Wirken im Rahmen des Hilfswerks der EKD und der Inneren Mission. Auch die kirchliche Ausbildung für Kinderbetreuung und Krankenpflege wurde von der SMAD genehmigt.[32]

---

27 KOK am 7. Jan. 1948; EZA 4/117. Der Volkskongress tagte erstmalig in Berlin am 7. Dez. 1947 und am 17./18. März 1948 als Gesamtvertretung für das Gebiet der SBZ. Der 3. Volkskongress im Juni 1949 ging aus einer Einheitslistenwahl hervor.

28 So 1949 anlässlich örtlicher Veranstaltungen zur Friedensfrage; EZA 4/335.

29 Seidel, Trümmer, 575 f.

30 Seidel, Neubeginn, 294 f.

31 Unter Hinweis darauf, dass an vielen Orten bürgerliche Parteien nicht kandidieren konnten, wandte sich die Magdeburger Kirchenleitung gegen das Anmahnen jener Pflicht.

32 KOK in Greifswald, 6. Jan. 1947; EZA 4/117.

Schwierigkeiten und Konflikte blieben nicht aus. Es gab Ortskommandanten, die über den gottesdienstlich-kultischen Rahmen hinausgehende oder übergemeindliche Veranstaltungen verboten.[33] Die Junge Gemeinde wurde von der SMAD als nicht zugelassene „Organisation“ beargwöhnt. Dass schlesische Pfarrer Hoffnung auf eine baldige Rückkehr in die Heimat machten, stieß auf scharfe Kritik. Der Kirchlichen Ostkonferenz gelang es, Differenzen auszuräumen.[34]
Ein neues wichtiges Arbeitsfeld betraten die evangelischen Kirchen mit der Gründung evangelischer Akademien. Bedeutung über den landeskirchlichen Rahmen hinaus erlangten die 1948 von OKR Söhngen initiierte Evangelische Forschungsakademie Ilsenburg, die Gelehrte aus vielen Disziplinen zusammenführte, ebenso die Tagungen der in Ostdeutschland ab 1948 von dem Systematiker und Lutherforscher Rudolf Hermann weiter geführten Lutherakademie und der BK-orientierten Gesellschaft für Evangelische Theologie. Mit der Gründung der Evangelischen Verlagsanstalt in Berlin 1946, der Zulassung von Kirchenzeitungen und kirchlichen Zeitschriften und der Weiterführung der „Theologischen Literaturzeitung“ ab 1947 bestanden vergleichsweise gute Bedingungen für die kirchliche Publizistik und den theologischen Austausch.

C WACHSENDE SPANNUNG ZWISCHEN STAAT UND KIRCHE 1948–1951

1. Gesamtpolitischer Situationswandel

Zwischen den Alliierten der Anti-Hitler-Koalition kam es ab 1946/47 zu einer sich bald dramatisch zuspitzenden Konfrontation. Als die USA durch den Marshallplan den Wiederaufbau in Europa förderten, schloss die Sowjetunion die Länder ihres Machtbereichs davon aus. Maßnahmen zur Entwicklung der westdeutschen Besatzungszonen führten zu eskalierenden Reaktionen. Der Einführung der D-Mark folgte die sowjetische Blockade Westberlins ab Juni 1948 für fast ein Jahr, bis sich dank der alliierten Luftbrücke das Ziel einer Eingliederung der Stadt in den östlichen Machtbereich als unerreichbar erwiesen hatte. Die Verkündung des Grundgesetzes der Bundesrepublik Deutschland am 23. Mai 1949 beantwortete der aus Einheitslistenwahlen hervorgegangene ostdeutsche „Volkskongress“ mit einem Verfassungsbeschluss und am 7. Oktober 1949 mit der Umwandlung der SBZ in die „Deutsche Demokratische Republik“.
Der Bevölkerung brachte die DDR-Staatsgründung kaum etwas Neues. Mit der SED als herrschender Partei fand die sowjetisch dominierte Diktatur ihre Fortsetzung. Die DDR-*Verfassung* verschleierte den Bruch mit demokratischen Grundsätzen. Zwar wiederholte sie für die Stellung der Kirchen die entsprechenden Artikel der Weimarer Reichsverfassung von 1919 mit dem Recht, „zu den Lebensfragen des Volkes“ Stellung zu nehmen. Es gab aber keine Gewaltenteilung. Wer gegenüber der Staatsmacht auf verfassungsmäßigen Rechten bestand, konnte nach Artikel 6 wegen „Boykotthetze“ als „staatsfeindlich“ verurteilt werden. Auf weiten Bereichen des Lebens laste-

33 KOK in Merseburg/Halle, 16./17. Juni 1947; EZA 4/117.
34 Gespräch der KOK mit Oberleutnant Jermolajew in Dresden, 22. Okt. 1947; EZA 4/117.

te ideologischer Druck. Das SED-Zentralorgan „Neues Deutschland“ besorgte die tägliche Sprachregelung.

2. „Kirche“ in der ideologischen Optik und politischen Praxis der SED

Erste Äußerungen der 1946 aus KPD und SPD der Ostzone zusammengeführten SED hatten Hoffnung für das Verhältnis zu Religion und Kirche geweckt. Die neue Partei mit vielen auch kirchlich gebundenen Mitgliedern gab sich religiös tolerant; von den Kirchen erwarte sie Beachtliches „bei der Umerziehung des deutschen Volkes und der kulturellen Erneuerung Deutschlands“. Vor den Gemeinde-, Kreis- und Landtagswahlen in der SBZ im Herbst 1946 erklärte sie, im Blick auf den „demokratischen Neuaufbau in Deutschland“ seien die Meinungsfreiheit und „die religiöse Bekenntnisfreiheit unbedingt gewährleistet“. Christen könnten auch SED-Mitglieder sein, da ihr Bekenntnis sich „mit einer positiven Stellungnahme zum Sozialismus vereinbaren“ lasse.[35] Doch hatten aus der SPD kommende „sozialistische Theologen“[36] sich der zunehmenden Kirchenfeindschaft in der Partei zu erwehren. Bestürzt über den Bruch anfänglicher Zusagen, warnten sie ebenso dringend wie vergeblich davor, die religiöse Neutralität preiszugeben und „sich mit einer ‚Wissenschaft‘ zu identifizieren, über die jeder Philosophiestudent im ersten Semester lacht“.[37] Der SED-Vorsitzende Wilhelm Pieck aber erklärte 1947 das „Bekenntnis zum dialektischen Materialismus“ als Ziel der Bildungsarbeit der SED.[38] Seit deren Umwandlung zur stalinistischen „Kampfpartei des Marxismus-Leninismus“ Anfang 1949[39] wurde die atheistische „wissenschaftliche“ Weltanschauung zur Norm; religiöser Glaube galt als geistig und politisch defizitär.

SED-Generalsekretär Ulbricht hatte parteiintern schon 1948 den „verschärften Klassenkampf“ gefordert: Beim „sozialistischen Aufbau“ seien die „kapitalistischen Elemente“ auf dem Lande und in den Städten zu liquidieren.[40] Dies betraf auch Glauben und Kirche als Relikte der alten Gesellschaftsordnung. Stalin untersagte jedoch der SED-Führung aus deutschlandpolitischem Kalkül vorerst einen offen konfrontativen Weg zum Sozialismus und forderte eine vorsichtige, „opportunistische Politik“ mit der „Nationalen Front“ als einer auf die Einheit Deutschlands zielenden Massenbewegung.[41] Dem entsprach das Entgegenkommen der SMAD gegenüber der EKD in Eisenach im Juli 1948.

35 „Unsere Stellung zur Kirche“, Juli 1946; SED und Kirche 1, 42. Das Rundschreiben enthält auch Anweisungen zum Entgegenkommen gegenüber den Kirchen und zur Konfliktvermeidung hinsichtlich des Religionsunterrichts.

36 Die SED-Kommission Christentum und Kirche (Protokoll vom 17. Juni 1947) erwähnt eine „Bruderschaft der sozialistischen Theologen“; SED und Kirche 1, 43–45.

37 Arthur Rackwitz, Mitglied des Bundes der Religiösen Sozialisten, BK-Pfarrer und KZ-Häftling, an das Zentralsekretariat der SED, 22. Okt. 1947; SED und Kirche 1, 48–51.

38 Wilhelm Pieck, Stellungnahme zum Brief von A. Rackwitz; SED und Kirche 1, 52.

39 „Partei neuen Typus“ nach dem Vorbild der KPdSU; 1. SED-Parteikonferenz, 28. Jan. 1949.

40 Tagung des Parteivorstandes vom 15./16. Sept. 1948. Die 1946 vertretene These vom „besonderen deutschen Weg“ zum Sozialismus wurde ausdrücklich verworfen, um nunmehr ganz dem sowjetischen Vorbild zu folgen; Goerner, 52.

41 Äußerungen Stalins am 18. Dez. 1948 und danach gegenüber Pieck, Ulbricht, Grotewohl

Die SED hatte die institutionelle Autonomie der Kirche zu respektieren, doch ermöglichte die Staatshoheit im Bildungswesen den permanenten Angriff auf die Grundlagen des christlichen Glaubens und Lebens, wenn auch ohne rasche Erfolge. Im Frühjahr 1949 war die SED beunruhigt über „eine außerordentlich rege Tätigkeit" und den verstärkten Einfluss der Kirche „vor allem unter Frauen, Jugendlichen und Umsiedlern". Zwecks „populärwissenschaftlicher Aufklärung" verbreitete sie die Behauptung eines russischen Autors, Jesus habe nicht gelebt.[42] Die SED-Führung erwog auch, mittels „Volkskontrolle" die gesamte kirchliche Wohlfahrts- und Erziehungsarbeit in die kommunale Verantwortung zu überführen.[43] Es gab Eingriffe in die kirchliche Krankenpflege und Agitation gegen den kirchlichen Schwesternberuf.[44] Noch für Jahre aber hatte die SED kein kirchenpolitisches Konzept. Stalinistischer Machtgebrauch mit je ad hoc formulierter Taktik, temporäre Milde und befohlene Verschleierung dienten dem Ausbau der eigenen Position. Vor den ersten Wahlen nach der Staatsgründung forderte die ZK-Abteilung Volksbildung angesichts der „ständig zunehmenden Opposition von katholischen und evangelischen Kirchenfürsten", an den Hochschulen sei „nach außenhin" der „Eindruck einer weitgehenden Toleranz in religiösen Dingen" zu erwecken. In den Schulen solle bei „antireligiösen Themen" nur der „individuelle Standpunkt des Lehrers" hervorgekehrt werden.[45]

Bis weit in die fünfziger Jahre war eine Kirchenmitgliedschaft von SED-Mitgliedern keine Seltenheit. Pfarrer und Universitätstheologen mit religiös-sozialistischer Überzeugung erhofften von der kommunistischen Führung die Verwirklichung ihrer Ideale. Ihr Einsatz kam der SED-Propaganda der Anfangsjahre zustatten, doch galt ihr Einspruch gegen kirchenfeindliche Aktionen[46] als inakzeptabel.

3. Konfrontationen im Vorfeld der ostdeutschen Staatsgründung

Die dem Kriegsende folgende Ost-West-Konfrontation verschärfte die Probleme des Lebens in der sowjetischen Besatzungszone. Dem Machtstreben der SED in den Weg zu treten, hieß, harte Repressalien zu riskieren. Schon Ende 1947 wurden führende

und Oelßner. Schon im Juni 1948 war von sowjetischer Seite die Bildung einer „Nationalen Front" gefordert worden; in Westdeutschland sollte man auch ehemalige Nazis und Militärs für sie gewinnen; Goerner, Kirche, 53.

42 A. W. Mitschulin, Geschichte des Altertums. Die KOK erklärte am 13. Sept. 1949, diese „auch von der profanen Geschichtsforschung längst widerlegte Darstellung des Christentums" bringe „unsere Jugend, die nahezu völlig der christlichen Kirche angehört, in schwere Gewissenskonflikte"; EZA 4, 118.

43 Vorlage über Maßnahmen zur Zurückdrängung des Einflusses der Kirche; 6. Apr. 1949, Kleines Sekretariat; SED und Kirche 1, 53–55.

44 KOK vom 6. Dez. 1949, mit Bezug auf Vorgänge in Thüringen und der Kirchenprovinz Sachsen sowie auf einen Artikel in der „Täglichen Rundschau" vom 30. Nov. 1949; EZA 4/118.

45 Die Verfügung bleibe gültig „vorerst bis zu den Wahlen"; ZK der SED, Abteilung Volksbildung, am 7. Jan. 1950 an die Landesleitungen der SED, Abt. Volksbildung; SED und Kirche 1, 56.

46 Geplante Eingriffe in die kirchliche Wohlfahrts- und Erziehungsarbeit erinnerten „in höchst peinlicher Weise an gleichartige Tendenzen der Nazis"; Grundgedanken eines Schreibens (wohl April 1949, Verfasser ungenannt) z. H. von Wilhelm Pieck und Otto Grotewohl; SED und Kirche 1, 55 f.

Politiker, Jakob Kaiser und Ernst Lemmer von der Ost-CDU, die sich der SED-gesteuerten „Volkskongress"-Bewegung widersetzten, auf Betreiben der SMAD abgesetzt.

In der institutionell autonom bleibenden Kirche war das offene Wort möglich und wurde, wie von Kirchenleitungen, so auch auf der Ebene der Gemeinden gewagt. In der stark besuchten, durch Pfarrer Johannes Hamel geprägten Studentengemeinde in Halle (Saale) gab es oft die ebenso freundliche wie deutliche Anrede an anwesende Spitzel: Ihnen wie allen anderen gelte das Evangelium von Jesus Christus; sie möchten bedenken, was sie tun. Als an der Universität der demokratisch gewählte Studentenrat durch eine Einheitsliste verdrängt wurde, besuchten Mitglieder der Studentengemeinde kandidierende SED/FDJ-Funktionäre und baten sie, um der durch jenen Machtgebrauch gefährdeten Zukunft willen auf die Kandidatur zu verzichten. Die Initiative persönlicher Anrede wurde vom SED-Organ „Freiheit" als USA-gesteuerte Feindaktion verdächtigt. Gegen Pfarrer, die Plakate für die Volkskongressbewegung von kirchlichen Bauten entfernten, wurde gerichtlich vorgegangen.[47]

Im Mai 1948 wandten sich die ostdeutschen Bischöfe Beschwerde führend an die SMAD. Sie erläuterten Marschall Sokolowski das Verhältnis der evangelischen Kirche zum Staat: (1) Die Christen und die Kirche hätten den Anordnungen der staatlichen Obrigkeit zu gehorchen, sofern diese nicht wider Gottes Gebot sind; die Kirche dürfe sich aber nicht „zu einem ausführenden Organ staatlicher Politik machen" lassen. (2) Kirchliche Äußerungen zu politischen Fragen könnten „nur aus innerer Nötigung vom Evangelium her erwachsen". (3) Die Freiheit der Kirche zur Stellungnahme gehöre zur „Religionsfreiheit, die die Kirche vom Staat erbitten muß" und die ihr in den Länderverfassungen der Ostzone „feierlich zugesichert" worden sei.[48]

Die sich an den Erfahrungen der Bekennenden Kirche orientierenden Kirchen wurden zunehmend regimefeindlicher Gesinnung und Aktivitäten beschuldigt. Doch gerade jetzt zeigte eine programmatische Erklärung der BK, das „Darmstädter Wort", wie schwierig es sein konnte, in den gegensätzlichen Situationen von West und Ost eine gemeinsame Sprache zu finden.

Im August 1947 hatte der Bruderrat der EKD eine ohne ostdeutsche Beteiligung verfasste Erklärung „Zum politischen Weg unseres Volkes" abgegeben. Sie wandte sich gegen die durch den Ost-West-Konflikt verstärkte restaurative Tendenz in Westdeutschland samt traditionellem Nationalismus und rief dazu auf, sich in christlicher Freiheit für „Neuordnungen im gesellschaftlichen Leben" zu öffnen. Ein wiederholtes „Wir sind in die Irre gegangen" überbot die Stuttgarter Klage von 1945, dass man nicht „mutiger bekannt", „treuer gebetet", „fröhlicher geglaubt", „brennender geliebt" habe. Politisch brisant war eine positive Bezugnahme auf den „ökonomischen Materialismus der marxistischen Lehre", der „gemäß dem Evangelium von Gottes kommendem Reich" die Kirche an „die Sache der Armen und Entrechteten" hätte gemahnen müssen. Im Westen wie auch im Osten stieß das Darmstädter Wort weitgehend auf Unverständnis und Ablehnung: Es rede „zu summarisch und pauschal" und sei „ein Hohn auf unsere Verhältnisse".[49] Die Kirche müsse den Menschen den Mut stärken und den Gemeinden helfen, den „Druck des Bolschewismus" zu überstehen. Der ganze Lehrerstand

47 Goerner, 55.
48 Schreiben an Marschall Sokolowski vom 11. Mai 1948, unterzeichnet von Dibelius, Hahn, Beste, Müller, von Scheven, Fiedler, Fränkel, Mitzenheim; Seidel, Neubeginn, 135.
49 Präses Kurt Scharf; Seidel, Neubeginn, 135 f.

stehe „vor der Frage, ob er bekennen will oder nicht“. Es gehe im Osten darum, ob die Kirche „ihre Existenz damit erkauft, dass sie nichts Aktuelles zu den Geschehnissen sagt“.[50]
Die Leitung der Kirchenprovinz Sachsen suchte einen Weg vom Protest zur Argumentation. In ihrem „Wort zu den politischen und wirtschaftlichen Fragen der Gegenwart“ vom Januar 1949 erklärte sie zum offiziell propagierten „wissenschaftlichen Sozialismus“, die Kirche unterstütze „jeden ernsthaften und redlichen Versuch, eine bessere Gerechtigkeit zu schaffen“; ein politisch-wirtschaftliches Ideal dürfe aber nicht zur Ersatzreligion werden und Totalitätsanspruch erheben. In diesem Falle gebe der Glaube die Kraft, „gegen den Strom zu schwimmen“ und „das Rechte zu tun, wo wir gefordert sind“.[51] Hier blieb die Kirchliche Ostkonferenz distanziert. Dibelius stellte fest, nur ohne „vollinhaltliche Billigung“ begegne das Wort „keine[n] Bedenken seitens der anderen Kirchen“.[52]

Bald danach, zu Pfingsten 1949, äußerte sich Dibelius, seit Jahresbeginn als Ratsvorsitzender der EKD auch führender Geistlicher des deutschen Protestantismus, mit einem Hirtenbrief zur Lage in Ostdeutschland.[53] In den vergangenen vier Jahren hätten die deutschen Kirchenleitungen mit Rücksicht auf die Besatzungssituation Zurückhaltung geübt. Da nun aber die Verantwortung „mehr und mehr auf deutsche Schultern gelegt“ werde, sei „viel zu sagen, zu bitten, zu warnen“. Das „um uns her entstehende Staatsgebilde“ zeige „viel von den Zügen, denen in der NS-Zeit unser Widerstand um Gottes willen“ gegolten habe: Spitzel- und Denunziantenwesen, die Abteilung K5[54] der so genannten Volkspolizei wie vormals die Gestapo, Zermürbung der Menschen in Gefängnissen ohne Verteidigung; Aktionen zur Enteignung von Gewerbetreibenden; „Volksrichter“, die „politisches Recht“ sprechen. Es gebe zwar keine „organisierte Christenverfolgung“, doch angesichts vieler gegen das kirchliche Leben gerichteter Maßnahmen bat der EKD-Ratsvorsitzende die evangelischen Christen um ein tapferes „Nein zu dem, was wider Gottes Gebot ist“ und ein entschlossenes Bezeugen des Evangeliums.
Dibelius konnte einer dankbar empfundenen Zustimmung gewiss sein, wie auch allmonatlich bei seinen stark besuchten Predigten in der Marienkirche in Ostberlin. Der öffentliche Vergleich von Sowjetherrschaft und NS-Zeit war ein harter Affront gegen die Herrschenden, entsprach aber einem in der Bevölkerung weit verbreiteten Empfinden. Anders als die NS-Diktatur der „nationalen Erhebung“ war das neue Regime von Anfang an als zutiefst fremdartig und feindselig-bedrohlich erfahren worden.

Der Hirtenbrief führte zu scharfen Reaktionen. Die SMAD warnte vor einer Abkühlung des Verhältnisses zur Kirche im Falle weiterer öffentlicher Kritik.[55] Die SED beschloss eine Anti-Dibelius-Kampagne mit Briefen aus der Bevölkerung, Presseartikeln zu Dibelius' Verhalten in der NS-Zeit und Stellungnahmen „fortschrittlicher Lehrer“ gegen die Einmischung in schu-

50 E.-F. von Rabenau auf einer Tagung des Bruderrats der EKD; Seidel, Neubeginn, 135.136.
51 Erklärung der Magdeburger Kirchenleitung und der Pröpste vom 27. Jan. 1949; EZA 4/117. Der Topos „bessere Gerechtigkeit“ erinnert an das Darmstädter Wort. Ihn greift auch fast zwanzig Jahre danach der Brief der Bischöfe in der DDR an die Staatsführung auf (s. u. S. 95).
52 KOK in Berlin-Weißensee am 2. März 1949; EZA 4/118.
53 Hirtenbrief an die evangelischen Gemeinden in Berlin-Brandenburg „Recht und Frieden“, 1. Juni 1949; Heidtmann, 48–51.
54 Vorgängerinstitution des späteren Ministeriums für Staatssicherheit.
55 Gespräch von Hauptmann Jermolajew mit GenSup. Krummacher, 8. Juni 1949; Goerner, 58.

lische Angelegenheiten. Die Kirchenführung agiere „im Sinne der antinationalen und spalterischen Kräfte“ des Westens. Da die Kirchen an der „freien Ausübung ihrer seelsorgerischen Tätigkeit“ nicht gehindert seien, gebe es für sie keinen Anlass zur Beschwerde.[56]

4. Staat-Kirche-Verhältnis in den ersten Jahren der DDR

Nach der Staatsgründung im Oktober 1949 ging es um geregelte Beziehungen zwischen Staat und Kirche. Beim CDU-Vorsitzenden und Stellvertretenden Ministerpräsidenten Otto Nuschke bildete die Regierung die „Hauptabteilung Verbindung zu den Kirchen“. Der im kirchlichen und staatlichen Dienst erfahrene Jurist Kurt Grünbaum wurde hier für die Evangelische Kirche als politisch wichtigstem Bereich zuständig. Der Rat der EKD ernannte Propst Heinrich Grüber, Mitglied der Kirchenleitung von Berlin-Brandenburg, zum Bevollmächtigten bei der DDR-Regierung. Grüber war und blieb dank seines Einsatzes für verfolgte Juden, seiner KZ-Haft und vieler Kontakte zum Widerstand gegen das NS-Regime für die kommunistische Führung ein glaubwürdiger Sprecher der als fremdartig-feindlich beargwöhnten Kirche. Er vermittelte in schwierigen Situationen und konnte in der Stille vieles bewirken, u. a. zugunsten der Arbeit der Diakonie. Ihn verband mit Nuschke ein Verhältnis persönlicher Nähe; die bei diesem installierte Hauptabteilung galt im SED-Politbüro als kirchlicher „Brückenkopf in die Regierung der DDR hinein“.[57] Grüber wiederum zog mit manchen Äußerungen das Odium eines zu weit gehenden Verständnisses für die SED-Politik auf sich.

Seit der Staatsgründung nahm die Behinderung der kirchlichen Arbeit zu. Bischof Dibelius wandte sich im Namen der Landeskirchen mit aktuellen Beschwerden an Staatspräsident Pieck und forderte eine Aussprache zwischen Staats- und Kirchenvertretern; würde sie verweigert, so werde die Kirche mit einer öffentlichen Erklärung hervortreten. Der Staat gab eine Gesprächszusage – und nahm sie wieder zurück. Daraufhin teilte Ende März 1950 Bischof Müller dem Ministerpräsidenten von Sachsen-Anhalt mit, die Kirche werde zu Ostern in einem Hirtenbrief zu den Beschwernissen vor allem im Bildungswesen Stellung nehmen. Die Kritik am Vorgehen des Staates gelte der Werbung für die Nationale Front, der geplanten Einheitslistenwahl, der Verbreitung der materialistischen Weltanschauung in den Schulen, der Agitation der FDJ, örtlichem Vorgehen gegen das Tragen des Bekenntnis-Abzeichens der Jungen Gemeinde[58] und der Hasspropaganda gegen den Westen. Die Ankündigung des Hirtenbriefes[59] wirkte alarmierend. Die Sowjetische Kontrollkommission (SKK)[60] deutete das kirchliche Vorgehen als „Provokation des [sic!] englisch-amerikanischen Geheimdienstes“.[61]

56 Sitzung des Kleinen Sekretariats der SED vom 9. Juni 1949; SED und Kirche 1, 53.
57 Sigurd Rink, Propst Grüber und das Evangelische Hilfswerk in der SBZ/DDR; in: Hübner/Kaiser, Diakonie, 91–102 (zit. 101).
58 Kreuz auf der Weltkugel.
59 Bischof Müller an die Landesregierung Sachsen-Anhalt am 29. März; Unterredung Bischof Müllers mit dem thüringischen Ministerpräsidenten Eggerath am 4. April 1950; Goerner, 62; SED und Kirche 1, 59.
60 Neue Bezeichnung der vormaligen SMAD seit der Gründung der DDR.
61 Notizen Piecks von einer Besprechung mit Marschall Tschujkow und Iljitschow am 6. April 1950; Goerner 63.

Die SED-Führung griff umgehend dieses Stichwort auf: „Ganz offenkundig“ habe sich die Kirchenleitung „dem anglo-amerikanischen Geheimdienst verpflichtet“, nachdem dessen Versuch, die „altbürgerlichen Parteien“ (CDU und LDPD) gegen die Politik der DDR-Regierung zu benutzen, gescheitert sei.[62] Die Rolle der Kirche war für die SED, die ihre Stellung ständig konterrevolutionär bedroht sah, jetzt so fixiert, wie sie es fortan für Jahrzehnte blieb: als im SED-Machtbereich zwar legal existierende, jedoch in eine internationale Verschwörung verstrickte Großinstitution, deren ideologisch und politisch sabotierendes Wirken um der Parteiziele willen zu bekämpfen sei.
Das SED-Politbüro veranlasste zwecks Verhinderung der Kanzelabkündigung umgehend eine Besprechung von Innenminister Steinhoff mit den Bischöfen. Der Minister bezeichnete das geplante Wort als „schweren Verstoß gegen die Verfassung“ und „Anschlag gegen die nationalen Interessen des deutschen Volkes“. Nach längerem Wortwechsel und inhaltlichen Beschwerden verzichtete Bischof Müller unter der Bedingung, dass es binnen kürzester Frist zu einem Gespräch mit der Regierung komme, auf die Kanzelabkündigung. Die SED wertete dies als „gewisse[n] Erfolg“. SED-Landessekretäre und Minister wurden instruiert, es bestehe „kein Interesse“ an einem Kampf mit der Kirche. Die Kampagne für die Nationale Front aber sei fortzusetzen, auf die Pastoren solle man „ohne irgendwelche Druckmittel“ einwirken und die Agitation besonders unter „den Kirchengläubigen“ verstärken.[63]

Dibelius forderte in einem Brief an Ministerpräsident Grotewohl eine grundsätzliche Klärung vor allem hinsichtlich der Situation in den Schulen: Der Druck auf junge Menschen, ihre christliche Überzeugung zu verleugnen, und beginnende Gewöhnung an „ein zwiespältiges Leben“ führe zu täglichen Hilferufen von im Gewissen bedrängten Christen. Die Kirche könne hier nicht schweigen. Sie wünsche „keinen Kampf mit der Staatsgewalt, so wenig sie ihn fürchtet“. Zur Entspannung der Atmosphäre möge die Regierung erklären, dass der christliche Glaube nicht „direkt oder indirekt angegriffen werden“ dürfe, „bei politischen Entscheidungen jeglicher Druck vermieden werden“ müsse und die Verfassungsaussagen über die Freiheit der Meinungsäußerung, den Rechtsschutz bei Verhaftungen u. a. gewissenhaft anzuwenden seien.[64]
Das Spitzengespräch vom 28. April 1950 bestätigte nur den tiefen Dissens. Ministerpräsident Grotewohl sagte eine Entfaltung der kirchlichen Arbeit gemäß der Verfassung „wie bisher“ zu; die Bischöfe brachten den Wunsch nach einem „Wiederaufbau des deutschen Volkes in Frieden und Freiheit“ zum Ausdruck. Die Situation blieb, wie sie war.[65]

---

62 Mit W. P. [= Wilhelm Pieck] gezeichnetes Material („Provokation des anglo-amerikanischen Geheimdienstes mittels der evangelischen Kirchenleitung“) vom 10. April 1950 oder später; SED und Kirche 1, 57–59.

63 Gespräch von Innenminister Steinhoff am 6. April 1950 (Gründonnerstag) mit den Bischöfen Dibelius, Hahn, Müller, von Scheven, Generalsuperintendenten und Propst Grüber; SED und Kirche 1, 58 f.

64 Dibelius, Brief an Ministerpräsident Grotewohl vom 20. Apr. 1950; Kundgebungen EKD 1, 90–92.

65 Verlauf und Ergebnis des Gespräches bei G. Besier, Der SED-Staat und die Kirche 1, 74–77.

5. Friedenswort der EKD 1950 und neue Konflikte

Am Tag vor dem Gespräch mit Grotewohl hatte die in Berlin-Weißensee tagende EKD-Synode eine Friedensbotschaft beschlossen. Angesichts der Kriegsgefahr und der Teilung Deutschlands („Der ‚Eiserne Vorhang' zerschneidet den Leib unseres Volkes") bat sie im Namen Jesu Christi, durch den Gott „Seinen Weg des Friedens erschlossen hat", sich fern zu halten vom „Geist des Hasses und der Feindseligkeit", warnte vor dem in Deutschland verbreiteten Wahn, ein Krieg könne „eine Lösung und Wende unserer Not bringen",[66] und rief zum Gebet für den Frieden auf.[67] Der Ausbruch des Korea-Krieges zwei Monate danach belegte die Dringlichkeit solcher Mahnung. Der Druck auf die Kirchenleitungen aber wuchs.

Auf dem III. SED-Parteitag äußerte sich Grotewohl scharf zur „Rolle der Kirche in der DDR": Die Kirchenführer seien noch die, die den Terror der NS-Zeit gutgeheißen und Hitlers Waffen gesegnet hätten.[68] Auch die Ost-CDU sprach von einer West-Steuerung der Kirchenleitungen. Die Magdeburger Kirchenleitung appellierte daraufhin an Nuschke, er möge, statt solches zu behaupten, der antichristlichen Jugenderziehung entgegentreten.[69] Die Ost-CDU suchte ihre Konformitätslinie durch eine Interpretation des Christentums vom Marxismus-Leninismus her zu begründen.[70]

Zur ersten Volkskammerwahl am 15. Oktober 1950 hatten die Länder-Ministerpräsidenten versucht, in Aussprachen die Zustimmung der Pfarrerschaft zur Einheitsliste zu erreichen.[71] Am Wahltag wagten es trotz massiven, lärmenden Agitationsdrucks, u. a. durch FDJ-Kolonnen, nicht wenige, der Wahl fern zu bleiben. Das offizielle Ergebnis lautete dann wie auch künftig stets auf 99%ige Zustimmung. Weitaus bedrängender wirkte die als anti-westlicher Bekenntnisakt inszenierte Volksbefragung am 3.–5. Juni 1951: „Sind Sie gegen die Remilitarisierung Deutschlands und für den Abschluß eines Friedenvertrages mit Deutschland im Jahre 1951?". Die Magdeburger Kirchenleitung erklärte gegenüber der Landesregierung, im Falle einer Verweigerung befürchteten viele Menschen „schlimmste Folgen"; Zweck der Aktion sei unverkennbar der Kampf gegen die westdeutsche Bundesrepublik. Eine Kanzelabkündigung (Berlin-Brandenburg am 27. Mai und 3. Juni) wiederholte die Bitte an die Regierung, die Freiheit der Abstimmung zu gewährleisten und offene Stimmabgabe, Hasspropaganda und Diffamierung Fernbleibender nicht zuzulassen.[72]

66 Auf diese mehr untergründig verbreitete Meinung bezog sich auch Martin Niemöller gegenüber der Kritik an seinen Äußerungen zu „Kirche, Kommunismus und Frieden": Er wende sich nur „gegen die Behauptung, ein Krieg gegen den Bolschewismus sei notwendig, um das Christentum und die christliche Kirche zu retten". Der Kommunismus dürfe „nur mit geistigen Waffen bekämpft ... werden"; epd 24. Juni 1950.

67 Botschaft der Synode der EKD „Was kann die Kirche für den Frieden tun?" vom 27. Apr. 1950; Kundgebungen EKD 1, 94–97.

68 III. Parteitag der SED vom 20.–24. Juni 1950. – Dibelius zur obigen Behauptung: „Man nenne mir einen einzigen!"; EZA 4/449.

69 Wir haben wider Sie, dass Sie „im Namen der ‚fortschrittlichen Christen' in der DDR zu sprechen" beanspruchen. Im Namen Jesu Christi, „der alle falschen Bindungen zerreißt", möge sich Nuschke aus der Blockpolitik und der Anerkennung der Ideologie des Marxismus-Leninismus lösen; EZA 4/449.

70 CDU-Arbeitstagung Herbst 1951 in Meißen: „Thesen des christlichen Realismus"; KJ 1951,139–147.

71 So in Sachsen und in Sachsen-Anhalt; EZA 4/449. Der Broschürentitel „Dürfen wir Pfarrer noch abseits stehen?" kennzeichnet die Art der Agitation.

72 KJ 1951, 126–128.

Wiederholt äußerte sich die Kirche zu dem die ganze Bevölkerung betreffenden Konformitätsdruck. 1951 schrieb Dibelius als EKD-Ratsvorsitzender an Stalin: Durch die gegenwärtige Justiz in der DDR, die deutscher Rechtsauffassung widerstreite (Verhaftungen ohne Haftbefehl und Benachrichtigung von Angehörigen, unmenschlich harte Strafen, auch gegen Jugendliche, Strafvollzug unter Missachtung von Grundsätzen der Menschlichkeit) werde die Hoffnung Deutschlands auf dauerhaften Frieden und gute Nachbarschaft zum „großen, mächtigen Rußland" „sehr gefährdet". Auch im Interesse der Besatzungsmacht selbst erbat Dibelius schnellstmögliche Abhilfe, „um nicht das Volk ... sich hoffnungslos zu entfremden und seine Blicke sehnsüchtig dahin zu lenken, wo diesem Rechtsbewusstsein Rechnung getragen wird".[73] Vorerst gab es kein generelles Vorgehen gegen die Kirche, aber staatliche Eingriffe in die kirchliche Arbeit. 1950 traf ein Einfuhrverbot für ausländische Spenden die Arbeit des Evangelischen Hilfswerks.[74] Der Ministerpräsident von Brandenburg verlangte im Dezember 1950 aufgrund eines Politbüro-Beschlusses ultimativ, die „exterritoriale" Kirchenleitung von Berlin-Brandenburg, die „ihre Direktiven von der amerikanischen Besatzungsmacht" erhalte, von „Westberlin" in die Stadt Brandenburg zu verlegen.[75] Dibelius wies das Ansinnen zurück, indem er mit Anspielung auf die Friedensvertrags-Propaganda der SED ein Einverständnis in der Hoffnung voraussetzte, die „gegenwärtige Aufspaltung unseres deutschen Vaterlandes in verschiedene Staatsgebiete" werde „in naher Zukunft überwunden" sein, so dass jene Frage „in kurzer Zeit ihre Bedeutung verlieren" werde.[76]

6. Berliner Kirchentag 1951: Entgegenkommen und harte Linie

In allen vier Sektoren Berlins tagte vom 11. bis 15. Juli 1951 der stark besuchte Evangelische Kirchentag; auch im Ostsektor konnte er die größten Versammlungsstätten benutzen. Mit ihrem Entgegenkommen wollte die SED den Vorwurf der Unterdrückung von Glauben und Kirche widerlegen. Die Gemeinsamkeit der bis zu 300 000 Teilnehmer aus Ost und West unter der Losung „Wir sind doch Brüder" verwandelten für Tage die geteilte Stadt; die Fröhlichkeit vieler Menschen unterwegs in Berlin ließen den Ost-West-Gegensatz verblassen. Doch die alltägliche Not kam vor einem großen Forum zur Sprache. Eine Thüringer Lehrerin forderte angesichts der atheistischen Indoktrination und täglicher „Vergewaltigung unserer Jugend in der Schule"[77], es möge doch endlich „von der obersten Kirchenleitung ein entscheidendes Wort an die Gottesleugner und Gotteslästerer in unserer Schule gesprochen" werden.[78] Zwei

73 Schreiben an Generalissimus Stalin, 18. Sept. 1951; Kundgebungen EKD 1, 122 f.

74 J. Hübner, Diakonie zwischen Selbständigkeit und Kooperation; in: Hübner/Kaiser (Hg.), Diakonie, 78. Lager des Hilfswerks in Magdeburg, Stendal, Naumburg, Quedlinburg wurden versiegelt und beschlagnahmt; Präses Kreyssig, Schreiben vom 12. März 1951 an kirchliche Amtsträger und Mitarbeiter; EZA 4/326.

75 Goerner, 69 f.

76 Dibelius an Ministerpräsident Jahn, 13. Dez. 1950; Heidtmann, 316.

77 Nahezu wortgleich protestierte 25 Jahre später Pfarrer Oskar Brüsewitz; s. u. S. 124 f.).

78 Seidel, Neubeginn, 138.

Tage nach dem Ende des Kirchentags konstatierte das Politbüro den Fehlschlag eigener Ambitionen.[79]

An ein Einlenken der SED im Kernbereich mentaler Unterwerfung war nicht zu denken. Kirchliche Einsprüche gegen die Erziehung zum Dialektischen Materialismus und zum Hass im Namen eines „demokratischen Patriotismus" blieben weiterhin wirkungslos. Kirchenleitungen und Synoden wandten sich zwischen Ratlosigkeit und Resignation an die Gemeinden, an Eltern und Paten: „Lasst die euch anvertrauten Kinder in ihrer Gewissensbedrängnis nicht allein!".[80] Gemeindekirchenräte und Eltern sollten „ohne Menschenfurcht" aufstehen und kirchliche Unterweisung in allen Klassen verlangen.[81] An den marxistisch dominierten Elternbeiräten solle sich nur beteiligen, wer bereit ist, „unerschrocken den Glauben an den Herrn Jesus Christus" zu bezeugen.[82] Im Blick auf das geistliche Zentrum, den Gottesdienst, war von „Treue und Hingabe" die Rede, aber auch von einem „Zurücksinken in beruhigte Gleichgültigkeit" und dem „Nachlassen der inneren Bereitschaft zum Hören".[83]

D KONSOLIDIERUNG DES KIRCHLICHEN LEBENS UND WIRKENS

1. Gesangbuch und Lebensordnung

Während des ersten Nachkriegsjahrzehnts gewann die bekenntniskirchliche Erneuerung durch die Förderung des geistlichen Lebens der Christen und Gemeinden sichtbare Gestalt. 1950 erschien nach langjähriger hymnologischer Arbeit die Stammausgabe des neuen Evangelischen Kirchengesangbuches, das in den folgenden Jahren mit den landeskirchlichen Anhängen in allen EKD-Gliedkirchen eingeführt wurde. Reformatorisches und altprotestantisches Liedgut des 16. und 17. Jahrhunderts bildete den Schwerpunkt des Hauptteils; mit 44 Liedern waren Pietismus und Aufklärung, mit 16 Liedern, darunter vier von Jochen Klepper und fünf von Rudolf Alexander Schröder, das 19. und 20. Jahrhundert vertreten. Auch die kirchliche Lebensordnung

79 Die Kirchenführer hätten das Ereignis als „Kampfplattform" gegen die DDR genutzt; es gebe einen Aufschwung in der „religiösen Tätigkeit"; Goerner, 76 f.

80 Landessynode Sachsen, Wort an die Gemeinden vom Herbst 1951: „Fürchte dich nicht, sondern rede und schweige nicht!"; zugleich auch Wort an die Regierung: „Die durch die Verfassung gewährleistete Freiheit des Glaubens" sei durch den alleinigen Geltungsanspruch des Dialektischen Materialismus „praktisch aufgehoben"; KJ 1951, 148.

81 Provinzialsynode Schlesien, Juni 1951; EZA 4/329. Die Ev.-Luth. Landeskirche Mecklenburgs formulierte in einer schon wieder veränderten Situation, im November 1953, detailliert die Mitverantwortung der Gemeindekirchenräte für die Christenlehre; KJ 1953, 235–237.

82 Kirchenprovinz Sachsen; Bericht von Präses Kreyssig für die Zeit August bis Dezember 1951; EZA 4/326. – Später schloss die SED ihrerseits Nicht-Marxisten von der Beteiligung im Elternbeirat und „Elternaktiv" aus.

83 Mecklenburgische Landeskirche, Oberkirchenrat; Rückblick auf Berichte von 1948 bis 1950; EZA 4/338.

bedurfte einer gründlichen Neufassung.[84] Die neue Lebensordnung von 1955 für die EKU-Kirchen berücksichtigte die Erfahrungen der Bekennenden Kirche; wichtige Feststellungen betrafen in der Sache auch die aggressive Kirchenpolitik der DDR. Sie betonte als „eine Lebensordnung der (teuren) Gnade" die „Abgrenzung zwischen Gemeinde und Welt".[85] Wortgleich mit der Ordnung von 1930 wurde die Unvereinbarkeit der Konfirmation mit einer „Jugendweihe oder dergleichen" (Art. 19) erklärt. Aktuell bedeutsam waren die Aussagen über die „Junge Gemeinde" als „Jugend der Gemeinde" (Art. 24), das „Kreuz auf der Weltkugel" als „Bekenntniszeichen der evangelischen Jugend" (Art. 30) und die Evangelische Studentengemeinde als Träger der „Verkündigung und Seelsorge an Hoch- und Fachschulen" (Art. 31).

2. Ausbildung für den kirchlichen Dienst

Sogleich nach dem Kriegsende hatte die Sorge für den kirchlichen Nachwuchs hohe Priorität. Die Ausbildung von Katechetinnen und Katecheten für den kirchlich zu verantwortenden Religionsunterricht, die „Christenlehre", erfolgte in einer Reihe von kurzfristig geschaffenen Seminaren. Für die fachliche Begleitung der katechetischen Arbeit hatte die 1947 lizenzierte Zeitschrift „Die Christenlehre" große Bedeutung.

Für den Pfarrernachwuchs standen die Theologischen Fakultäten der Anfang 1946 wieder eröffneten sechs Universitäten (Berlin, Greifswald, Halle, Jena, Leipzig, Rostock) zur Verfügung, deren Lehrkörper personell ergänzt oder, wie in Rostock, fast völlig neu aufgebaut werden musste. An zwei Universitäten, Halle und Greifswald, wurden Theologen die ersten Nachkriegsrektoren: in Halle der Alttestamentler Otto Eißfeldt, in Greifswald der Neutestamentler Ernst Lohmeyer. Tief schockierend wirkte die Verhaftung Lohmeyers in der Nacht vor seiner Einführung und sein Jahrzehnte lang im Dunkel bleibendes Schicksal.[86] Ein Plan der SED, im Rahmen des Aufbaus des Sozialismus die Theologischen Fakultäten aus den Universitäten zu verweisen, blieb Episode.[87]

Schon 1945 hatte als erste theologische Ausbildungsstätte die Kirchliche Hochschule in Berlin mit einem Lehrkörper aus Theologen der Bekennenden Kirche ihre Arbeit

84 Im Bereich der EKU galt noch die „Ordnung des kirchlichen Lebens" vom 12. März 1930, ein knappes Regelwerk über kirchliche „Ordnung und Sitte", das über die für den evangelischen Christen geltenden kirchlichen Pflichten und Rechte informierte.

85 Synodalbericht 1955 von Präsident Hildebrandt; Wilhelm Hüffmeier, Die kirchlich-theologische Arbeit der EKU seit 1953; Geschichte der EKU 3, 763–826 (zit. 788).

86 Lohmeyer wurde in der Nacht zum 15. Febr. 1946 verhaftet. Erst 1990 wurde bekannt, dass er unter dem unzutreffenden Vorwurf einer Beteiligung an Kriegsverbrechen von einem sowjetischen Militärtribunal verurteilt und am 19. Sept. 1946 in der Nähe von Greifswald hingerichtet worden war; James R. Edwards, Ernst Lohmeyer. Ein Schlusskapitel; EvTh 56 (1996), 320–342.

87 Die SED plante, die Theologischen Fakultäten zu schließen und die Theologenausbildung wie in anderen „Volksdemokratien" einer von der Kirche zu betreibenden Theologischen Akademie zuzuweisen; Beschluss des Politbüros am 5. Aug. 1952, zu TOP 13 „Kirchenfragen"; Goerner, 243.

aufnehmen können. Nach illegaler Arbeit und Verbot unter dem NS-Regime wirkte sie nun unter alliierter Lizenz im US-Sektor und wurde ein wichtiger Studien-, bisweilen auch Fluchtort für ostdeutsche Studierende. Bei der Zuspitzung der Ost-West-Konfrontation wurde von hier aus 1950 in Ostberlin das „Sprachenkonvikt" gegründet, das Studienanfängern aus Ostdeutschland den Zugang erleichtern sollte. Nach dem Mauerbau 1961 wurde dieses zu einer selbständigen kirchlichen Hochschule ausgebaut, blieb aber ohne staatliche Anerkennung. Schon 1949 hatte die Magdeburger Kirchenleitung wegen des großen Personalbedarfs für den schulischen Religionsunterricht einen Ausbildungsgang für Oberstufen-Religionslehrer eingerichtet. Im „Katechetischen Oberseminar", anfangs in Wittenberg, dann in Naumburg, ergänzte man nach der Verdrängung des Religionsunterrichtes aus den Schulen die religionspädagogische zur volltheologischen Ausbildung, um den Absolventen den Zugang zum Pfarrerberuf zu öffnen. In Leipzig wurde später das Seminar der Ev.-Lutherischen Mission gleichfalls (als „Theologisches Seminar") zu einer kirchlichen Hochschule ausgebaut. Einer Ausbildung von Absolventen insbesondere aus Handwerksberufen zu Predigern dienten im EKU-Bereich die Predigerschule im Augustinerkloster Erfurt und das Paulinum in Berlin.

3. Kirchliches Mitarbeiterrecht

Mit mehreren Zehntausend Mitarbeiterinnen und Mitarbeitern war und blieb die Kirche mit ihren Einrichtungen einer der größten Arbeitgeber im Osten Deutschlands.[88] Das zwischen Pfarrern, Beamten und Angestellten unterscheidende kirchliche Mitarbeiterrecht behielt seine Geltung; es wurde durch den Staat, der den Beamtenstatus abgeschafft hatte, in einem Erlass bestätigt.[89]
Erst nach langer Zeit kam es zu einer Gleichstellung der Frauen mit den Männern im Verkündigungsdienst und Gemeindepfarramt. Hatten während des Krieges an vielen Orten „Vikarinnen" (voll ausgebildete, jedoch nicht ordinierte Theologinnen) als Vakanzvertretung das Gemeindepfarramt versehen, so sahen sie sich danach wieder ganz an Tätigkeiten „eigener Art" (Dienste in Heimen und Krankenhäusern, in der Seelsorge, bei Ausbildungsgängen u. a.) verwiesen. Zudem führte eine Heirat zum Ausscheiden aus dem Dienst als Pastorin. Noch 1956 bestimmte eine VELKD-Richtlinie, dass einer Pfarrvikarin nur in „besonderen Notfällen" auch „die eigentlichen pfarramtlichen Aufgaben" zu übertragen seien.[90] Doch in wachsendem Maße erhielten Frauen Zugang zum Gemeindepfarramt.[91] Das Pfarrerdienstrecht der EKU glich 1962 die Stellung der Pastorinnen und der nicht-akademisch ausgebildeten Prediger der des Pfarrers weitgehend an. Erst das für den ostdeutschen Kirchenbund beschlos-

88 Allein im Bereich einer der größeren Landeskirchen, Berlin-Brandenburg, gab es etwa 3000 hauptamtlich und ebenso viele nebenamtlich tätige Frauen und Männer, dazu etwa 5000 in den vielen Einrichtungen der Diakonie; Radatz/Winter, Einheit, 129 f.

89 Macher-Erlass von 1958, 1986 auch im Arbeitsgesetzbuch der DDR bestätigt.

90 „Darum wagt es, Schwestern …". Zur Geschichte evangelischer Theologinnen in Deutschland, Neukirchen 1994, 472–477 (Histor.-theol. Studien zum 19. u. 20. Jhd. Bd. 7).

91 In Berlin-Brandenburg gab es 1962 bei insgesamt 848 besetzten Pfarrstellen 38 Gemeindepastorinnen, 1985 über 100 bei etwa noch 750 Pfarrstellen.

sene Pfarrerdienstgesetz von 1983 brachte eine vorbehaltlose Gleichberechtigung von Pastorinnen und Predigern mit den Pfarrern.[92]

4. Gliedkirchliche Zusammenschlüsse

Nach ihrer raschen Neukonstituierung gewannen ab 1948 die Landeskirchen und die kirchlichen Zusammenschlüsse ihr institutionelles Profil. Die landeskirchlichen Verfassungen bezogen sich grundlegend auf das Evangelium von Jesus Christus nach dem Zeugnis der Heiligen Schrift, auf die altkirchlichen und, im einzelnen differierend, auf die lutherischen oder reformierten bzw. auf die reformatorischen Bekenntnisse; sie betonten den verpflichtenden Charakter der Erfahrungen des Kirchenkampfes, überwiegend auch den der Theologischen Erklärung von Barmen 1934.[93] In ihrer im Juli 1948 in Eisenach beschlossenen Grundordnung bezeichnete sich die EKD als „Bund lutherischer, reformierter und unierter Kirchen", in dem „die Bekenntnisgrundlage der Gliedkirchen und Gemeinden" geachtet und deren Wirksamwerden in Lehre, Leben und Ordnung vorausgesetzt werde. Als „bekennende Kirche" bejahe die EKD die „in Barmen getroffenen Entscheidungen" und wisse sich verpflichtet, „die Erkenntnisse des Kirchenkampfes über Wesen, Auftrag und Ordnung der Kirche zur Auswirkung zu bringen". In ihr werde „die bestehende Gemeinschaft der deutschen evangelischen Christenheit sichtbar".[94]

Unmittelbar zuvor hatten zehn lutherische Landeskirchen auf der Grundlage der lutherischen Bekenntnisse die „Vereinigte Evangelisch-Lutherische Kirche Deutschlands" (VELKD) gegründet,[95] zu der im Osten die lutherischen Kirchen in Mecklenburg, Sachsen und Thüringen gehörten. Eine vom Lutherrat, insbesondere dem bayerischen Bischof Hans Meiser, erstrebte große Lösung – eine lutherische Kirche Deutschlands aus allen lutherisch geprägten Kirchengebieten, neben der nur noch eine Minorität reformierter Gebiete und Gemeinden bestanden hätte – hatte sich als nicht realisierbar erwiesen.

Erst nach einem schwierigen Verständigungsprozess kam es zur Wiederherstellung der altpreußischen Landeskirche (APU) in einer neuen, veränderten Gestalt. Durch den Verlust der Ostgebiete war die APU von 1922 stark geschrumpft.

Bischof Dibelius erstrebte eine Erneuerung der bisherigen Rechtsgestalt, die er selbst 1945 auf den Weg gebracht hatte. Die westlichen Kirchen im Rheinland und in Westfalen aber bestanden auf dem vom altpreußischen BK-Bruderrat vorgesehenen Verfassungsmodell. Auch eine in Treysa 1945 getroffene Vereinbarung ging von der Selbständigkeit der bisherigen Kirchenprovinzen als Landeskirchen aus. Nach Beratungen ab 1947 und Verfassungsentwürfen knüpfte ein 1949 in Bethel bestellter Ausschuss an die Vereinbarung von Treysa an: Gemeinsamkeit in

92 Radatz/Winter, Einheit, 130.

93 F. Winter, Die Geltungsformel der Theologischen Erklärung von Barmen in den Ordnungen der evangelischen Kirchen in der DDR. Ein Beitrag zum Dialog um Barmen; in: Barmen 1934–1984. Beiträge zur Diskussion um die Theologische Erklärung von Barmen. Hg. im Auftrag des BEK in der DDR von R. Schulze in Zus.arb. mit H. Ludwig, Berlin (-Ost) 1985, 141–164.

94 Grundordnung der EKD, beschlossen am 13. Juli 1948, Art. 1.

95 Verfassunggebende Generalsynode in Eisenach vom 6.–8. Juli 1948.

der APU solle von den Gliedkirchen ausgehen, deren Dienst und Ordnungen zu koordinieren seien. Die Frage gesetzgeberischer Befugnisse einer Generalsynode blieb dabei zunächst strittig. Die östlichen Kirchen wollten die APU nicht nur als Kirchenbund, sondern als Bundes*kirche* erneuern. Im Winter 1950/51 gelang die Verständigung. Eine außerordentliche Generalsynode in Berlin-Spandau beschloss die „Ordnung der Evangelischen Kirche der altpreußischen Union", die sich als „die Gemeinschaft der in ihr zusammengeschlossenen Gliedkirchen im Dienst am Evangelium" bezeichnete.[96] Es gab nicht mehr „Kirchenleitung" von Berlin aus gegenüber den Gliedkirchen; der altpreußische EOK wurde nach Funktion und Bezeichnung zu einer „Kirchenkanzlei". Die APU war nun das „Instrument ihrer Gliedkirchen" (Walter Delius), aus denen der „Rat" als Leitungsgremium bestellt wurde. Präses der Generalsynode wurde der Magdeburger Synodalpräses Dr. Lothar Kreyssig, der dieses Amt bis 1970 ausübte.
Gegenüber lutherischen Einwänden, wonach die neu konstituierte APU eine „nicht eindeutig bekenntnisbestimmte Kirche" sei,[97] vertrat diese einen anderen Bekenntnisbegriff: Nicht die gleichen geschriebenen Bekenntnisschriften konstituierten die Einheit der Kirche, sondern der in der APU bestehende consensus doctrinae in Verkündigung und Sakramentsverwaltung, indem lutherische, reformierte und unierte Gemeinden gemeinsam bekennen, dass die Heilige Schrift alleinige Quelle und Richtschnur des Glaubens sei und das Heil allein im Glauben an Jesus Christus empfangen werde. Verbleibende Lehrunterschiede seien nicht kirchentrennend.[98]
Von staatlicher Seite gab es zunächst inoffiziell von Nuschke geäußerte Bedenken gegen die Erneuerung der APU: Es wäre „unter den gegebenen Verhältnissen" taktisch klug, auf den belasteten Begriff „Preußen" zu verzichten; auch seien von Polen her Einsprüche gegen die gliedkirchlichen Bezeichnungen „Pommern" und „Schlesien" zu erwarten.[99] Auch nach dem dann auf Verlangen der SED erfolgenden offiziellen Einspruch der Regierung war die Synode zunächst nicht zur Namensänderung bereit. Nach einem längeren Konflikt verzichtete sie jedoch auf die erst seit 1922 bestehende Bezeichnung „altpreußisch" – aus kirchlichen, nicht politischen Gründen, wie es jetzt hieß. Die Generalsynode beschloss am 12. Dezember 1953 den Namen „Evangelische Kirche der Union" (EKU). Diese war nun nicht mehr an den historischen Gebietsbestand gebunden.[100] Anderthalb Jahrzehnte später, im Rahmen der kirchlichen Neugliederung von 1968/69,[101] ersetzten auch die pommersche und die schlesische Kirche ihre Namen, die an große verloren gegangene Gebiete erinnerten, durch die der Kirchenleitungsorte Greifswald und Görlitz.[102]

Nach der schwierigen Erneuerungsphase bewährte sich die EKU als eine lebhaft kommunizierende, auf wichtigen Feldern effektiv arbeitende Kirchengemeinschaft. Anders als die EKD und die VELKD konnte sie auch in den Jahrzehnten der Teilung ihre Einheit bewahren und praktizieren. Das war vor allem für die fünf östlichen Gliedkirchen von großem Wert.

96 Ordnung der Evangelischen Kirche der altpreußischen Union vom 20. Febr. 1951.
97 Brief von Landesbischof Meiser an Präses Kreyssig vom 15. Febr. 1951; Kampmann, 642.
98 Antwort Kreyssigs an Meiser vom 18. Mai 1951; Kampmann, 643f.
99 Brief Nuschkes an Dibelius vom 18. Febr. 1951; Kampmann, 645.
100 So konnte 1960 aufgrund ihres unierten Selbstverständnisses die Landeskirche von Anhalt der EKU beitreten.
101 Vgl. unten, S. 97–101.
102 Evangelische Landeskirche Greifswald; Evangelische Kirche des Görlitzer Kirchengebietes.

Kapitel 2
Totalitäre Kulturrevolution. Angriff auf die volkskirchliche Tradition (1952–1961)

A „AUFBAU DES SOZIALISMUS" UND KIRCHENKAMPF 1952/53

Die kommunistische Führung hatte die von Anfang an intendierte Verwirklichung des „Sozialismus" aus deutschlandpolitischen Gründen zurückgestellt. Als jedoch die gegen die Westintegration der Bundesrepublik gerichtete Stalin-Initiative vom März 1952 für einen Deutschland neutralisierenden Friedensvertrag gescheitert war, entfielen die hemmenden Rücksichten. Laut Moskauer Vorgabe proklamierte SED-Generalsekretär Ulbricht auf der 2. SED-Parteikonferenz im Juli 1952 den beschleunigten „planmäßigen Aufbau des Sozialismus" und die „Verschärfung des Klassenkampfes".[1] Auf dem Programm standen die Kollektivierung der Landwirtschaft, der forcierte Ausbau der Schwerindustrie, ein verschärftes Vorgehen gegen die als Agenturen des Westens geltenden Kirchen und gegen den bürgerlichen Mittelstand. Der Realisierung dienten eine pausenlose Agitation, terroristischer Druck und die SED-dirigierte Justiz. Ulbricht schloss die Parteikonferenz mit den Worten: „Wir werden siegen, weil uns der große Stalin führt!"
Weitreichende Maßnahmen richteten sich gegen die Kirchen. Scharf beargwöhnt wurde auch die CDU, die sich unter Otto Nuschke um ein erträgliches Verhältnis von Staat und Kirche bemühte.[2] Schon Anfang 1951 hatte das SED-Politbüro gefordert, Kurt Grünbaum wegen seiner besonderen Nähe zur Kirche aus der „Hauptabteilung Verbindung zu den Kirchen" zu entfernen. Im Juni 1952 forderte die SED, alle Kirchenfragen „dem Politbüro zur Entscheidung vorzulegen". Eine von Grünbaum CDU-intern vorgelegte Analyse der SED-Kirchenpolitik[3] wurde dann zum Anlass seiner Entlassung. Er wurde im Februar 1953 verhaftet. Mehrere andere Mitarbeiter der Hauptabteilung waren geflüchtet. Verhaftungen von Pfarrern und kirchlichen Amtsträgern, über die Mielke monatliche Aufstellungen verlangte, waren bereits an der Tagesordnung.[4] Schon im März 1952 waren 28 evangelische Amtsträger wegen „Spio-

1 Zweite Parteikonferenz der SED vom 9.–12. Juli 1952 in Berlin.

2 MfS-Staatssekretär Mielke ordnete die umfassende Beobachtung „der Kirche und zugehörigen Organisationen sowie CDU" an, da erfahrungsgemäß „der Gegner unserer neuen Ordnung alles" unternehme, um den „sozialistischen Aufbau zu schädigen", und die Tätigkeit von „reaktionären Personengruppen" in den Kreisen von „Kirche und CDU" oft unterschätzt werde; Dienstanweisung vom 17. Sept. 1952; Besier/Wolf, 150 f.

3 In ihr hieß es, die Kirchen betrachteten die Maßnahmen der letzten Monate „als eine Entwicklung unserer Republik zu einem totalen Staate". Schreiben Grünbaums vom 28. Juli 1952 an die Abt. Kirchenfragen der CDU über die Entwicklung des Verhältnisses von Staat und Kirche in den letzten Monaten; SED und Kirche 1, 72–77 (zit. 76).

4 Dienstanweisung vom 17. Sept. 1952; Besier/Wolf, 152: „Welche Festnahmen wurden im

nage und ähnlichen Dingen" in Haft. Bei Nuschke häuften sich kirchliche Beschwerden. In Sachsen-Anhalt wurden karitative und landwirtschaftliche Einrichtungen der Kirche beschlagnahmt. Im November 1952 beschloss die SED-Führung, die Zuschüsse für die Kirche um 25% zu kürzen. Am 1. Januar 1953 beendete der Staat die Unterstützung für den Einzug der Kirchensteuern.

Größte Bedeutung hatte für die SED die politische Mobilisierung der Jugend, deren „Einheit" sie allein in der FDJ verkörpert sah. Gerade jetzt aber zeigte sich eine wachsende Attraktivität der kirchlichen Jugendarbeit. Ende 1952 wusste das MfS von einem Mitgliederzuwachs der Jungen Gemeinde, so in Sachsen um 84% binnen Jahresfrist, und deren starker Stellung an den Oberschulen, auch von „Zersetzungserscheinungen in der FDJ": Mancherorts hätten Pfarrer oder kirchliche Jugendleiter ganze FDJ-Gruppen für sich gewonnen. Die attraktive Arbeit der Jungen Gemeinde mit Laienspielen, Rüstzeiten und Festen und deren geistige Überlegenheit wurden besorgt registriert. Der illegale „Organisations"-Charakter der Jungen Gemeinde[5] und deren staatsfeindliche Zielsetzung galten als erwiesen, da die Jugendkammer Ost der EKD ihren Sitz in Westberlin habe und mit dem Bundesjugendring personell vernetzt sei. „Zweck" der Jungen Gemeinde sei die Erziehung zum Hass gegen die DDR und die Sowjetunion; religiöse Handlungen würden „nur zum Schein durchgeführt".[6]

Im Januar 1953 beschloss das SED-Politbüro umfassende Maßnahmen gegen die Junge Gemeinde, die als eine von Westdeutschland und den USA her dirigierte „Tarnorganisation für Kriegshetze, Sabotage und Spionage" zu entlarven und aufzulösen sei.[7] In einigen Bezirks- oder Kreisstädten seien in „kurzen Zeitabständen hintereinander" öffentliche Prozesse zu veranstalten, um die „Agenten- und Sabotagetätigkeit" der Jungen Gemeinde nachzuweisen; die Bezirkspresse von SED und Blockparteien habe „Enthüllungen" über deren staatsfeindliche Tätigkeit zu publizieren. Während der Prozesse solle die FDJ die Arbeit „auf dem Gebiet des frohen Jugendlebens" verstärken. Die Schulen hatten „wirksame Kontrollmaßnahmen" beim Religionsunterricht durchzuführen. Mitglieder der Jungen Gemeinde sollten nicht zu Hochschulen zugelassen werden. Der Evangelischen Kirche sei nach den Prozessen das Verbot jeder Tätigkeit der Jugendkammer Ost und „der sogenannten Jungen Gemeinde" mitzuteilen.

Schon im Sommer 1952 waren Jugend-Rüstzeiten verboten worden. Anfang 1953 begann eine Pressekampagne gegen die Junge Gemeinde sowie gegen Jugend- und Studentenpfarrer mit üblen Beschimpfungen, Unterstellungen und Drohungen. Der Politbürobeschluss zielte auf die Vernichtung der kirchlichen Jugend- und Studentenarbeit. Was über die verfassungsmäßig garantierte „Religionsausübung" hinausgeht – „Jugendwanderungen, Zeltlager, Rüstzeitlager, Laienspiele, Laienchöre, christliche

---

Berichtsmonat durchgeführt, welche Gründe lagen hierfür vor …?" Welche „Personen wurden im Berichtsmonat abgeurteilt, wie lautet das Urteil?"

5 Im August 1952 erklärte die Synode von Berlin-Brandenburg erneut, die Junge Gemeinde sei „keine Organisation, sondern die Jugend der Kirche"; wer sie antaste, taste die Kirche an; KJ 1952, 227.

6 Dienstanweisung Mielkes vom 23. Nov. 1952; Besier/Wolf, 159–173 (zit. 161 f. 164).

7 Sitzung des Politbüros am 27. Jan. 1953, TOP 6: Junge Gemeinde; SED und Kirche, 1, 88–91. Einen umfassenden Maßnahmeplan hatte am 13. Januar Willi Barth, Abt. Staatliche Verwaltung des ZK der SED, vorgelegt; SED und Kirche 1, 82–88.

Akademien usw.“, das „Tragen des sogenannten Bekenntniszeichens“ (Kreuz auf der Weltkugel), die Herstellung und Verbreitung kirchlicher Jugendzeitschriften – sei zu verbieten; Zuwiderhandlungen seien nach dem „Gesetz zum Schutze des Friedens“ und anderen Bestimmungen zu bestrafen. Das FDJ-Zentralorgan „Junge Welt“ titelte in einer Sondernummer vom 1. April: „‚Junge Gemeinde‘ – Tarnorganisation für Kriegshetze, Sabotage und Spionage im USA-Auftrag“. Zwei inzwischen Verhaftete, der „angebliche Studentenpfarrer“ Johannes Hamel und der ESG-Reisesekretär Johannes Althausen, wurden Ziel einer umfassenden „Entlarvung“.[8]
Schon im Januar 1953 war der volksmissionarisch wirkende Brüdergemeine-Prediger Kurt Schumann aufgrund von sinnentstellend gedeuteten Formulierungen eines Vortrages wegen „Boykotthetze“ zu sechs Jahren Zuchthaus verurteilt worden. Gemeinsam mit der Brüdergemeine legte die sächsische Landeskirche Berufung ein und rief in einer Kanzelerklärung zur Fürbitte auf.[9]
Es gab weitere Verhaftungen, noch ohne Prozesse. Von Basel her setzte sich Karl Barth beim DDR-Minister für Staatssicherheit für sechs namentlich Genannte ein: Bisher habe man auf die der Kirche in der DDR gewährte Freiheit hinweisen können. Jetzt aber scheine „etwas vom Schlimmsten“, was Gegner der östlichen Staatsform behaupteten, einzutreten: dass in der DDR wie einst im Hitlerstaat „nur eine der offiziellen Kulturdoktrin gleichgeschaltete“, unfreie, „also notwendig unchristliche Kirche“ bestehen könne und die christliche Kirche sich „in irgendwelche ‚Katakomben‘ zurückziehen“ müsse. Barth, führender Theologe der Bekennenden Kirche und keiner Sympathie für die Adenauer-Regierung verdächtig, bat die DDR-Regierung dringend, ihre Maßnahmen aufzuhalten und rückgängig zu machen.[10]
Die Nachricht vom Tod Stalins am 5. März 1953 ließ viele aufatmen, doch gerade jetzt gab es harte Pressionen gegen die Junge Gemeinde. Zum Hauptinstrument des Terrors wurde eine große Welle von gleichartig verlaufenden Schulversammlungen. Agitatorische Referate brandmarkten anhand von „Enthüllungen“ die Junge Gemeinde als vom Westen gesteuerte illegale Organisation, die durch ideologische Störarbeit den Sieg „fortschrittlicher“ Überzeugung an den Schulen sabotieren und „die Einheit der Jugend spalten“ solle. Bei den von feindseliger Rhetorik beherrschten Versammlungen wurden christliche Schülerinnen und Schüler einzeln namentlich aufgerufen, um ihren Austritt aus der Jungen Gemeinde zu erklären. Viele verweigerten dies, wiesen die Anschuldigungen zurück und bekannten ihre christliche Überzeugung. Bis Pfingsten wurden etwa tausend junge Christen von den Oberschulen verwiesen.[11]
Massive Eingriffe richteten sich auch gegen die soziale und karitative Arbeit der Evangelischen Kirche, vor allem in der Kirchenprovinz Sachsen. Im März/April 1953 wurden die Pfeifferschen Stiftungen in Magdeburg, die Diakonissenanstalten in Neinstedt und weitere große und kleinere Anstalten und Rüstzeitheime beschlagnahmt. Viele kirchliche Veranstaltungen wurden in schroff restriktiver Anwendung einer Verordnung von 1951 untersagt. Mancherorts konnte auch die Christenlehre wegen administrativer Behinderung nicht mehr stattfinden. Es wurde klar, dass kirch-

8 KJ 1953, 132–137.
9 KJ 1953, 149–154.
10 K. Barth, Brief an Staatssicherheits-Minister Zaisser, 2. März 1953; KJ 1953, 139 f.
11 Die nur noch zu schätzenden Angaben differieren zwischen 3000 und etwa 900 Schulverweisen; Ueberschär, 198.

liches Leben und Wirken stark eingeschränkt werden sollte. Die Fürbittenliste für Verhaftete umfasste im Mai 1953 bereits 71 Namen. Aus Furcht vor einer breiten Solidarisierung wies das Regime jedoch den Vorwurf eines frontalen „Kirchenkampfes" zurück: Die freie „Religionsausübung" bleibe unangetastet. Von inkriminierten „Agenten", „Saboteuren" und „scheinbaren" Pfarrern unterschied die SED-Phraseologie die „ehrlichen", fortschrittlichen, für den Frieden kämpfenden Christen.
Im März 1953 brachte ein Hirtenbrief der Magdeburger Kirchenleitung außer den Angriffen auf die Junge Gemeinde und das kirchliche Leben auch die schwere, viele zur Flucht treibende Bedrängnis des gewerblichen Mittelstandes zur Sprache. Bischof Müller rief die Christen auf, sich im Gottesdienst zusammenzuschließen, im Gebet zu Gott zu schreien und in der Liebe die Last des anderen zu tragen.[12]
Da die Regierung nicht ansprechbar war, schrieben am 9. April die evangelischen Bischöfe an den Leiter der SKK, Armeegeneral Tschujkow, und verwiesen auf die aus dem Vorgehen des Staates erwachsenden Gefahren: Es handele sich um einen „Kirchenkampf großen Ausmaßes". Martin Fischer, Professor an der Kirchlichen Hochschule in Westberlin, hatte schon im August 1952 nach den ersten einschneidenden Maßnahmen auf der EKD-Synode betont, die Kirche im Osten müsse „sich auf sich selbst stellen lernen, ... ihre Lage begreifen lernen und bejahen".[13] Jetzt dokumentierte er „Das Zeugnis der Verhafteten".[14] Bischof Dibelius bestärkte in einem Wort vom 28. April die Glieder der Jungen Gemeinde und deren Eltern, auf der Verfassung der DDR zu bestehen, die der Kirche, also auch der Jungen Gemeinde, das Recht gibt, über allgemeine Fragen des menschlichen Lebens zu sprechen. Am 11. Mai unterrichtete der Rat der EKD alle evangelischen Gemeinden über die Lage im Osten Deutschlands und rief zum Vertrauen auf Gott, zu Fürbitte und Opferbereitschaft auf.[15] Der schweren Bedrängnis des Bauernstandes und der Flucht von Zehntausenden galten Überlegungen von Bischof Müller zur jetzt nötigen Seelsorge durch die Pfarrerschaft seiner Kirchenprovinz: Soll man zur Flucht raten oder dazu, den Produktionsgenossenschaften (LPG) als Zentren der sozialistischen Umgestaltung des Dorfes beizutreten? Die Kirche propagiere keine Wirtschaftsordnung; entscheidend sei, ob Bauern beim Eintritt in die LPG „noch meinen, Christen bleiben zu können".[16]
Das rigorose Vorgehen beim „Aufbau des Sozialismus" und die Massenflucht von Gewerbetreibenden, Bauern, Facharbeitern und Wissenschaftlern hatten die Wirtschaft der DDR stark geschädigt. Aus Moskau kamen Warnungen an die SED. Ende Mai mahnte Ulbricht die Funktionäre zu einem differenzierenden Umgang mit den Menschen: Man solle Spezialisten, die „ehrlich arbeiten", fördern und ihre Kenntnisse nutzen, bis es linientreuen Nachwuchs gebe. Eine von Grotewohl angekündigte Pfarrer-Massenversammlung in Leipzig, die den Kirchenkampf-Vorwurf überblenden sollte, kam nicht zustande. Am 4. Juni schlug die Kirchliche Ostkonferenz eine Aussprache mit der Regierung über die Hauptpunkte der Spannungen vor.[17]

---

12 Hirtenbrief an die Gemeinden der Kirchenprovinz Sachsen vom 17. März 1953; KJ 1953, 159–162.
13 Onnasch, Konflikt, 158.
14 April 1953; KJ 1953, 163–168.
15 KJ 1953, 172–172 = Kundgebungen EKD 1, 157 f.
16 KJ 1953, 174–177.
17 Kundgebungen EKD 1, 159.

Gerade jetzt hatte die SED-Führung in Moskau die Direktive für einen spektakulären Kurswechsel erhalten. Die neue KPdSU-Führung hatte „Maßnahmen zur Gesundung der politischen Lage in der DDR“[18] beschlossen, die vom 2. bis 4. Juni einer nach Moskau beorderten SED-Delegation (Ulbricht, Grotewohl, Oelßner) erläutert wurden. Man müsse „rasch und kräftig korrigieren“, dürfe dabei „nicht Prestige fürchten“, sonst komme eine Katastrophe. Vor allem gegenüber der Intelligenz und den Christen seien „grobe Fehler“ gemacht und der „Einfluss der Kirche unter den breiten Massen der Bevölkerung“ unterschätzt worden. Die SED erhielt detaillierte Anweisungen: Die „Gesetzlichkeit und Gewährung der Bürgerrechte“ seien zu stärken; „nackte Administrierung“ solle vermieden und die „grobe Einmischung“ in die Angelegenheiten der Kirche und die Kriminalisierung der Jungen Gemeinde beendet werden. Das „Absterben der Religion“ aber blieb im Programm. Das „Hauptkampfmittel“ gegen den „reaktionären Einfluss der Kirche“ solle eine „tüchtig durchdachte Aufklärungs- und Kulturarbeit“ sein statt Repressalien, die den „religiösen Fanatismus der rückständigen Schichten der Bevölkerung“ stärken. – Noch von Moskau aus wurde die aggressive Propaganda gestoppt. Das Politbüro beschloss am 9. Juni die anstehenden Maßnahmen; die Regierung lud für den folgenden Tag die Evangelische Kirche zu einem Spitzengespräch ein.

Am 10. Juni 1953 hörte Grotewohl die kirchlichen Beschwerden an.[19] Er erklärte, die Regierung werde die getroffenen Maßnahmen weitgehend rückgängig machen und künftig nicht mehr gegen die Kirche vorgehen. Eine Regierungsverlautbarung sprach vom „Geiste gegenseitiger Verständigung“ und der „Wiederherstellung eines normalen Zustandes zwischen Staat und Kirche“. Der Staat werde „das kirchliche Eigenleben nach den Bestimmungen der Verfassung“ gewährleisten; die Vertreter der Kirchen hätten erklärt, „auf verfassungswidrige Eingriffe und Einwirkungen in das wirtschaftliche und politische Leben zu verzichten“.[20] Das Kommuniqué nannte als Punkte der Kurskorrektur: Junge Gemeinde und relegierte Oberschüler, Studentengemeinden, Religionsunterricht, beschlagnahmte Einrichtungen, Gerichtsurteile und „ungerechte Härten“, kirchliche Veranstaltungen und staatliche Zuschüsse.[21] Die Maßnahmen wurden alsbald weitgehend realisiert. Mit dem Gesprächskommuniqué erschien am 11. Juni im „Neuen Deutschland“ eine große Verlautbarung über den „Neuen Kurs“ der Regierung. Die Parteiführung gab „schwere Fehler“ beim Aufbau des Sozialismus zu. Die jüngsten Maßnahmen sollten weitgehend zurückgenommen und die Bevölkerung besser versorgt werden. Die Wende zum Neuen Kurs ließ die Bevölkerung aufatmen. Der Rat der EKD rief zur dankbaren Mitfreude in ganz

18 Der Vorgang und das Dokument wurden erst 1990 bekannt: Beiträge zur Geschichte der Arbeiterbewegung, H. 5/1990, 648–654. Zum Folgenden vgl. Goerner, 111–119; zit. 115 f. 118.

19 Die Regierung war durch Grotewohl, Nuschke und die Minister Wandel und Zaisser, die Kirche durch die acht Bischöfe sowie Propst Grüber und Generalsuperintendent Krummacher als Kontaktperson zu sowjetischen Stellen beteiligt.

20 Diese komplementäre Aussage wurde später bei neuen Pressionen gegen die Kirche verwendet; vgl. unten, S. 52.

21 Mitteilung des Presseamtes beim Ministerpräsidenten; KJ 1953, 178 f. = Kundgebungen EKD 1, 161–163.

Deutschland auf; nun gebe es die Hoffnung, in „Freiheit und echtem Frieden wieder ein einiges deutsches Volk" zu werden.[22]

Wenige Tage danach, am 16. Juni, wurde die jüngst beschlossene Erhöhung der Arbeitsnormen ausdrücklich bestätigt. Dies provozierte einen Streik von Berliner Bauarbeitern, der sich stündlich ausweitete und zum Aufstand gegen das SED-Regime wurde. Massendemonstrationen in Berlin und in vielen anderen Städten am 17. Juni standen im Zeichen weitreichender politischer Forderungen: Rücktritt der Regierung und freie Wahlen! Sowjetische Panzer machten dem Aufstand ein Ende. Es gab eine Welle von Verhaftungen, Todesurteilen oder langjährigen Gefängnisstrafen gegen Aufstandsteilnehmer. Die Bischöfe der Ostkonferenz äußerten „ein tiefes menschliches Verstehen" für die am 17. Juni vertretenen Anliegen der Arbeiterschaft und baten den sowjetischen Hohen Kommissar, die Verhaftungswelle zu stoppen.[23]

Die Zusagen des am 11. Juni verkündeten „Neuen Kurses" blieben vorerst in Kraft. Vor kurzem noch Unvorstellbares wurde jetzt möglich: Viele Christen aus der DDR konnten im August den Kirchentag in Hamburg besuchen: „Wir reden noch eine Sprache! ... Wir sind noch Brüder!" Eigenem Kleinglauben zum Trotz habe man erfahren, dass Christen „überall dort, wo Gott sie hinstellt, Heimat und Auftrag" haben.[24]

B ÜBERGANGSPHASE 1954/55

Nach dem Scheitern des forcierten „Sozialismus"-Programms waren viele übel behandelte Christen rehabilitiert und die Kirchen in die vormaligen Rechte eingesetzt worden. Bei den Behörden gab es ein betontes Entgegenkommen für kirchliche Anliegen; die Erwartung, dies werde so bleiben, lag nahe. Das ZK der SED beschloss eine bessere Versorgung und sozialpolitische Zugeständnisse; die Regierenden signalisierten Rücksichtnahme auf die Stimmung in der Bevölkerung. Doch die Staatsführung blieb die gleiche. Ein Machtwechsel in Moskau[25] ermöglichte es der Ulbricht-Fraktion in der SED, zu einem wieder härteren, ideologiegeleiteten Kurs zurückzulenken. Ulbricht verkündete: Der Weg zum Sozialismus „war und bleibt richtig", nur Tempo und Art der Umsetzung seien zu ändern.[26] Leute der eigenen Linie erhielten wichtige Positionen, so Hilde Benjamin, die als Justizministerin für ihre Härte berüchtigt wurde. Der Neue Kurs verblasste zur Episode. Schon im Spätsommer 1953 schmähte ein zuvor noch zurückgehaltenes grobschlächtiges Pamphlet die religiöse Moral: Religion diene nur einer kleinen Minderheit, schade der Mehrheit, sei „zutiefst unsittlich" und eine Quelle von Heuchelei. Sittlich sei, „was der Zerstörung der alten Ausbeuterordnung" dient; mit der Predigt des Glaubens an Gott betrieben Diener der Kirche

22 Wort des Rates der EKD, 12. Juni 1953; Kundgebungen EKD 1, 160 f.

23 Schreiben der KOK an Botschafter Semjonow; Kundgebungen 1, 164.

24 Gruß- und Dankwort von Johannes Cieslack, Seifhennersdorf i. Sa., 16. Aug. 1953; KJ 1953, 29 f.

25 ZK-Generalsekretär Berija, der Zugeständnisse an den Westen bis zu einer Preisgabe der DDR erwogen hatte, wurde am 26. Juni gestürzt und am 23. Dez. 1953 hingerichtet.

26 Ulbricht auf dem ZK-Plenum vom 26. Juli 1953; Goerner, 129.

„ein schändliches Handwerk".[27] Kirchlicher Protest beim FDJ-Vorsitzenden Erich Honecker blieb ohne Wirkung.[28]

Nach dem Desaster von 1952/53 begab sich die SED-Führung, indem sie eine eigene Kirchenpolitik zu planen begann, auf ein bislang nur grob-ideologisch gesichtetes Terrain. Im September 1953 forderte Ulbricht eine „Offensivstellung des Staates" zur Kirche, doch dürfe dabei nicht der Anschein eines Kirchenkampfes erweckt werden.[29] Das Hauptproblem für die SED war und blieb eine unerwünscht starke Stellung der Kirche. Vorliegende Informationen sprachen von einem weitreichenden Einfluss der „Kirchenhierarchie" auch auf „Werktätige", besonders auf die ländliche Bevölkerung. Evangelische Akademien übten eine Massenbeeinflussung aus. Die Junge Gemeinde spalte weiterhin die allein von der FDJ zu führende Jugendbewegung. Auch ein Zusammenwirken von evangelischer und katholischer Kirche wurde beargwöhnt. Man schrieb diese unerfreuliche Bilanz Fehlern beim staatlichen Umgang mit der Kirche zu. Deren ungehinderte Aktivität sei durch „falsche Auffassungen" des Kommuniqués vom 10. Juni 1953 ermöglicht worden. Die „Hauptabteilung Verbindung zu den Kirchen" sei, statt als Interessenvertretung des Staates zu wirken, zum „Stützpunkt der Kirchenhierarchie" geworden. Das Wunschziel der SED war ein Staat-Kirche-Verhältnis wie in der ČSSR: Ein „Loyalitätseid" und das staatliche Plazet bei Schlüsselstellungen könnte „alle Illoyalen" ausschalten. Doch vorerst standen deutschlandpolitische Rücksichten einem abermals radikalen Vorgehen im Wege.

Politischen Gewinn erhoffte die SED-Führung von dem gesamtdeutschen Kirchentag in Leipzig 1954. Er wurde zum Anlass konzeptioneller Überlegungen. Vom Politbüro beauftragt, legte eine ZK-Arbeitsgruppe am 14. März 1954 ein Grundsatzdokument über „Die Politik der Partei in Kirchenfragen" vor. Es ging als geheime Verschlusssache an alle SED-Bezirks- und Kreisleitungen.[30] Erklärtes Ziel war es, den jüngst gewachsenen Einfluss der Kirche zurückzudrängen. Wichtige Argumente entstammten der Moskauer Direktive vom Juni 1953.[31] In der politisch-ideologischen Optik der SED galt die Kirche, gleich ob evangelisch oder katholisch, als „die stärkste legale Position der imperialistischen Kräfte" in der DDR. Die SED sah sich also mit einer zwangsläufig zu duldenden, nur durch ein Bündel von Gegenwirkungen zu neutralisierenden Präsenz des Feindes (USA, Bundesrepublik) konfrontiert. Das blieb die für Jahrzehnte bestimmende Sicht.

Für die Kontrolle und Steuerung der Kirchenpolitik wurde ein neues zentrales Instrument, die „Abteilung für Kirchenfragen" im Zentralkomitee, vorgesehen. Mit ihr verfügte die SED ab 1955 über ein eigenes, der Öffentlichkeit verborgenes Organ zur Umsetzung kirchenpolitischer Vorgaben des Politbüros. Nachdem die 1952/53 erstrebte „Liquidierung"[32] der gesellschaft-

27 P. F. Kolonitzki: Kommunistische und religiöse Moral, aus dem Russischen übers., Berlin, Verlag „Junge Welt", o. J.

28 OKR Andler, Ev. Jugendkammer Ost: Diese Schrift stelle „das Ungeheuerlichste dar", was in der DDR gegen die Kirche und ihr Leben veröffentlicht wurde. Nicht das „Interesse an einer geistigen Auseinandersetzung", sondern „abgrundtiefer Hass" bewege den Verfasser; EZA 4/450.

29 ZK-Plenum 17.–19. Sept. 1953; Goerner, 133.

30 SED und Kirche 1, 150–155.

31 Vgl. oben, S. 49.

32 Parteiinterne Parole; Goerner, 83. 91 ff.

lichen Präsenz der Kirche durch offene Konfrontation gescheitert war, sollte nun mit der Taktik des Differenzierens die Einheit der Kirche aufgebrochen werden. Dabei ging man von einem Gegensatz zwischen westlich orientierten *Kirchenleitungen* und als staatskonform geltender christlicher *Bevölkerung* aus. Bei den „Millionen Werktätiger" mit religiösen Anschauungen, die „aktiv und begeistert am friedlichen Aufbau" teilnehmen, müsse die SED sich eine „feste Massenbasis" verschaffen.
Die Vereinbarungen vom 10. Juni 1953 wurden jetzt gegen die Kirche gewendet. Kirchliche Erfolge galten als Anlass für die Behauptung, die Kirche habe gegen jene Vereinbarungen „ständig verstoßen",[33] so zum Beispiel durch „Paketaktionen" im Auftrag von „amerikanischen und deutschen Imperialisten". Die Differenzierungstaktik sollte den Kreis „fortschrittlicher Kräfte" in Gemeindekirchenräten und der „niederen und mittleren Geistlichkeit" ständig erweitern, die „Kirchenhierarchie" aber von den „Massen der Kirchenanhänger" isolieren. Doch dürften die ausführenden Funktionäre dabei „in keiner Weise die religiösen Gefühle" der Christen verletzen.[34] Äußerungen kirchlicher Amtsträger gegen die SED müsse man „offen anprangern" und deren Haltung auf eigens durchgeführten Versammlungen verurteilen – unbeschadet weiterer gerichtlicher Maßnahmen. Es ging um die Durchsetzung strikter Subordination: Die staatliche Autorität gelte „in allen politischen, wirtschaftlichen *und kulturellen Fragen*" [Hervorhebung R. M.]; gegen jede Verletzung sei einzuschreiten. Die Sprache der taktisch neuen verriet den Geist der alten Politik.
Zu den geplanten Maßnahmen gehörten die Verbreitung populärwissenschaftlicher Schriften und eine fortschrittliche „protestantische Monatszeitschrift".[35] Die FDJ habe den „ideologischen Kampf" unter der Jugend zu verstärken. Auch die noch 1952 als „sektiererisch"[36] verworfene freidenkerische Praxis von „Jugendweihen" wurde jetzt zwecks nachdrücklicher „staatsbürgerlicher Erziehung" aufgegriffen, zunächst für Jugendliche aus Familien „ohne innere Bindung zur Kirche". Sie seien sogleich vorzubereiten und erstmalig 1955 durchzuführen. Im übrigen sollte wieder eine restriktive Praxis greifen: Hausverbote für Lehrende im Falle von geringsten Verstößen (etwaiger Änderungen im Klassenraum) beim schulischen *Religionsunterricht*, keine Zuzugs- und Aufenthaltsgenehmigungen mehr für westdeutsche Geistliche oder Referenten, enge Kriterien für Druckgenehmigungen, strenge Handhabung der Anmeldepflicht für kirchliche Veranstaltungen.

„Seid fröhlich in Hoffnung!" war die Losung des Deutschen Evangelischen Kirchentags in Leipzig. Vom 7.–11. Juli 1954 prägte er das Leben in der Stadt. Über 60 000 Dauerteilnehmer und 650 000 Menschen bei der Schlussveranstaltung, eine nie wieder erreichte Zahl, bekundeten die Zusammengehörigkeit der Deutschen in der Gemeinschaft des Glaubens. – Als Erprobung des jüngst beschlossenen Kirchenpolitik-Konzepts der SED wurde der Kirchentag zum Fiasko. Das Politbüro erklärte seine Ambitionen für gescheitert: In verschiedenen gesellschaftlichen Bereichen plane die „amerikahörige Fraktion" der Kirchenleitung neue Aktivitäten. Die „Hauptabtei-

33 Vom Verhalten der Kirche war am 10. Juni 1953 nur mit der generellen Zusicherung, „auf verfassungswidrige Eingriffe und Einwirkungen in das wirtschaftliche und politische Leben zu verzichten", die Rede gewesen; vgl. oben, S. 49.

34 Auch Artikel der Moskauer „Prawda" vom 24. Juli und 11. Nov. 1954 forderten einen „unversöhnlichen Kampf" gegen die Religion, ohne dabei die „Gefühle der Gläubigen" zu verletzen; Goerner, 303 f.

35 Sie kam 1957 mit der Monatsschrift „Glaube und Gewissen" zustande; Mau, Eingebunden, 108 f.

36 Im Sprachgebrauch der SED gleichbedeutend mit überzogen kämpferischen, den Zielen der Partei politisch abträglichen Aktivitäten.

lung Verbindung zu den Kirchen" habe sich als „verlängerter Arm der Kirchenhierarchie" erwiesen.[37]
Die seit dem „Neuen Kurs" praktizierte kirchenpolitische Zurückhaltung der SED ging 1955 zu Ende. Ohnehin gehörte die Feindseligkeit von SED-Funktionären und vielen Lehrern gegenüber der Kirche zum DDR-Alltag. Der Hoffnung des Sommers 1953 und des Kirchentages 1954 war eine wachsende Resignation gefolgt.[38] Jetzt gab es auch Signale für eine neue Verschärfung des SED-Kurses. Eine schroffe Polemik gegen die Religion in der ZK-Monatsschrift „Einheit"[39] begleitete im April 1955 die Ernennung von Kurt Hager zum ZK-Sekretär für Wissenschaft, Volksbildung und Kultur. Im Geschichtsunterricht sei der „religiöse Aberglaube" scharf zu bekämpfen. Im Mai forderte Albert Norden, ZK-Sekretär für Propaganda, die „Milde" gegenüber Bischof Dibelius und anderen zu beenden. Die sie veranlassende Furcht der SED vor einem „Kulturkampf" oder „Religionskrieg" hielt er für überholt. Im Stil Ulbricht'scher Rabulistik, die dem Gegner aggressive Absichten unterstellte, um offensiv darauf zu reagieren, riet er, der klerikalen „reaktionären Intoleranz" die eigene „Duldsamkeit" entgegenzusetzen. Durch Differenzierung müsse man die Gläubigen der Hierarchie entziehen.
Als 1955 abermals eine Gipfel- und Außenministerkonferenz der Kriegsalliierten gescheitert war, rückte die Sowjetunion deutlicher vom Offenhalten der „deutschen Frage" ab. Sie erkannte der DDR die „volle Souveränität" zu.[40] Damit endete die noch im Zeichen der Wiedervereinigungs-Option verbliebene Unsicherheit für die ostdeutsche Staatsführung. Im Umgang mit der Kirche zeigte sie nunmehr demonstrativ ein gehobenes Selbstbewusstsein.
Mit der Einführung der Jugendweihe gelang der SED ein auf die Dauer erfolgreicher Einbruch in die volkskirchliche Praxis der evangelischen Konfirmation. Ein von Persönlichkeiten des kulturellen Lebens unterzeichneter Aufruf vom November 1954 zielte auf die Vereinnahmung der gesamten Jugend. Kirchlicher Widerspruch sollte sich in der Fiktion, die Jugendweihe sei weltanschaulich neutral und nicht staatlich organisiert,[41] verfangen. Weltanschauliche Indoktrination und staatliche Lenkung wurden durch das Mitwirken vieler Lehrer, programmatische Artikel in der „Deutschen Lehrerzeitung" und den Inhalt des den Jugendlichen überreichten Buches

---

37 Auswertung des Kirchentages durch das Politbüro am 27. Juli 1954; Goerner, 157.

38 Es beginne die „Stunde der großen Anfechtung und grauer Hoffnungslosigkeit. Die Verängstigung wachse und mit ihr das Überläufertum"; Äußerung eines ungenannten DDR-Bürgers; KJ 1955, 168.

39 K. Hager: Über den wissenschaftlich-atheistischen Charakter unserer Weltanschauung; Einheit 4/1955: Die Religion sei eine „ideologische Waffe in den Händen der Ausbeuter"; Papst und Bischöfe (namentlich auch: Dibelius) wetteiferten im „Hass gegen die Arbeiter-und-Bauern-Macht"; die Vernichtung der Ausbeutergesellschaft und der Aufbau des Kommunismus werde die Religion überwinden; Goerner, 304.

40 14. Sept. 1955 Moskau: Diplomatische Beziehungen UdSSR – Bundesrepublik Deutschland; 20. Sept. Moskau: Staatsvertrag UdSSR – DDR; 23. Sept. Bonn: Hallstein-Doktrin (Alleinvertretungsanspruch der Bundesrepublik; Abbruch diplomatischer Beziehungen zu Drittländern, die die DDR anerkennen).

41 Jugendweiheaufruf vom 12. Nov. 1954, unterzeichnet u. a. von Anna Seghers, Johannes R. Becher und Stephan Hermlin; ND vom 14. Nov. 1954.

„Weltall, Erde, Mensch“ offenkundig. Auch der April-Termin und ein betonter Familienbezug[42] zeigten die Absicht, die Konfirmation zu verdrängen.
Die Kirche reagierte umgehend und sehr entschieden. Noch im November 1954 erinnerte die Kirchenleitung von Berlin-Brandenburg in einem auch von anderen Gliedkirchen übernommenen Wort daran, dass die Jugendweihe seit je eine Ablehnung der Kirche und ihrer Botschaft intendiere. Daher könnten Kinder, die an ihr teilnehmen, nicht konfirmiert werden.[43]

Ein Brief an die Pfarrer und Gemeinden bekräftigte: Sie scheiden „aus der Gemeinschaft derer aus, die am Heiligen Abendmahl teilnehmen und das Patenamt ausüben können.“[44] Der Staat erhob den Vorwurf des Gewissenszwanges. Den wiesen die Kirchenleitungen zurück: Über die Zulassung zur Konfirmation zu entscheiden, gehöre zur verfassungsmäßig zugesicherten Autonomie der Kirche; Konfirmation und Jugendweihe seien nach den Ordnungen aller evangelischen Kirchen in Deutschland unvereinbar. Vielmehr übe der Staat Druck auf die Jugendlichen und ihre Eltern aus, indem ihnen angedroht werde, bei Nichtteilnahme an der Jugendweihe würden sie nicht zur Oberschule zugelassen werden, keinen Lehrvertrag erhalten, oder die Eltern würden ihre Stellung verlieren.[45]
Der entschiedene kirchliche Einspruch bewirkte, dass es zunächst nur eine geringe bis mäßige Beteiligung an der Jugendweihe gab.[46] In den Kirchenleitungen und der Pfarrerschaft hoffte man, der Angriff auf die Konfirmation werde ebenso scheitern wie der auf die Junge Gemeinde im Frühjahr 1953. Bischof Mitzenheim rief die Pfarrer in Thüringen dazu auf, den bedrängten Kindern und Eltern „zur Seite zu stehen“ für eine Entscheidung „im Vertrauen auf Gottes gnädige Hilfe“; vor zwei Jahren „haben wir es erfahren dürfen,“ dass Gott „Leiden und Widerstand aus Glauben segnet“ und das Zeugnis des Evangeliums „mit seiner mächtigen Führung … begleitet.“[47]
Doch der kontinuierliche und bald sich noch steigernde staatliche Druck zeigte Wirkung. Von Jahr zu Jahr wuchs die Teilnahme an der Jugendweihe. Die Mehrheit der evangelischen Bevölkerung war nicht bereit, für ein Widerstehen an dieser Stelle einschneidende Nachteile in Kauf zu nehmen.

Die KOK beschloss am 27. Aug. 1958 Richtlinien für die Konfirmation, die deren Unvereinbarkeit mit der Jugendweihe betonten. Jugendweiheteilnehmer sollten aber nicht vom kirchlichen Unterricht ausgeschlossen werden, sondern bis zu einem gemeinsamen Abschluss im zweijährigen Konfirmandenunterricht verbleiben, dann aber erst ein Jahr nach der Jugendweihe, nach regelmäßiger Beteiligung am kirchlichen Leben zur gesonderten vierteljährigen Vorbereitung auf das Abendmahl zugelassen werden. Bald kam es hier aber zu einer divergierenden Praxis zwischen Landeskirchen, bisweilen von Ort zu Ort. Wachsende Spannungen wurden zum Anlass, neue Wege für den Umgang mit dem Konflikt zwischen Konfirmation und Jugendweihe zu suchen.

---

42 „Die Jugendweihe soll in jeder Familie ein besonderer Festtag sein und für den Jugendlichen selbst ein Kraftquell für seine weitere Entwicklung“; Direktive des ZK der SED an die Bezirks- und Kreisleitungen; Pollack, 133.

43 KJ 81, 146 f.

44 Bischof Dibelius, Rundbrief an die Pfarrer und Gemeinden vom Januar 1955; KJ 1955, 112.

45 Mit ausdrücklichem Bezug hierauf protestierten Bischof Mitzenheim am 21. Jan. 1955 und Bischof Müller am 21. Febr. 1955 bei den Vorsitzenden der Bezirksräte; Pollack, 134.

46 Staatliche Quellen nennen für die Jahre 1955 und 1956 die Teilnahme von 17,7 % bzw. 23,7 % des *Gesamtjahrgangs*. Die Landeskirchen registrierten vom *Konfirmandenjahrgang* 1955 zwischen 0,7 und 7 % als Teilnehmer an der Jugendweihe; Pollack, 135 f.

47 Rundbrief Bischof Mitzenheims, Oktober 1955; KJ 1955, 144.

C POLITISCHER UND IDEOLOGISCHER DRUCK 1956–1958

1. Die Forderung politischer Loyalität

Im September 1955, bei der Einführung von Bischof Jänicke in Magdeburg, forderte der neue DDR-Innenminister Karl Maron eine Loyalitätserklärung der Kirche gegenüber dem Staat. Zum Jahreswechsel bekräftigte der CDU-Vorsitzende Otto Nuschke dieses Verlangen: Die Kirche müsse ihre Stellung zum Arbeiter-und-Bauern-Staat klären; sie dürfe nicht noch weiter in Erwartung eines Endes der DDR „überwintern" wollen.[48] Über das schon bisher praktizierte Anerkennen und Respektieren der obrigkeitlichen Funktion staatlicher Organe und geltender Gesetze hinaus ging es um die ausdrückliche Bejahung des Staates DDR, seiner Führung und seiner Politik. Die Forderung blieb auf der Tagesordnung. Anfang 1956 verschärfte die SED durch spektakuläre Eingriffe den Druck auf die Kirche. Am 4. Januar traf eine Verhaftungswelle die evangelische Bahnhofsmission in Berlin und in mehreren Bezirkshauptstädten der DDR; zehn Mitarbeiter und Mitarbeiterinnen wurden wegen „Spionage" im NATO-Auftrag längere Zeit inhaftiert.[49] Auch der Religionsunterricht an den Schulen geriet unter Druck. Kirchliche Lehrkräfte sollten eine positive Einstellung „zum Staat der Arbeiter und Bauern" bekunden. In Ostberlin wurde die Christenlehre extrem ungünstig außerhalb des Stundenplans platziert.[50] Neben weiteren Repressalien gegen die Kirche beschloss das Politbüro auch ein Pamphlet gegen Bischof Dibelius.[51]

Für die KOK erbat umgehend Landesbischof Mitzenheim, da Dibelius an einer ÖRK-Tagung in Australien teilnahm, eine grundsätzliche Aussprache bei Ministerpräsident Grotewohl. Statt seiner empfing am 10. Februar Innenminister Maron eine kirchliche Delegation,[52] die er im Auftrag des Politbüros mit einem Katalog massiver politischer Beschuldigungen konfrontierte. Maron betonte dabei die „neue gehobene Stellung" des Arbeiter-und-Bauern-Staates „für ganz Deutschland und in der Welt".[53] Erst durch energisches Insistieren verschaffte Bischof Mitzenheim der Kirchendelegation die Gelegenheit, Beschwerden gegen langwährende und neu hinzugekommene Pressionen vorzutragen. Die Kirche stehe „auf dem Boden der Verfassung", diese aber werde „in verschiedenen Punkten durch den Staat verletzt".[54]

48 Rede vor dem Hauptvorstand der CDU; Goerner, 308.

49 Erste Verhaftungen am 4. Jan.; Kriminalisierung der Bahnhofsmission („Spionage" im NATO-Auftrag) im ND vom 18. und 20. Jan.; Stellungnahme der KOK am 19. Jan.; Brief von Bischof Dibelius an Ministerpräsident Grotewohl am 20. Jan. 1956.

50 Beschlüsse des Politbüros der SED am 24. Jan. und 7. Febr. 1956; Goerner, 290 f.

51 Politbüro-Beschluss vom 7. Febr. 1956 mit Titelvorgabe „Wer ist Dibelius?".

52 Die Bischöfe Mitzenheim und Krummacher, Präses Scharf, KonsPräs Grünbaum, OKR Behm. Zum Gesamtvorgang vgl. KJ 1956, 149–170.

53 KJ 1956, 149–154 (zit. 154). Die SED-Bezirksleitungen sollten den Textinhalt den Superintendenten nur mündlich bekannt geben und eine „eindeutige, loyale, positive Haltung" zur DDR zwecks Minderung der Spannungen fordern; Begleitbrief von Staatssekretär Josef Hegen; SED und Kirche 1, 109.

54 Äußerungen von Mitgliedern der Kirchendelegation: SED und Kirche 1, 189–192 (zit. 190); schriftliche Darlegung kirchlicher Beschwerden und Zurückweisung staatlicher Vorwürfe: KJ 1956, 155–170.

Ende März 1956 definierte Ministerpräsident Grotewohl in programmatischem Zusammenhang, bei der 3. SED-Parteikonferenz, die der Kirche zu konzedierende Daseinsweise im Sinne von „Kult" ohne realen Daseinsbezug. Die Kirche werde „in der Pflege der Kulthandlungen in der Kirche in nichts begrenzt"; sie genieße den „Schutz der ungestörten Religionsausübung". Doch Kritik am Erziehungswesen und an der Verbreitung des Marxismus-Leninismus sei eine anmaßend-feindliche „Einmischung" in die „inneren Angelegenheiten des Staates". Dies mit der Verfassung zu begründen, bedeute, sie „gegen die Interessen des Staates" zu missbrauchen. Es gelte: „Der Kirche, was der Kirche ist, aber dem Staate, was des Staates ist!".[55]
Für den Staat blieb eine Loyalitätserklärung mit signifikantem Abbruch der kirchlichen Westorientierung auf der Tagesordnung. Hier suchte jetzt die CDU die Initiative zu gewinnen.

Ein CDU-Memorandum[56] galt der Frage, wie die Kirche, die „im offenen politischen" und „im weltanschaulichen Kampf" nicht geschlagen werden könne, „zur Loyalität zu zwingen" sei. Einer Analyse der politischen und geistigen Haltung der Christen und Kirchenleitungen in der DDR folgte der Rat, bei der Propaganda und Agitation nur politisch, nicht aber weltanschaulich zu argumentieren. Liege eine Loyalitätserklärung vor, so könne sie „als Instrument" zur von der Kirche dann nicht mehr zu verhindernden Entfaltung der „gesellschaftlich aktiven Kräfte" (also der CDU) dienen. Verweigere die Kirchliche Ostkonferenz eine Grundsatzerklärung, so müsse man „einzelne Landeskirchen" aus dem Rahmen der Dibelius-geleiteten Kirchenpolitik „herauszureißen" versuchen.[57] Sobald es Loyalitätserklärungen gebe, sollten anhängige Fragen (Gottesdienste in den Sperrzonen und in Altersheimen, Baulizenzen u. a.) modellhaft geklärt und durch „vertragliche Abmachungen" entschieden werden. Das Memorandum empfahl, die doppelte staatliche Zuständigkeit – „Hauptabteilung" (bei Nuschke) und Staatssekretariat des Innern – durch ein Nuschke zu unterstellendes „Amt für Kirchenfragen" zu beenden. Mit kulturpolitischen Maßnahmen (der Förderung von Kirchenchören, Organisten, christlichen Malern, Schriftstellern) könne man einen „tiefen Einbruch in die christliche Bevölkerung" bewirken. Doch sollte man Weltanschauliches „aus der Propaganda des Staates und der Nationalen Front" ganz heraushalten. Um den Jugendweihe-Konflikt beizulegen, möge man das Buch „Weltall, Erde, Mensch" zurückziehen und das Wort „Jugendweihe" durch „Jugendfeier" ersetzen.[58]
Otto Nuschke rückte die Loyalitätsforderung in eine gesamtdeutsche Perspektive und forderte dringend „eine wirklich kühne globale Bereinigung des Staat-Kirche-Verhältnisses" noch vor der EKD-Synode (s. u.) und dem Kirchentag in Frankfurt am Main. „Wir müssen rasch handeln!" Die „psychologische und politische Atmosphäre", in die man die Kirchen versetzt habe, sei dafür günstig. „Nachgiebigkeit und Härte jeweils am falschen Platz" würde für lange Zeit den Einfluss auf die evangelische Bevölkerung in der DDR und den westdeutschen Protestantismus kosten; später werde auch „Druck ... soviel wir wollen" nichts mehr bewirken. Mit den evangelischen Bischöfen möge man Grundsatzerklärungen austauschen und eine Reihe von Fragen (Gottesdienste in Altersheimen, Erleichterungen im karitativen Bereich, Freilas-

55 Rede Grotewohls am 28. März 1956 bei der 3. Parteikonferenz der SED; Wilke, 235 f.

56 Bemerkungen zur kirchenpolitischen Lage, 12. März 1956; SED und Kirche 1, 193–202. Auf Anfrage bestätigte Prof. Dr. G. Wirth, damals Sekretär für Kirchen- und Kulturpolitik beim Hauptvorstand der CDU, der Verfasser des Memorandums zu sein.

57 OKR Lotz habe schon Bischof Mitzenheim eine Erklärung der thüringischen Landeskirche vorgeschlagen.

58 Ähnlich empfahl Dibelius am 3. Dez. 1956 gegenüber Grotewohl (s. u.), den Begriff Jugendweihe durch „Schulentlassungsfeier" zu ersetzen; SED und Kirche 1, 122.

sung von Inhaftierten) klären. Eine „geistige Auseinandersetzung über die gesellschaftliche Neuorientierung der deutschen Christenheit" könne durch einen Offenen Brief Propst Grübers initiiert werden.[59] CDU-intern kritisierte Nuschke das Vorgehen der SED, warnte vor einer „übertriebenen und hektischen atheistischen Propaganda", der Gleichsetzung von Glaube und Aberglaube und vor falschen Verallgemeinerungen bei der „wissenschaftlichen Aufklärung".[60]

Die SED-Führung hielt den Vorstoß Nuschkes, der wie schon das Memorandum Wirths auch einer Stärkung der CDU-Position galt, für inakzeptabel. Sie setzte den harten Kurs fort und plante, die Kirchenpolitik ganz in eigene Regie zu übernehmen.[61]

2. EKD-Synode 1956: „Raum für das Evangelium in Ost und West"

Die Loyalitätsforderung samt drohender Isolierung der Kirche im Osten durch permanenten Druck veranlassten die östlichen EKD-Synodalen, eine außerordentliche Synode zu fordern. Sie tagte vom 27. bis 29. Juni in Berlin zum Thema „Raum für das Evangelium in Ost und West". Das kerygmatisch-prophetisch konzipierte Referat des Cottbuser Generalsuperintendenten Günter Jacob beschrieb die Situation und den Auftrag der Kirche nach dem „Ende des konstantinischen Zeitalters".

Jacob deutete die Lage der Kirche im Osten als Teil des Säkularisierungsprozesses, der sich auch im Westen zunehmend auswirken werde. Den „Weg der Kirche Jesu Christi" müsse man deshalb gemeinsam suchen, frei vom Modell der Restauration einer privilegierten Kirche als „Koalitionspartner innerweltlicher Mächte". Raum für das Evangelium werde „der lebendige Herr selbst" schaffen. Seine Gemeinde müsse eine reale Lebensgemeinschaft im Gottesdienst, im Zeugnis und diakonischen Handeln praktizieren, bereit sein zum Verzicht auf äußere Sicherheiten, doch ohne sich die Rolle eines politischen Widerstandszentrums („Bollwerk gegen den Kommunismus") aufdrängen zu lassen. Es gehe um die Botschaft von der Epiphanie Gottes in Jesus Christus; sie lasse sich nicht auf eine „außerhalb des öffentlichen Terrains" geduldete religiöse „Isolierstation" eingrenzen. Die Kirche habe nach Römer 13 jeden Staat, unabhängig von dessen Entstehung und Eigenart, auch den ostdeutschen, zu achten. Bei Konflikten müsse sie Gott mehr gehorchen als den Menschen. Unter wachsenden Pressionen gelte Gottes Verheißung gerade nicht einer „privilegierten" Kirche, sondern den kleinen Gemeinden. Staatlicher Verweigerungs- und Verbotspraxis dürfe die Kirche nicht mit der Forderung von Privilegien begegnen. Sie könne „dem Staat nur sagen, welche Bewegungsfreiheiten" sie im Dienst des Evangeliums wahrnehmen werde.[62]

In einer „Theologischen Erklärung" thematisierte die Synode das Evangelium als Botschaft von Jesus Christus, dem die Welt nur „die Krippe und das Kreuz" gönnte, der aber als der Auferstandene „uns Raum schenkt vor Gottes Angesicht, ihm zu danken und zu dienen". Es mache die in ihrem Dienst gehinderte und verfolgte Kirche frei und widerstreite den Versu-

---

59 Brief vom 31. Mai 1956 an Ministerpräsident Grotewohl; SED und Kirche 1, 114–116.

60 Rede vor dem CDU-Hauptvorstand am 11. Juni 1956; SED und Kirche 1, 113 f.

61 Am Tag der zitierten Nuschke-Rede konferierten jüngere CDU-Funktionäre (Gerald Götting und Günter Wirth) mit Paul Wandel und Willi Barth vom ZK der SED. Dort meine man nicht, „Bischof Dibelius durch Dr. Nuschke wieder ‚hoffähig' machen" zu können; Mau, Eingebunden, 104–106.

62 KJ 1956, 9–15.

chen, eine „Gesellschaftsordnung als absolut zu behaupten“ und gewaltsam durchzusetzen. Es sei „nicht dazu da“, uns „die politische Wiedervereinigung zu schaffen“, öffne uns aber das Ohr für die Not der Opfer der Trennung und gebe uns die Freiheit, um deren Überwindung zu bitten und für sie zu arbeiten. Den Staat rücke es „unter die gnädige Anordnung Gottes“, befreie uns aber dazu, jeden Totalitätsanspruch zu verneinen und lieber zu leiden, als gottwidrigen Anordnungen zu gehorchen. Die Synode bat die Inhaber staatlicher Macht, „der Kirche den Raum nicht zu verwehren“, den sie für die öffentliche Verkündigung des Evangeliums braucht.[63]

Beim Staat wurde beifällig vermerkt, dass erstmalig DDR-Synodale „die positiven Kreise um Niemöller“, Jacob und Vogel nennenswert unterstützt hätten.[64] Nuschke empfand zunächst ein „Ausweichen vor einer klaren Entscheidung“, urteilte dann aber auf dem 8. Ost-CDU-Parteitag, Jacobs Referat und die Theologische Erklärung hätten eine Normalisierung des Staat-Kirche-Verhältnisses erleichtert.[65] Schon zuvor hatte Paul Wandel, ZK-Sekretär für Kultur und Erziehung, Hoffnungen auf eine Milderung bei der Jugendweihepraxis geweckt; 1957 wagte er sogar einen Alleingang des Entgegenkommens.[66] Dem aber machte Ulbricht bald ein Ende. Er bestand auf der entschiedenen Ideologisierung der Jugendweihe.

3. Staat-Kirche-Konfliktfelder 1956–1958

Das Ostblock-Krisenjahr 1956 stärkte die Position Walter Ulbrichts als erstem Mann der SED. Den Konsequenzen der Enthüllungen Chruschtschows auf dem XX. Parteitag der KPdSU über die Verbrechen Stalins wusste sich der Altstalinist geschickt zu entziehen: Die Moskauer Abrechnung reduzierte Ulbricht für den DDR-Gebrauch auf den hier angeblich nie betriebenen „Personenkult“. Stalin-Denkmäler und dessen allerorts verewigter Name verschwanden bei Nacht und Nebel. Dass es während der Unruhen in Polen im Juni und des ungarischen Volksaufstandes im Oktober 1956 in der DDR ruhig blieb, stärkte das in Moskau seit 1953 beschädigte Ansehen Ulbrichts. Jetzt konnte er die reformorientierte Gruppe in der Parteiführung ausschalten. Auswirkungen auf die Kirchenpolitik zeigten sich schon in Beschlüssen des Politbüros vom 27. November 1956. Die SED-Spitze hielt es für „nicht zweckmäßig“, durch eine gemeinsame Staat-Kirche-Kommission, wie die CDU empfohlen hatte, die Beziehungen zu verbessern oder der Kirche bei der Jugendweihe entgegenzukommen.[67] Grotewohl sollte von den evangelischen Bischöfen eine Loyalitätserklärung verlan-

63 Theologische Erklärung, entworfen von Heinrich Vogel; KJ 1956, 17 f.

64 Willi Barth, Information an das Politbüro und Sekretariat des ZK der SED vom 12. Juli 1956; SED und Kirche 1, 202–207.

65 „Neue Zeit“ vom 1. Juli 1956 und CDU-Parteitag im September: SED und Kirche 1, 119 f.

66 Wandel hatte im März 1956 gegenüber den Bischöfen Mitzenheim und Krummacher und Propst Grüber Verständnis für die kirchlichen Beschwerden geäußert; 1957 brachte er eine neue, nicht mehr betont atheistische Fassung des Buches „Weltall, Erde, Mensch“ in Umlauf; SED und Kirche 1, 211; Goerner, 321.

67 Das Protokoll vermerkte: „An dem Charakter der Jugendweihe wird nichts geändert. Die atheistische Tätigkeit bei den Jugendweihen wird entsprechend den Vorschlägen in der Diskussion gemildert“ – also nicht etwa preisgegeben; Wilke, 279 f.

gen und ankündigen, dass die Kirchenpolitik durch Einsetzung eines Staatssekretärs für Kirchenfragen neu geordnet werde. Das Politbüro plante auch, eine innerkirchliche Opposition zu etablieren und zu instrumentalisieren.[68]
Am 3. Dezember 1956 sprach Ministerpräsident Grotewohl mit den Bischöfen.[69] Sie erlebten nichts vom erhofften Entgegenkommen. Auf gravierende Beschwerden reagierten Grotewohl und seine Delegation,[70] indem sie offenkundige Sachverhalte leugneten, Gegenvorwürfe erhoben und kirchliche Zustimmung zur Regierungspolitik forderten.[71] Bischof Dibelius[72] beschrieb „die allgemeine Atmosphäre"[73] anhand des Vorgehens bei der Jugendweihe, die „formell als private Angelegenheit, tatsächlich aber unter dem Einsatz aller möglichen Mittel" des Staates betrieben werde. Mitzenheim bezeichnete den Versuch, „der Jugend in reinen Glaubens- und Gewissensfragen durch Gewalt das Rückgrat zu brechen", als „unverantwortlich". Grotewohl leugnete rundweg eine staatliche Beteiligung an der Jugendweihe. Von den Kirchen forderte er, „die Friedenspolitik unserer Regierung" zu unterstützen.
Am 22. Februar 1957 unterzeichnete Bischof Dibelius als EKD-Ratsvorsitzender den Militärseelsorgevertrag mit der Bundesregierung. Die nach Halle einberufene EKD-Synode, für die Nuschke bereits staatliche Unterstützung zugesagt hatte, sollte über den Vertrag abstimmen.[74] Sie wurde aber vom Staat verboten. Die SED wertete den Militärseelsorgevertrag als „Bündnis" der Kirche mit der NATO und den westlichen „Kriegstreibern" und nahm ihn zum Anlass für eine langdauernde Agitation gegen die EKD als „Militärkirche", gegen „NATO-" oder „Atom-Bischöfe" sowie für wachsende Pressionen gegen die Kirche.
Die für Halle verbotene EKD-Synode tagte vom 3.–8. März 1957 in Berlin-Spandau. Auch die meisten DDR-Synodalen stimmten dem Militärseelsorgevertrag zu, zogen danach aber mit der Begründung, er betreffe nicht den eigenen Verantwortungsbereich, ihre Zustimmung zurück.[75] Am 8. März verkündete die Regierung die Einsetzung eines Staatssekretärs für Kirchenfragen. Er habe die „ständige Verbindung mit

68 Mit „fortschrittlichen Geistlichen" sei ein „Statut einer evangelischen Pfarrervereinigung" zu erarbeiten und dem Politbüro vorzulegen; Wilke, 281.

69 Wörtliche Mitschrift in SED und Kirche, 1, 209–228; inhaltlich übereinstimmender kirchlicher Bericht in EZA 4/451.

70 Volkskammerpräsident Dieckmann, die Parteivorsitzenden (Ulbricht/SED, Nuschke/CDU, Loch/LDPD, Scholz/NDPD), Innenminister Maron und der für Kirchenfragen zuständige Staatssekretär Hegen/SED.

71 SED und Kirche 1, 227 f.

72 Beteiligt waren auch die Bischöfe Mitzenheim, Noth, Beste, Hornig, Krummacher, OKR Schröter/Dessau und Propst Grüber.

73 Auch Nuschke benutzte wiederholt diesen Begriff gegenüber der SED-Führung.

74 Gegenüber EKD-Präses Carl v. Dietze hatte Nuschke „großzügige Hilfe in technischer Hinsicht" angekündigt; SED und Kirche 1, 245. Er hatte Grotewohl gewarnt, ein Verbot würde zu einer kirchlichen Einheitsfront gegen die DDR führen und als Zeichen der Schwäche gedeutet werden; Goerner, 338.

75 OKR Fränkel betonte hierzu aber auf der Görlitzer Synode am 11. 8. 1958: Unsere „geistliche Mitverantwortung" bleibe bestehen, dass die Brüder im Westen „nicht in Bindungen geraten, die eine unverkürzte Bezeugung der biblischen Botschaft verhindern", und dass „die Seelsorge an Soldaten nicht politisch mißdeutet wird"; EZA 4/459.

den Kirchenleitungen und ihren Dienststellen, welche ihren Sitz in der DDR haben", wahrzunehmen.[76] Erster Amtsträger (1957–1960) wurde der während der NS-Zeit inhaftierte Altkommunist Werner Eggerath, der 1947–1952 Ministerpräsident von Thüringen und danach DDR-Botschafter in Rumänien gewesen war. Die personelle Ausstattung seiner Dienststelle und seine Kompetenz im Regierungsapparat blieben eng begrenzt. Der Staatssekretär war an die ZK-Weisungen durch die von Willi Barth geleitete ZK-Arbeitsgruppe Kirchenfragen (zuvor ZK-Abteilung Kirchenfragen) gebunden.[77] Das Politbüro beauftragte Eggerath, die evangelischen Bischöfe einzuladen, um deren Loyalität einzufordern.[78] Wegen seines Westberliner Wohnsitzes blieb Dibelius ausgeschlossen; daraufhin weigerten sich die Bischöfe, beim Staatssekretär zu erscheinen.

Der Staat steigerte nun die längst vorbereiteten Pressionen. Am 5. April 1957 wurde der Leipziger Studentenpfarrer Dr. Siegfried Schmutzler verhaftet, im Juni der Weimarer Studentenpfarrer Martin Giersch.[79] Schmutzler wurde wegen „Boykotthetze" und „Staatsverleumdung" zu fünf Jahren Zuchthaus verurteilt. Gegen die Studentengemeinden suchte man jetzt, anders als 1953, hochschulrechtlich vorzugehen: Deren Wirken verstoße gegen die „Statuten der Universität".[80] Auch ein Prozess wegen illegalen Geldtransfers[81] verschärfte den Staat-Kirche-Konflikt. Gegen Bischof Dibelius richtete sich eine langdauernde publizistische Kampagne.

An ihr beteiligten sich auch jüngere CDU-Funktionäre, die Dibelius u. a. wegen seiner Stellung zum Dritten Reich attackierten.[82] Dem Bischof wurde ein Passierschein zum Kurmärkischen Kirchentag in Potsdam verweigert. Die Synode wies die „ebenso maßlosen wie unwahren Angriffe" zurück;[83] auch andere Landeskirchen bekundeten ihr Vertrauen zu Dibelius.[84] Grobe Anwürfe trafen auch Bischof Krummacher.[85] Propst Grüber protestierte bei der Regie-

76 ADN-Meldung, veröffentlicht im CDU-Organ „Neue Zeit" vom 9. März.

77 Zur Struktur und internen Problematik dieser Dienststelle: Mau, Eingebunden, 79–86; Goerner, 324–333.

78 Politbüro-Auftrag vom 26. März 1957; Wilke 323: „…damit sichtbar wird, dass eine loyale Zusammenarbeit erwünscht ist."

79 Eine Analyse von Mitte 1956 bezeichnete, wie schon 1953, die Studentengemeinden als „illegale Organisation" und „Zentrum der Restauration" mit „großem Einfluss an anderen [als den theologischen] Fakultäten"; Goerner, 249.

80 Goerner, 251.

81 Angeklagt waren der Magdeburger Konsistorialpräsident Grünbaum und ein weiterer Kirchenbeamter. Zum Hintergrund gehörte der von der DDR unangekündigt veranstaltete Geldumtausch, der vor allem der Entwertung großer im Westen vorhandener DM-Ost-Beträge galt.

82 Dagegen erinnerte der (Ost-)Berliner Generalsuperintendent Führ an die Dibelius-Predigt in Potsdam am 21. März 1933, die mit ihrer Mahnung zu Barmherzigkeit, Gerechtigkeit und Liebe ein Aufatmen in der Kirche und Unmut bei SA-Führern bewirkt habe; Brief an G. Wirth vom 30. April 1957; EZA 4/451.

83 Provinzialsynode Berlin-Brandenburg, 8. Mai 1957; EZA 4/451.

84 So die sächsische Landessynode am 18. Juni 1957: Sie stehe „nach wie vor vertrauensvoll hinter Dr. Dr. Dibelius" und lasse sich „in ihrem Vertrauen zu ihm nicht beirren"; EZA 4/452.

85 Ein mit staatlicher Druckgenehmigung verbreitetes Flugblatt von acht „Gläubigen" (nur einer war, wie sich herausstellte, Kirchenmitglied) erklärte: „Der Bischof bekämpft die

rung, dass sie „zu solcher Hetze stillschweigt".[86] In der Ökumene bangte man „für die Existenz aller Kirchen in den totalitären Staaten", falls „die Kirchen in der Sowjetzone zerstört würden".[87]
Die SED arbeitete zeitgleich an der innerkirchlichen „Differenzierung". Als erstes Ergebnis registrierte sie das im Juni 1957 im Namen von „fortschrittlichen" Pfarrern publizierte „Wort von der Wartburg", das der DDR-Politik und der anstehenden Einheitslistenwahl applaudierte. Im Oktober mühte sich noch ohne Erfolg Staatssekretär Eggerath, Mitzenheim als „rangältesten" Bischof der DDR zum Hauptansprechpartner zu machen. Dieser bestand auf den verfassungsmäßigen Rechten der Kirche und der Einheit der EKD. Einen entschiedenen SED-Parteigänger der jungen Generation gab es an der Berliner Humboldt-Universität mit dem Theologen Hanfried Müller. Er las aus der Barmer Erklärung von 1934 mit rabulistischer Logik heraus, dass allein der revolutionäre, sozialistische Staat im theologischen Sinne „rechter Staat" sei und mit „legitimer Totalität" alle Bereiche des Lebens zu ordnen habe. Jegliches Sprechen „im Namen der Kirche" erklärte er für illegitim, da die „wahre Kirche" „ohnmächtig und verborgen" existiere und deshalb kein „freies Gegenüber" zum Staat sein dürfe.[88] Andere konformistische Theologen beklagten jedoch, die aggressive atheistische Propaganda der SED falle den „fortschrittlichen Kräften" in der Kirche in den Rücken.[89]

Der als Staatsziel proklamierte „Aufbau des Sozialismus" beschränkte sich nicht auf ökonomisch-gesellschaftspolitische Maßnahmen. Die SED suchte zunehmend die christliche Tradition zu schwächen und die eigene Ideologie zu etablieren. Der „historische und dialektische Materialismus" wurde im Bildungswesen wie im Berufsalltag[90] mit dem Aufklärungspathos und Positionen des 19. Jahrhunderts alternativlos-dogmatisch als „wissenschaftliche Weltanschauung" verbreitet. Dem Einbruch in die kirchliche Tradition durch die Jugendweihe schloss sich ein antikirchlicher, pseudoreligiöser Zyklus von Weiheriten an: sozialistische Namensgebung, Eheweihe und Bestattung. Ulbricht besetzte auf dem V. SED-Parteitag 1958 demonstrativ auch das Terrain christlicher ethischer Normen, indem er die „Zehn Gebote der sozialistischen Moral" verkündete.[91] Die Verpflichtung auf sie gehörte fortan zum Standard der „sozialistischen Kulturrevolution".[92]
Zu den „sozialistischen Feiern" erklärte eine Handreichung der Kirchlichen Ostkonferenz, dass diese zwar „sehr festlich und eindrucksvoll gestaltet werden" könn-

---

Errungenschaften der Werktätigen". Folgt Krummacher „der gesellschaftsfeindlichen Konzeption von Bischof Dibelius?" Wir lassen nicht zu, „dass die Kirchenführung auch einen 3. Weltkrieg sanktioniert"; EZA 4/451.

86 Am 21. Mai gegenüber den stellvertretenden Ministerpräsidenten Nuschke und Loch; EZA 4/451.

87 LWB-Präsident Dr. Lund-Quist, zitiert von Landesbischof Noth am 26. Juni 1957 gegenüber Staatssekretär Eggerath; EZA 4/452.

88 H. Müller: Der Christ in Kirche und Staat, 1958. Hefte aus Burgscheidungen. 4. Der sozialistische Staat realisiere den Grundsatz „Alle Gewalt geht vom Volke aus", daher habe jeder zu verantworten, „für wen er im Klassenkampf Partei nimmt".

89 So der als „Hochschulprediger" in Potsdam staatlich angestellte Pfarrer Gerhard Kehnscherper; Goerner, 349, 353.

90 Durch regelmäßige Schulungen sämtlicher Staatsangestellten (im Volksmund „Rote Schulbank", „Rotlichtbestrahlung").

91 Ulbricht auf dem V. SED-Parteitag 1958; KJ 1958, 175–181.

92 „Zur sozialistischen Kulturrevolution" war der Titel einer dreibändigen SED-Textsammlung der Jahre 1957 bis 1959.

ten, doch seien sie gottlos und „als Ersatz für unsere kirchlichen Feiern eingesetzt" worden. Wer an ihnen „teilnimmt (auch weil er meint, sich einem Druck nicht entziehen zu können), verleugnet seinen Glauben" und muss damit rechnen, „zu immer neuen Bekenntnisakten gezwungen" zu werden, da die atheistische Weltanschauung „den ganzen Menschen" beansprucht.[93]
Im September 1957 forderte SED-Chef Ulbricht in einer programmatischen Rede die materialistische Ideologisierung der Jugendweihe[94] und zerstörte damit die noch 1956/57 bestehende Hoffnung auf eine weltanschauliche Neutralisierung der Jugendweihe.[95] Die vom ZK der SED beschlossene Jugendweihe-Gelöbnisformel[96] kaschierte notdürftig den atheistischen Sinn des „Sozialismus"-Bekenntnisses; aus sonstigen Erklärungen ging dieser klar hervor. Das „sozialistische Bewußtsein", das Ulbricht beim V. SED-Parteitag 1958 forderte, war an den dialektischen Materialismus mit eindeutig atheistischer Konkretisierung gebunden.[97]

Als neuer ZK-Sekretär für Volksbildung verpflichtete Werner Neugebauer im Gegensatz zum „Leisetreten und Zurückweichen" seines Vorgängers Paul Wandel die Lehrerschaft ausdrücklich auf die „offensive Linie" Ulbrichts. Man müsse „auf der Grundlage der sozialistischen Ideologie und Weltanschauung" alle „Kinder gewinnen", dürfe sie auch nach der Jugendweihe nicht „freilassen von unserer sozialistischen Ideologie und wieder den alten rückständigen Kräften aussetzen". Dabei sei vorzugehen nach einem Programm, „gegen das letztlich auch die Kirche nichts einzuwenden hat".[98] Durch den Verzicht auf Gottesleugnung und „Atheismus" in der Gelöbnisformel, das Verschleiern dessen, was in den Jugendstunden massiv indoktriniert wurde, meinte man diesem Erfordernis zu genügen. – Ein anderer Täuschungsaspekt, die anfangs vehement behauptete Nicht-Staatlichkeit der Jugendweihe[99] und Freiwilligkeit von Lehrer-Beteiligung, wurde bald offen preisgegeben. Jetzt hieß es, die Jugendweihe sei keine „Privatangelegenheit des Lehrers, sondern eine moralische und inzwischen auch staatliche Verpflichtung".[100] Die CDU blieb nach dem Scheitern früherer Bemühungen jedoch auch im Vorfeld der 1959 anstehenden Feiern noch bei der

93 „Wort für die Gemeinden" und „Wort für Gemeindekreise" der KOK vom 21. Okt. 1959; KJ 1959, 214 f.

94 Rede Ulbrichts in Sonneberg/Thüringen am 29. Sept. 1957. Im Zusammenhang mit der Jugendweihe sei die „naturwissenschaftliche [sprich: atheistische; R. M.] Propaganda" zu verstärken. Am 22. Okt. 1957 wurde die Jugendweihe zum Gegenstand eines ausführlichen Politbüro-Beschlusses; SED und Kirche 1, 255–259.

95 Vgl. oben, S. 58, die Bemühungen des ZK-Sekretärs für Kultur und Erziehung Paul Wandel. Er wurde im Oktober seines Postens enthoben und später DDR-Botschafter in China.

96 Mit der vom ZK der SED beschlossenen Formel bekannten sich die Jugendlichen als „treue Söhne und Töchter unseres Arbeiter- und Bauernstaates" und gelobten, für „die große und edle Sache des Sozialismus" zu kämpfen, in Freundschaft mit dem Sowjetvolk den Frieden zu verteidigen, um so in die „Gemeinschaft aller Werktätigen" aufgenommen zu werden.

97 „Überlebte, alte Glaubenssätze" seien „über Bord zu werfen". Die Welt sei „unerschaffbar und unzerstörbar", sie bedürfe „zu ihrer Entwicklung keines Schöpfergottes"; ND vom 11. Juli 1958; zit. KJ 1959, 204.

98 W. Neugebauer in: „Deutsche Lehrerzeitung" 20/1958; zit. KJ 1958, 182.

99 Vgl. Grotewohls Äußerungen im Gespräch mit den Bischöfen im Dezember 1956; oben S. 59.

100 Volksbildungsminister Lange bei einer Rede im Lehrerbildungsinstitut Güstrow; EZA 4/452.

Fiktion einer weltanschaulichen Neutralität der Jugendweihe.[101] Die KOK reagierte mit einer Klarstellung.[102]

Durch neue Vorschriften wurde auch die christliche Unterweisung von Kindern behindert, indem Volksbildungsminister Lange eine Vakanz von zwei Stunden zwischen dem Schulunterricht und der christlichen Unterweisung forderte; über deren Zulassung an der Schule hätten die Schulleiter zu entscheiden.[103] Die Absicht, die Christenlehre aus den Schulen zu verdrängen und sie wenn möglich ganz zu verhindern, war evident.

Die Konferenz der Kirchenleitungen wandte sich angesichts der staatlich gelenkten Pressionen in einem Memorandum vom 20. März 1958 an Ministerpräsident Grotewohl. Sie beklagte die „Verletzung der Grundsätze der Verfassung" und „ständige Verstöße gegen einzelne Verfassungsartikel". Die Christen stünden vor der Frage: „Können wir, die wir aus unserem Glauben heraus die atheistische Weltanschauung ablehnen müssen, noch als Bürger der DDR leben, ohne daß uns wesentliche Rechte versagt oder beschnitten werden?".[104]

Vom 26.–30. April 1958 beriet die EKD-Synode in Berlin wie geplant über das nun hochbrisante Thema „Kirche und Erziehung". Sie musste getrennt in West (Spandau) und Ost (Weißensee) tagen. ZK-Sekretär Paul Verner, seit kurzem für Kirchenfragen zuständig, organisierte eine Kampagne gegen die Synode. Eine Gegenveranstaltung mit „5779 christlichen Lehrern" behauptete, die Kirche diffamiere die Schulpolitik und verleumde die Friedenspolitik der DDR; sie forderte die Aufhebung des Militärseelsorgevertrags. Die EKD-Synode verhandelte wie geplant, wurde aber durch eine Lehrerdelegation, die Gehör verlangte, gestört. Angesichts der Anti-Dibelius-Kampagne stellte sich Propst Grüber, ohne kirchenpolitische Differenzen zu verschleiern, nachdrücklich hinter den Bischof.[105] Er erbat für eine von der Synode bestimmte Delegation[106] alsbald ein Gespräch beim Ministerpräsidenten. Dieses möge der Suche nach Wegen dienen, „die sowohl den Anliegen des Staates wie denen der Christen gerecht werden".

Der Staat reagierte am 17. Mai mit dem Entzug der Akkreditierung Grübers als EKD-Beauftragter bei der Regierung. Zugleich bot Grotewohl „Gespräche für Kirchenver-

[101] Die „Neue Zeit" vom 29. Jan. 1959 behauptete, Jugendliche „ganz gleich welcher Weltanschauung" könnten sich „zur Zielstellung dieses Gelöbnisses bekennen".

[102] Stellungnahme der EKD-Gliedkirchen in der DDR vom 7. Febr. 1959: „Alle evangelischen Kirchen in der DDR sind sich über den atheistischen Charakter der Jugendweihe einig. Konfirmation und Jugendweihe sind für alle Kirchen unvereinbar. Eine verschiedenartige Durchführung der Konfirmation in den einzelnen Kirchen ändert nichts an dieser gemeinsamen Überzeugung."

[103] „Anordnung zur Sicherung von Ordnung und Stetigkeit im Erziehungs- und Bildungsprozess der Schulen" vom 12. Febr. 1958. Vom Lange-Erlass erfuhr selbst Staatssekretär Eggerath erst durch das Gesetzblatt. Er äußerte Bedenken wegen neuer „Komplikationen mit der Kirche und den Gläubigen"; SED und Kirche 1, 144.

[104] Kundgebungen EKD 1, 265–269 (zit. 269), unterzeichnet von Mitzenheim.

[105] Erklärung Grübers: KJ 1958, 139–141; auch: Grüber, Erinnerungen, 397–400.

[106] Die Synode benannte hierfür Generalsuperintendent Fritz Führ/Berlin, Schlossermeister Gerhard Burkhardt/Berlin (später Präses der Regionalsynode Ost von Berlin-Brandenburg) und Propst Hoffmann/Nordhausen. Von der KOK kam Bischof Mitzenheim, danach auch Bischof Krummacher hinzu.

treter, die DDR-Bürger sind", an. Damit waren die Beziehungen der DDR-Regierung zur EKD beendet. Gleichwohl wies die SED den Vorwurf, die EKD spalten zu wollen, zurück: Der Wunsch, sie antiwestlich zu instrumentalisieren, blieb noch wirksam.[107]

4. Staat-Kirche-Verhandlungen und die Erklärung von 1958

Am 2. Juni begannen mehrwöchige Staat-Kirche-Gespräche. Ministerpräsident Grotewohl konferierte dreimal mit den Kirchenvertretern, dazwischen Staatssekretär Eggerath noch viermal in Kommissionssitzungen.[108] Nach den konfrontativen Begegnungen von 1956 zielte das ausdauernde Konferieren staatlicherseits auf eine Loyalitätserklärung der Kirche; sie sollte auch zur ausdrücklichen Rücknahme des wiederholt gegen den Staat erhobenen Vorwurfs des Verfassungsbruchs genötigt werden. Für die Kirchenvertreter[109] ging es um den „gesamten Gewissensdruck, der auf den Christen in der DDR" lastet. Bestimmte „gemeinsam anerkannte Grundrechte der Person" müssten unangetastet bleiben (Führ); die „Grundprinzipien des Rechtes und der Menschlichkeit, der Glaubens- und Gewissensfreiheit" und „der Freiheit des kirchlichen Handelns" sollten „in echter Toleranz gewährleistet bleiben" (Mitzenheim); man könne nicht einen „als militanten Atheismus" definierten Sozialismus bejahen (Burkhardt).

Grotewohl konfrontierte die Kirchenvertreter mit dem Staats- und Verfassungsverständnis der SED. Seit 1949 hätten sich „die Zustände" nicht willkürlich, sondern, ökonomisch bedingt und von der Volkskammer einstimmig beschlossen, „bewußt zum Arbeiter- und Bauern-Staat entwickelt". Im Sinne eines dynamischen Verfassungsbegriffs seien die bisherigen Maßnahmen verfassungsmäßig. Mitzenheim betonte als kirchlich unverzichtbar das ungehinderte Ansprechen-Können der Menschen durch Predigt, Unterweisung und Seelsorge, die diakonische Arbeit sowie übergemeindliche Verbindung über die Grenzen von Landeskirchen hinaus in ganz Deutschland und der Ökumene. Die Äußerung zu Lebensfragen (Art. 41 der Verfassung) sei als „Wegweisung vom Evangelium her keine Einmischung in die Angelegenheiten des Staates, sondern ein Dienst, den die Kirche unserem Volk schuldig ist". Als Krummacher am 7. und 18. Juli eine Reihe von Fällen staatlicher Rechtsverletzung vortrug, reagierte Eggerath entrüstet, dies führe wieder zu der Sicht, als seien „Staat und Kirche gleichberechtigt"; er konterte mit dem Totalitätsanspruch der SED: Die Kirche müsse zur Kenntnis nehmen, dass sie es mit dem „allumfassenden Staat der Arbeiter-und-Bauern-Macht" zu tun habe.

Indem die SED eine „dynamische" Interpretation der Verfassung beanspruchte, suspendierte sie deren Rang als normative Instanz. Jetzt wurde klar: Was der Kirche zu gestatten sei, sollte dem Diktat der machthabenden Interpreten des Verfassungs-„Sinnes" unterworfen sein. Die Kirche befand sich also längst in einem anderen als dem 1949 definierten Staat. Grotewohl stellte deren Vertreter vor die Wahl, entweder die Verfassungsmäßigkeit der staatlichen Maßnahmen (mit ausdrücklicher Rücknahme

107 Die von Bischof Lilje/Hannover unterstellte Spaltungsabsicht sei eine „Verleumdung" (Staatssekretär Eggerath am 11. Juni); man erhoffe ein Wirken der gesamtdeutschen Kirche „gegen die NATO-Politik und die Kriegsgefahr" (Grotewohl am 23. Juni); EZA 4/460.

108 Besprechungen mit Grotewohl am 2. und 23. Juni, 21. Juli, mit Eggerath am 3. und 11. Juni, 7. und 18. Juli.

109 Ausführliche Wiedergabe der Gesprächsverläufe: EZA 4/460.

der kirchlichen Vorwürfe) zu erklären oder die Konfliktpunkte durch einen Verfassungsausschuss der Volkskammer überprüfen zu lassen. Die „öffentlich entstandene Auffassung vom Verfassungsbruch des Staates" sei zu beseitigen. Noch während der Staat-Kirche-Gespräche tagte der V. SED-Parteitag (10.–16. Juli 1958). Er galt der „Vollendung" des „Aufbaus des Sozialismus". Die rigorose Umsetzung dieses Programms ließ die Welle der Flucht in den Westen erneut bedrohlich anwachsen.
Schon im April hatte das Politbüro die seit längerem geplante Gründung eines staatskonformen Pfarrerbundes als „in der jetzigen Situation günstig" beschlossen. Inszeniert wurde sie am 1. Juli – ohne Frage, um den Druck auf die Kirchenleitungen zur Loyalitätserklärung zu erhöhen. Die „politische Sammlung fortschrittlicher Geistlicher"[110] stagnierte aber im Bereich der Gründungszahlen. Der großen Mehrheit der Pfarrerschaft galt sie als verächtlich. Sie erlosch 1985 aufgrund ihrer Bedeutungslosigkeit.
Die Staat-Kirche-Gespräche endeten am 21. Juli. Zur abschließenden Sitzung bei Grotewohl lagen stark divergierende Erklärungs-Entwürfe vor. Ein kirchlicher Text ohne Bezugnahme auf den „Sozialismus" blieb chancenlos.[111] Die schließlich nach fünfstündiger Beratung beschlossene Erklärung enthielt in spürbar reservierter Wortwahl die vom Staat geforderte Loyalitätsbekundung. Den Vorwurf des Verfassungsbruchs nahm die Kirchendelegation ausdrücklich zurück. Ohne dem SED-genormten Staatsziel „Sozialismus" zuzustimmen, erklärte sie, dass die Christen die zu diesem führende Entwicklung „respektieren".[112] Der Staatsführung genügte es vorerst, dass die stärkste ihr nicht unterworfene Organisation sich überhaupt verbal nicht mehr ausdrücklich kritisch-ablehnend auf den „Sozialismus" bezogen hatte. Während der folgenden zwei Jahrzehnte machte die SED oftmals Gebrauch von dem als kirchliche Einverständnisformel gedeuteten „Kommuniqué".
In der vom Presseamt beim Ministerpräsidenten veröffentlichten Erklärung hieß es, unter dem Vorsitz Grotewohls habe es auf Wunsch der Kirche Beratungen im „Geiste der Verständigungsbereitschaft" gegeben. Die Kirchenvertreter hätten zum Militärseelsorgevertrag erklärt, dass die Kirchen in der DDR an diesen nicht gebunden seien. Die Kirche werde mit ihren Mitteln „dem Frieden zwischen den Völkern" dienen, sie stimme „daher auch grundsätzlich mit den Friedensbestrebungen der DDR" überein. Die Loyalitätsformulierung lautete: „Ihrem Glauben entsprechend erfüllen die Christen ihre staatsbürgerlichen Pflichten auf der Grundlage der Gesetzlichkeit. Sie respektieren die Entwicklung zum Sozialismus und tragen zum friedlichen Aufbau des Volkslebens bei." Bei der Besprechung kirchlicher Beschwerden sei „der gegen den Staat erhobene Vorwurf des Verfassungsbruchs nicht aufrechterhalten" worden. „Die Regierung erklärte: Jeder Bürger genießt volle Glaubens- und Gewissensfreiheit. Die

110 Detailliertes Protokoll mit Festlegungen über die finanzielle Unterstützung und politische Beaufsichtigung des Pfarrerbundes vom 1. April 1958; Wilke, 381–385; Mau, Eingebunden, 109–115.

111 Er formulierte traditionell, die evangelischen Christen sähen „in der Staatsmacht der DDR die ihnen von Gott gesetzte Obrigkeit"; sie wollten „in der Bindung an Gottes Gebote ihre Pflichten als Staatsbürger" erfüllen „und den friedlichen Aufbau des Volkslebens" fördern; EZA 4/460.

112 Vollständiger Text: Kundgebungen EKD 1, 298 f.; KJ 1958, 144 f.

ungestörte Religionsausübung steht unter dem Schutz der Republik." Für die Beschwerden zum Volksbildungswesen sei „eine Überprüfung zugesagt". Noch offene Einzelfragen seien zur Klärung dem Staatssekretär für Kirchenfragen und den entsprechenden Staatsorganen überwiesen worden. „Durch klärende Aussprachen" wollten beide Seiten „etwaige Mißstände" in den Staat-Kirche-Beziehungen beseitigen.

Grundsätzliche Bedeutung hatte der kirchliche Verzicht auf den Vorwurf des Verfassungsbruchs. Anders als Mitzenheim hatte Bischof Krummacher es für sinnlos gehalten, hier auf einer Klärung der Rechtslage zu bestehen, da es eigentlich „um die Schwierigkeiten der Christen, ihr Christentum in der DDR zu leben", solange „Sozialismus" und Atheismus so eng verbunden sind, gehe.[113] Hierzu aber gab es nur einen staatlichen Hinweis auf die Verfassungszusage von Glaubens- und Gewissensfreiheit, die angeblich nie grundsätzlich verletzt worden sei.[114]
Die Erklärung bot keine verbindliche Handhabe für das erhoffte Ende der Beschwernisse. Zu „Einzelfragen" wurde die Kirche an die örtlichen Instanzen bzw. an den Staatssekretär für Kirchenfragen verwiesen, mithin an deren Ermessen bzw. geheime Direktiven.[115] Ganz ungewiss blieb auch, was die soeben proklamierte Vollendung des Sozialismus für das Leben und die Arbeit der Kirche bedeuten würde. – Der SED-Staat konnte für sich verbuchen, dass die Kirche sich ohne ausdrücklichen kritischen Vorbehalt zum Staatsziel „Sozialismus" sowie „grundsätzlich" zustimmend zu den „Friedensbestrebungen der DDR" geäußert hatte. Die schwachen Kautelen[116] störten die SED nicht beim fortan häufigen Verweisen auf das „Kommuniqué".

In den Kirchenleitungen gab es Respekt für das mühselige Verhandeln, aber Kritik am Resultat und kaum Illusionen über zu Erwartendes. Schon der Geltungsanspruch der Erklärung ohne ein kirchliches Zustimmungsverfahren stieß auf Kritik.[117] Präses Kreyssig sprach von einem verschleiernden und pervertierenden Umgang mit den Begriffen Recht, Frieden und Sozialismus; er biete bedenkliche Ansatzpunkte für eine politische Bindung der Kirche.[118] Es bleibe die Tatsache, dass der Staat die „verfassungsmäßigen Rechte nicht geschützt" hat. Dem Vorantreiben der „Entwicklung zum Sozialismus" im Sinne des Atheismus müssen wir „aus Gewissensgründen wi-

---

113 Mäkinen, Krummacher, 54.

114 Zu Grotewohls rabulistischer Zermürbungstaktik gehörte die Umkehrung von Beschuldigungen: Mit ihrer Stellung zur Jugendweihe setze die Kirche die Betroffenen unter Gewissenszwang, übe Druck auf die Lehrer aus und mische sich, indem sie Erziehungsfragen thematisiere, in die „inneren Angelegenheiten des Staates" ein.

115 Vgl. hierzu die zynisch-offene Bemerkung von Volksbildungsminister Lange; unten, Anm. 122.

116 Die Gewichtung der Worte „Ihrem Glauben entsprechend" in der Loyalitätsformel (s. o.) als „bedeutsame Einschränkung" überzeugte kaum; EZA 4, 460.

117 Präses Kreyssig am 23. Juli gegenüber den Räten der EKD und EKU und den Mitgliedern der KOK: Die Folgen dieser „unwiderruflichen Entscheidung" meine er „nicht mit verantworten zu können"; die fehlende Gelegenheit zur Stellungnahme beklagten auch Bischof Noth und OKR Fränkel/Görlitz; EZA 4/460.

118 Würde „Sozialismus" nicht im Sinne eines „schwärmerischen Perfektionismus", sondern der *Verpflichtung für das Wohl des Nächsten* verstanden, so wäre ein „Respektieren" zu wenig, denn dies „müssen wir als Christen leidenschaftlich wollen". In der Bindung an den „doktrinären, gottlosen Marxismus" aber sei der Sozialismus nicht zu respektieren; Kreyssig; EZA 4/460.

derstehen und die geforderte Mitwirkung ablehnen".[119] Für die Kirche stand auf der Haben-Seite nur die erneuerte Regierungszusage von Glaubens- und Gewissensfreiheit. Ob und wie sie zum Tragen kommen werde, blieb offen. Auch künftig gab es oft Anlass, nachdrücklich an sie zu erinnern.

D KRISENJAHRE 1959–1961

1. Forcierung der sozialistischen Kulturrevolution

Der weitere Kurs der SED bestätigte die Skepsis in den Kirchenleitungen. Zwar gab es zunächst eine freundlichere Atmosphäre bei Verhandlungen mit staatlichen Stellen. Zahlreiche Konfliktfälle wurden ausgeräumt; es wurden auch Gefangene entlassen. Doch von einem Einlenken im Kernbereich des Konflikts konnte keine Rede sein. Die Staatsführung verschärfte noch die ideologische Offensive und deren administrative Umsetzung.

Schon bald nach dem Kommuniqué bestritt das SED-Organ „Neues Deutschland" die Zusage, den Lange-Erlass zu modifizieren.[120] Bischof Mitzenheim sah sich wiederholt veranlasst, an Grotewohl zu appellieren.[121] Ein Gespräch mit dem Volksbildungsminister – es bildete die einzige Ausnahme zur jahrzehntelangen Verweigerungspraxis – war nur „eine harte Auseinandersetzung".[122] Die Bischöfe der acht Landeskirchen wandten sich schließlich an den Ministerpräsidenten.[123] Bei den „Gewissensnöten christlicher Bürger" gebe es „keine entscheidende Erleichterung". Von Monat zu Monat verstärke sich der Druck auf christliche Eltern, „ihre Kinder gegen ihren Willen zur Jugendweihe zu schicken". Im Falle der Konfirmation gebe es keinen Zugang zu Lehrstellen und Ausbildungsstätten. Angehende Lehrer, Offiziere, Staatsfunktionäre und deren Angehörige würden zum Kirchenaustritt gedrängt. Auch eine Verpflichtung der Studierenden auf die materialistische Weltanschauung stehe jetzt bevor. Das alles empfinde man als „schwer zu ertragenden Widerspruch" zu dem im Kommuniqué vom 21. Juli bekräftigten Verfassungssatz von der „vollen Glaubens- und Gewissensfreiheit" und „ungestörten Religionsausübung". Die Erwartung an die Christen, Sozialismus und Huma-

---

119 Kirchenleitung Sachsen, Bischof Noth, an die Amtsträger, 31. Juli 1958; EZA 4/459.

120 ND (Nr. 182/1958): Es werde keineswegs „eine Abänderung oder Aufhebung dieser Anordnung, wie einige Kirchenpolitiker diesen Punkt des Kommuniqués auslegen möchten", geben; zit. von Mitzenheim im Brief an Grotewohl vom 16. Aug. 1958; Kundgebungen EKD 1, 300.

121 Sein Aide-memoire beim Gespräch am 6. Okt. 1958 (Vorabend des DDR-Staatsfeiertags) widersprach jedem „Totalitätsanspruch menschlicher Stellen", auch dem der „atheistische[n] materialistische[n] Weltanschauung gegenüber der christlichen Bevölkerung"; zu einer Reihe von Erwartungen gehörte auch die einer Erklärung, dass der Lange-Erlass „für den kirchlichen Unterricht nicht gilt"; Kundgebungen EKD 1, 300 f.

122 Gespräch am 8. Okt. 1958 zwischen Lange und Eggerath sowie Mitzenheim, Führ und OKR Pettelkau. Lange äußerte, er werde „nicht erklären", dass seine Anordnung nicht für den kirchlichen Unterricht gelte, „auch keine schriftliche Anweisung" geben; er werde uns auch „von seinen internen Anweisungen keine Kenntnis geben"; Mitzenheim an Grotewohl am 16. Okt. 1958; Kundgebungen EKD 1, 303.

123 Schreiben an Grotewohl vom 21. Nov. 1958. Für Berlin-Brandenburg unterzeichnete statt Dibelius Präses Scharf als DDR-Bürger; KJ 1959, 147–149; Kundgebungen EKD 1, 305–307.

nismus zu bejahen, sei auch unvereinbar mit der Politbüro-Erklärung, wonach „die Erziehung zum sozialistischen Menschen ... ohne die atheistischen Voraussetzungen des Marxismus-Leninismus nicht möglich" sei.[124] Im Namen vieler christlicher Staatsbürger appellierten die Bischöfe an die Regierung, „dem fortschreitenden Prozeß einer Identifizierung des Staatsapparates mit der marxistisch-atheistischen Weltanschauung ein Ende" zu setzen.

Das Gegenteil geschah. Eine Grotewohl-Rede vor Künstlern und Kulturschaffenden im März 1959, die sich auch auf die kirchlichen Beschwerden bezog, verschärfte erneut die Konfrontation.[125] Einen Monat danach verkündete Ulbricht in Bitterfeld das Programm einer „sozialistischen Nationalkultur" in der DDR.[126]

Grotewohl propagierte „den neuen Menschen", den man sorgfältig „formen und erziehen" müsse. Die „wissenschaftliche Weltanschauung" stärke die „Überzeugung vom unendlichen Fortschritt und Aufstieg des Menschengeschlechts" und befähige die Menschen „zum Kampf für die Beherrschung der Naturkräfte" und „zur Gestaltung der Geschichte". Dazu gehöre der „Kampf gegen alle Arten von Furcht, Vorurteilen, Wunder- und Aberglauben". Die neue Entwicklungsstufe verlange „tiefgreifende Wandlungen im geistigen Leben", auch die moralische Erziehung mit entsprechenden Auffassungen von „Gerechtigkeit, von Gut und Böse": „Sittlich" ist, „was der Sache des Sozialismus dient". In den Schulen sei zur „sozialistischen Moral" zu erziehen, zum „proletarischen Internationalismus", zum „neuen, wahren Patriotismus". Auch die „Familienerziehung" sei nicht als „eine lediglich ... private Sache" anzusehen; dabei sei den Eltern eine „religiöse Erziehung der Kinder" zu Hause und in den Religionsgemeinschaften „natürlich gewährleistet". „Einige Kirchenführer" hätten hier „Schwierigkeiten konstruiert" durch den Anspruch auf eine „Monopolstellung" der Kirche „in unserem Arbeiter-und-Bauernstaat". Das führe „zu inneren Konflikten", „Gewissenszwang" und dem Versuch, „unsere Verfassung zu verstümmeln".
Die Bischöfe äußerten zur Grotewohl-Rede ihr „schmerzliches Bedauern" über die Wirkungslosigkeit der Zusagen des Kommuniqués; die jüngsten Ausführungen stünden „in schroffem Gegensatz" zu dem, „woran der Christ in seinem Glauben gebunden ist".[127] Darüber hinaus nahm Bischof Dibelius in einem Offenen Brief[128] Stellung zu den wichtigsten Punkten der Rede, die ihn nach langer Zurückhaltung veranlasse, sich gegen die „Proklamation atheistischer Denkweise von Staats wegen" zu wenden, gegen den peinlich an die NS-Parole „Gut ist, was dem deutschen Volke nützt" erinnernden Satz „Sittlich ist, was der Sache des Sozialismus dient" und gegen den Anspruch alleiniger Wissenschaftlichkeit des Marxismus, der die Grenze zum Dogma überschreite. Grotewohl reagierte auf das Schreiben der Bischöfe zynisch-herablassend, stellte aber eine neue Aussprache in Aussicht.[129] Eine kirchliche Initiative hierzu[130] versandete schon beim Staatssekretär für Kirchenfragen.[131]

124 Erklärung des Politbüros vom 4. März 1958.

125 Rede am 23. März 1959 in Berlin; ND vom 29. März; Auszüge in KJ 1959, 149–152.

126 Konferenz am 24. April 1959 mit den Parolen des „Bitterfelder Weges": „Kumpel, greif zur Feder!", „Dichter in die Produktion" im Zeichen des „sozialistischen Realismus".

127 Brief vom 15. April 1959 an Grotewohl; KJ 1959, 154 f.; Kundgebungen 1, 308.

128 20. April 1959; KJ 1959, 152–154. Diesen Weg gehe er „ungern", aber notgedrungen, da die DDR seines Wohnsitzes wegen Verhandlungen mit ihm ablehne.

129 30. April 1959; KJ 1959, 156 = Kundgebungen EKD 1, 309: Es sei ihm „unmöglich, Grund und Ziel" des Briefes vom 15. April zu erkennen. Für DDR-Bürger, „die über ein durchschnittliches politisches Urteilsvermögen verfügen", böte seine Rede vom 23. März „keinen Anlaß" für die in jenem Schreiben gegebene Auslegung.

130 Memorandum vom 9. Mai 1959 mit Begleitbrief von Mitzenheim und Führ an Staatssekretär Eggerath; KJ 1959, 156–161; Kundgebungen EKD 1, 310–313.

131 Briefwechsel vom 19. und 28. Mai; KJ 1959, 162 f.

Inzwischen hatte parteiintern Ulbricht interveniert. Neun Monate nach dem Staat-Kirche-Kommuniqué konstatierte er, dass sich kaum etwas verändert habe.[132] Abermals forderte er ein „offensives Vorgehen“[133] gegenüber der Kirche und diktierte dem Staatssekretär seine diesbezüglichen Vorstellungen,[134] die sich aktuell-politisch auf die durch das Chruschtschow-Ultimatum verschärfte Ost-West-Konfrontation bezogen. Aus den kirchlichen Reaktionen ersah die SED-Führung, dass sie mit der Loyalitätsformel von 1958 wenig erreicht hatte. Der Druck der Intervention Ulbrichts verstärkte jetzt die Differenzierungsanstrengungen gegenüber der Kirche.

2. Geistliche Orientierung für das Leben in der DDR

Im Phasenwechsel von Härte und Milderung wurde zunehmend klar, dass die SED-Führung ihre „Sozialismus“-Idee zielstrebig gesamtkulturell durchzusetzen gedachte. In der Bevölkerung und der Kirche begann die Wiedervereinigungshoffnung zu schwinden. Der Kontrast der Attraktivität des Lebens im Westen zur DDR-Realität ließ die mentale Westorientierung andauern. Doch würde unter dem ungebrochen agierenden SED-Regime ein kirchliches „Überwintern“ möglich sein? Auch aus Westdeutschland war jetzt öfter zu hören, die Kirche im Osten müsse sich „entschlossen auf die neue Situation einstellen“ und auch „zur Staatsführung der DDR ein anderes Verhältnis finden“.[135] Der Situationswandel verstärkte das Verlangen nach geistlicher Orientierung für das Leben unter dem SED-Regime. Kirchliche Worte aus aktuellen Anlässen genügten nicht mehr.

Schon 1956 hatte die außerordentliche EKD-Synode aufgrund von Römer 13 und Barmen V erklärt, auch der ostdeutsche Nachkriegsstaat, wiewohl nicht dessen Totalitätsanspruch, sei als Gottes „gnädige Anordnung“ zu bejahen. Dies aber war angesichts gewichtiger Gründe für Kritik und Protest schwer zu verstehen. Der aufdringlich-aggressive „Staat“ blieb fremd als etwas nur notgedrungen Hinzunehmendes. Galt die biblische Weisung, den Auftrag der politischen Gewalt zu achten, auch für das kommunistische Regime? In den späten 50er-Jahren sahen sich Christen im Osten Deutschlands, denen es um eine klare, am Evangelium orientierte Haltung ging, mit dieser Frage hart konfrontiert.

Seit langem gab es beachtliche Stimmen für ein aus Glauben freies, nicht opportunistisch-angepasstes Bejahen des Lebens im Osten. 1951 war unter schwer lastender

132 Im gleichen Sinne hatte sich auch Staatssekretär Eggerath bei einem öffentlichen Auftritt (für den er dann allerdings vom ZK-Funktionär Willi Barth gerügt wurde) geäußert: „Wir haben alle gehofft, daß jetzt eine Wende einsetzen wird im Verhältnis zur Kirche, und ich kann Ihnen heute sagen, diese Hoffnungen sind heute ziemlich zerschlagen“; Mau, Eingebunden, 47 f.

133 So schon im September 1953 (oben S. 51) und wiederum 1955/56 (oben, S. 55. 62)

134 Bei zwei Kur-Spaziergängen in Karlsbad am 26. und 31. März 1959; Eggerath übermittelte den Inhalt der Gespräche am 8. April an Paul Verner; SED und Kirche 1, 336 f.

135 R. Steinlein, Die gottlosen Jahre, Berlin 1993, 61, mit Bezug auf von Generalsuperintendent Jacob wiedergegebene Eindrücke.

Erfahrung das Wort von „Gottes geliebter Ostzone“ gefallen. Johannes Hamel[136] erklärte, für konsequente Christen lohne es sich trotz der Schwierigkeiten, hier zu leben; das sei jetzt, unter der SED-Herrschaft, leichter als unter dem NS-Regime. Generalsuperintendent Jacob kennzeichnete die Situation in der DDR als „voller Feindschaft und klar“. Für viele aus der jüngeren Generation beruhte das Bleiben im Osten auf solcher Glaubensentscheidung. Abseits persönlicher Karriereplanung hatte es auch einen Aufbruch aus der „sicheren“ Existenz im Westen[137] zu einer perspektivisch ungewissen im Osten gegeben.

In der vielbeachteten Schrift „Christ in der DDR“[138] formulierte Johannes Hamel pointiert-kerygmatisch, inwiefern auch der ostdeutsche Staat „Obrigkeit“ nach Römer 13 sei. Auch der atheistischen Staatsmacht sei, ihrem Selbstverständnis zum Trotz, *um Gottes willen* eine von Hass und Furcht freie Ehrerbietung geschuldet. Den Christen im Osten sei ein bewusstes, freies Annehmen der Situation im Glauben geboten, nicht aber unkritische Anpassung[139] (wie von der CDU praktiziert und propagiert), auch nicht Flucht in den Westen oder innere Emigration.
Ende 1957 beschloss die EKU-Synode ein „Wort zur Hilfe, wie wir Christen uns zu unserem Staat verhalten sollen“,[140] das gleichfalls den Auftrag des Staates als Werkzeug Gottes betonte. Bei den Angriffen nicht nur der SED, sondern auch des Staates selbst dürften „wir Christen“ nicht resignieren statt zu widersprechen. Der staatlich propagierten Weltanschauung sei mit dem klaren Nein zu begegnen, auch um des Staates selbst willen, da dessen „wahre Bestimmung“ einen weltanschaulich-totalitären Anspruch ausschließt. Aus Gottes Geboten zu leben, bedeute, für Recht, Feindesliebe und Versöhnung einzutreten und „der Stadt Bestes“ zu suchen (Jer 29,7). Auch später brachten die unierten Kirchen diese Sicht vom *Auftrag der Christen in Bezug auf den Staat* wiederholt zur Geltung.

Wegen der Ideologisierung aller Lebensbereiche wurde auch das Verhältnis zur Staatsideologie des „Marxismus-Leninismus“ thematisiert. Die marxistische Welt sei nicht als „gott-loser Raum“ auszugrenzen und zu verteufeln. Nach Römer 13 seien auch der marxistische Staat und seine Repräsentanten „Dienstleute Gottes“ und riefen als „Rute Gottes“ die Kirche zu ihrer Sache.[141] Die vom Öffentlichkeitsausschuss der EKU erarbeitete Handreichung „Das Evangelium und das christliche Leben in der

136 Ohne Namensnennung veröffentlichte Karl Barth das Manuskript des Studentenpfarrers in Halle in: Evang. Pressedienst in der Schweiz 1951, H. 1. Die Titelformulierung „Gottes geliebte Ostzone“ ging auf eine studentische Äußerung (Fritz Falkenberg) zurück.

137 Die Frage von „Zuzugsanträgen für Geistliche oder kirchliche Amtsträger“ beschäftigte wiederholt, so am 14. März 1954 und am 5. Febr. 1957, auch das Politbüro; SED und Kirche 1, 155. 228. 237.

138 J. Hamel, Christ in der DDR, Berlin(-West) 1957 (3 Auflagen); 6. Aufl. 1960. Nach seiner mehrmonatigen Gefängnishaft 1953 war Hamel Dozent an der kirchlichen Hochschule („Katechetisches Oberseminar“) in Naumburg.

139 Die Erwägung, bei Hamels Position könne es sich um „einen theologisch verbrämten Opportunismus“ gehandelt haben (ein Benutzen der Theologie „zur Legitimation“ einer „immer unausweichlicher“ werdenden Haltung; Pollack, 164), wird dessen theologischer Intention nicht gerecht.

140 Das von Präses Kreyssig initiierte Wort wurde von Ingeborg Becker, Johannes Hamel, Siegfried Ringhandt und Albrecht Schönherr, aus der Generation der damals gut Vierzigjährigen, erarbeitet. Text: Verhandlungen der Generalsynode der EKU 1957, 174–182; Friebel, Kirche und politische Verantwortung, 253 ff.

141 J. Hamel, Christ unter marxistischer Herrschaft, Berlin(-West) 1959.

Deutschen Demokratischen Republik" wollte die durch den politisch-ideologischen Druck angefochtenen Christen im Zeichen der „Königsherrschaft Jesu Christi" auf den Weg des Glaubens rufen. Unter dem Eindruck des Chruschtschow-Ultimatums (s. u.) rief ein „Notwort" der EKU-Synode im Blick auf die Zukunft des gespaltenen deutschen Volkes und seiner Hauptstadt zum Bekennen eigener Schuld und zum Verzicht auf jegliche Gewalt; es bot auch einen Notdienst der Vermittlung zwischen Ost und West an.[142] Die Synode hatte schon 1957 angesichts des Wettrüstens alle Massenvernichtungswaffen verworfen und vor einer atomaren Bewaffnung deutscher Armeen gewarnt. Technik und Forschung stünden unter der Verheißung Gottes. Ihr Missbrauch gegen den Menschen aber mache jeden, der sich beteiligt, ihn verharmlost oder gleichgültig bleibt, vor Gott und den Menschen schuldig.[143]

Die „Handreichung" ermutigte die Christen: Auch in einem ideologisierten Staat werde Gott sich durchsetzen. Den Versuchen, sie zu politischer Zustimmung und zum Eintritt in SED-geleitete Organisationen zu nötigen, sollten sie weder durch Rückzug in die Innerlichkeit noch durch Politisierung des Evangeliums („zelotischen Antibolschewismus"), sondern mit der Verkündigung des Evangeliums an alle (Barmen VI) begegnen. Marxismus und Marxisten seien weder prinzipiell abzulehnen noch kritiklos zu glorifizieren. Die „Entwicklung zum Sozialismus" rufe zur Bewährung des Glaubens statt pseudochristlicher Verklärung nach Art der CDU-Ideologie, als ermögliche erst der Sozialismus, „christlich" zu leben. Konflikte und Aporien seien nur im „Trauen auf den Geist der Wahrheit" zu bestehen, auch beim „demütigen Kompromiss", um den Menschen zu helfen. Wo Christus verleugnet oder Mitmenschen an Leib und Seele geschädigt würden, sei der Status confessionis gegeben.[144]

Das differenzierende Ja und Nein zum SED-Staat blieb nicht unwidersprochen. Vielen erschien ein kategorisches Nein plausibler. Gleichfalls unter dem Leitgedanken der „Königsherrschaft Jesu Christi" stand ein Text zum Atheismus-Problem, der im Frühjahr 1959 in Umlauf kam.

Die im Zusammenhang mit der Handreichung der EKU erarbeiteten Thesen „Die christliche Gemeinde und der Atheismus"[145] mahnten zur „Gelassenheit des Glaubens". Die atheistische Agitation negiere einen „Begriffsgötzen", treffe aber nicht den Gott der Bibel. Doch mit dem Nein zum Schöpfer und zur Gnade werde hier eine Pseudokirche propagiert, die total „atheistische Gesellschaft", die tendenziell „dem christlichen Dasein keinen Raum mehr" lasse. Dies sei verführungsmächtig wegen der Verborgenheit des Sieges Christi unter dem Kreuz. Die christliche Gemeinde müsse mit Barmen II dem Anspruch des Gott leugnenden Menschen den Herrschaftsanspruch Jesu Christi entgegensetzen. Christliches Zeugnis gegenüber atheistischer Agitation sei vor allem die Existenz der Gemeinde selbst, die in Wort und Sakrament Gottes Gabe empfängt und weiterreicht, auch die eigene Schuld am Aufkommen jener Pseudokirche bekennt.

Großes Aufsehen erregte Bischof Dibelius 1959 mit einer „privaten" Stellungnahme zum Begriff „Obrigkeit".[146] Er bestritt hinsichtlich des ostdeutschen Staates die Verbindlichkeit von Römer 13: Dem ideologischen Weltanschauungsstaat, der nicht

142 KJ 1959, 282 f.

143 Warnung vor dem Mißbrauch der Macht des Menschen im technischen Zeitalter; ZdZ 1958, 62–65; Winter, EKU, 90 f.

144 Text der Handreichung in: EZA 7/2115, 1–64.

145 Text in: KJ 1959, 280–282.

146 O. Dibelius, Obrigkeit?; Privatdruck 1959 zum 60. Geburtstag von Bischof Lilje.

Gottes Gebot über sich anerkennt, komme der Würdetitel „Obrigkeit“ nicht zu.[147] Die Berlin-Brandenburgische Kirchenleitung bekräftigte demgegenüber die auf Barmen V verweisende Erklärung der EKD-Synode von 1956.[148]
In einer schon wieder veränderten Situation lag Ende 1960 auch von den lutherischen Kirchen eine Handreichung zum Thema „Der Christ in der DDR“ vor. Sie ging von der Zwei-Reiche-Lehre aus und thematisierte vor allem die Alltagssituation von Christen als zu erleidende Konfrontation mit der auf alle Lebensbereiche bezogenen materialistischen Ideologie und Praxis.[149]

Dem antichristlichen „Staat des Sozialismus“ (Grotewohl) müsse „ein grundsätzliches Nein“ gelten, doch „kein totales Nein“ dem „Staatsgefüge als Ganze[m]“. Der Christ erfülle die Pflicht in seinem Beruf; könne aber das Leben im Weltanschauungsstaat „nur hinnehmen und erleiden“, nicht „durch eigene politische Aktivität anerkennen und fördern“. Daraus folge nicht politischer Widerstand oder Republikflucht, sondern ein Ausharren „in christlichem Glauben und in christlicher Geduld“ „in der Lage, in die Gott den Christen hineingestellt hat“. Im Konfliktfall sei Gott mehr zu gehorchen als den Menschen. Der Glaube hindere den Christen nicht, die gegebenen Verhältnisse „zu respektieren“ – eine Anspielung auf die Loyalitätsformel im „Kommuniqué“ von 1958 –, doch sei vom Wort Gottes her Nein zu sagen, wo „die gottgegebene Freiheit und Würde des Menschen“ verletzt wird.[150] Der weltanschauliche Gegensatz zeige sich im Alltag „in steigendem Maße in seiner Ausweglosigkeit und Härte“, wie zur Zeit Neros der zwischen Kaiserkult und christlichem Glauben. In vielen Situationen müssten Christen „so oder so schuldig werden“, doch sollten sie an Gottes Möglichkeiten „wirklich glauben“, im Vertrauen auf ihn auch „wagen, was Konflikte bringt und doch von Gottes Wort her geboten ist“.

Die lutherische Handreichung dokumentierte vor allem die Härte der Situation und eine Ohnmachtserfahrung unter der ideologischen Diktatur, für die eine *Verheißung* Gottes kaum noch erkennbar wurde. Weitere Arbeit an geistlicher Wegfindung für das Leben in der DDR gab es, schon 1960 beschlossen, nach dem Mauerbau auch im Zusammenwirken lutherischer und unierter Kirchen im Rahmen der EKD.[151] Die SED begegnete den Handreichungen mit schroffer Ablehnung. Aus ihrer Optik war der EKU-Text vom Februar 1959 ein Angriff „gegen die Staatsordnung der DDR in aggressiver und feindseliger Form“, um das Kommuniqué von 1958 wirkungslos zu machen.[152] Die VELKD-Handreichung vom November 1960 galt als „weiteres Glied in der Kette der Schmähschriften reaktionärer Kirchenvertreter“.[153]

---

147 Die SED wertete die Schrift als „Aufforderung zum Ungehorsam gegen die Arbeiter-und-Bauern-Macht“; Politbüro-Vorlage der ZK-Arbeitsgruppe Kirchenfragen, 20. Jan. 1961; SED und Kirche 1, 348.

148 KJ 1959, 230 f.

149 Der Christ in der DDR. Von einem Ausschuss der VELKD erarbeitete und am 3. Nov. 1960 von der Bischofskonferenz (Beste und Noth, ohne Mitzenheim) angenommene Handreichung; KJ 1960, 238–255; auch Amtsblatt der VELKD vom 25. Mai 1961, I, 7.

150 Einen aktuellen Bezug boten die Gewaltmethoden bei der 1960 abgeschlossenen Kollektivierung der Landwirtschaft; vgl. unten, S. 74 f.

151 Ein Ergebnis waren die „Zehn Artikel“ von 1963; s. u., S. 82 f.

152 Winter, EKU, 106 f.

153 Willi Barth, Kirchenpolitische Information des ZK vom 21. Juni 1961; SED und Kirche 1, 353–357. Barth ignorierte die seelsorgerliche Intention angesichts der gesteigerten Fluchtbewegung und behauptete, jene „Schmähschrift“ sei durch die zunehmende aktive Teil-

3. Berlin-Ultimatum und kirchliche Reaktionen

Im Herbst 1958 stellte der sowjetische Ministerpräsident Chruschtschow die Nachkriegsordnung in Frage. Er kündigte den Vier-Mächte-Status Berlins und forderte am 27. November ultimativ den Abzug der alliierten Truppen aus den Westsektoren; diese sollten zu einer entmilitarisierten „Freien Stadt" werden. Nach der Zurückweisung des Ultimatums tagten vom Mai bis August 1959 nochmals die Außenminister der vier Kriegsalliierten in Genf – ergebnislos wie auch sonst, doch erstmalig im Beisein von Vertretern der beiden deutschen Staaten. Der Sowjetunion ging es zehn Jahre nach Gründung der DDR um deren Anerkennung im Westen.
Furcht vor einer Grenzschließung steigerte noch die Fluchtbewegung aus dem Osten. Der Rat der EKD appellierte an die Genfer Konferenz für ein friedliches Miteinander der Deutschen in Ost und West („Denkt an die Menschen!"). Unmittelbar am stärksten betroffen war die Kirche in Berlin-Brandenburg,[154] in deren östlichem Bereich der Bischof nicht mehr wirken konnte. Sie nahm die neue Lage zum Anlass einer Notfall-Vorsorge, zumal schon seit der Umwandlung der Länder in Bezirke (1952) die Befürchtung, nach sowjetischem Muster könnte auch das freie Passieren von Bezirksgrenzen unterbunden werden, bestand. Für einen solchen Fall initiierte Präses Scharf eine kirchengesetzliche Regelung und betrieb sie mit großem Nachdruck.

Im Vorfeld der synodalen Beschlussfassung suchten Scharf und EKU-Kanzleipräsident Hildebrandt bei dem zuständigen SED-Funktionär zu erkunden, worauf man sich in Berlin einzustellen habe, indem sie die Vermutung äußerten, die Sowjetunion werde mit der DDR einen Separatfrieden schließen und mit der Errichtung „fester und eindeutiger Staatsgrenzen gegenüber Westberlin" werde die „jetzt noch mögliche Kommunikation der Kirche zwischen Westberlin und der DDR" beendet werden. Willi Barth, Leiter der ZK-Arbeitsgruppe Kirchenfragen, erklärte, es gebe keinen Grund zur „Torschlußpanik"; man sei nur auf „Entspannung und Normalisierung" bedacht. Als EKU-Ratsvorsitzender bot Scharf eine kirchliche Vermittlung von inoffiziellen Gesprächen zwischen den Regierungen der DDR und der Bundesrepublik an.[155]
Die Synode von Berlin-Brandenburg beschloss am 18. Juni 1959 die „Notverordnung über einstweilige regionale Synoden". Sie solle die Einheit der Kirche wahren. Falls „es unmöglich ist, daß alle Synodalen … an einem Ort innerhalb der Evangelischen Kirche Berlin-Brandenburg zu einer Provinzialsynode zusammentreten", gehen die „der Provinzialsynode zustehenden Rechte und Pflichten … auf regionale Synoden" über (§ 1). Letztere könnten für je ihren Bereich eine Kirchenleitung bilden und bei Amtsbehinderung des Bischofs „einen Verweser bestellen" (§§ 5 und 6). In jedem Fall aber bleibe eine Änderung der Grundordnungs-Aussagen über Schrift und Bekenntnis und über Amt und Gemeinde „einer gemeinsam tagenden Provinzialsynode vorbehalten" (§ 7,3).

---

nahme von Christen „am Aufbau des Sozialismus" und deren wachsende Unterstützung der „Friedenspolitik der Regierung der DDR" veranlasst worden.

154 Ihr Gebiet umfasste aufgrund der östlichen Praxis drei administrativ unterschiedliche Bereiche. Bis zum Mauerbau 1961 wurde auch die Grenze zwischen dem sowjetischen Sektor Berlins (im DDR-Sprachgebrauch „Hauptstadt der DDR") und den angrenzenden brandenburgischen DDR-Bezirken genau überwacht, um unkontrollierte Einreisen von West- über Ostberlin in die DDR zu unterbinden.

155 Gespräch am 26. März 1959 von Barth (und Stellvertreter Bellmann) mit Scharf und Hildebrandt. Das Vermittlungsangebot nahm Barth kommentarlos zur Kenntnis; Bericht Barths; SED und Kirche 1, 333–335.

Innerkirchlich sowie in der westlichen Presse stieß die Notverordnung, die Präses Scharf „der Kirche und der Kirchenleitung geradezu abgetrotzt" hatte,[156] auf heftige Kritik und wurde als defätistisch diffamiert. Rechtzeitige Vorsorge für geordnete kirchliche Verwaltung erschien als untunlich: Organisatorisch Zweckmäßiges könne eben „kirchlich, seelsorgerlich, psychologisch und politisch unzweckmäßig sein".[157] Die gleichfalls betroffenen kirchlichen Zusammenschlüsse (EKD, EKU, VELKD) wurden hierzu nicht aktiv. Zwei Jahre danach, in der schockierenden Situation des Mauerbaus, ermöglichte die Notverordnung eine geordnete Weiterarbeit nunmehr mit den Regionalorganen der Provinzialkirche.

4. Sozialisierungsterror auf dem Lande und wachsender Flüchtlingsstrom

Anfang 1960 verschärfte sich die Konfliktlage nochmals durch das rücksichtslose Vorgehen der SED bei der Sozialisierung der Landwirtschaft. Die Bildung landwirtschaftlicher Produktionsgenossenschaften (LPG) war trotz jahrelanger Propaganda nur schleppend vorangekommen. Bauern, für die es undenkbar war, ihre Selbständigkeit zu opfern, fanden auch Rückhalt bei der Kirche.[158] Nun wurde sie republikweit mit terroristischen Methoden betrieben. So kam binnen weniger Monate die „Vollsozialisierung" zum Ziel. Bischof Krummacher forderte Ende Februar 1960 den Rostocker SED-Bezirkssekretär auf, in seinem Verantwortungsbereich diese Kampagne zu stoppen. Am 11. März richteten die Bischöfe ein gemeinsames Schreiben an Ministerpräsident Grotewohl.[159] Es folgten weitere Appelle von Synoden und Kirchenleitungen.[160]

Krummacher schrieb dem Bezirkssekretär, es gebe in den Dörfern zur Zeit „eine Welle der Angst, der Verzweiflung und der Resignation, weil Bauern gegen ihren Willen, ohne von der wirtschaftlichen Notwendigkeit überzeugt zu sein, mit Mitteln wirtschaftlichen, politischen und sozialen Druckes, auch unter Heranziehung von Staatsanwälten, Polizei und Organen der Staatssicherheit, zum Eintritt in die Landwirtschaftlichen Produktionsgenossenschaften veranlasst werden." Es widerspreche „der Menschenwürde und dem Gewissensernst", dass bei solcher Entscheidung „von den Bauern dann noch schriftlich bestätigt werden muss, das sei ‚freiwillig' geschehen".[161] Die Bischöfe erklärten gegenüber Grotewohl, sie erhielten „laufend so erschütternde Berichte über die Methoden ..., daß wir nicht schweigen können". Wo es „um den Frieden der Völker geht", sei alles zu tun, dass „der Friede in unserem eigenen Volk nicht gefährdet wird". Nur wenn „die Menschenwürde gewahrt wird", könne es den Willen zu aufbauender Arbeit geben.[162] Von Staatssekretär Eggerath kam eine die Realitäten ignorieren-

156 Scharf, 141.

157 KJ 1959, 76.

158 Wegen seines engagierten Beistands für bedrängte Landwirte wurde Pfarrer Kurt Bromby aus Blumberg in Pommern am 23. Nov. 1957 expatriiert, indem er in Schwanheide von Volkspolizisten mit Brachialgewalt in den Interzonenzug nach Hamburg gestoßen wurde.

159 KJ 1960, 176.

160 Auch als Reaktion auf eine nichtssagende Antwort von Staatssekretär Eggerath (s. u.); KJ 1960, 178 f. (Sachsen und Kirchenprovinz Sachsen), 182 f. (Berlin-Brandenburg), 181 (EKU).

161 Krummacher an den Vorsitzenden des Rates des Bezirks Rostock; 25. Febr. 1960; KJ 1960, 175.

162 Brief der Bischöfe der evangelischen Kirchen in der DDR an Grotewohl, 11. März 1960; KJ 1960, 176.

de Antwort.[163] Zur Perfidie dieser Kampagne gehörte es, kirchliche Zustimmung vorzutäuschen. In der Tagespresse las man von dem mit Bibelworten geschmückten Beifall einiger Pfarrer zur Sozialisierungskampagne.[164]
Die Vollsozialisierung betraf auch die kirchliche Arbeit auf dem Lande.[165] Schon 1951 gab es Befürchtungen wegen des planwirtschaftlichen Drucks und der Agitation zur Aufhebung überkommener Besitzformen und Arbeitsbedingungen.[166] Die Säkularisierung drohe das 3. und das 9./10. Gebot zunehmend infrage zu stellen, die hoch geschätzte Ratio werde „der Macht Gottes wenig oder gar nichts mehr" zutrauen. Gerade dies wurde ab 1958 schlagwortartig zum Thema. Der SED-Parole „Ohne Gott und Sonnenschein bringen wir die Ernte ein!" entgegnete der Volksmund: „Ohne Sonnenschein und Gott seid ihr alle bald bankrott!". 1960 aber wurde der LPG-Beitritts-Terror zur Stunde der Seelsorge „mit den auch sonst gegebenen Mitteln des Besuchs, des Gespräches, des Gebets, des weitergereichten Gotteswortes". Hier gebe es Erfahrungen, „die bis in die Gespräche mit Funktionären hineinreichten". Auch die Situation des Landpfarrers aber verlange jetzt besondere Aufmerksamkeit: Er bedürfe, um „menschlich und geistlich nicht allein zu stehen", dringend des Mitbruders; die Gefahr der Vereinsamung sei „riesengroß geworden".[167]

Auch die wachsende Fluchtbewegung wurde zum dringlichen Anlass seelsorgerlicher Anrede. Die EKU-„Handreichung" vom Februar 1959 mahnte,[168] trotz der Furcht vor einer Grenzschließung zu bleiben. Auch eine Kanzelabkündigung zum 2. Adventssonntag[169] ermutigte zum Bleiben.[170]

Beide Texte benannten die schwerwiegenden Gründe für das „Weggehen" (im SED-Sprachgebrauch als politische Straftat: „Republikflucht"), mahnten aber die Christen vor diesem Schritt zur Selbstprüfung im Glauben. Zwar gebe es die „Freiheit der Entscheidung"¸ doch sei die „Weisung des Wortes" zu beachten; das „Aufgebot der Gemeinde"[171] solle mit aktivem „Beistand in weltlichen Dingen" wirksam werde. Es gebe ein leichtfertiges Verlassen der DDR; doch viele täten es aus Verzweiflung. Die Kanzelabkündigung nannte Bedrängendes beim Namen: die harten Methoden bei der sozialistischen Umgestaltung, ideologischen Gesinnungsdruck in den Schulen, Bedrängnis durch den Staatssicherheitsdienst, die Atmosphäre von Angst und Unsicherheit. Die Hauptgründe zum Weggehen schaffe der Staat selbst, der Recht und

---

163 Die Freiwilligkeit gehöre selbstverständlich zu den Grundsätzen der Sozialisierung; KJ 1960, 179 f.

164 In seinem Rundbrief vom 7. April 1960 bekundete Bischof Mitzenheim seinen „Kummer" darüber, „einen wirtschaftlich-politischen Vorgang" durch Bibelworte (u. a. Luk 9,62: „Wer die Hand an den Pflug legt …") „religiös zu verbrämen", weil „eine Vokabel sie dafür im Augenblick geeignet erscheinen" lässt; KJ 1960, 181.

165 KJ 1960, 187–199: Über die Kirchengemeinde im vollgenossenschaftlichen Dorf.

166 Denkschrift über „Situation und Auftrag der Verkündigung auf dem Dorfe"; KJ 1951, 118–123.

167 Über die Kirchengemeinde; KJ 1960, 197.

168 Mit Bezug auf die durch das Chruschtschow-Ultimatum ausgelöste Torschlusspanik: „Noch sind die Grenzen offen …" Vgl. oben, S. 73.

169 „Wort an die Gemeinden" der EKU-Gliedkirchen in der DDR; Beschluss der in Berlin-Weißensee (6.–11. Nov.) tagenden EKU-Synode; KJ 1960, 272. Zwei Tage vor der Abkündigung wurde der Text an die Gliedkirchen gegeben und gleichzeitig durch den Präses brieflich an Grotewohl übermittelt.

170 Winter, EKU, 111–116.

171 Überschriften in einem überarbeiteten Teil der „Handreichung".

Würde des einzelnen, Glaubens- und Gewissensfreiheit nicht schützt: „Tun Sie um Gottes und der Ihnen anbefohlenen Menschen willen diesem Mißbrauch staatlicher Gewalt Einhalt", damit die Menschen bleiben und „ihre Arbeit mit neuer Freude tun". An die Ärzte, die trotz bevorzugter Behandlung durch den Staat in großer Zahl die DDR verließen, richtete Generalsuperintendent Jacob die dringende Mahnung zum Bleiben.[172] Kirchliche Mitarbeiter, die eigenmächtig ihren Dienst in der DDR verließen, wurden weiterhin nach gesamtkirchlicher Vereinbarung für wenigstens zwei Jahre nicht von einer westdeutschen Kirche eingestellt.

5. Der „Staatsratsvorsitzende" Ulbricht. Milderung der Konfrontation

Am 7. September 1960 starb der DDR-Staatspräsident Wilhelm Pieck. SED-Chef Ulbricht nutzte die Situation, zentralisierte nochmals die Staatsmacht und stärkte seine eigene Position. Die gesamtpolitische Vollmacht lag jetzt bei einem „Staatsrat", der mit Gesetzeskraft insbesondere zur „Verteidigung und Sicherung des Landes" zu beschließen hatte. Ulbrichts „Programmatische Erklärung" bei der Wahl zum Vorsitzenden am 4. Oktober 1960 bekräftigte die bisher von der SED verfolgten Ziele, war aber nunmehr, nach der Etablierung des „Sozialismus" auf den wichtigsten Gebieten, auf die Tonlage staatsmännischer Milde gestimmt. Einer anerkennenden Vereinnahmung christlicher DDR-Bürger diente die neue Formel „Das Christentum und die humanistischen Ziele des Sozialismus sind keine Gegensätze".[173] Die Versöhnungsgeste bei Ulbrichts Erhebung zum Staatsoberhaupt wurde durch eine umfassende Amnestie[174] verstärkt.

Ulbrichts Konsensformel signalisierte nach den Jahren ideologischer Aggression und schikanöser Einengung des kirchlichen Lebens eine Entspannungsabsicht, deren Wirksamwerden im Alltag von Christen, Gemeinden und kirchlichen Werken zu erhoffen war. Anders als 1953 waren die Grenzen der Kurskorrektur von vornherein klar. Bischof Krummacher, seit kurzem Dibelius-Nachfolger im Vorsitz der Kirchlichen Ostkonferenz, markierte die kirchliche Stellung zu Ulbrichts Diktum: Im Unterschied zur Norm „einer Sittlichkeit, die dem Sozialismus dient", sei der Christ „für sein persönliches und öffentliches Handeln an den Willen und die heiligen Gebote Gottes gebunden". Der Bischof verwies hier auf den Gegensatz von Unversöhnlichkeit und Feindesliebe.[175] Die CDU und sonstige „fortschrittliche" Christen aber reagierten geradezu euphorisch.

Die neue Ulbricht-Parole gewann hier den Nimbus eines Gnadenakts, der dessen Nutznießer zu gesteigerter Dankbarkeit verpflichte. Ein propagandistisch inszeniertes Gespräch mit „fortschrittlichen Christen" bot Ulbricht Gelegenheit, seine fortan wiederholt betätigte kirchenpolitische Führungsrolle zu demonstrieren. Der Hauptvorstand der CDU hatte ein Dankschreiben initiiert, das eine Delegation unter Leitung des greisen Leipziger Theologen Emil Fuchs am 9. Februar 1961 mit einer stattlichen Unterschriftenliste dem Staatsratsvorsitzenden

172 Jacob, Brief an die Ärzte des Sprengels Cottbus, 19. Nov. 1960; KJ 1960, 134 f.
173 Text der Erklärung Ulbrichts in: KJ 1960, 131–133.
174 Die kirchliche Fürbittenliste erreichte jetzt mit drei Namen den niedrigsten Stand seit je. Auch der Leipziger Studentenpfarrer Dr. Schmutzler gehörte zu den Entlassenen.
175 Brief Krummachers an Ulbricht vom 24. Nov. 1960; KJ 1960, 133.

überreichte.[176] Fuchs verband das Lob für die Programmatische Erklärung mit dem Bekenntnis zur Friedenspolitik der DDR und zum Aufbau des Sozialismus. Er konstatierte eine Übereinstimmung von humanistischer Ethik des Sozialismus und christlichem Glauben in dem Ziel, den Menschen „zur Verantwortung für seinen Nachbarn und das Ganze" zu rufen. Der Brief polemisierte gegen „kirchliche Kreise", deren Haltung die Kirche selbst gefährde und die der Staat durch seine Maßnahmen „zur Besinnung bringen" wolle. Ulbricht antwortete mit dem Lob für Christen, die beim Aufbau des Sozialismus „vielfach eine ganz hervorragende und aktive Rolle spielen". Mit usurpatorischer Unverfrorenheit nahm er die Unterschriften als „stellvertretend für die übergroße Mehrheit aller Christen in unserem Staat" geleistet entgegen. Die Ost-CDU erhob den Ulbricht-Empfang vom 9. Februar zu einem Datum historischen Ranges für ihre alljährliche Positionsbestimmung an der Seite der SED. In einem Brief an Emil Fuchs trat Bischof Krummacher dessen Anspruch, für die Lehre der Kirche und für die Christen in der DDR zu sprechen, entgegen. Auch Präses Scharf widersprach entschieden der Behauptung, dass die Bergpredigt und der marxistische Sozialismus im Ziel übereinstimmten.[177]

Die Staat-Kirche-Realität blieb auch nach Ulbrichts Konsensbekundung spannungsvoll. Nach den Aktionen gegen die Diakonie in den 50er-Jahren[178] und deren Ausgrenzung durch defizitäre Pflegekostensätze kam aber im April 1961 ein Abkommen zustande, das die Vergütung für die Arbeit in evangelischen Krankenhäusern und Heilstätten an die im staatlichen Bereich gezahlten Sätze anglich. So gab es „Bereiche, in denen sich die antikirchliche Propaganda anderen Interessen" unterordnete.[179] Eine Zulassung des Berliner Kirchentages 1961 auch im Osten der Stadt scheiterte am Nein der DDR-Führung, für das, wie auch bei anderen staatlichen Verboten, der Militärseelsorgevertrag als Universalargument diente.[180] Das SED-Politbüro stellte jedoch fest, dies habe nichts mit der „Einstellung zur Kirche" und der Haltung gegenüber „Kirchenvertretern aus der DDR" zu tun: Bei politisch erwünschtem Verhalten würde man auch gegenüber der EKD „neu Stellung ... nehmen".[181] So blieb der Kirchen-

176 Bis zum Jahresbeginn 1961 lagen von den am Ende 32 000 Unterschriften erst 551, darunter 133 von „Geistlichen und Theologen" vor. Der Rest sei „neu hinzugewonnen" worden; Bericht von C. Ordnung; Besier 1, 345.

177 Auf der Synode der Kirchenprovinz Sachsen im März 1961; Besier 1, 346.

178 Vgl. oben, S. 39, 47, 55.

179 „Abkommen zur Regelung der Vergütung für die Angehörigen der Heil- und Heilhilfsberufe in evangelischen Krankenhäusern, Kliniken und Heilstätten in der DDR und im demokratischen Sektor von Groß-Berlin"; I. Hübner, Diakonie zwischen Selbständigkeit und Kooperation; in: Hübner/Kaiser (Hg.), Diakonie, 83.

180 Die stets den akkuraten Gebrauch der *eigenen* Nomenklatur fordernde SED-Führung sprach in diesem Zusammenhang (wie vor Jahren von „sogenannten Studentenpfarrern") von der „westdeutschen sogenannten deutschen Kirchentagsleitung", vom „Bonner Kriegsministerium" und der „Verflechtung maßgeblicher Vertreter des Kirchentages in Westdeutschland mit Militarismus und Revanchismus"; Politbüro-Beschluss vom 13. Dez. 1960; SED und Kirche 1, 346.

181 Beim Verbot der EKD-Synode für Ostberlin wies das Politbüro den Vorwurf zurück, „wir wollten die beiden Kirchen auseinanderbringen". Kirchenvertreter aus der DDR könnten jederzeit mit den westdeutschen „in Westdeutschland oder im Ausland" beraten; westdeutschen Geistlichen, „die gegen die NATO und Aufrüstung sind", werde die Einreise in die DDR ermöglicht; Politbüro-Beschluss vom 24. Jan. 1961 zur geplanten EKD-Synode; SED und Kirche 1, 347.

tag im Juli 1961, während des Höhepunkts der Fluchtwelle und einer gleichzeitigen DDR-Kampagne gegen im Westen arbeitende „Grenzgänger“ auf Westberlin beschränkt. Christen aus der DDR, die zehn Jahre zuvor in großen Scharen gekommen waren, wagten nur noch in viel kleinerer Zahl die Teilnahme. Vier Wochen danach waren die Grenzen geschlossen und blieben es für Jahrzehnte.

Kapitel 3
Die Mauer. Zeugnis und Dienst der schrumpfenden Kirche (1961–1969)

Am 13. August 1961 wurde die Massenflucht aus der DDR und Ost-Berlin jäh gestoppt. In der Frühe dieses Sonntags sperrten bewaffnete DDR-Kommandos die Grenzen. Was viele hatten kommen sehen, andere für unvorstellbar hielten, wurde schockierende Realität. Das Staatswesen DDR rettete vorerst seine Existenz. Mit einer dreisten Agitationslüge wurde die zwischen Berliner Bezirken quer durch die Stadt emporwachsende Mauer als „antifaschistischer Schutzwall“ deklariert. Die Hinnahme des Gewaltaktes durch die Westmächte wirkte zusätzlich deprimierend und zerstörte langgehegte Illusionen. Noch für einige Tage konnten West-Berliner nach Ost-Berlin gelangen, dann jahrelang nicht mehr. Bischof Dibelius und der EKD-Ratsvorsitzende Scharf mahnten am 14. August die Gemeinden in Ost und West, sich „jetzt nicht in Bitterkeit und Haßgefühl“ zu verlieren.[1] In Westberlin hielt Dibelius „Reden an eine gespaltene Stadt“.[2] Im Osten wandten sich leitende Geistliche an den Staatsratsvorsitzenden Ulbricht mit der Bitte, Passierscheine zu gewähren „und überhaupt die Abschnürung der einen Hälfte Deutschlands von der anderen zu beseitigen“.[3] Offen kritischen Äußerungen begegnete die SED mit Terror.[4]

A KIRCHLICHES REAGIEREN AUF DIE MAUERSITUATION

1. Kirchenleitung östlich der Mauer: Bischofsamt in Berlin-Brandenburg

Der Schock der Teilung traf am stärksten die Kirche in und um Berlin. Seit anderthalb Jahrzehnten war ihr Leben und Wirken auch Brücke an der Nahtstelle der Machtblöcke. Jetzt waren über Nacht Grenzparochien durchtrennt, Kirchen nicht mehr betretbar.[5] In Berlin-Brandenburg konnten dank der 1959 beschlossenen Notverordnung die Verfassungsorgane geregelt weiterarbeiten, doch ein schikanöser Eingriff

1 Radatz/Winter, 16 f.: „Werft den Glauben nicht weg ...Vergeßt nicht, daß aller menschlichen Gewalt ein Ziel gesetzt ist ...“.

2 In der Kirche am Südstern. O. Dibelius, Reden an eine gespaltene Stadt, Stuttgart 1961, ³1963.

3 Telegramm an Ulbricht am 16. August; Unterzeichner: Propst Scharf, Bischof Krummacher, GenSup Führ, Synodalpräses Sup Figur; Radatz/Winter, 17.

4 Gegen Provokateure helfe nur „die Faust aufs Schandmaul“; Leipziger Volkszeitung vom 23. Aug. 1961. Binnen kurzem stieg die Zahl politischer Häftlinge um 5000 an; Pollack, 177.

5 So die Versöhnungskirche auf der „Ost“-Seite der Bernauer Straße, nun innerhalb des scharf gesicherten Mauerareals. Sie wurde 1985 gesprengt.

der Staatsmacht führte schon in den ersten Wochen zu einer langdauernden Behinderung. Nachdem Präses Scharf, Bürger von Ost-Berlin und zum Verweser des Bischofsamtes für die Ostregion bestellt, sich mit einem ihm erteilten Dauervisum nach Westberlin begeben hatte, verwehrten ihm die Grenzorgane am 31. August die Rückkehr und behielten seinen Personalausweis ein. Das gemeinsame Telegramm an Ulbricht vom 16. August diente als Vorwand für die Ausbürgerung. Proteste, Bitten, immer neue Versuche schließlich über Jahre, Scharfs Rückkehr zu erwirken, blieben erfolglos. Die DDR-Führung war nicht bereit, den Dibelius-Vertreter und Repräsentanten der Ost-West-Kircheneinheit im eigenen Machtbereich zu dulden. Die östliche Kirchenleitung hielt aber entschieden an Scharf fest und behalf sich mit Provisorien. Zunächst übernahm der Präses der Provinzialsynode, Superintendent Figur, stellvertretend im Nebenamt den Vorsitz der Kirchenleitung-Ost. Man erhoffte ein Einlenken, sobald anstelle des 82-jährigen Dibelius, wie längst in Aussicht genommen, Scharf zum Bischof gewählt sein würde. Die SED suchte die für Dezember 1962 vorgesehene Wahl durch organisierte Einflussnahme zu hintertreiben: CDU-Emissäre konfrontierten die Synodalen mit der Chancenlosigkeit einer Rückkehr Scharfs; CDU-Generalsekretär Gerald Götting setzte Mitglieder der Kirchenleitung wie Führ und Figur unter Druck. Tatsächlich fehlten bei der Wahl in der Ostregion – nicht politisch, sondern innerkirchlich-theologisch begründet – wenige Stimmen an der erforderlichen Zweidrittelmehrheit. Die regionale Kirchenleitung bestellte jetzt Generalsuperintendent Jacob/Cottbus zum „Verweser des Bischofsamtes“ im Nebenamt. Bei ihm sah die SED eine positivere Einstellung „zum Staat der Arbeiter und Bauern“, da Jacob christliche Verantwortung ohne mentale Westfixierung vertrat und die DDR als Staat respektierte. Der auf Dibelius verweisende „Verweser“-Titel wurde vom Staat durch interne Sprachregelung ignoriert: Jacob galt als „der Bischof“ des DDR-Bereichs der Landeskirche.
Nach dem mehrjährigen Provisorium der „Verweser“-Lösung mit Günter Jacob stand 1966, nun wegen des Gesundheitszustands von Dibelius unaufschiebbar, erneut die Bischofswahl an. Scharf blieb dank seines überragenden Ansehens der einzige Kandidat. Das SED-Politbüro schloss weiterhin dessen Rückkehr aus und verordnete eine Gesprächsoffensive zugunsten einer Wahl Jacobs,[6] der aber nicht bereit war zu kandidieren. Mit großen Mehrheiten wählten nun beide Regionalsynoden Scharf zum Bischof, doch die Hoffnung auf staatliches Einlenken erfüllte sich nicht.

Das unerbittliche Nein der SED begrenzte Scharfs bischöfliches Wirken auf West-Berlin. Für diese absehbare Situation hatte Jacob mit Scharf vereinbart, zeitgleich mit dessen Wahl sich seinerseits zum Bischofsvertreter auf Lebenszeit in der Ost-Region einsetzen zu lassen. Darauf aber ging die Kirchenleitung Ost nicht ein, sondern trug nochmals zeitlich befristet und im Nebenamt Jacob das Verweseramt an. Dies lehnte er ab. Nach weiteren Provisorien wählte die regionale Kirchenleitung am 5. Januar 1967 den Eberswalder Generalsuperintendenten Albrecht Schönherr zum „Verwalter des Bischofsamtes“.[7] Schönherr, Schüler und Freund Dietrich Bonhoeffers, Mitglied des Weißenseer Arbeitskreises (WAK) und der Prager Christlichen Friedenskonferenz (CFK), repräsentierte die Dibelius-kritische, dahlemitische BK-Tradition. Er war bekannt für ein erfolgreiches, konziliant-entschiedenes Vertreten kirchlicher Belange gegenüber dem Staat und wie Jacob überzeugt, dass die Kirche in der Ostregion ihren Weg

6 Politbüro-Beschluss vom 18. Jan. 1966; SED und Kirche 1, 456.
7 Zur Abwandlung des Titels: Schönherr, Regionalisierung, 159 f.

selbständig suchen und finden müsse. Für den Staat war er ein „Mann des Vertrauens".[8] Das kam Schönherrs Streben, in gesamtkirchlichem Konsens ein entkrampftes Staat-Kirche-Verhältnis zu erreichen, zugute. Im Sinne Bonhoeffers betonte er den weltzugewandten Zeugnis- und Dienst-Auftrag der eigenständig handelnden Kirche. Dies setzte, wie sich fortan zeigte, den Versuchen politischer Vereinnahmung deutliche Grenzen.

2. Differenzierungskurs der SED: Der „Thüringer Weg"

Am 17. August 1961, vier Tage nach der Grenzschließung, verlieh Staatschef Ulbricht dem thüringischen Landesbischof Mitzenheim den Vaterländischen Verdienstorden in Gold. Zwischen rücksichtslosem Eingriff in das Leben vieler und hoch bemühter propagandistischer Vortäuschung von „Normalität" wirkte dies auf viele wie Hohn.[9] Die Ehrung zum 70. Geburtstag hatte das Politbüro mit dem Bemühen des Bischofs um „ein loyales Verhältnis zu unseren staatlichen Organen" und entsprechendem Einwirken „auf die Geistlichen und Gläubigen seiner Kirchenprovinz" begründet.[10] Mitzenheim, betont heimatverbunden, volkskirchlich und lutherisch-konservativ gesinnt, hatte im Rahmen einer traditionellen Zwei-Reiche-Auffassung schon seit Jahren seine politische Loyalität zum Regime bekundet. 1953 war er für die Junge Gemeinde eingetreten, versagte sich aber am 17. Juni der Bitte, in Gera vor 30 000 Arbeitern zu sprechen. Er geriet zunehmend unter den Einfluss des juristischen OKR Gerhard Lotz, MfS-Mitarbeiter und Mitglied des Hauptvorstandes der CDU. Die Alleingänge Mitzenheims belasteten das Zusammenwirken in der Kirchlichen Ostkonferenz aufs schwerste. Seit 1958 manifestierte sich der Dissens auch im Konfliktfeld von Konfirmation und Jugendweihe.

Die Kirchliche Ostkonferenz hatte 1958 die Unvereinbarkeit von Jugendweihe und Konfirmation bekräftigt.[11] Ursprünglich von Mitzenheim mitgetragen, wurde dies nun von Thüringen her unterlaufen. Nur falls Konfirmanden mit der Beteiligung an der Jugendweihe „eine Verleugnung des Evangeliums zum Ausdruck bringen wollen" sowie nach Anhörung des Gemeindekirchenrates seien sie von der Konfirmation zurückzustellen.[12] Damit wurde das Nebeneinander von Konfirmation und Jugendweihe faktisch legalisiert. Die Synode der Lutherischen Kirche Sachsens urteilte, dass die Thüringer Entschließung „dem heute notwendigen Bekenntnis ausweiche und Tatbestände verschleiere".[13] Lutherische Bischöfe versuchten,

8 Staatssekretär Seigewasser bei Schönherrs Antrittsbesuch am 7. Jan. 1967; Mau, Regionalisierung, 210.

9 Werner Leich, damals thüringischer Dorfpfarrer, vermerkt, dass „in unserer Landeskirche die Stimmung auf dem Siedepunkt" war; Leich, 94.

10 Politbüro-Beschluss vom 28. Juni 1961; SED und Kirche 1, 357 f. Infolge seines Verhaltens werde Mitzenheim „vom NATO-Flügel in der Kirchenhierarchie angegriffen".

11 Vereinbarung der KOK vom 27. Aug. 1958. Die „Grundentscheidung" solle „mit seelsorgerlicher Barmherzigkeit gepaart" sein; KJ 58, 197 f. Die Landeskirchen (außer Anhalt und Thüringen) erließen entsprechende Verordnungen für die Konfirmation 1959.

12 Kanzelabkündigung; KJ 1958, 196. Schon im Januar 1958 hatte eine außerordentliche Synode der thüringischen Landeskirche die Pfarrer angewiesen, die Jugendlichen vor der Konfirmation nicht nach einer beabsichtigten Teilnahme an der Jugendweihe zu fragen; Besier 1, 811, Anm. 770.

13 OKR Lotz verwahrte sich dagegen, eine „in ehrlicher geistlicher Bemühung gefundene

den Dissens zu überwinden.[14] Gespräche auch mit Dibelius und Krummacher zeigten, dass Mitzenheims Alleingänge dem Versuch „zu überwintern" galten, „indem man politisch mehr als bisher die Partei des Staates ergreift".[15] In Thüringen regte sich Widerspruch gegen den Kurs der Kirchenleitung. Die Lutherische Bekenntnisgemeinschaft rief zu „geistlicher Besinnung, Gebet, Fürbitte" auf: „Taktisches Verhalten" habe beim Beharren auf fragwürdigen Positionen keine Verheißung. Thüringer Pfarrer wandten sich des öfteren Rat suchend an die EKD in Berlin.

Die Eisenacher Kirchenleitung war gesamtkirchlich isoliert. 1960 wählte die EKD-Synode Mitzenheim nicht wieder in den Rat der EKD. Auch die Kirchliche Ostkonferenz überging ihn, indem sie jetzt Krummacher zum Vorsitzenden und Noth zum Stellvertreter wählte. Hierauf aber reagierte die SED mit Schärfe. Staatssekretär Eggerath eröffnete Krummacher, man werde „nicht dulden", dass Mitzenheim durch einen neuen Bevollmächtigten „an die Wand gedrückt wird".[16] Doch die DDR-Regierung konnte nicht unmittelbar in die kirchlichen Personalia eingreifen, sondern nur ihre Differenzierungsinstrumente – demonstrative Begünstigung auf der einen und Gesprächsverweigerung samt administrativem Druck auf der anderen Seite – einsetzen.[17] 1964 nahm Ulbricht den Beginn der Weltkriege vor 50 bzw. 25 Jahren zum Anlass einer neuen Begegnung mit Mitzenheim: Das „Wartburg-Gespräch" vom 18. August, ein langer Monolog des Staatschefs mit zustimmenden Einlassungen von Mitzenheim und Lotz, galt der Frage, was „zur Erhaltung des Friedens getan werden" müsse.[18] Wenige Wochen danach durfte der Bischof die Genehmigung von Rentnerreisen in die Bundesrepublik, eine menschliche Erleichterung der Mauer-Situtation, verkünden. Bei der Einführung der sozialistischen DDR-Verfassung 1968 wies Ulbricht ihm erneut eine besondere Rolle zu.

3. Anleitung zu aktuellem Bekennen: „Zehn Artikel" und „Sieben Sätze"

Nach dem Mauerbau bedurfte es der seelsorgerlichen Anrede zur einschneidend veränderten Lebenssituation im Osten. Die Weiterarbeit an der EKU-Handreichung[19] von 1959 führte zum Desiderat einer katechismusartigen Kurzfassung jenes Textes. Johannes Hamel formulierte als Vorgabe, die Kirche müsse „aus einem vertieften Leben im Gottesdienst" lernen, „Zeugendienst zu üben", ohne dabei „Rückhalt im

Entscheidung ... mit solcher Selbstsicherheit zu zensurieren"; Brief an den Präsidenten der sächsischen Landessynode vom 10. Jan. 1959; Besier 1, 358 f.

14 Besprechung am 16./17. Jan. 1959 zwischen Lilje (Leitender Bischof der VELKD), Mitzenheim, Noth und Beste; Besier 1, 359 f.

15 Besier 1, 362 f.

16 Unterredung Eggeraths mit Krummacher am 9. Juli 1960; Mau, Eingebunden, 51.

17 Mitzenheim erwähnte am 14. Mai 1962 gegenüber Staatssekretär Seigewasser, „Krummacher und andere" betrachteten die staatliche Brüskierung des gewählten Vorsitzenden als „den Versuch, eine Staatskirche in der DDR zu schaffen"; Mau, Eingebunden, 51.

18 KJ 1964, 124–137. Bei dieser Gelegenheit plädierte Ulbricht für die Verständigung zwischen beiden deutschen Staaten auf der Basis von Gleichberechtigung und bezog sich zustimmend auf Mitzenheim, der eine Mitwirkung der Kirchen befürwortet hatte: „Wir sind dienende Kirche. ... Kirche im Volk und für das Volk wollen wir sein"; ebd. 134.

19 Vgl. oben, S. 70 f.

Trauen auf den Westen und auf die Wiedervereinigung zu suchen". Vertreter lutherischer und unierter Kirchen berieten seit Anfang 1962 gemeinsam über eine „kurz gehaltene Erklärung für alle DDR-Landeskirchen". Nach einem Jahr lagen die „Zehn Artikel über Freiheit und Dienst der Kirche" vor. Sie waren als Aktualisierung der Barmer Erklärung von 1934 gemeint und wurden am 8. März 1963 von der Konferenz der Kirchenleitungen verabschiedet.[20] Die Konkretionen der grundsätzlichen Aussagen galten der DDR-Situation.

(I) Die Gemeinde Jesu Christi habe die Versöhnung zu verkündigen und den Willen Gottes in allen Lebensbereichen zu bezeugen. (II) Beim Dienst an den Mitmenschen habe sie „in der sozialistischen Gesellschaftsordnung zu unterscheiden zwischen dem gebotenen Dienst an der Erhaltung des Lebens und der gebotenen Verweigerung der atheistischen Bindung". (III) Natur und Geschichte seien „sachgerecht", ohne eine „Ideologisierung der Wissenschaft" zu erforschen. (IV) Gottes Gerechtigkeit verpflichte „die Gemeinde zur Mitsorge für gutes irdisches Recht"; dieses müsse „die Würde des von Gott geschaffenen und erlösten Menschen" achten. (V) Im Dienst der Versöhnung müsse sie „für den Frieden unter den Völkern" wirken und sich für den Schutz von Wehrdienstverweigerern „aus Glaubens- und Gewissensgründen" einsetzen. (VI) Die Arbeit diene der Lebenserhaltung, nicht der „Selbsterlösung" oder „Selbstvergötzung" des Menschen. (VII) Nach Gottes Anordnung müsse die Obrigkeit „für Recht und Frieden" sorgen, ohne sich „zu Herren der Gewissen" zu machen. (VIII) Wort und Sakrament, Sammlung und Sendung in die Welt bestimmen „Leben und Dienst der Kirche". Indem sie „für ihr Recht" eintritt, verteidige sie „die Freiheit der Verkündigung und des Dienstes". (IX) „Die Ordnung der Kirche" müsse „auch bei Berücksichtigung der geschichtlichen Situation ihrem Wesen entsprechen". (X) Der Sieg Jesu Christi bestimme die „Hoffnung der Kirche", lasse sie „die Leiden dieser Zeit geduldig ertragen" und „alle falsche Aktivität" meiden. Die „letzte Entscheidung" und „Vollendung der Geschichte" könne nicht die „Weltrevolution" und der „neue Mensch in der neuen Gesellschaft" sein.

Die „Zehn Artikel" wurden Ende Mai veröffentlicht. Westliche Medien berichteten sachlich, sprachen aber auch von einer Kampfansage an den ostdeutschen Staat; die DDR-Presse reagierte scharf.[21] Das Politbüro wertete die Zehn Artikel als Verstoß gegen das Kommuniqué von 1958.[22] Bischof Mitzenheim distanzierte sich von dem Dokument und minimierte dessen Absicht.[23] Die Konferenz der Kirchenleitungen verwahrte sich gegen einen politischen Missbrauch, der die Bedeutung der Artikel als „die der Kirche heute in Auslegung von Schrift und Bekenntnis gegebene Wegweisung"

20 Text KJ 1963, 181–185. An eine Druckgenehmigung für die Zehn Artikel in der DDR war nicht zu denken.

21 „Mit der Tinte der Militärkirche geschrieben". Das Urteil, dieses Wort der Kirche empfehle „zwischen vorbehaltloser Annahme und totaler Verzweiflung" die Prüfung der jeweiligen Verhältnisse („Süddeutsche Zeitung", 30. Mai 1963), provozierte scharfe östliche Polemik; KJ 1963, 186. 188.

22 Politbüro-Sitzung vom 16. Juli 1963 (Bericht P. Verner); SED und Kirche 1, 425–430: Die Rede von „Vergötzung der Arbeit" beleidige alle Werktätigen der DDR.

23 Mitzenheim betonte, es handele sich um „keine Verlautbarung … nach außen", auch nicht um eine „Handreichung für Pfarrer und Gemeinden", sondern um eine „theologische Selbstbesinnung der Kirche"; diese wolle die ihr gezogenen „Grenzen" aufzeigen, „um sie vor der Gefahr einer Verfehlung ihres Auftrages zu bewahren"; „Gegen den Mißbrauch theologischer Thesen", „Neue Zeit" vom 2. Juni 1963; KJ 1963, 187.

beeinträchtige.[24] Insgesamt zustimmend, jedoch nicht ohne Kritik, votierte Karl Barth.[25] Seine Stellungnahme nahm der Berliner Theologe Hanfried Müller zum Anlass, für den Weißenseer Arbeitskreis sieben „Theologische Sätze" zu formulieren, die mit dem Titel „Von der Freiheit der Kirche zum Dienen" das Thema veränderten. Was sie zum Weltverhältnis und Auftrag der Kirche sagten, ließ keinen Bezug auf bedrückende Alltagserfahrungen in der DDR erkennen.[26]

Zum (I) „Auftrag" und Weltverhältnis der Kirche heißt es hier in steiler Dialektik, dass sie „in der Nachfolge Jesu sich verleugnet und die Welt liebt" und so „von der Welt unterschieden und ... mit ihr verbunden" ist. (II) Sie widerstehe „der Versuchung, Gottes Wort schützen zu wollen"; Wo „ihr Einfluß begrenzt und ihre Rechte bestritten" werden, suche sie „furchtlos nach neuen Wegen". (IV) Die „Hoffnung der Kirche" richte sich auf Christus, stärke sie „in ihrem Dienst für die Welt" und ermutige sie „in der Erwartung einer heilen Welt" zum Heilen von Wunden und zum Schaffen besserer Lebensbedingungen. (V) Die Kirche richte keine „christliche Front" auf; sie lasse sich nicht vom „weltanschaulich-philosophischen Gegenüber von Theismus und Atheismus" fixieren; die „Freiheit der Christen" zeige sich im Bezeugen „der freien Gnade Gottes für alle". (VI) Der „Glaubensgehorsam im Arbeiten und Denken" diene „der politischen Gemeinde"; er zeige ihr, „daß wir als Zeugen der Menschenliebe Gottes" zugleich zum „irdischen Wohle denken und arbeiten". (VII) Vom „Glaubensgehorsam im politischen Leben" spricht der Text unter den Aspekten „Staat", „Recht" und „Frieden". – Den Entwurf der „Sieben Sätze" hatte Müller dem ZK-Ansprechpartner Willi Barth und dem MfS vorgelegt.[27] In überarbeiteter Form wurden sie vom WAK-Leiterkreis bestätigt und an die Pfarrer der Landeskirche versandt.
Gegenüber den Zehn Artikeln, die auf opportunistische „Gefährdungen und Versuchungen" im DDR-Alltag hinwiesen, wirkten die Sieben Sätze als eine „Verharmlosung akuter Gefahren".[28] Ihr Reden von der „Welt" verdankte sich einer problematischen Bonhoeffer-Interpretation.[29] Auch im WAK sah man, dass dieser Text „bis an die Grenze des Vertretbaren starke Akzente" setzte.[30]

Den Zehn Artikeln blieb die Akzeptanz eines „Katechismus"[31] für die Kirche im Osten versagt. Sie kamen nur hektographiert in Umlauf, wurden auf Pfarrkonventen und mit Vikaren besprochen, aber kaum auf der Gemeindeebene bekannt.[32]

24 KJ 1963, 187 f.
25 KJ 1963, 190–193. Der guten Wegweisung sei theologisch an keiner Stelle zu widersprechen. Doch wäre eine stärkere Konzentration und eine „zuversichtlichere Haltung und Ausrichtung ihrer Aussagen" zu wünschen gewesen. Im Blick auf „die umgebende Welt, den Sozialismus usw." wäre kraft des Vertrauens auf Jesus Christus „etwas hoffnungsvoller und darum beteiligter" zu reden.
26 JK 25 (1964), 29–34; KJ 1963, 194–198.
27 Treffbericht (IM „Maier") vom 15. Okt. 1963; BstU, ZA A 387/85.
28 G. Jacob, Versuche einer Wegweisung; JK 4/1964 = KJ 1964, 195–200; zit. 198.
29 Hamel, Zehn Artikel.
30 A. Schönherr, Antwort an Johannes Hamel; KiZ 10/1964 = KJ 1964, 205–212. Die „Leidenschaft der Sieben Sätze" liege beim „lebendigen Christuszeugnis in Wort und Tat" statt der „Bejahung einer Weltanschauung" oder „Parteinahme für die Institution: ‚Ich bin für die Kirche'".
31 So die von Krummacher gegenüber kritischen Stimmen betonte Erwartung; Mäkinen, 133.
32 KJ 1963, 189. In zeitlicher Nähe gab es das Urteil, sie seien in der Situation nach dem Mauerbau „äußerst hilfreich und wirksam" gewesen, rückblickend aber auch die Äußerung (J. Hamel), sie seien, so wie auch die Sieben Sätze, „bald vergessen worden"; Winter, EKU, 165.

B WEGSUCHE IM DDR-ALLTAG

1. Minorisierung und konzeptionelle Überlegungen

Veränderte Jugendarbeit. – In den 60er-Jahren wurde der Mitgliederschwund in den Kirchen zunehmend spürbar. Den Pressionen von 1958/59 war ein sprunghafter Anstieg von Kirchenaustritten gefolgt. 1964 hatte die Evangelische Kirche mehr als ein Viertel ihrer Mitglieder verloren; ihr gehörten nur noch 59,4 % der Bevölkerung an.[33] Eine Diasporaexistenz in der zunehmend kirchenfremden Gesellschaft zeichnete sich ab. Getaufte Kinder wurden nicht mehr zur Christenlehre geschickt; mancherorts fand sie nicht mehr statt.[34]

Traditionelle Arbeitsformen wie der Kindergottesdienst und die Junge Gemeinde am Ort erlitten starke Einbußen. Nach ihrer „großen Zeit" in den 50er-Jahren veränderte sich die kirchliche Jugendarbeit. Kirchliche Veranstaltungen wie Rüstzeiten und Kreisjugendtage gewannen angesichts zunehmender Vereinzelung in den Gemeinden für Jugendliche wachsende Akzeptanz und wurden zum Herzstück der kirchlichen Jugendarbeit. Eigenes Fragen und Mitgestalten wie auch ein gemeinsames Feiern des Abendmahls wurden wichtig. Die Ökumene rückte in den Blick: Seit Mitte der 60er-Jahre gab es auch Treffen mit Jugendlichen aus der ČSSR und aus Ungarn.[35] Die SED beobachtete die neue „kulturelle Massenarbeit" in der Kirche mit Argwohn.[36] Eine Verordnung über genehmigungspflichtige „Ferienbetreuung", die auch auf kirchliche Jugendrüstzeiten zielte, wurde von der Kirche ignoriert. Um ein Exempel zu statuieren, ging der Staat im Sommer 1963 gegen die Arbeit im brandenburgischen Rüstzeitenheim Hirschluch vor. Bezirksfunktionäre setzten Generalsuperintendent Führ, der die Kirchenleitung vertrat, mit einer zynischen Zumutung[37] unter Druck. Der widerstand, erlitt danach aber einen Herzinfarkt, der zum Tode führte. Gemeinsamer Protest der Bischöfe veranlassten den Staat zum Einlenken.[38]

Neue Impulse aus kirchlichen Gruppen. – Überlegungen zur künftigen Gestaltung kirchlicher Arbeit halfen, den Mauerschock zu verarbeiten und die veränderte Situation anzunehmen. Arbeitsgruppen, die aus der Tradition von BK-Bruderschaften oder der ESG kamen, erörterten Fragen zu Auftrag und Gestalt der Gemeinde. Ökumenische Impulse gewannen an Bedeutung, so der Begriff der „missionarischen Ge-

---

33 Statistische Angaben bei Pollack, 377–405.

34 So in der Kirchenprovinz Berlin-Brandenburg – auch aufgrund von Katecheten- oder Raummangel – in etwa hundert Gemeinden; Bericht der Kirchenleitung im Februar 1963; KJ 1963, 229.

35 F. Dorgerloh, Geschichte der evangelischen Jugendarbeit. Teil 1: Junge Gemeinde in der DDR, Hannover 1999, 126–129.

36 Arbeitsgruppe Kirchenfragen des ZK; 8. Nov. 1962; SED und Kirche 1, 412 f.

37 Führ war nur bereit, eine Schließung durch Polizeigewalt hinzunehmen. Die Funktionäre forderten: Keine Staatsgewalt (es gebe ja keinen „Kirchenkampf"!) – „also Sie, Herr Generalsuperintendent!"; Hildegard Führ, Hier geschieht nichts Gesetzwidriges; Die Kirche 36/2003, 10.

38 Der Staatssekretär für Kirchenfragen erklärte nunmehr die Anerkennung von Jugendrüstzeiten als Form der „freien Religionsausübung"; KJ 1963, 236.

meinde". Statt der verfassten Kirche und ihrer Strukturen rückte die „Sammlung" und „Sendung" der Gemeinde als Bewegung nach innen und außen in das Zentrum grundsätzlicher, biblisch begründeter und ökumenisch orientierter Überlegungen.

In Sachsen legte 1962 der Bischofswerdaer Arbeitskreis Thesen über die „Christliche Gemeinde in der DDR" vor: Gemeindeaufbau dürfe nicht dem Bild der vom Pfarrer versorgten Ortsgemeinde verhaftet bleiben; die Gemeinde sei als Lebens- und Sendungsgemeinschaft zu verstehen.[39] Angesichts der Wandlung von Lebensformen vertrat in Thüringen der Weimarer Kreis das Leitbild einer „zur Welt hin weit offenen Gemeindekirche".[40] Günter Jacob, der schon 1956 vom „Ende des konstantinischen Zeitalters" gesprochen hatte, folgerte aus dem Schwinden eines christlichen Klimas als „gesellschaftlicher Macht", dass die Kirche sich auf die Arbeit mit Einzelnen und Gruppen und auf das Wachsen einer „mündigen Gemeinde" konzentrieren müsse, betonte jedoch zugleich mit Bezug auf die 3. ÖRK-Vollversammlung in Neu-Delhi 1961 den Gottesdienst als das Herzstück der Ortsgemeinde, die zusammenzuhalten, zu hüten und zu stärken sei.[41] Die 1962/63 im Haus der Berliner Mission entstandene „Ökumenische Arbeitsgemeinschaft für Strukturfragen der Gemeinde" (ÖkAG) beteiligte sich an der „Strukturstudie" des ÖRK und leitete den Dialog zwischen den am Gemeinde-Thema arbeitenden Gruppierungen. Ein Bericht für den ÖRK 1963 sprach davon, dass Gott uns „unter der Herausforderung durch unsere gesellschaftlichen Verhältnisse eine … alle Formen des gemeindlichen Lebens gestaltende Grundstruktur" hat wiederentdecken lassen, die darin wurzelt, „daß Gott seinen Sohn gesandt hat, der sich in dieser Welt ein Volk sammelt und sendet".[42] Die „missionarische Struktur der Gemeinde" als ein nicht selbstbezogenes, sondern am Auftrag zu Zeugnis und Dienst in der Welt orientiertes Verständnis der Kirche fand zunehmende Akzeptanz.

2. Neue Gesetze. Gespräche zwischen Funktionären und Geistlichen

Wehrpflicht und Wehrersatzdienst. – Einige Monate nach Errichtung der Mauer führte die DDR die allgemeine Wehrpflicht ein. Der Fahneneid verpflichtete die Soldaten, „an der Seite der Sowjetarmee … den Sozialismus gegen alle Feinde zu verteidigen",[43] im Ernstfall also auch an der deutsch-deutschen Grenze. Das brachte viele junge Männer in Gewissensbedrängnis. Die neue Zumutung wurde in der Kirche heiß diskutiert. Bischof Mitzenheim allerdings vertrat unter Hinweis auf das lutherische Bekenntnis das Recht des Staates, den Wehrdienst zu verlangen; „objektiv" gebe es „keine vertretbaren Gründe" dagegen.[44] Wortgleich reagierte die SED auf als Vorwand verdächtigte „christlich-pazifistische" Anschauungen.[45] Die Regionalsynode

39 Christliche Gemeinde in der DDR. Thesenreihe; KiZ Juni 1962 = KJ 1962, 210–217.
40 KJ 1962, 217–221.
41 Für letzteres verwies Jacob auch auf ökumenische Impulse von Neu-Delhi 1961; KJ 1963, 238–241.
42 ÖkAG-Bericht 1963 für den ÖRK; Althausen, Strukturen, 20.
43 Wehrpflichtgesetz vom 24. Jan. 1962; KJ 1962, 194.
44 Rundbrief vom 19. Febr. 1962; KJ 1962, 196–198.
45 Vom Politbüro am 20. Febr. 1962 bestätigte Argumentation „zu Fragen über die allgemeine Wehrpflicht, die von Bischöfen der evangelischen Kirche gestellt werden": Es gebe „objektiv" keine „vertretbaren und sinnvollen Gründe" zur Verweigerung; SED und Kirche 1, 365–371 (zit. 370).

Ost von Berlin-Brandenburg äußerte Bedenken gegen den Fahneneid[46] und bekräftigte ebenso wie die Gesamtkirche in den Zehn Artikeln das Recht einer Verweigerung aus Gewissensgründen, zu der sich trotz strafrechtlicher Konsequenzen nicht wenige junge Männer entschlossen. Der Staat suchte aber einen offenen Konflikt zu vermeiden. Von 1964 an gab es in der DDR, sonst nirgends im Ostblock, die Gelegenheit eines Ersatzdienstes. Wer „aus religiösen Anschauungen oder aus ähnlichen Gründen" den Dienst mit der Waffe ablehnte, konnte als „Bausoldat" in unbewaffneten Einheiten der Volksarmee dienen.[47] Die Kirche begrüßte dies dankbar und viele junge Christen machten davon Gebrauch – auch um den Preis schwerer Nachteile wie des Ausschlusses vom Hochschulstudium. Doch auch der im militärischen Rahmen zu leistende Bausoldatendienst brachte Gewissensbedenken;[48] die Frage eines zivilen Ersatzdienstes blieb bis zum Ende der DDR virulent. Junge Christen, die den Wehrdienst leisteten, fanden kirchliche Begleitung durch eine „Handreichung" des Evangelischen Jungmännerwerks,[49] Informationstagungen vor den Einziehungsterminen und 1980 nochmals eine „Arbeitshilfe für Wehrdienstpflichtige".[50]

Politische Positionen und Gesprächskontakte. – Auf dem VI. SED-Parteitag im Januar 1963, der den „umfassenden Aufbau des Sozialismus" beschloss, legte Partei- und Staatschef Ulbricht einen 7-Punkte-Plan zur Anerkennung der DDR samt DDR-Staatsbürgerschaft vor. Er stellte für den Fall eines Abkommens „der Vernunft und des guten Willens" zwischen beiden deutschen Staaten eine „Normalisierung des Reiseverkehrs" in Aussicht.[51] Bischof Krummacher empfahl in einer Interview-Äußerung, den Ulbricht-Vorschlag „ernster zu prüfen".[52] Das löste nicht nur im Westen Befremden aus. Die sächsische Landessynode mahnte zur Zurückhaltung bei politischen Fragen und sorgte damit für Aufsehen und empörte Reaktionen von der anderen Seite.[53]

Zum Hintergrund der Stellungnahme aus Sachsen gehörte eine Veränderung im Staat-Kirche-Verhältnis. Anders als zuvor ließen sich kirchliche Amtsträger und Pfarrkonvente auf von der Nationalen Front arrangierte „Gespräche" ein, zu denen früher fast nur „fortschrittliche" Kirchenleute erschienen waren. SED-Funktionäre hatten oft eine parteiintern wiederholt gerügte Scheu, mit Geistlichen zu sprechen.[54] Das tiefe Misstrauen zwischen Staatsfunktionären und den beim „Klassenfeind" georteten Kirchenleuten sorgte bei solchen Begegnungen für eine angestrengte und kühle Atmosphäre. Langen Funktionärs-Monologen über DDR-Friedenspolitik und sozialistische Errungenschaften pflegte von kirchlicher Seite das Auflisten von Schwierigkeiten und Beschwerden zu folgen. Stand eine Einheitslisten-„Wahl" bevor, so

46 Regionalsynode Ost 11./16. März 1962; KJ 1962, 207–209.
47 Anordnung des Nationalen Verteidigungsrates der DDR vom 7. Sept. 1964; KJ 1964, 146 f.
48 In diesem Sinne äußerten sich mehrere Synoden Ende 1964 und Anfang 1965.
49 „Handreichung für Seelsorge an Wehrdienstpflichtigen"; KJ 1965, 144; KJ 1966, 249–261.
50 Winter, EKU, 223.
51 Text in KJ 1963, 153 f.
52 ena-Interview vom 11. Febr. 1963; KJ 1963, 156; Mäkinen, 121–128.
53 Erklärung der Landessynode der Ev.-Luth. Kirche Sachsens vom 21. März 1963; KJ 1963, 157 f.
54 Für 1959 vgl. SED und Kirche 1, 278. Örtliche SED-Referenten für Kirchenfragen bezeugen, dass dies auch später so blieb.

machten Beschwerdeführende die als Bekenntnis zur DDR erwartete Wahlbeteiligung oft von konkreter Abhilfe abhängig.
Die Ost-Denkschrift der EKD[55] von 1965, die einer Neuorientierung der westlichen Ostpolitik den Weg bereitete, bot der Kirche in der DDR auch wichtige Argumente gegen die antiwestliche SED-Agitation. Dazu brachte die im Osten aufgegriffene Diskussion über Konvergenz und einen „Dritten Weg“ als Alternative zur Ost-West-Konfrontation die SED-Ideologen in die Defensive. Die Ost-Denkschrift galt, da sie die Feindbild-fixierte Staatsideologie unterlief, als ein gefährliches Instrument der „ideologischen Diversion“.[56]
1964 wurde in den Kirchenleitungen verhalten positiv über die neuerlichen Staat-Kirche-Kontakte geurteilt. Aus den Gemeinden war zwar zu hören, die Kirche solle sie um ihrer Glaubwürdigkeit willen vermeiden, doch gab es einen kirchlichen Konsens, dass wir „uns stellen“ und „nicht ausweichen“, wenn der Staat nun Gespräche „mit dem Ziel der Auflockerung und Entspannung“ suche. Das müsse des „unüberbrückbaren Gegensatzes“ wegen „in Wahrhaftigkeit“ geschehen; der staatliche Partner dürfe aber erwarten, „in seinem politischen Amt ernst genommen zu werden“.[57] Man möge nun aber, da manche staatlichen Organe von der „Klimaverbesserung noch nichts gehört“ zu haben schienen, aufhören, über die Schulpflicht und „mit staatlicher Gewalt“ den Kindern die atheistische Weltanschauung aufzunötigen.[58] Angesichts der technischen Revolution und der Bedrohung des Friedens aber gebiete der „gesellschaftliche Dienst der Kirche“, als „Zeuge für Jesus“ den Menschen zu dienen – nicht um unserer „Belange“ und „Interessen“, sondern um der Zukunft des Menschen willen.[59] In solchen Äußerungen kam nicht zuletzt der in den 60er-Jahren auch ökumenisch[60] rezipierte Bonhoeffer-Impuls von der „Kirche für andere“ zur Wirkung.[61]

Jugendgesetz und sozialistische Bildungsgrundsätze. – In der DDR wurden 1963 der Entwurf eines Jugendgesetzes und 1964 die Grundsätze für ein „einheitliches sozialistisches Bildungssystem“ diskutiert. Sie sollten in der Phase des „umfassenden“ Sozialismus-Aufbaus auf den „kommunistischen Aufbau“ vorbereiten. Dank kirchlicher Stellungnahmen kam es zur Milderung einiger Formulierungen.

Der Gesetzentwurf enthielt einen kaum verhüllten Angriff gegen die Religion: Die Jugend solle „zum aktiven Kampf gegen die Einwirkungen imperialistischer Ideologien und überlebter Gewohnheiten befähigt und wirksam davor geschützt“ werden.[62] Nach anfänglich behaupteter Freiwilligkeit wurde jetzt auch die Jugendweihe in einem Gesetzestext verankert.[63] Gravierender waren die Grundsätze zum *sozialistischen Bildungssystem.* Auf dem SED-Parteitag

55 Die Lage der Vertriebenen und das Verhältnis des deutschen Volkes zu seinen östlichen Nachbarn.

56 SED-Analyse zur „Entwicklung des gesellschaftlichen Bewusstseins von Geistlichen 1963 bis 1968“; 18. Dez. 1968; Mau, Eingebunden, 137–141.

57 Bischof Fränkel vor der Synode der schlesischen Kirche; KJ 1964, 74.

58 Bischof Krummacher vor der Synode der pommerschen Kirche, März 1964; KJ 1964, 123 f.

59 Bischof Jänicke vor der Synode der Kirchenprovinz Sachsen, März 1965; KJ 1964, 144.

60 ÖRK-Bericht 1967 „Die Kirche für andere und die Kirche für die Welt im Ringen um Strukturen missionarischer Gemeinden“.

61 Bonhoeffer: „Die Kirche ist nur Kirche, wenn sie für andere da ist“; Widerstand und Ergebung, Entwurf einer Arbeit, 3. Kapitel.

62 Der revidierte Text verallgemeinerte: die Jugend sei „bei der Überwindung überlebter kapitalistischer Gewohnheiten“ zu unterstützen; KJ 1964, 164.

63 Sie sei als „fester Bestandteil der Vorbereitung … auf das Leben in der sozialistischen Gesellschaft“ von den örtlichen Organen, Betrieben, Genossenschaften und Schulen zu unterstützen; KJ 1964, 165.

1963 hatte Ulbricht dessen Einheitlichkeit „vom Kindergarten bis zur Hochschule und bis zur Erwachsenenqualifikation" gefordert. Eine Handreichung der Kirchenprovinz Sachsen formulierte fundamentale Kritik. Sie wandte sich gegen den Leitgedanken von „Nützlichkeit und Verwertbarkeit des Erziehungsprodukts" und gegen die geplante Tagesschule; durch sie werde die „eigenständige Aufgabe des Elternhauses" ausgehöhlt.[64] Die Konferenz der Kirchenleitungen (ohne Thüringen) wandte sich in diesem Sinne auch an Ministerpräsident Stoph.[65] Die sächsische Landessynode vertiefte den Einspruch durch den Hinweis auf das unantastbare Personsein (Verantwortlichkeit, Wachheit, Selbstständigkeit des Denkens und Urteilens) und die dringende Aufforderung an die Eltern zur Stellungnahme. Die Immatrikulationsformel der Leipziger Universität, die zur Aneignung der „Wissenschaft auf der Grundlage des Marxismus-Leninismus" verpflichtete, sei für Christen unannehmbar.[66] Nur Bischof Mitzenheim äußerte „weithin Verständnis" für die im größeren Zusammenhang zu würdigenden Bildungsgrundsätze der SED.[67] Der Staat verweigerte ein Gespräch über die Erziehungskonzeption und würdigte allein Mitzenheim einer Antwort, auf die man die anderen Kirchenleitungen verwies.[68]

3. Theologie in staatlicher und kirchlicher Verantwortung. Reformationsjubiläum 1967

1952 war entschieden worden, die evangelische Theologie an den Universitäten zu belassen. Für die Kirche blieb der wissenschaftliche Austausch im Gesamtrahmen der Universitas litterarum ein hohes, wenngleich bald verkümmerndes Gut. Der Staat suchte das Verbleiben der Theologie an der Universität zur gezielten Einflussnahme auf den kirchlichen Nachwuchs zu nutzen. Auch Theologiestudenten mussten ein marxistisch-leninistisches Grundstudium mit entsprechenden Prüfungen absolvieren. Doch eine politische Aktivierung darüber hinaus durch FDJ-Gruppen an den Fakultäten scheiterte regelmäßig an der Distanzierung der Studierenden sogleich nach ihrer Immatrikulation. Die Theologischen Fakultäten waren zunächst noch durch die alte Generation mit bekannten Namen geprägt. Doch seit Beginn der 1960er-Jahre veränderte sich das Bild durch Emeritierungen und den inzwischen qualifizierten wissenschaftlichen Nachwuchs.

Nach anfänglich konzilianter Nachwuchs- und Berufungspraxis stand der Name der Theologin Dr. Fridrun Fessen, Fachreferentin für Theologie im Staatssekretariat für Hochschulwesen, für wachsenden Konformitätsdruck. Doch gelang es nur ansatzweise, vor allem in Berlin und Leipzig, „fortschrittliche" Theologen zu etablieren. Eine aggressive Politisierung ging in Ber-

64 Handreichung für Pfarrer, Eltern, Jugendliche und Katecheten vom 18. Sept. 1964; KJ 1964, 170–174.

65 KKL am 20. Okt. 1964 an Ministerpräsident Stoph; KJ 1964, 176 f.

66 Kanzelabkündigung November 1964. An die Eltern, Paten und Gemeinden: „Laßt eure christlichen Lehrer nicht allein! Meldet euch zu Wort in den Elternabenden! ... Stellt euch dort vor eure Kinder, wenn sie ihren Glauben verleugnen sollen ..."; KJ 1964, 178–182.

67 Bedenklich sei nur, dass sie als Festlegung „auf die weltanschauliche Überhöhung der marxistischen Methode mißdeutet (!) werden" könnten; Mitzenheim am 29. Okt. 1964 an Ministerpräsident Stoph; KJ 1964, 176–178.

68 Staatssekretär Seigewasser gegenüber Bischof Krummacher am 2. Dez. 1964: Eine persönliche Unterredung sei „von der Sache her nicht mehr notwendig"; Mau, Eingebunden, 27 f.

lin vom Dozentenehepaar Hanfried Müller (Systematische Theologie; ab 1964 Professor, mit engem Kontakt zu Willi Barth von der AG Kirchenfragen beim ZK der SED) und Rosemarie Müller-Streisand (Professorin für Kirchengeschichte) aus, die durch Gutachten für die Zensurbehörde (Amt für Literatur und Verlagswesen) auch Einfluss auf theologische Publikationen nahm.[69] Eine Reihe befähigter Theologinnen und Theologen blieben ohne Berufungschance.[70] In Berlin suchte Hans-Hinrich Jenssen (Praktische Theologie, 1964–1968 Dekan, Mitglied des Hauptvorstandes der CDU) mit ihm näher stehenden Kollegen den Einfluss der Müller-Fraktion zu begrenzen. In Leipzig wirkten nach dem Ausscheiden von Emil Fuchs und Johannes Leipholdt vor allem Christoph Haufe (Neues Testament, 1963 Professor mit Lehrstuhl) und Kurt Meier (Kirchengeschichte, 1965 Professor) im Sinne des SED-Regimes.
Neben den sechs theologischen Fakultäten gewannen die kirchlichen Ausbildungsstätten eine wachsende Bedeutung. Das zunächst für die ersten Studiensemester konzipierte „Sprachenkonvikt“ in Berlin wurde nach dem Mauerbau zur selbständigen Hochschule mit Doppelbesetzung der theologischen Hauptfächer.[71] Es behielt wie auch das Naumburger Katechetische Oberseminar[72] mangels staatlicher Anerkennung seine ursprüngliche Bezeichnung. Die dort Lehrenden waren „Dozenten des kirchlichen Lehramtes“. Auch in Leipzig entstand durch Umgestaltung des Seminars der Evangelisch-Lutherischen Mission in den 60er-Jahren eine Kirchliche Hochschule, die als „Theologisches Seminar Leipzig“ den Zugang zum Pfarrerberuf ermöglichte.[73] Zwischen den drei kirchlichen Ausbildungsstätten gab es eine wachsende Zusammenarbeit und die Möglichkeit des zwischen den staatlichen Fakultäten kaum noch realisierbaren Studienplatzwechsels. Ein anfangs von der EKU, dann vom Kirchenbund (BEK) verantwortetes Qualifikationsverfahren ermöglichte die akademische Graduierung, wenn auch ohne die entsprechenden Titel. Die Predigerschulen in Berlin und in Erfurt boten einen nichtakademischen Ausbildungsweg zum geistlichen Amt. Da vielen jungen Christen der Weg zum Abitur versperrt war, sorgten kirchliche Vorausbildungsstätten in Moritzburg bei Dresden, Naumburg und Potsdam-Hermannswerder für einen entsprechenden zwar nicht staatlich, aber kirchlich anerkannten Abschluss.
Die kirchlichen Ausbildungsstätten fanden während der Jahrzehnte ihres Wirkens lebhaften Zuspruch. Die drei Hochschulen, die 1990 auch als solche anerkannt wurden, erreichten mit der Gesamtzahl ihrer Absolventen annähernd die der sechs Theologischen Fakultäten (bzw. seit 1971 „Sektionen Theologie“). Letztere wiederum verdankten der Konkurrenzsituation zu den kirchlichen Ausbildungsstätten, die auch einen bedrohlichen Einbruch bei den Studentenzahlen der Fakultät in Berlin brachte, einen Rückhalt gegenüber untragbarer staatlicher Reglementierung. Im Rahmen theologischer Ausschüsse und anderer Aktivitäten gab es ein gutes Zusammenwirken von Theologen der kirchlichen und der staatlichen Institutionen, auch persönliche Kontakte und die gegenseitige Wertschätzung von Fachkompetenz.

Für die theologische Forschung und Lehre an den staatlichen und kirchlichen Institutionen in der DDR blieb ein enger Kontakt mit den Entwicklungen im gesamten deutschsprachigen Bereich und darüber hinaus unverzichtbar. In der Erneuerungsphase nach dem Kriegsende mit einer betonten Bekenntnisorientierung war die kirch-

69 S. Bräuer, C. Vollnhals, „In der DDR gibt es keine Zensur“, Leipzig 1995.

70 Das betraf in Berlin u. a. Günther Baumbach (1961 habilitiert für Neues Testament) und Joachim Rogge (1961 habilitiert für Kirchengeschichte), in Leipzig Ingetraut Ludolphy (1960 habilitiert für Kirchengeschichte).

71 R. Mau, Das „Sprachenkonvikt“. Theologische Ausbildungsstätte der Evangelischen Kirche in Berlin-Brandenburg („Kirchliche Hochschule in Berlin-Brandenburg“) 1950–1991; in: BThZ 9 (1992), 107–118.

72 M. Onnasch, Kirchliche Hochschule in Naumburg; in: Hochschule Ost 5/1992, 23–29.

73 C. Kähler, Kirchliche Hochschulen in der DDR; in: Hochschule Ost 5/1992, 3–9.

liche und theologische Tradition in je besonderer Spezifik wirksam geblieben, so in Leipzig wie auch in der Dresdner Kirchenleitung die des konfessionellen Luthertums,[74] in Berlin und der Kirchenprovinz Sachsen die Christozentrik Karl Barths und der Barmer Erklärung.[75] Die Debatte um Bultmanns Entmythologisierungsprogramm, die historisch-kritische und existentiale Interpretation des Neuen Testaments erreichte mit der nachrückenden Pfarrergeneration auch die Gemeinden. Die mit seinem Namen verbundenen Reflexionen zum Osterglauben veranlassten evangelikalen Protest. Im Rahmen der hermeneutischen Fragestellung aber wurden unabweisbare Probleme der historisch-kritischen Bibelexegese reflektiert. Hier gewann das Wirken von Ernst Fuchs an der Kirchlichen Hochschule in West-Berlin und seiner Schüler Eberhard Jüngel und Christoph Demke am Sprachenkonvikt besondere Bedeutung. Auch auf anderen Feldern führte die theologische Arbeit in der DDR zu wichtigen, über deren Grenzen hinaus beachteten Beiträgen, so in den exegetischen Fächern und in der Praktischen Theologie, der Forschung zu Luther, zur Reformationsgeschichte und zu den Ostkirchen.

Das 450. Jubiläum der Reformation 1967 hatte wegen der Gedenkorte in Sachsen und Thüringen sein Zentrum in der DDR. Die Kirche stellte die aktuelle Auslegung des Evangeliums unter das Luther-Motto „Christus meine Gerechtigkeit". Es sollte eine „falsche Inanspruchnahme und politischen Missbrauch der Reformation und ihrer Botschaft" ausschließen. Die Bischöfe Jänicke und Noth hielten bewegende Festpredigten zur Seligpreisung derer, „die hungert und dürstet nach der Gerechtigkeit". Theologische Hauptvorträge thematisierten die „Reformation als ökumenisches Ereignis" sowie „Reformation und Weltlichkeit".[76] In der deutschen und ökumenischen Christenheit gab es ein lebhaftes Interesse am Besuch der historischen Stätten, der Teilnahme an kirchlichen Veranstaltungen und dem Kontakt mit evangelischen Gemeinden.
Der Staat hatte ursprünglich ein großzügiges Verfahren für Einreisen in die DDR zugesagt, verfuhr dann aber restriktiv und teilweise schikanös. Von Hunderten teilnahmewilliger Westdeutscher durften nur 39 einreisen, die Teilnehmerzahl aus der westlichen Ökumene wurde fast halbiert. Seit langem geplante Begegnungen ökumenischer Gäste mit Gemeinden in der DDR wurden durch eine rigorose Beschränkung der Bewegungsfreiheit verhindert. Die SED suchte das Jubiläum für die paritätische Anerkennung des ostdeutschen Teilstaates zu nutzen, indem sie die DDR als Inbegriff erfüllter Menschheitshoffnungen, „Hüterin und Fortsetzerin der fortschrittlichen nationalen und humanistischen Traditionen des deutschen Volkes" etikettierte.

74 Namhafte lutherische Theologen der Nachkriegszeit an der Theologischen Fakultät waren Ernst Sommerlath (Systematische Theologie) und Franz Lau (Kirchengeschichte), später Ernst Amberg, Ingetraut Ludolphy und Helmar Junghans sowie am Theologischen Seminar Ulrich Kühn.

75 Diese Linie vertraten in der Anfangsphase vor allem Heinrich Vogel und Otto Dilschneider (Kirchliche Hochschule; Vogel auch Theologische Fakultät), später am Sprachenkonvikt besonders Eberhard Jüngel und Wolf Krötke.

76 Skydsgaard/Kopenhagen und Wingren/Lund. Pfarrer Wagner/Leipzig sprach über „Das Wagnis der Erben".

CDU-Generalsekretär Götting, der im Auftrag des Politbüros den staatlichen Festvortrag hielt,[77] krönte seine Rede mit einem entsprechenden Ulbricht-Zitat.[78] Gerade jetzt aber erreichte die Kampagne gegen die gesamtdeutsche Einheit der EKD (s. u.) ihren Höhepunkt. So wurde die staatliche Jubiläumsinszenierung zu einem Oxymoron von Anspruch und Realität. Bei späteren Anlässen, dem Bauernkriegs- (1975), Luther- (1983) und Müntzer-Jubiläum (1989) verlor die dann auch historisch differenzierende marxistische Reformationsdeutung an kulturrevolutionärer Schlagkraft.

C KRISE DER EKD UND GRÜNDUNG DES DDR-KIRCHENBUNDES

1. Bekenntnis zur Einheit der EKD. Neue DDR-Verfassung. Erwartungen und Konfrontationen (1967/68)

Angriff auf die Einheit der EKD. Die Fürstenwalder EKD-Ost-Synode. – Der SED-Staat hatte 1958 die Beziehungen zur EKD abgebrochen. Von 1961 bis 1966 richtete er administrative Schikanen gegen die Ost-West-Einheit der Kirche in Berlin-Brandenburg. 1967, als im Westen die ostpolitische Neuorientierung begann, drängte die SED auf das Ende der EKD als gesamtdeutscher Kirche. Sie formulierte kurz nach der Bildung der Großen Koalition in Bonn eine härtere Linie. Der Ost-CDU-Vorsitzende Götting attackierte grob diffamierend die Einheit der EKD.

Die SED betrachtete die CDU-SPD-Koalition in Bonn als Instrument einer nunmehr „raffinierter“, „getarnter“ betriebenen, auf die „Liquidierung der sozialistischen Gesellschaftsordnung“ zielenden „ideologischen Diversion gegen die DDR“. Eine Kampagne „insbesondere der CDU“ sollte christlichen Bürgern die Rechtswidrigkeit von EKD-Institutionen in der DDR erklären, nochmals mit Bezug auf den Militärseelsorgevertrag als Universalargument.[79] Dieser Vorgabe entsprach Göttings Rede zum ideologischen Rüsttag der CDU: Da die Bonner Politik die Spaltung Deutschlands vertieft habe, sei das Reden von der „Einheit der EKD“ nur eine Waffe des Kalten Krieges gegen die DDR. Die „freien und unabhängigen evangelischen Kirchen in der DDR“ könnten „mit der NATO-hörigen westdeutschen Kirche“ „nicht in einem Atemzug genannt werden“; es gebe „keine institutionelle Einheit“ zwischen „diesen Extremen“.[80]

Die EKD-Synode tagte im April 1967 unter dem Eindruck der wochenlang andauernden DDR-Agitation gegen ihre Einheit. Die Ost-Synodalen mussten wegen des staatlichen Berlin-Verbots nach Fürstenwalde ausweichen. Der Vorsitzende der ostdeutschen Konferenz der Kirchenleitungen, Bischof Krummacher, formulierte ein

77 Das SED-Politbüro hatte am 15. März 1966 die vom Minister für Kultur Klaus Gysi vorgelegte Konzeption für die Jubiläen 1967 (900 Jahre Wartburg, 450 Jahre Reformation, 150 Jahre Wartburgfest der deutschen Burschenschaften) beschlossen; SED und Kirche 1, 485–495 (zit. 485f.).

78 Kommende Jahrhunderte würden „unsere Generation beneiden“ um die DDR als „das von Müntzer ersehnte, von Marx und Engels wissenschaftlich vorgezeichnete Deutschland des Volkes“; KJ 1967, 204.

79 SED und Kirche 1, 499 f.

80 Rede Göttings in Jena am 9. Febr. 1967; KJ 1967, 182 f.

entschiedenes Bekenntnis zur Einheit der EKD. Doch auf die Frage, wie diese fortan institutionell zu praktizieren sei, gab es keine Antwort.

Die geistliche Verantwortung gebiete, an der erschwerten Einheit und Gemeinschaft der EKD festzuhalten. Diese sei aber, wie auch Bischof Scharf erklärte, nur in „gegenseitiger brüderlicher Freiheit", nicht als „Uniformität" zu praktizieren, denn man habe in ganz anderen „gesellschaftlichen, sozialen und politischen Bereichen" zu entscheiden. Dass er an ihr „nur aus politischen und nationalen Gründen" festhalte, wies Krummacher zurück: Die EKD habe schon seit 1949 von den „beiden deutschen Regierungen" gesprochen. Besonders das ökumenische Streben nach sichtbarer Gemeinschaft über politische, rassische, soziale und gesellschaftliche Unterschiede hinweg spreche für das Bewahren der kirchlichen Einheit, die sich in wichtigen Realitäten des kirchlichen Lebens manifestiere: dem Schuldbekenntnis von 1945, der auf Schrift und Verkündigung bezogenen Theologie, dem Amts- und Ordinationsverständnis. Auch dringende Aufgaben wie die Studienreform erforderten, dass „man beieinander bleibt und einander nicht losläßt".[81]
Mit einem Dank für Krummachers „unmißverständliches Wort" erklärte die Synode: Die Einheit der EKD „besteht". Sie im Blick auf Menschen mit entgegengesetzten Lebensbedingungen preiszugeben, hieße, „die Gesellschaftsordnung zur Herrin über den Christusdienst" zu machen. Doch es blieb beim Formulieren einer Aporie: In der Verantwortung füreinander „dürfen wir uns nicht loslassen", haben uns aber „gegenseitig so weit freizugeben", wie es dem Auftrag im jeweiligen Teil Deutschlands entspricht. Die EKD müsse „immer wieder auf die anderen Rücksicht nehmen" mit „viel Vertrauen zu denen, die nicht unmittelbar gefragt werden können".[82]

In Berlin-Spandau begrüßten die westlichen EKD-Synodalen das Fürstenwalder Bekenntnis zur Einheit der EKD als „eindeutig kirchlich und theologisch", ohne politische Assoziationen und Motivationen formuliert.[83] Aber niemand wusste, was nun zu tun sei. Lähmung statt Handlungsfreiheit bestimmte die Lage.

Sozialistische Verfassung der DDR und erste Stellungnahmen. – Die SED ging nach der Durchsetzung des Sozialismus-Programms daran, ihre Herrschaft rechtlich-verfassungsmäßig neu zu justieren und unangreifbar zu machen. Mitte 1967 war erstmalig von einer Verfassungsänderung die Rede. Einem Politbüro-Beschluss vom 21. November folgend, bildete die Volkskammer eine „Kommission zur Ausarbeitung einer sozialistischen Verfassung der DDR". Wenige Wochen danach lag ein zunächst geheim gehaltener Entwurf vor.[84] Bischofsverwalter Schönherr benannte nach der Ankündigung des Projekts kirchliche Desiderate. Der am 31. Januar 1968 publizierte Verfassungsentwurf definierte die DDR als sozialistischen Staat und verewigte den Führungsanspruch der SED. Am 15. Februar nahmen die evangelischen Bischöfe zu ihm in einem Brief an Ulbricht Stellung. Zwei Wochen später inszenierte Ulbricht in Weimar einen gemeinsamen Auftritt mit Mitzenheim. Dessen Behauptung, dass die Staatsgrenzen der DDR „auch die Grenze für die kirchlichen Organisationsmöglichkeiten" bilden, erhielt bald Verfassungsrang. Christen und kirchliche Stellen

81 KJ 1967, 23–27.
82 KJ 1967, 27–29.
83 KJ 1967, 29 f.
84 Zu ihm votierte Götting in einem Schreiben an Ulbricht vom 3. Jan. 1968; SED und Kirche 2, 31–34.

richteten in der mehrwöchigen „Volksaussprache“ viele Eingaben an die Verfassungskommission. Sie zeigten ein weit über den Entwurf hinaus gehendes Erwartungsspektrum: einklagbare demokratische Freiheiten, Änderung der Wahlen, Menschenrechte und Meinungsfreiheit, Toleranz und Liberalisierung. Dies alles wies die Kommission zurück mit der Behauptung, der Entwurf stimme mit der Menschenrechtserklärung der UN überein und gehe sogar über sie hinaus.[85] Dass der einzige Kirchenartikel (38, später 39) die Kirchen zur „Übereinstimmung mit der Verfassung und den gesetzlichen Bestimmungen“ verpflichte, ohne etwas über deren Rechtsstellung zu sagen, wurde vielfach beanstandet.

Götting hatte vorgeschlagen, die extrem knappen Aussagen zu Religion und Kirchen durch ausformulierte Garantien zu erweitern, aber auch von den Geistlichen Loyalitätserklärungen sowie eine Anpassung kirchlicher an die staatlichen Verwaltungsgrenzen zu fordern.[86] Doch wie schon früher befürchtete die SED bei solchen Forderungen Widerstand und einen „Kirchenkampf“. Im Auftrag der Kirchenleitungen trug anstelle von Krummacher, der nach der Fürstenwalder Synode kein Gehör beim Staat fand, Bischofsverwalter Schönherr gemeinsame „Überzeugungen in den evangelischen Kirchen und Gemeinden“ vor. Der (offiziell noch unbekannte) Entwurf möge, ehe sich etwa „erste Formulierungen ... verfestigen“, ausdrücklich „Glaubens- und Gewissensfreiheit“ und die ungestörte Religionsausübung „auch durch Diakonie und Unterweisung“ zusagen sowie den bisherigen Status der Kirchen, ihren Besitzstand und die Selbstfinanzierung garantieren.[87]
Bei der Vorstellung des Verfassungsentwurfs in der Volkskammer am 31. Januar erklärte Ulbricht, dieser biete den Kirchen und Religionsgemeinschaften „die einzig mögliche Plattform“ für ihre „Beziehungen zum sozialistischen Staat“. Die neue Verfassung solle jeden Versuch, „politischen Weisungen der westdeutschen Militärkirche nachzukommen“, unterbinden.[88]

Brief der Bischöfe an Ulbricht. – Die Publikation des Verfassungsentwurfes forderte zur kirchlichen Stellungnahme heraus. Sie sollte in einem Brief an Ulbricht, der auch die Verfassungskommission leitete, geschehen.

Ein Entwurf vom 9. Februar hatte die Redeweise von 1958 aufgegriffen: Die Bischöfe „respektieren die politischen und ökonomischen Grundlagen der sozialistischen Gesellschafts- und Staatsordnung“.[89] Nachdem Bischof Fränkel, der die defensiv-anpassende Wortwahl ablehnte, einigen Theologen Kenntnis von dem Briefentwurf gegeben hatte, erklärte Johannes Hamel auf der gerade tagenden EKU-Synode, welche Formulierungen (eben diese!) ein kirchliches Votum *nicht* enthalten dürfe.[90] Hamel, Propst Siegfried Ringhandt und KR Manfred Stolpe formulierten einen neuen Brieftext, den die evangelischen Bischöfe am 15. Februar (ohne

85 SED und Kirche 2, 19 f. – Von den allein innerhalb einer Woche (22.–28. März) eingehenden Zuschriften betrafen 859 Religionsfreiheit und Stellung der Kirchen, 84 Freizügigkeit, 84 Recht auf Bildung, 82 Recht auf freie Meinungsäußerung; ebd., 39 f.
86 Stellungnahme von Götting und Hauptvorstand der CDU an Ulbricht, 3. Jan. 1968; SED und Kirche 2, 31–34.
87 Schönherr, schriftliche Stellungnahme an Staatssekretär Seigewasser, 13. Jan. 1968; SED und Kirche 2, 34 f.
88 Bericht Ulbrichts zum Verfassungsentwurf vor der Volkskammer am 31. Jan. 1968; Henkys, Bund, 107.
89 Dietrich, 32.
90 Hamel, mündlich 1993 und öfter; Dietrich, 32–34.

Mitzenheim[91]) im brandenburgischen Kloster Lehnin beschlossen.[92] Die Bischöfe erklärten unter Hinweis auf die Existenz zweier deutscher Staaten nach dem von Deutschland verschuldeten Krieg, dass sie als DDR-Staatsbürger und als Christen eine „geordnete Zusammenarbeit“ und „Annäherung der beiden deutschen Staaten“ erstreben, damit wir „den Frieden fördern und die menschlichen Beziehungen ... wieder voll zu ihrem Recht kommen. Als Staatsbürger eines sozialistischen Staates sehen wir uns vor die Aufgabe gestellt, den Sozialismus als eine Gestalt gerechteren Zusammenlebens zu verwirklichen.“ Dieser oft falsch zitierte Satz wertet nicht[93] den Verfassungsbegriff „Sozialismus“, sondern benennt die aktuell auch die Christen fordernde *Aufgabe eines gerechteren Zusammenlebens* und bekräftigt durch den Hinweis auf schuldhafte Versäumnisse der Christen[94] die hier bestehende originäre christliche Verantwortung.[95] Desiderate an den Verfassungstext schlossen sich an: Wer nicht die Weltanschauung der SED teilt, sollte doch „mit unverletztem Gewissen“ an der Verantwortung für das Staatswesen teilhaben können. Die „volle Glaubens- und Gewissensfreiheit“ möge ausdrücklich zugesagt werden; die Rede vom „Geist und Ziel der Verfassung“ erfordere präzise Verfassungsvorschriften. Im nunmehr einzigen Kirchenartikel möge verbindlich erklärt werden, dass das kirchliche Leben nicht beschränkt werde und dass Seelsorge, Unterweisung und gemeinnützige Arbeit gewährleistet seien.

Ohne dem Leitgedanken der neuen Verfassung (sozialistischer Staat, führende Rolle der SED) zu widersprechen, forderte der Bischöfe-Brief konkrete Rechtssicherheit der Bürger und die Bindung auch der Staatsführung und ihrer Organe an die Verfassungsaussagen. Unüberhörbar wurde die Staatsführung für die positiv formulierten Selbstaussagen beim Wort genommen. Der endgültige Verfassungstext berücksichtigte einzelne Desiderate,[96] verweigerte aber eine inhaltliche Formulierung kirchlicher Rechte. Damit entzog er dem Vorwurf vom Verfassungsbruch[97] den Boden. Der Artikel über Religion und Kirchen bezeichnete „Vereinbarungen“ als möglich[98]; hier behielt der Staat freie Hand. Die einzige Zusage für künftige Arbeitsmöglichkeiten der Kirche blieb ein Diktum Ulbrichts, wonach die Möglichkeiten des kirchlichen Dienstes „nicht verändert werden sollen“.[99] Im April 1968 wurde die

91 Mitzenheim entschuldigte sein Fernbleiben mit einer wichtigen Sitzung und unterzeichnete nicht.

92 Text: Henkys, Bund 112–114; Nach-Denken, 130–132.

93 Etwa im Sinne der Behauptung, der Sozialismus sei „die“ bessere Staatsform.

94 Unter Rückgriff auf Formulierungen des Darmstädter Wortes von 1947 zu der Sache der Armen und Entrechteten, die mit dem Evangelium von Gottes kommendem Reich auch „Sache der Christenheit“ sei.

95 Stolpe, 98 f., versteht den von Hamel und Ringhandt „genau überlegten und sorgfältig formulierten Text“ zu Recht nicht „als Anpassungs-, sondern als Offensivformel“.

96 Gleiche bürgerliche Rechte und Pflichten sollten nicht nur, wie es ursprünglich hieß, unabhängig vom „weltanschaulichen“, sondern auch vom „religiösen Bekenntnis“ gelten (Art. 20).

97 Vgl. oben, S. 63–66.

98 Artikel 39 des endgültigen Verfassungstextes: „1. Jeder Bürger der Deutschen Demokratischen Republik hat das Recht, sich zu einem religiösen Glauben zu bekennen und religiöse Handlungen auszuüben. 2. Die Kirchen und andere Religionsgemeinschaften ordnen ihre Angelegenheiten und üben ihre Tätigkeit aus in Übereinstimmung mit der Verfassung und den gesetzlichen Bestimmungen der Deutschen Demokratischen Republik. Näheres kann durch Vereinbarung geregelt werden“; KJ 1968, 191.

99 So in der Begründung des Verfassungsentwurfs am 31. Jan. 1968, die Mitzenheim beim Treffen in Weimar am 29. Febr. zitierte und Ulbricht bestätigte; Henkys, Bund, 116 f.

neue DDR-Verfassung per Volksentscheid angenommen. Er bot, seit 1946 gänzlich ungewohnt, nach vielen Einheitslisten-Wahlen neben dem großen „Ja“ auf dem Stimmzettel auch ein kleingedrucktes „Nein“ als Gelegenheit zur Ablehnung.[100]

Konfliktsituationen 1968. – Der Plan, die traditionsreiche Leipziger Universitätskirche zu sprengen, um dem Universitätsturmgebäude Raum zu schaffen, führte zu großer Erregung. Die SED-dominierte Stadtverordnetenversammlung hatte am 23. Mai 1968 den Abriss beschlossen. An der Theologischen Fakultät und am Theologischen Seminar Leipzig formierte sich Widerstand. Studenten suchten Abgeordnete in ihren Wohnungen auf; öffentlicher Protest vor dem Rathaus mit Transparenten und Flugblättern wurde rasch unterbunden. Der SED-Bezirksfunktionär für Inneres beorderte je einen Vertreter der Fakultät, des Seminars und der Kirchen zu sich und legte ihnen „klipp und klar den Standpunkt der Organe der Staatsmacht“ dar.[101] Am Tag der Sprengung war der Karl-Marx-Platz weiträumig abgesperrt. Hunderte von Bürgern warfen Blumen und Zweige über die Absperrung. Da sie nicht bereit waren zu weichen, wurden sie durch Polizeikräfte abgedrängt. Es gab viele „Zuführungen“[102] und Verhaftungen.
Während des Frühjahrs und Sommers 1968 nahmen die Menschen in der DDR von der Protestbewegung in Frankreich und der Bundesrepublik allenfalls beiläufig Notiz, registrierten aber mit brennendem Interesse den Aufbruch zu einem „Sozialismus mit menschlichem Gesicht“, die staunenswerte Wandlung von Sprache und Politik bei den tschechoslowakischen Kommunisten, die elementar auch die eigene Situation betraf. Wachsende Erwartungen steigerten die Beunruhigung der SED-Führung. Vor allem Ulbricht betrieb den Abbruch der Reformpolitik des Prager Frühlings. Dass an dem Überfall sozialistischer „Bruderländer“ am 21. August 1968 auf die ČSSR, dreißig Jahre nach Hitlers Einmarsch in die Tschechoslowakei, abermals deutsche (DDR-)Truppen beteiligt waren, steigerte die Empörung.
Es gab viele mutige Protestaktionen; die Staatsmacht reagierte hart. Mit allen Mitteln suchte sie ein klares Wort der Kirche zu verhindern. Dabei leistete Bischof Mitzenheim willige Dienste. Drei Tage nach der Invasion bemühte sich Bischof Beste als neuer Vorsitzender der KKL vergeblich um eine gemeinsame Stellungnahme der ostdeutschen Landeskirchen. Auch die Verlesung eines Wortes Bischof Jänickes in der Kirchenprovinz Sachsen wurde durch massive staatliche Drohungen vereitelt. Bischof Noth konnte in Teilen der lutherischen Kirche Sachsens einen Brief an die Gemeinden in Umlauf bringen. Eine landesweite Kanzelabkündigung zu dem viele Menschen aufwühlenden Geschehen gab es nur in Berlin-Brandenburg. Nach dem Scheitern eines Wortes der KKL an den Einsprüchen Mitzenheims[103] beschloss die Kirchenleitung von Berlin-Brandenburg am 5. September einen am Sonntag danach von den Kanzeln zu verlesenden Brief an die Kirchen in der ČSSR, in dem es hieß: „Wir leiden mit Euch darunter, daß noch immer militärische Mittel eingesetzt wer-

100 Statt der sonst stets behaupteten 99%igen Zustimmung lautete das Gesamtergebnis des Volksentscheids auf 94,5 %, in Ost-Berlin auf 91 % für die neue Verfassung.
101 SED und Kirche 2, 48.
102 DDR-Bezeichnung für vorübergehende Festnahmen.
103 Am 24. August 1968. Zum Folgenden vgl. Besier 1, 684–694.

den, um politische Fragen zu lösen ... Wir wissen und verstehen, daß es Euch besonders verletzt hat, daß unter den einrückenden Truppen auch Deutsche und auch Christen gewesen sind." Das Bewusstsein ohnmächtigen Aufbegehrens gegen rücksichtslosen Machtgebrauch begleitete das Verlesen und Hören dieser schlichten Sätze. Noch am 21. August war Schönherr in der ČSSR mit Scharf zusammengetroffen. Nun verdächtigte die SED diesen als Auftraggeber des Briefes. Das Innenministerium erwog strafrechtliches Vorgehen gegen die Urheber des Briefes und gegen alle, die ihn verlesen hatten.
Die Unterdrückung des demokratischen Aufbruchs diskreditierte zutiefst den „realen" Sozialismus Ulbrichts und des sowjetischen KP-Chefs Breshnew, konnte aber die Hoffnung auf einen Systemwandel nicht zerstören. Die SED ortete diese unter dem Stichwort „Sozialdemokratismus" auch bei den jetzt führenden Personen in der Kirche. Man müsse auf Schönherr, Jänicke und Jacob Druck ausüben, damit sie ihre „spekulativen Hoffnungen" als sinnlos begriffen und den realen DDR-Sozialismus ohne Abstriche akzeptierten.[104]

2. Bund der Evangelischen Kirchen in der DDR

Mit der neuen DDR-Verfassung war klar, dass der SED-Staat ein Verbleiben der östlichen Landeskirchen in der EKD nicht tolerieren würde, da nach der neuen Verfassung die DDR-Staatsgrenze auch „die kirchlichen Organisationsmöglichkeiten" begrenzte.[105] Die ostdeutschen EKD-Synodalen hatten in Fürstenwalde 1967 eine Aporie formuliert, ohne noch gesamtkirchlich handlungsfähig zu sein. Auch die Zusammenarbeit der Kirchen in der DDR war, wie das Verhalten Thüringens zeigte, zunehmend bedroht, denn die Verfassungsklausel über mögliche „Vereinbarungen" bot der SED eine zusätzliche Differenzierungshandhabe. Um so wichtiger wurde es für sie, gegenüber dem Staat gemeinsam handeln zu können. In dieser Lage fand Schönherrs Gedanke einer intensiveren Zusammenarbeit der östlichen Landeskirchen – nicht nur kirchenpolitisch-taktisch, sondern dem Auftrag zum „Zeugnis und Dienst" am Ort gemeinsamer Existenz verpflichtet – deutliche Unterstützung.

Schon während der Verfassungsdiskussion hatte der Rat der EKD eine Konsultativgruppe gebildet, die institutionelle Konsequenzen erörtern sollte. Es sollte auch ein Gremium für Verhandlungen mit der Regierung geben. Zu prüfen war, ob EKD-Organe „neu und aktionsfähig zu ordnen" seien oder ob eine „Neuformierung der acht Gliedkirchen der DDR" anstehe.[106] Für Aufsehen sorgte in diesem Moment das Stichwort des Umbaus der EKD zu einer „Zwillingskirche". Die Konsultativgruppe favorisierte aber den von ihrem Vorsitzenden Schönherr und KR Stolpe stammenden Vorschlag, zwecks gemeinsamer Rechtsvertretung und mit dem Ziel des Zusammenwachsens „im gemeinsamen Zeugnis und Dienst" einen Kirchenbund („Evangelische Kirche in der DDR") zu bilden. Ein von allen Landeskirchen beschickter Ausschuss solle bis zum Jahresende den Entwurf einer Ordnung erarbeiten, der dann in den Synoden zu beraten sei.[107] Hierzu sondierte Schönherr bei Seigewasser. Er betonte die Eigen-

[104] So Staatssekretär Seigewasser bei einer Dienstbesprechung Ende Oktober 1968; Besier 1, 691.
[105] Am 29. Februar 1968 von Mitzenheim vorgetragene Formulierung (s. o. S. 93).
[106] Sitzung am 8. April 1968; Besier 1, 665 f.
[107] Sitzung der Konsultativgruppe am 16. April 1968; Besier 1, 667.

ständigkeit des geplanten Kirchenbundes gegenüber der EKD; der Staatssekretär reagierte verhalten positiv.[108]

Die schwierigste Frage blieb das künftige Verhältnis zur EKD. Der Rat der EKD befürchtete einen Kurs „auf die Zertrennung der EKD".[109] Die ostdeutschen EKD-Ratsmitglieder suchten auf einer Tagung mit den Bischöfen die Bildung einer „Evangelischen Kirche in der DDR" zu stoppen und schlugen alternativ eine Regionalisierung der EKD vor. Schönherr hielt dies aber für unzureichend: Die Gemeinschaft der Gliedkirchen in der DDR müsse, ohne dass „die EKD als solche stillgelegt" werde, „stärker zum Ausdruck kommen". Jetzt wurden – gegen den Widerstand Mitzenheims, der jede Erweiterung von Zentralkompetenz auf Kosten der Landeskirchen ablehnte – eine gemeinsame Verhandlungskommission[110] und eine Strukturkommission beschlossen. Die letztere sollte prüfen, „wie die unter den Kirchen der DDR bestehende Arbeits- und Zeugnisgemeinschaft intensiviert werden kann".[111] Sie wurde, einem Beschluss der ostdeutschen Bischöfe vom 5. Juni folgend, aus der Verhandlungskommission und je einem weiteren Vertreter der Landeskirchen gebildet. Im Juli legte der Geschäftsführer der Strukturkommission, KR Stolpe, den Entwurf einer Ordnung vor. Landeskirchliche Ausschüsse berieten, die Kirchenleitungen votierten. Am 7. Januar 1969 lag der dann von den Synoden zu beratende Entwurf der Ordnung des Kirchenbundes vor.

Mit ihrer entschlossen und rasch verfolgten Realisierung eines Kirchenbundes ging es vor allem den kirchlich Verantwortlichen der mittleren und jüngeren Generation darum, in der vagen Rechtssituation des „sozialistischen" Staates die ostdeutschen Kirchen zum gemeinsamen eigenständigen Handeln zu befähigen. Der kirchliche Beratungs- und Beschlussvorgang hatte im Auftrag der EKD begonnen,[112] doch die ostdeutsche Konferenz der Kirchenleitungen betonte ihre eigene Verantwortung und Kompetenz. Richtung und Tempo des Vorgehens weckten besorgte Reaktionen im Westen. Über den ohne Beteiligung der „Brüder aus dem Westen" eingeschlagenen Weg äußerten EKD-Ratsmitglieder „große Betroffenheit": Habe man „alle Rechtsfragen mitbedacht"? Der Westen jedenfalls wolle an der EKD festhalten.[113] Krummacher und Noth verwiesen aber auf die Ohnmacht der EKD; sie sei „in den alten Rechtsformen" nicht zu überwinden.

Die DDR-Führung reagierte auf den Plan eines Kirchenbundes mehr abwehrend als zustimmend. Durch die Intention gemeinsamen kirchlichen Handelns sah sie ihre Differenzierungspolitik durchkreuzt; gemeinsame Beschlüsse konnten nicht mehr

108 Gespräch Schönherr-Seigewasser am 22. April 1968; Besier 1, 668–670.

109 Brief des Ratsvorsitzenden Dietzfelbinger an Krummacher als Vorsitzenden der ostdeutschen Konferenz der Kirchenleitungen; 5. Mai 1968; Besier 1, 671.

110 Ihr gehörten Schönherr (federführend), Johannes/Dresden, Jänicke/Magdeburg und Braecklein/Eisenach an.

111 Verlautbarung der evangelischen Kirchenleitungen in der DDR vom 5. Juni 1968; Henkys, Bund, 119; Kundgebungen EKD 2, 277. Laut Einleitungsformel war die Berufung der beiden Kommissionen nicht Sache der Konferenz der Kirchenleitungen, sondern der einzelnen (zum Ostbereich der EKD gehörenden) Landeskirchen („durch übereinstimmende Beschlüsse"). Alsbald wurde die Autorisierung der Kommissionen strittig.

112 Noch bei einer Informationstagung in Halle am 4. Okt. 1968 gingen die ostdeutschen EKD-Synodalen hiervon aus. Durch einen Bund dürfe nicht „die Gemeinschaft der EKD aufgegeben" werden; Henkys, Bund, 122.

113 Sitzung des Rates der EKD am 13./14. Juni 1968; Besier 1, 674. Auch die Besorgnis, im Falle der Trennung werde es „nicht leicht sein, die Bereitschaft zur Hilfe in den westlichen Kirchen und Gemeinden wachzuhalten", kam zum Ausdruck.

durch das Thüringer Veto blockiert werden. Staatssekretär Seigewasser bestand in Gesprächen mit Mitzenheim, Lotz, Schönherr und Jacob auf konsequenter Trennung von der EKD.[114] Da man aber in der Kirche nicht bereit war, dem zu folgen, blieben für den Staat die Landeskirchen, nicht der Kirchenbund „die legitime Form der kirchlichen Organisation".[115]

Für 1968/69 ging der KKL-Vorsitz, für den Krummacher nicht mehr kandidierte, an Landesbischof Beste über. In der Kirchenprovinz Sachsen trat 1968 Werner Krusche die Nachfolge von Bischof Jänicke an.[116] Krusche war schon an der Strukturdebatte der 60er-Jahre führend beteiligt gewesen und förderte von Anfang an mit theologisch-geistlicher Kompetenz den gemeinsamen Weg der ostdeutschen Kirchen. Noch während der Beratungen zum Kirchenbund aber sorgte ein vorauseilender Schritt der drei lutherischen Kirchen für Aufsehen: Sie bildeten im November 1968 eine „Vereinigte Evangelisch-Lutherische Kirche in der Deutschen Demokratischen Republik" (VELK/DDR). Das VELKD-Kirchenamt in Hannover äußerte „Trauer und Schmerz", erklärte aber, die Rechtskontinuität sei gewahrt; die Entscheidung sei „nach vorheriger Beratung" in den verantwortlichen VELKD-Organen erfolgt.[117]

In den Brennpunkt des öffentlichen Interesses rückte das Verhältnis des geplanten Bundes zur EKD. Während der Beratungen über dessen Ordnung steigerte die SED ihren Druck und machte die konsequente Trennung von der EKD zur Bedingung einer staatlichen Anerkennung. Im Oktober 1968 forderte der Parteitag der Ost-CDU laut SED-Vorgabe die konsequente, ausdrückliche Trennung des Kirchenbundes von der EKD.[118] Der Entwurf der Kirchenbund-Ordnung aber betonte das bleibend Gemeinsame in der „Mitverantwortung für die ganze evangelische Christenheit in Deutschland". In der endgültigen Fassung lautete der Artikel 4(4): „Der Bund bekennt sich zu der besonderen Gemeinschaft der ganzen evangelischen Christenheit in Deutschland. In der Mitverantwortung für diese Gemeinschaft nimmt der Bund Aufgaben, die alle evangelischen Kirchen in der Deutschen Demokratischen Republik und in der Bundesrepublik Deutschland gemeinsam betreffen, in partnerschaftlicher Freiheit durch seine Organe wahr."[119] Über die Grenze der Ideologien und Machtblöcke hinweg wurde also die „besondere Gemeinschaft" ausdrücklich und verfassungsmäßig verbindlich in Anspruch genommen. Die SED versuchte fortan alles, um die Kirche hier zum Nachgeben zu zwingen.

---

114 Aktennotiz Seigewassers vom 24. Juni 1968; SED und Kirche 2, 59–61.

115 Vorlage der AG Kirchenfragen im ZK der SED an Paul Verner, 5. Aug. 1968; SED und Kirche 2, 64.

116 Krusche hatte seit 1954 als Pfarrer in Dresden, seit 1958 als Studiendirektor im Predigerseminar Lückendorf/Sa. und seit 1966 als Dozent für Systematische Theologie am Theologischen Seminar Leipzig gewirkt.

117 Verlautbarung der Generalsynode der Gliedkirchen Sachsen, Thüringen und Mecklenburg vom 30. Nov. 1968 und Stellungnahme der VELKD vom 13. Dez. 1968; Henkys, Bund, 125–127.

118 So Götting und OKR Lotz/Eisenach am 2. und 4. Oktober mit Polemik gegen eine „Zwillingskirche" unter dem Dach der EKD. Immerhin bemerkte Lotz, das Verhältnis zu den westdeutschen Kirchen werde „etwas anderes" sein „als nur ein ökumenisches Bruderschaftsverhältnis" – und erhielt dafür ihm kaum erwünschten Delegierten-Beifall; Henkys, Bund, 120. 122 f.

119 Nach-Denken, 145.

Im Januar 1969 war die Arbeit der Strukturkommission beendet. Ihr Verfassungsentwurf entsprach wesentlich der Struktur und Arbeitsweise des ÖRK. In einem weithin beachteten Interview erläuterte Schönherr die vorgesehene Ordnung des Kirchenbundes.[120] Nicht eine „Superkirche“ oder „Behördenkirche“ sei geplant, sondern die „größtmögliche Zusammenarbeit“ der Landeskirchen, die, bekenntnisbedingt und rechtlich selbstständig, „in der Einheit und Gemeinsamkeit des christlichen Zeugnisses und Dienstes zusammenwachsen“ wollten (Art. 1 der Ordnung).[121]

Das „Zusammenwachsen durch Zusammenarbeit“ bestimme das Profil der Ordnung. Wichtige Arbeit würden die Kommissionen zu wesentlichen Sachfragen leisten, deren Sekretäre miteinander das Sekretariat als Verwaltungsorgan des Bundes bilden sollten. Dessen Einheit zeige sich vor allem in der Synode, die den gemeinsamen Auftrag aller Kirchen zu erörtern und Richtlinien und Kirchengesetze zu beschließen habe. Das Leitungsorgan des Bundes, die Konferenz der Kirchenleitungen, sei föderativ strukturiert. Zwischenzeitliche Leitungsaufgaben werde ein fünfköpfiger Vorstand wahrnehmen. Erst als „Frucht langer Zusammenarbeit“ könne es auch eine Änderung der landeskirchlichen Struktur geben. Der *Anlass* der Bundesgründung sei die Notwendigkeit, eine Übereinstimmung mit der neuen „Verfassung und den gesetzlichen Bestimmungen der DDR“ (Art. 39,2) zu erreichen. Ihre *Ursache* habe sie aber, wie Schönherr betonte, im Willen zur besseren gliedkirchlichen Zusammenarbeit bei fundamentalen Aufgaben. Der Satz Mitzenheims, dass die Staatsgrenzen der DDR „auch die Grenze für die kirchlichen Organisationsmöglichkeiten“ bilden, gelte insofern, als zwischen der DDR und der Bundesrepublik keine „beliebige Staatsgrenze“, sondern die „zweier antagonistischer Gesellschaftsordnungen“ verlaufe.
Kirchliche Organe, die nicht mehr dem Zeugnis der Kirche dienen können, müssten verändert werden: „Das Zeugnis hat den Vorrang vor der Organisation“. Nach der Bildung von Bundes-Organen könnten die bisherigen EKD-Organe „ihre Verantwortung für unsere Kirchen nicht mehr wahrnehmen“. Doch könne von einer Aufkündigung der geschichtlich begründeten kirchlichen Gemeinschaft[122] keine Rede sein. Die gemeinsame Geschichte und auch weiterhin gemeinsame Aufgaben begründeten eine spezifische Gemeinschaft der evangelischen Christenheit in Deutschland, die sich aber nicht „in gemeinsamen Organen der Leitung und Verwaltung ausdrücken“ müsse.

Schönherrs Erklärung zeigt einen in der Leitung der ostdeutschen Kirchen von 1967 zu 1969 eingetretenen Perspektivwechsel. Krummacher hatte gemeint, eine Preisgabe der institutionellen Einheit der EKD angesichts entgegengesetzter Lebensbedingungen in West und Ost und politischer Pressionen mache „die gesellschaftliche Ordnung zur Herrin über den Christusdienst“.[123] Gerade dieser aber, so betonte nun Schönherr 1969, erfordere, dass Organe, die nicht mehr „dem Zeugnis der Kirche“ dienen, zu verändern seien. Auf dem Hintergrund der neuen Verfassungssituation kam hier der Primat des Evangeliumsauftrags zur Geltung, den eine kirchliche Ordnung nicht behindern dürfe, sondern fördern müsse, zugleich aber auch das Festhalten an der bewährten und weiter zu betätigenden Gemeinschaft der evange-

120 ena-Interview mit Schönherr am 15. Jan. 1969; Henkys, Bund, 127–134; Kundgebungen EKD 2, 295–301.

121 Eben dies, nicht nur ein Reagieren auf die veränderte Verfassungssituation, war das wesentliche Motiv der Bundesgründung; Dietrich, 23–34.

122 Schönherr verwies hier auf die Barmer Erklärung, das Stuttgarter Schuldbekenntnis, das Darmstädter Wort und das Friedenswort der EKD-Synode von 1950.

123 Vgl. oben, S. 93.

lischen Christen in Ost- und Westdeutschland, nun ohne den Verfassungsrahmen von 1948.

Am 5. März 1969 nahm die Konferenz der Kirchenleitungen die nach Beratung landeskirchlicher Voten beschlossene Endfassung der Ordnung des Bundes der evangelischen Kirchen in der DDR (BEK) an. Die Forderung Thüringens, die „besondere Gemeinschaft“ mit den westdeutschen Kirchen auf bestimmte Themen zu begrenzen, wurde überstimmt. Im Frühjahr ratifizierten die Landessynoden die Ordnung des BEK. Auf der Synode der Kirchenprovinz Sachsen wies Bischof Krusche den Vorwurf zurück, mit dem BEK beuge man sich „aus reinem Selbsterhaltungstrieb dem staatlichen Druck“ und schleiche sich „aus purer Angst heimlich aus der EKD heraus“. Er betonte, dass Artikel 4(4) der BEK-Ordnung nicht, wie vom Staat, der Ost-CDU und dem SED-konformen Pfarrerbund verlangt, getilgt werde; auch werde es keine ideologische Begründung der Verselbständigung der Kirchen in der DDR geben. Dies wäre status confessionis und Verleugnung Jesu Christi. Die Kirchen in der DDR seien, indem sie wegen der DDR-Verfassung selbständige Leitungsorgane gebildet hätten, „bis an die äußerste Grenze des ihnen Möglichen gegangen“.[124]

Nach der Zustimmung aller Synoden zur Ordnung des Bundes wurde diese am 10. Juni 1969 durch die KKL verkündet und in Kraft gesetzt. Im September 1969 konstituierte sich in Potsdam-Hermannswerder die erste Synode des BEK.

124 KJ 1969, 235–243; Nach-Denken, 133–143.

Kapitel 4
Lernwege der Eigenständigkeit „im Sozialismus" (1969–1978)

A KIRCHENVERFASSUNG UND SED-POLITIK

1. Kirchenbund und EKD

Die Arbeit im neuen organisatorischen Rahmen des Kirchenbundes wurde entschlossen in Angriff genommen, doch von einem hochgemuten Verlassen der bisherigen Gemeinschaft der EKD konnte keine Rede sein. Während des Beschlussverfahrens hatte Schönherr erklärt, die BEK-Gründung sei kein „Akt der Revolte", viel lieber hätte man „Reformpläne im Rahmen der EKD" verwirklicht.[1] Bischof Krusches Bitte um synodale Zustimmung mündete in den Satz, dass Gott „uns nicht nur politischem Zwang" ausliefert und das Nachgeben zumutet, sondern „unter der Not und dem Druck der Situation die Chance einer neuen Freiheit schenkt, die wir tapfer ergreifen sollten."[2]

Die neue Situation zeigte sich in einer Reihe von Erklärungen. Die BEK-Synode übernahm vermögens- und dienstrechtliche Verpflichtungen der EKD im Bereich der DDR; die DDR-Mitglieder des Rates der EKD und die EKD-Synodalen stellten die Beendigung ihrer Funktionen fest.[3] Die EKD-West sprach von einem „tiefen und folgenschweren Einschnitt" in der Geschichte der evangelischen Kirchen in Deutschland, doch bleibe die „Gemeinsamkeit der Verantwortung für das Zeugnis und den Dienst der Kirche" bestehen. Die westlichen Ratsmitglieder „respektierten" die von den Kirchen in der DDR getroffenen Entscheidungen; sie würden nun die Aufgaben der EKD für den westlichen Bereich wahrnehmen.[4]
Den Konsens eines rechtlich behutsamen Vorgehens durchbrach die thüringische Kirche. Ihre Ankündigung, die EKD-Zugehörigkeit aus ihrer Kirchenverfassung tilgen zu wollen, löste bei vielen KKL-Mitgliedern Bestürzung aus. Schließlich einigte man sich auf die Erklärung, die Kirchen des Bundes seien „nicht mehr Gliedkirchen der EKD"; es gebe eine „sehr veränderte Rechtslage"; die KKL halte „auch einen generellen Feststellungsbeschluss einer Gliedkirche für möglich".[5] Die nicht vorinformierten EKD-Partner waren nach der zuvor bekundeten Absicht, die EKD-Zugehörigkeit der ostdeutschen Kirchen nicht aufzugeben, irritiert.[6] Nach

1 Schönherr vor der Berlin-Brandenburgischen Regionalsynode Ost am 3. Mai 1969; Heckel, 39 f.
2 Krusche, Einführung in die Sachproblematik des BEK auf der a. o. Synode der Kirchenprovinz Sachsen, 12. Apr. 1969; Nach-Denken, 143.
3 Bischof Krummacher an den EKD-Ratsvorsitzenden, Landesbischof Dietzfelbinger, 14. Sept. 1969: Dies sei uns, „wie Sie uns nachfühlen werden, unerhört schwer gefallen", aber „für den gemeinsamen Dienst der Gliedkirchen in der DDR unerläßlich"; KJ 1969, 274.
4 Erklärung des Rates der EKD vom 26. Sept. 1969; KJ 1969, 276.
5 KKL-Beschluss vom 22. Nov. 1969.
6 Gegenüber den EKD-Partnern erklärten KKL-Vorstandsmitglieder, es habe „keine Sachgründe" gegeben, die Gemeinschaft mit Thüringen aufzukündigen; Heidingsfeld, 94 f.

der langen Zeit der Lähmung ging es für den Kirchenbund darum, nicht schon beim Aufbruch zum gemeinsamen selbstbestimmten Handeln zu scheitern.
Der neu gebildete KKL-Vorstand hatte bei seiner ersten Sitzung den Rat der EKD gebeten, „ein möglicherweise bestehendes Mißtrauen gegenüber dem Bund zurückzustellen“ und Bevollmächtigte für „gemeinsame Sitzungen“ mit dem BEK-Vorstand zu benennen. Diesem sei es ernst „mit der praktizierten und geordneten Partnerschaft“ im Sinne von Artikel 4(4) der Bundesordnung.[7] Im Dezember 1969 wurde eine Beratergruppe aus EKD- und BEK-Beauftragten mit bis zu fünfzehn Teilnehmern von jeder Seite gebildet. Sie traf sich fortan alle drei Monate in wechselnden Besetzungen zum Informations- und Erfahrungsaustausch in Ostberlin. Vor allem in den Jahren bis zum deutsch-deutschen Grundlagenvertrag von 1972 hatten westliche Teilnehmer, insbesondere EKD-Ratsmitglieder, bei der Grenzpassage lange Wartezeiten, oft auch die Zurückweisung als „unerwünscht“ zu gewärtigen.

2. Kirche der Union in „zwei Bereichen“

Die administrative Erschwerung kirchlicher Ost-West-Kooperation durch den SED-Staat traf auch die seit anderthalb Jahrhunderten in geistlich bewährter Einheit existierende EKU. Der Rat der EKU tagte weiterhin gemeinsam, oft aber notgedrungen in nur fragmentarischer Besetzung aus dem Westen. Nach der Gründung des Kirchenbundes geriet auch die EKU wieder ins Visier der staatlichen Trennungsagitation.

Als Staatssekretär Seigewasser im Januar 1970 Schönherr aufforderte, für eine „Lösung der EKU-Frage“ analog dem EKD-Problem zu sorgen, reagierte dieser zurückhaltend. CDU-Chef Götting diskriminierte bei der üblichen Parteitagung im Februar[8] den gesamtdeutschen Status der EKU als anachronistisch und verfassungswidrig. Im März initiierte die ZK-Arbeitsgruppe Kirchenfragen eine Gesprächsoffensive gegenüber den EKU-Synodalen, die der völligen Trennung der östlichen EKU-Kirchen vom Westen galt, zugleich aber dem Fortbestand einer EKU in der DDR, um eine zentralistische Stärkung des BEK zu verhindern.[9] Doch in beiden Punkten scheiterte die Agitation. Die EKU-Synode im Mai 1970 bejahte das Zusammenwachsen im BEK und bestand zugleich auf der Ost-West-Einheit der EKU, die zwischen den politischen Systemen „als Kirche für die Versöhnung wirkt und einen brüderlichen Zusammenhalt pflegt“.[10] Ein West-Ost-Sonderausschuss „Zukunft der EKU“ erörterte ab Oktober 1970 eine Regionalisierung der EKU über die schon 1968 getroffene Regelung[11] hinaus. Mit Hanfried Müller war hier auch der SED-Staat präsent, doch wie auch sonst blieb Müller mit seinen Einlassungen isoliert. Wichtig für die Meinungsbildung und die Synodalentscheidung

---

7 Vermerk des EKD-Beauftragten OKR Lingner über ein Gespräch mit Stolpe, Leiter des BEK-Sekretariats, am 26. Sept. 1969; Besier 2, 120.

8 Kursbestimmung auf der SED-Linie im Sinne der Akklamation vom 9. Febr. 1961; vgl. oben, S. 77.

9 ZK-Sekretär Paul Verner, zuständig für Kirchenfragen, erklärte am 30. Okt. 1970 vor Kirchenpolitik-Funktionären, die Bildung einer starken „zentralistischen Einheitskirche“ in der DDR sei zu verhindern; SED und Kirche 2, 140. Der BEK war zu dieser Zeit noch nicht staatlich anerkannt.

10 Winter, EKU, 146.

11 Der Rat der EKU hatte am 1. Okt. 1968 eine „Regionalordnung der EKU“ beschlossen. Sie ermöglichte es den Regionalsynoden, für Angelegenheiten ihres Bereiches Befugnisse der Gesamtsynode wahrzunehmen. Was alle Gliedkirchen betraf, blieb an übereinstimmende Beschlüsse der Regionalsynoden gebunden. Dies galt entsprechend auch für den Rat der EKU, der verpflichtet war, die „brüderliche Gemeinsamkeit der EKU“ zu realisieren und lebendig zu erhalten; Winter, EKU, 140.

1972 war die von Johannes Hamel/Naumburg vorgetragene Klarstellung zur Situation: Für eine weiterreichende Regionalisierung spreche die Behinderung durch höhere Gewalt und die Notwendigkeit, für den eigenen Bereich entscheiden zu können. Sie könne bis zur Bildung von zwei Synoden, Räten und Kanzleien, dürfe aber nicht zur „Herstellung zweier selbständiger Kirchen“ führen. Es gelte der Grundsatz: „So gemeinsam wie nur irgend möglich, so regional wie unbedingt nötig“. Je mehr man „leiblich zusammenkommt“, um so mehr entstehe „Freiheit zur Freigabe“ in die jeweilige Situation.[12]

Im April 1972 beschloss die EKU-Regionalsynode mit großer Mehrheit die organisatorische Freigabe für die Arbeit der EKU-Organe in den beiden Bereichen.[13] Deren Räte und Kanzleien sollten zwecks gegenseitiger Information und Abstimmung über ihre Vorhaben „zu gemeinsamen Beratungen“ zusammentreten.[14] Dies geschah fortan in dichter Folge. Die SED fand sich damit ab, da sie zunehmend mit dem Kirchenbund und der Lage in Berlin-Brandenburg befasst war. Es blieb bei der Einheit der EKU und vielfältiger Zusammenarbeit.

3. Regionalisierung des Bischofsamtes in Berlin-Brandenburg

Als der Kirchenbund entstand, hatte Berlin-Brandenburg schon bald zehn Jahre lang die Notverordnung von 1959 praktiziert. Im Frühjahr 1970 erörterte die Regionalsynode-Ost die nun erforderlichen Schritte. Die Ost-West-Einheit der Landeskirche stand auch jetzt nicht zur Disposition. Doch eine Freigabe der regionalen Ordnungsgestaltung bis hin zu Änderungen der Grundordnung erwies sich als unumgänglich. Das galt auch für die noch immer provisorisch geregelten bischöflichen Funktionen.

Schönherr war 1967 bei seiner Wahl zum Verwalter des Bischofsamtes in seinem „Hauptamt“ als Generalsuperintendent von Eberswalde verblieben, versah aber dank der Bestellung eines Generalsuperintendentur-Vertreters den bischöflichen Dienst als „Hauptfunktion“ mit Sitz in Berlin. Administrative Schikane wegen des Berlin-Brandenburgischen Briefes zum Überfall auf die Tschechoslowakei verwehrte ihm bis 1972 die Möglichkeit, auch seinen Wohnsitz nach Berlin zu verlegen. Reformbedarf gab es auch in Westberlin, u. a. wegen des doppelten geistlichen Leitungsamtes (Bischof und Generalsuperintendent) für denselben Bereich. Auch Größe und Struktur beider Regionalsynoden mussten der veränderten Lage angepasst werden.

Die Regionalsynode Ost beschloss am 10. März 1970 ein Freigabegesetz, das die Bindung jeder Grundordnungsänderungen an die Zustimmung der anderen Regionalsynode aufhob. Die verfassungsmäßige Einheit der EKiBB zeigte sich jetzt nur noch im Vorspruch zu „Schrift und Bekenntnis“ und den „Grundsätzen über Amt und Gemeinde“.[15] Auch der bischöfliche Dienst und das Bischofswahlgesetz wurden im Auftrag der Synode überprüft. Für Schönherr hatte die Kirchenleitung im Hinblick auf seinen Vorsitz in der KKL und seine Stellung in der

12 Winter, EKU, 150 f.

13 „EKU – Bereich Bundesrepublik Deutschland und Berlin-West“ und „EKU – Bereich Deutsche Demokratische Republik“. – Wenige Wochen zuvor hatte die Regionalsynode Ost von Berlin-Brandenburg ein selbstständiges Bischofsamt für jede Region beschlossen (siehe unten).

14 Kirchengesetz über die Organe und Dienststellen der EKU vom 23. April/8. Mai 1972.

15 KJ 1970, 258. – Kritik an den von 1970–1972 vorgenommenen Ordnungsänderungen bei O. Furian (damals Superintendent und Synodaler), Die Aushöhlung der Notverordnung der EKiBB vom 18. Juni 1959; in: JBBKG 60 (1995), 169–183.

Ökumene bereits den Titel „Bischof" als „persönliche Anrede", die auch in den Gemeinden weithin gebraucht wurde, beschlossen.
Der staatliche Trennungsdruck hielt an. Dass Schönherr im September 1970 vor der Regionalsynode-Ost eine Grußbotschaft von Bischof Scharf verlas, wurde als versuchte Einflussnahme Scharfs inkriminiert. Barth und Bellmann von der ZK-AG Kirchenfragen mahnten bei einem Gespräch Schönherrs und Stolpes über die Benachteiligung junger Christen im Bildungswesen die Errichtung eines eigenen Bischofsamtes für die DDR-Region an. Schönherr lehnte für die Dauer der Amtsführung von Scharf (bis 1972) eine Erörterung dieser Frage ab. Im Juli 1971 verständigten sich Schönherr und Scharf über die Errichtung eines Bischofsamtes in der Ostregion; im März 1972 beschloss die Regionalsynode Ost in diesem Sinne. Am 4. November wurde Schönherr zum Bischof der Ostregion gewählt. Nach kontroverser Debatte stimmte am 19. November die Regionalsynode West mit Zweidrittelmehrheit der Aufgliederung des Bischofsamtes zu. Die Regionalsynode Ost dankte Bischof Scharf für seinen Dienst und betonte, dass „die geistliche Gemeinschaft bleibt und auch leiblich Gestalt werden muß." Scharf erklärte: Da „das Amt jetzt in der Synode drüben eigenständig verwurzelt" ist, wird es „frei von bestimmten äußeren Belastungen." „Wir bleiben als Kirche beieinander."[16] Auf die Entscheidungen beider Synoden reagierte die bundesdeutsche Presse zum Teil mit heftiger Kritik.

4. Staatliche Anerkennung des Kirchenbundes und Ende der Ulbricht-Ära

Die Gründung des Kirchenbundes nötigte die SED zu partiell widersprüchlichen Reaktionen. Das zeigen die nach der Konstituierung der BEK-Synode (10.–14. Sept. 1969) formulierten Leitlinien für den Umgang mit dem neuen Gegenüber.

(1) Wegen der ungeklärten verfassungsrechtlichen Probleme (Berlin-Brandenburg, EKU) kommt eine Anerkennung des Kirchenbundes noch nicht in Betracht. Nur auf der Bezirksebene, mit den Landeskirchen, kann es Regelungen geben. (2) Zur Abwehr „zentralistischer Tendenzen" ist vor allem „mit der thüringischen Landeskirche zu arbeiten". (3) Staatssekretär Seigewasser muss zielstrebig auf die „Veränderung des [politischen] Kräfteverhältnisses" in der KKL und der BEK-Synode hinarbeiten. (4) Es kann aber „nicht verhindert werden", dass in der Ökumene der BEK die Landeskirchen vertritt; hier geht es um ein von der EKD unabhängiges Auftreten der „Kirchen der DDR". (5) Der Kirchenbund darf „keinerlei Ausweitung der kirchlichen Tätigkeit" vornehmen. Da der BEK an der „geistigen Einheit" mit der EKD festhält, muss der „Westdrall" in der kirchlich-theologischen Arbeit (Verlagswesen, Lehre und Forschung, Kulturarbeit, Kongresse) zurückgedrängt werden.[17] Auch die Genossen in der ČSSR suchte man auf dieses konzeptionelle Konstrukt einzuschwören.[18]

Die SED bemerkte bei ihrem halb widerstrebenden Sich-Einlassen auf die Ostpolitik der sozialliberalen Koalition deutlich beunruhigt eine veränderte geistige Haltung in der Kirche. Die Begegnungen von Bundeskanzler Brandt und DDR-Ministerpräsident Stoph in Erfurt und in Kassel im März und im Mai 1970 hatten bei der DDR-Bevölkerung große Hoffnungen geweckt. Auf kirchlichem Terrain konstatierte die SED als Alternative zu ihrem harten Ideologiekurs „ideologische Diversion" durch den „Sozialdemokratismus".

16 Schönherr, Regionalisierung, 165–167.
17 Einschätzung und Schlussfolgerungen zur Potsdamer BEK-Synode, 30. Okt. 1969; SED und Kirche 2, 108–112.
18 SED und Kirche 2, 115–118.

Im März 1970 vermerkte Staatssekretär Seigewasser, dass die Geistlichen sich neuerdings bei Gesprächen mit Staatsfunktionären zwar scheinbar auf die von der SED genannten „Grundfragen" einlassen, dann aber „negative Positionen" beziehen. Superintendenten wollten „Gespräche in den Konventen", einen Dialog mit der Staatsmacht mit „einer eigenen Argumentation" erzwingen. Solche Versuche, im Zusammenhang mit den Brandt-Stoph-Verhandlungen „gegen unsere Positionen anzurennen", seien grundsätzlich abzuwehren.[19] Die Absicht des Kirchenbundes, die kirchliche Arbeit zu zentralisieren, und die Erklärung von Synoden, konfessionell Trennendes zurückstellen zu wollen, begegneten im ZK-Sekretariat großem Argwohn, da auf diese Weise „kirchliche, d. h. bürgerliche Ideologiekonzeptionen, Theorien der Konvergenz und des ideologischen Pluralismus" verbreitet werden sollten.[20] Ein geplanter provinzsächsisch-thüringischer Kirchentag in Erfurt erregte als Versuch von Bischof Krusche, mit jüngeren thüringischen Geistlichen gegen den Mitzenheim-Kurs zu opponieren, besonderen Verdacht. Darum seien die geplanten Kirchentage klein zu halten, dürften nicht die Interessen anderer Bürger beeinträchtigen, den Verkehr behindern, das Bild eines Ortes oder Stadtbereiches bestimmen, gar Volksfestcharakter annehmen.[21]

Für die deutschlandpolitische Linie der SED wurde der im August 1970 geschlossene Moskauer Vertrag über Gewaltverzicht und Zusammenarbeit zwischen der Sowjetunion und der Bundesrepublik Deutschland zum Problem. Paul Verner, verantwortlich für die SED-Kirchenpolitik, beschrieb kirchliche Reaktionen auf die neue Situation.[22] Durch „Illusionen und Spekulationen" im Sinne der Konvergenztheorie verschärfe sich „der Kampf an der ideologischen Front". Dies erfordere eine verstärkte „Erziehungsarbeit" an Theologen, kirchlichen Amtsträgern und Kirchenmitgliedern.

Verner sprach von „einer komplizierten Front der ideologischen Auseinandersetzung". Der Kampf gegen die „mit Friedens- und Verständigungsphrasen ... getarnte[n] Ideologie des Sozialdemokratismus" verschärfe sich zunehmend. Die EKD-Denkschriften von 1965 und 1968 (Ostdenkschrift, Friedensaufgaben der Deutschen) hätten Schrittmacherdienste für die SPD-Ostpolitik geleistet, um „die DDR ideologisch zu unterwandern" und die „politischen und gesellschaftlichen Verhältnisse zu verändern". Dem diene auch eine Vorlage des EKU-Öffentlichkeitsausschusses,[23] das Hochspielen von Entwicklungsproblemen, die „allgemeine Propagierung der Menschenrechte", die Rede von „gemeinsamen Grundwerten" aller Deutschen und einem „engeren Zusammenleben der Nation", einer „europäischen Friedensordnung": Dies sei „bei der westdeutschen Sozialdemokratie abgeschrieben". Die Kirche versuche, durch „interkonfessionalistische Bestrebungen" und ein Expandieren „in die verschiedensten gesellschaftlichen Bereiche" „verlorene Positionen zurückzugewinnen". Der Satz des EKU-Ratsvorsitzenden Bischof Fränkel, der Sozialismus müsse sich auf die „Zielset-

19 Dienstbesprechung Seigewassers mit Mitarbeitern am 23. März 1970; Mau, Eingebunden, 141 f.

20 Nach der 2. Tagung der BEK-Synode forderte die ZK-AG Kirchenfragen, durch Einflussnahme auf BEK-Führungskräfte und Synodale eine „Aushöhlung des föderativen Charakters" des BEK und „Liquidierung der konfessionellen Unterschiede zwischen lutherischen, unierten und reformierten Kirchen" zu verhindern; Information zur Synode, 9. Juli 1970; SED und Kirche 2, 128–131 (zit. 129).

21 Beschluss des ZK-Sekretariats vom 25. Febr. 1970 zur Durchführung von Kirchentagen im Jahre 1970; SED und Kirche 2, 119–122.

22 Rede Verners auf einem Lehrgang für kirchenpolitisch Verantwortliche aus SED und Staatsapparat, 30. Okt. 1970; SED und Kirche 2, 132–144.

23 EKU-Synode Magdeburg, Mai 1970; Winter, EKU, 185 f.

zung einer besseren Gerechtigkeit" hin befragen lassen, sei eine Anmaßung.[24] Den Funktionären verordnete Verner für die jetzt bei den Kirchen zu leistende Arbeit „Geduld und Zähigkeit"; die „bewährten taktischen Prinzipien" seien anzuwenden, um „maximalen Einfluß" auf die Entwicklung des Kirchenbundes zu nehmen.[25]
Anderthalb Jahre nach der Gründung des BEK entschloss sich die SED zu dessen Anerkennung. Bei der traditionellen CDU-Tagung im Februar 1971 gab Paul Verner ein entsprechendes Signal.[26] Hier rückte er manches in ein günstiges Licht: die Lösung der DDR-Landeskirchen aus der „gesamtdeutschen Verklammerung", die BEK-Zustimmung zum Antirassismusprogramm des ÖRK, das Selbstverständnis des Kirchenbundes als „Zeugnis- und Dienstgemeinschaft von Kirchen in der sozialistischen Gesellschaft der DDR".[27] Die EKU- und EKiBB-Regionalgliederung seien als „gesamtdeutsche Praktiken" zu beenden: Die Kirche könne „nur auf dem Boden unseres sozialistischen Staates", nicht „zwischen den Fronten" und „in ‚kritischer Distanz'" zur DDR stehen.

Am 24. Februar empfing Staatssekretär Seigewasser den BEK-Vorstand[28] zu einer „freimütig und aufgeschlossen" geführten Aussprache.[29] Die KKL hatte sich auf eine grundsätzliche Erklärung Schönherrs ohne detaillierte Darlegung kirchlicher Beschwerden geeinigt; Verner hatte noch am Tag vor dem Empfang „eine Aussprache ohne große Schärfe" gefordert.[30] Schönherr erläuterte die Ordnung des Kirchenbundes, der einer intensiven Zusammenarbeit der Landeskirchen dienen solle, suchte Misstrauen zu überwinden und signalisierte den Willen zur Zusammenarbeit auf der Basis kirchlicher Eigenständigkeit.
Die DDR-Führung stellte sich mit der Anerkennung des BEK und der Absicht, „zu Sachfragen weitere Gespräche zu führen",[31] erstmalig wieder auf die berufenen Vertreter der Gesamtkirche ein, nachdem sie dreizehn Jahre lang, seit 1958, mit Wunschpartnern (CDU, Thüringen) zu paktieren versucht hatte. Die Kirche hatte sich eigenständig zu ihrem Zeugnis- und Dienst-Auftrag geäußert mit unprätentiös-deutlicher Kennzeichnung seiner Reichweite,[32] ohne sich auf Themen der SED und Ost-CDU festlegen zu lassen. Doch auch der klar bekundete kirchliche Kooperationswille konnte, wie sich fortan zeigte, den Staat nicht veranlassen, den Christen eine selbstbestimmte Partnerschaft einzuräumen. Die außenpolitische Öffnung und gesamteuropäische Einbindung der DDR veranlassten die SED zu einer forcierten Ideologisierung im Innern, mit der sie eine bis zum Ende ihrer Herrschaft nicht zu überwindende Konfliktlage schuf.

---

24 Fränkel-Zitat: Die gesellschaftliche Mitarbeit von Christen sei „keine kritiklose, die Eigenverantwortung preisgebende Akklamation", sondern unterstelle „die sozialistische Gesellschaftsordnung der Zielsetzung einer besseren Gerechtigkeit, auf die hin der Sozialismus sich befragen lassen" müsse; SED und Kirche 2, 141.
25 SED und Kirche 2, 136 f.
26 Text der Rede von Verner: KJ 1971, 212–214.
27 BEK-Synode Potsdam-Hermannswerder, Juni 1970.
28 Kirchliche Teilnehmer waren die Bischöfe Schönherr und Noth, Präses Waitz und Pfarrer Kramer/Magdeburg, OKR Juergensohn/Görlitz, OKR Stolpe.
29 KJ 1971, 217–222; zit. Gemeinsame Presseverlautbarung; 221 f.
30 SED und Kirche 2, 29.
31 Gemeinsame Presseverlautbarung; KJ 1971, 222.
32 So Schönherrs Formulierung, der christliche Glaube sei die „alle Beziehungen umfassende Bindung" an das Wort Jesu Christi (s. o.).

Wenige Tage nach dem BEK-Empfang trat eine staatliche Veranstaltungs-Verordnung (VVO), die weite Bereiche kirchlicher Arbeit betraf, in Kraft.[33] Schien sie zunächst einem wachsenden Kontrollbedürfnis angesichts erleichterter Ost-West-Kontakte zu entsprechen, so zeigte ihre Handhabung, dass sie vor allem auf kirchliche Aktivitäten zielte. Jugend- und Bibelrüstzeiten, Tagungen und Vorträge evangelischer Akademien, Gottesdienste moderner Art, Kirchenmusiken und andere kulturelle Darbietungen wurden als anmelde-, zum Teil auch genehmigungspflichtig behandelt, auch das Auftreten von Nicht-DDR-Bürgern in kirchlichen Veranstaltungen. Nur „religiöse Handlungen“ und dienstliche Zusammenkünfte in kirchlichen Räumen (wie Gottesdienste, Bibelstunden, Christenlehre, Amtshandlungen) blieben nicht anmeldepflichtig. Die KKL erinnerte an die staatliche Zusage, dass es bei der bisherigen Praxis zu kirchlichen Veranstaltungen bleiben solle. Die Beschränkung auf den Kultus im engeren Sinne würde „eine reformatorisch bestimmte Kirche in unerträglicher Weise einengen“.[34] Die VVO führte während der folgenden Jahre zu vielen Konfliktsituationen. Es gab einen breiten kirchlichen Konsens, sich auf die Anmeldevorschrift nicht einzulassen und gegebenenfalls Ordnungsstrafen in Kauf zu nehmen. Auch Bibelrüstzeiten seien „religiöse Handlungen im Sinne der verfassungsmäßig garantierten Religionsausübung“.[35]

1971 ging für die SED und den ostdeutschen Staat die 25-jährige Ära Ulbricht zu Ende. Seit Januar hatte Erich Honecker dessen Entmachtung betrieben.[36] Im Mai wurde Honecker Erster Sekretär des ZK der SED. Der VIII. SED-Parteitag im Juni legte den Kurs für die folgenden Jahre fest. Er ließ ein Streben nach innerer Stabilisierung und mehr Akzeptanz bei der Bevölkerung erkennen.

B ZEUGNIS UND DIENST DER KIRCHE IM SED-STAAT

1. Synodale Verständigung zum Auftrag der Kirchen in der DDR

Potsdam 1970 und Eisenach 1971: Zeugnis und Dienst „im Sozialismus“. – Die Synode des Kirchenbundes erklärte bei ihrer ersten regulären Tagung 1970, dieser müsse sich als „eine Zeugnis- und Dienstgemeinschaft von Kirchen in der sozialistischen Gesellschaft der DDR“ bewähren.[37] Die fortan beibehaltene Formulierung „Zeugnis und Dienst“ hatte es bis dahin „offenbar auch in der Ökumene so nicht gegeben“.[38] Sie ist aber von der während der 60er-Jahre im ökumenischen Kontext geleisteten konzeptionellen Arbeit her zu verstehen. „Jedes der beiden Worte“, so erläuterte der nächstfolgende KKL-Bericht, könne man „als das Ganze nehmen“, wobei „Zeugnis“ mehr auf das Woher und Warum, „Dienst“ auf das Wofür deute. Durch beides mitein-

---

33 Verordnung über die Durchführung von Veranstaltungen vom 26. Nov. 1970, gültig ab 1. März 1971; KJ 1971, 233–236.

34 Schönherr im Bericht der KKL an die BEK-Synode in Eisenach, 4. Juli 1971; KJ 1971, 239.

35 KKL-Erklärung vom 26. Juni 1972; KJ 1971, 239.

36 Entscheidend durch einen Brief von Honecker und zwölf Politbüromitgliedern an den KPdSU-Chef Breshnew vom 21. Jan. 1971; R. Ide, Duell der Diktatoren, „Tagesspiegel“ vom 1. Aug. 2003, 3. Bald danach war die BEK-Anerkennung angekündigt und vollzogen worden.

37 BEK-Synode vom 26.–29. Juni 1970 in Potsdam-Hermannswerder; KJ 1970, 301.

38 Nach-Denken, 51.

ander werde „die Bewegung, die Missio Dei, die von der Sendung Jesu Christi zum Heil herkommt und auf den Menschen in seiner Welt zielt“, bezeichnet.[39]

So war und blieb die Grundaussage über den Bund ganz durch den *Auftrag* der Kirche bestimmt. Im Frühjahr 1971 sprach Bischof Krusche in einem vielbeachteten ökumenischen Vortrag von der Sendung der Kirchen „in das Ringen um den Menschen und seine Zukunft hinein“. Durch den Dienst Jesu Christi werde unsere Situation „radikal aufgedeckt und schöpferisch gewandelt“; die Sendung durch Ihn mache die Welt zum „verheißungsvollen Auftragsfeld unseres Dienstes“; der sei „nach unten“ orientiert, „auf die Leidenden, Erniedrigten, Entrechteten ... vor allem in der eigenen Gesellschaft“. In den Konflikten der Welt könnten die Kirchen zwar „nicht selbst Partei werden“, sie müssten aber „Partei ergreifen“ „für die konkreten Menschen“. Eine Kirche, die dies unterlasse, werde „dienstuntauglich“.[40] Im Vorblick auf die BEK-Synode 1971 wurde auch das Bonhoeffer-Diktum „Kirche für andere“ nachdrücklich thematisiert.[41]

Mehrere Tagungen der Bundessynode galten der thematischen Entfaltung des Leitwortes „Kirche für andere“, so in Eisenach 1971 mit Formulierungen über den „Ort“ christlicher Existenz. Im KKL-Bericht wies Schönherr darauf hin, dass in der DDR historisch erstmalig evangelische Kirchen „dem Sozialismus in marxistisch-leninistischer Prägung“ begegnen. Die„Zeugnis- und Dienstgemeinschaft von Kirchen in der DDR“ werde daher „ihren Ort genau zu bedenken haben: „*In* dieser so geprägten Gesellschaft, nicht *neben* ihr, nicht *gegen* sie“.[42] Die SED vermerkte als positiv, dass die Eisenacher Synode von der Realität des „Sozialismus in der DDR“ ausgegangen sei.[43] Doch der Konfliktstoff war unübersehbar. Nicht nur der harte Ideologiekurs im Bildungswesen, sondern auch *eigenständiger* kirchlicher Umgang mit dem „Sozialismus“-Begriff führte bald zur Konfrontation.

---

39 KJ 1971, 254.

40 Vollversammlung der Konferenz Europäischer Kirchen (KEK) vom 26. April bis 3. Mai 1971 in Nyborg, Referat Werner Krusches „Diener Gottes, Diener der Menschen“; KJ 1971, 355–364. Krusches Satz, gerade indem eine Kirche „überleben will, ist sie überlebt“, fand über diese Tagung hinaus starke Resonanz.

41 So durch Günter Krusche, Direktor des Predigerseminars in Lückendorf/Sachsen: „Kirche in der DDR – Kirche für andere“; ena 2. Juni 1971; KJ 1971, 262–264. Dass statt „Kirche und Staat“ jetzt mehr „Der Christ in der Gesellschaft“ zum Thema werde, bezeichnete er als eine „wichtige Entdeckung“.

42 Schönherr, Bericht der KKL auf der BEK-Synodaltagung vom 2.–6. Juli 1971; KJ 1971, 354. Die Fortsetzung lautet: „Sie wird die Freiheit ihres Zeugnisses und Dienstes bewahren müssen. Denn sie ist durch ihren Auftrag allein an den gebunden, der als der menschgewordene Wille Gottes zur Rettung seiner Kreatur zu uns kam. Die Botschaft der Kirche wird nicht von dem Menschen und seiner gesellschaftlichen Bindung bestimmt. Aber sie lädt die Menschen ein, sich von dem gekreuzigten Herrn dienen zu lassen und mit ihm den anderen zu dienen.“

43 Information der AG Kirchenfragen vom 16. Aug. 1971 an das Politbüro; SED und Kirche 2, 147–151. Zu dieser Synodaltagung waren erstmalig Staatsvertreter offiziell eingeladen worden. Als Berichterstatter betonte W. Barth, man habe „jetzt stärker die Realität und Dauerhaftigkeit des Sozialismus“ und „die Machtausübung ... durch die Arbeiterklasse zur Kenntnis genommen“; auch seien „Theorien des ‚vermenschlichten Sozialismus‘ oder andere sozialdemokratische Auffassungen“ nicht zum Tragen gekommen (150 f.).

Im November 1971 brachte der auch in der Westpresse beachtete Synodalbericht der Magdeburger Kirchenleitung die Situation im DDR-Bildungswesen nachdrücklich zur Sprache: gehässige Ausfälle von Lehrern gegen Glauben und Kirche, das Reagieren verängstigter Eltern, die ihre Kinder aus Christenlehre und Konfirmandenunterricht abmeldeten, die Abweisung christlicher Abiturienten an Hochschulen mit der Begründung, dort werde das rückhaltlose Bekenntnis „zur marxistisch-leninistischen Weltanschauung“ vorausgesetzt. Der Bericht konstatierte, dass damit das „gleiche Recht auf Bildung“ (DDR-Verfassung Art. 25,1) eingeschränkt sei.[44]

Der Synodalbericht wurde für die SED zum Anlass, Bischof Krusche und die Magdeburger Kirchenleitung durch ein „Grundsatzgespräch“ in exemplarischer Weise staatsbürgerlich zu disziplinieren.[45] Staatssekretär Seigewasser und beteiligte Funktionäre erklärten, woran sich die Kirche zu halten habe: Die Frage der Macht sei entschieden; die Kirchen befänden sich außerhalb der sozialistischen Herrschaftsstruktur und hätten keinen Anspruch auf Mitsprache; es sei auch ein „Mißbrauch der sozialistischen Demokratie“, unbewiesene (!) Beschwerden an staatliche Organe zu richten. Krusche bestand auf den Aussagen des Synodalberichts. Zum inkriminierten Begriff einer „kritischen Solidarität“ gegenüber dem Sozialismus bemerkte er, die Kirche unterstütze die Friedenspolitik der DDR; es gehöre aber zur Lebenshaltung der Christen, nichts unbedacht zu übernehmen, sondern „eigene selbstverantwortliche Entscheidungen zu treffen“; auch komme ein Freund-Feind-Denken für Christen nicht in Betracht.

Dresden 1972: „Christus befreit – darum Kirche für andere“. – Im Juni 1972, kurz vor der Dresdner BEK-Synode, führte Staatssekretär Seigewasser mit dem Vorstand des Kirchenbundes ein von diesem erbetenes Gespräch über die Stellung der Kirchen in der sozialistischen Gesellschaft.

Bischof Schönherr wollte jede Schärfe vermeiden. Er betonte das Einverständnis der Christen mit humanistischen Zielen des Staates, auch ein Verständnis für marxistische Begriffe (wie „Klassenkampf“), wo es um „die Lebensrechte des Menschen“ geht, und trat Befürchtungen der SED entgegen, die Kirche wolle „den Sozialismus unterwandern“. Sie denke aber kritisch mit und müsse auch auf Missstände hinweisen können; daher sei der Begriff „kritische Solidarität“ berechtigt. Seigewasser und beteiligte Funktionäre aber reagierten schroff, behaupteten eine kirchliche Komplizenschaft mit der gegen die DDR gerichteten „ideologischen Diversion“ und wiesen erneut den Begriff „kritische Solidarität“ zurück. Ein Recht auf Mitsprache, zumal auf Marxismuskritik sowie ein Unterscheiden von „angeblich positiven und negativen Seiten des Sozialismus“ stehe der Kirche nicht zu. „Wir wünschen keine weltanschaulichen Konflikte, aber wir erziehen unsere Jugendlichen wissenschaftlich und parteilich“.[46]

44 Synode der Kirchenprovinz Sachsen, Bericht der Kirchenleitung am 6. Nov. 1971; KJ 1971, 241–243.

45 Gespräch von Staatsskretär Seigewasser und für die Kirchenprovinz Sachsen zuständigen SED-Funktionären (Bezirke Magdeburg, Halle, Leipzig, Erfurt) mit Bischof Krusche und der Magdeburger Kirchenleitung am 9. Febr. 1972; SED und Kirche 2, 181–197. Eine „offensive“ Behandlung der Probleme sollte das Gespräch zum Muster für weitere Auseinandersetzungen dieser Art machen. Alle SED-Bezirksräte wurden vertraulich über den Inhalt und Verlauf des Gespräches informiert.

46 Gespräch von Seigewasser und Mitarbeitern mit dem BEK-Vorstand am 26. Juni 1972; SED und Kirche 2, 197–210. Fortsetzung (203): „Wir brauchen keine Auseinandersetzungen mit den Kirchen als Problem Nr. 1.“

Das Hauptreferat bei der Dresdner BEK-Synode im Juli 1972 galt der theologischen Begründung des „Zeugnis- und Dienst"-Auftrages der Kirche. Dr. Heino Falcke[47] thematisierte die von Jesus Christus ausgehende Befreiung zum Leben aus empfangener Liebe, zur Mündigkeit und zum Dienst für andere. Er würdigte das Gerechtigkeitsmotiv des Sozialismus: Es müsse ein unbefangenes Verhältnis zum Marxismus und zur sozialistischen Gesellschaft geben, da auch sie unter der Herrschaft Christi steht, der aus der lähmenden Alternative von Antihaltung und Vereinnahmung zu „konkret unterscheidender Mitarbeit" befreit. Wie allein Christus uns auf „eine verbesserliche Kirche" hoffen lasse, werden wir unter seiner Verheißung auch „unsere Gesellschaft nicht loslassen mit der engagierten Hoffnung eines verbesserlichen Sozialismus". Der Hoffnungsaspekt des gedanklich und sprachlich beeindruckenden Referats fand bei den Synodalen starke Resonanz, doch stieß der positiv akzentuierte Umgang mit dem Sozialismusbegriff auch auf Befremden. Die SED sah sich alarmiert durch die offensive Sprache des Referats, nachdem sie schon seit dem Herbst 1971 auf kirchliches Reden von „kritischer Solidarität" mit dem Sozialismus, mithin auf die *eigenständige* kirchliche Urteilsbildung zum Kernbereich der kommunistischen Ideologie, schroff abweisend reagiert hatte. Der Ausdruck „verbesserlicher Sozialismus" signalisierte der SED-Spitze ein bedrohliches Fortwirken des reformsozialistischen Impulses von 1968.
Nach dem Falcke-Referat griffen SED-Beobachter über den Rat des Bezirks Dresden unverzüglich ein. Die kirchlichen Leitungsgremien wurden mit staatlichem Einspruch und den Folgen seiner etwaigen Nichtbeachtung konfrontiert: Der BEK dürfe das Referat nicht für die eigene Arbeit bestätigen, nicht innerkirchlich propagieren und verbreiten.[48] Die Synode vermied die Konfrontation. Sie beschränkte sich auf eine Bitte an die KKL, „das gesamte Material" zur Thematik von Eisenach und Dresden „auszuwerten und verfügbar zu halten"; die Kirchen des Bundes sollten ihren Gemeindegliedern und Gemeinden „Mut machen" für das Zeugnis und den Dienst in der sozialistischen Gesellschaft.

Schwerin 1973: Reflexion zur Wegfindung „im Sozialismus". – Der KKL-Bericht vor der Schweriner Bundessynode suchte zu verdeutlichen, was der nun zur Formel gewordene Ausdruck „Kirche im Sozialismus" meinte, nämlich: eine „Kirche, die dem christlichen Bürger und der einzelnen Gemeinde hilft, daß sie einen Weg in der sozialistischen Gesellschaft in der Freiheit und Bindung des Glaubens finden"; eine Kirche, die in dieser Freiheit „bereit ist, dort, wo in unserer Gesellschaft menschliches Leben erhalten und gebessert wird, mit vollem Einsatz mitzutun, und dort, wo es

---

47 Direktor des Predigerseminars Gnadau, Kirchenprovinz Sachsen, ab 1973 Propst in Erfurt. Text des Referats Falckes: KJ 1972, 242–255 = Dokumente, 14–33.

48 In einer Sofort-Information vom 5. Juli 1972 (SED und Kirche 2, 210–215) unterrichtete W. Barth (ZK-AG Kirchenfragen), ohne zu dramatisieren, das Politbüro über das Falcke-Referat und dessen synodale Resonanz. Falcke habe „geschickt und vorsichtig" Alternativvorstellungen zu den marxistischen Positionen formuliert. Der BEK-Vorstand und das Präsidium der Synode seien umgehend mit den „prinzipiellen Bedenken" und den Erwartungen des Staates konfrontiert worden.

nötig ist, Gefahr für menschliches Leben abwenden zu helfen".[49] Angesichts ambivalenter Erfahrungen ging es nach dem Bedenken des „Ortes" christlicher Existenz (1971) und der im Christusglauben begründeten Hoffnung (1972) nun um Hilfen für die Wegfindung der Christen im DDR-Alltag. – Auf der Schweriner BEK-Synode kamen wiederum, wie auch bei den meisten landeskirchlichen Synoden, die Bedrängnisse im Erziehungsbereich zur Sprache. Die SED hatte kontemporär zur Entspannungspolitik[50] abermals die ideologische Abgrenzung forciert.[51] Als einen Erfolg wertete die SED die Tatsache, dass bei der Bundessynode 1973 *nicht* erneut von der Hoffnung auf einen „verbesserlichen" Sozialismus die Rede war.[52]

Potsdam 1974: „Kirche als Gemeinschaft von Lernenden". – Mit dem Schlüsselwort „Lernen" thematisierte die Bundessynode in Potsdam-Hermannswerder die für die Wahrnehmung des gemeinsamen Zeugnis- und Dienst-Auftrages erforderliche Grundhaltung: Beim Übergang von der Volkskirche zur christlichen Existenz in der ideologischen Diaspora könne das „wandernde Gottesvolk" nur *lernend* seinen Weg finden. Dass Kirchen bestehen, sei nicht mehr „mit dem allgemeinen Bedürfnis" zu erklären. Darin aber liege eine Chance: „Macht- und Frontdenken werden widersinnig. Die Christen sind eine Gruppe geworden, die sich leichter als früher dahin stellen kann, wohin sie gehört – zu den Ohnmächtigen."[53]

2. Erfahrungen des „Lernweges im Sozialismus"

Vergewisserungen zum Auftragsort „Sozialismus". – Auf dem Weg von „Zeugnis und Dienst" musste zur Sprache kommen, was das Evangelium für den Auftrag der Christen und die Stellung der Kirche in der SED-dominierten „sozialistischen Gesellschaft" bedeutete, die sich als ein ideologisch vermintes Sprach-Machtfeld vorgegebener, täglich aktualisierter Sprech- und Denkmuster manifestierte und jede kritisch-gegensätzliche Äußerung als Angriff auf die Grundlagen des Staates kriminalisierte. In dieser Grundsituation mussten die Christen durch ihr Leben „so durchsichtig, so selbstverständlich und so unbefangen" wie möglich „die Wirklichkeit der Gegenwart unseres Herrn in dieser Welt" bezeugen.[54] Die Staatsführung erhob ge-

49 BEK-Synode Schwerin 25.–29. Mai 1973 (in die Stellungnahme der Synode aufgenommene Formulierungen des KKL-Berichts); Kundgebungen BEK 1, 91.

50 Am 21. Dez. 1972 wurde der deutsch-deutsche Grundlagenvertrag unterzeichnet.

51 Das ZK der SED fasste am 7. Nov. 1972 einen Beschluss zu „Aufgaben der Agitation und Propaganda": Der Klassenkampf verschärfe sich stetig; der „atheistische Charakter der marxistisch-leninistischen Weltanschauung" sei stärker und vielfältiger zur Geltung zu bringen; ND vom 11. Nov. 1972; SED und Kirche 2, 157.

52 W. Barth vermerkte ausdrücklich das Fehlen dieser Formulierung; Einschätzung der Schweriner BEK-Synode, 15. Juni 1973; SED und Kirche 2, 221. In der Synodalerklärung hieß es: „Jesus Christus geht uns in die für uns neue gesellschaftliche Situation voran und erschließt sie uns als Auftragsfeld und Dienstchance".

53 Schönherr, Synodalvortrag „Die Kirche als Lerngemeinschaft", Potsdam-Hermannswerder, 28. Sept. 1974, zit. Maser, Kirchen, 97.

54 KKL-Bericht vor der Potsdamer BEK-Synode 1974 zu der Herausforderung, gegenüber

genüber der aus politischem Kalkül geduldeten Kirche immer wieder die Forderung einer staatsbejahenden „Standortbestimmung". Für eine theologisch verantwortliche Kirchenleitung war aber der totalitäre Anspruch der SED ebenso wenig akzeptabel wie eine die Alltagswelt ignorierende Sprachlosigkeit. Das Wort „Sozialismus", universaler Identifikations- und Legitimationsbegriff des Regimes, erwies sich als neuralgischer Punkt in kirchlichen Erklärungen zum Zeugnis und Dienst „in der sozialistischen Gesellschaft der DDR". Auch deutlich differenzierende Bezugnahmen auf den „Sozialismus" – mit Zustimmung zu erklärten Politikzielen wie Gerechtigkeit und Frieden – wertete die SED als Pauschalakklamation. Wurde aber Eigenständigkeit unüberhörbar kritisch pointiert, so reagierte das Sprach-Machtfeld des Regimes scharf zurechtweisend bis hin zum Hochverrats-Vorwurf von „Konterrevolution".

Im Gespräch kurz vor der Dresdner Bundessynode 1972 hatte Bischof Schönherr die Eigenständigkeit des christlichen Zeugnisses („Kirche muß Kirche bleiben") betont. Unter dem Eindruck, durch die VVO werde „der Raum der Kirche enger", hatte er um „eine Basis für das Vertrauen" sowie um Klarheit in der „Grundfrage, wie die Kirche im Sozialismus zu verstehen" sei, gebeten.[55] Staatssekretär Seigewasser hatte darauf unter Hinweis auf den „weltweiten ideologischen Kampf" und die „ideologische Diversion" gegen die DDR mit dem Vorwurf reagiert, die Kirche selbst taste „die Vertrauensfrage" an, indem sie durch „illegitime" nichttraditionelle Gottesdienste ihre Tätigkeit „auszuweiten" suche.[56]
Im Frühjahr 1973 erregte Bischof Fränkel Aufsehen, als er den Situationswandel durch die Entspannungspolitik als bedeutendsten Einschnitt der Nachkriegszeit thematisierte[57] und aussprach, was viele dachten und hofften: dass Gegensätze entschärft, Grenzen durchlässiger würden, der Austausch von Informationen und Ideen einem mündigen Mitwirken in der Gesellschaft dienen werde. Die zu erwartende UN-Mitgliedschaft beteilige die DDR an der Weltverantwortung; darauf sei sie dann auch anzusprechen. Gegenüber dem ideologischen Absolutheitsanspruch der SED gelte: Gott tut in unserer Gesellschaft Gutes – mit, ohne oder gegen deren Willen. Der Führungsanspruch der SED sei zwar nicht aufzuheben, aber zu begrenzen. Die Kirche sei kein „Institut für politische Kredite" und dürfe sich nicht unkritisch anpassen. – Fränkels Bemerkungen zum Führungsanspruch der SED wurden als „konterrevolutionär" und seine Rede als „politische Provokation" gewertet. Der Staatssekretär solle Fränkel zurechtweisen und ihn mit Hilfe von Schönherr, Braecklein und Natho innerkirchlich isolie-

---

immer wieder begegnenden „Mißverständnissen und Vorverständnissen" sich „um eine Sprache zu bemühen, mit der es gelingt, tieferes Verstehen zu erreichen"; Kundgebungen BEK 1, 121.

55 Gespräch von Staatssekretär Seigewasser und Mitarbeitern Flint, Weise, Fitzner, Wilke sowie Dr. Hüttner (ZK-AG Kirchenfragen) am 26. Juni 1972 mit Bischof Schönherr, Präsident Johannes/Dresden, OKR Juergensohn/Görlitz, OKR Stolpe, Pf. Kramer/Magdeburg; Information an die Räte der Bezirke („Vertrauliche Dienstsache"); SED und Kirche 2, 197–210. Anderthalb Jahre später äußerte Schönherr gegenüber dem Staatssekretär, das damalige Gespräch habe „die Kirche schockiert"; ebd., 233.

56 Seigewasser verwies auf den von dem Jugendevangelisten Theo Lehmann initiierten „Gottesdienst einmal anders" in Karl-Marx-Stadt (Chemnitz), zu dem auch junge Leute „aus anderen Gebieten" eingeladen worden seien. Hier habe man auf die Möglichkeit polizeilichen Eingreifens (!) verzichtet; SED und Kirche 2, 203.

57 Vortrag anlässlich der Görlitzer Provinzialsynode am 1. April 1973: „Ein Wort zur öffentlichen Verantwortung der Kirchen in der gegenwärtigen Stunde"; KJ 1973, 182–190.

ren.[58] – Kurz zuvor hatte das Politbüro ein Einlenken bei der seit Jahren umstrittenen Anwendung der Veranstaltungsverordnung beschlossen.[59]
Abermals erregte Fränkel Aufsehen, als er ein halbes Jahr danach das Leben unter dem SED-Regime in sonst nicht mehr üblicher Offenheit charakterisierte. Sein Dresdner Vortrag über die Frage „Was haben wir aus dem Kirchenkampf gelernt?“ verglich die Situation mit dem Weg der Kirche unter der NS-Diktatur. Das Christusbekenntnis komme, wie Fränkel betonte, „nicht aus einer Antiideologie, sondern aus dem allen Ideologien überlegenen Worte Gottes“. Weil „der Terrorbrecher Christus“ bei uns ist, brauchen wir nicht der „das Mark zerfressenden Angst“, die wie eine Seuche umgeht, zu unterliegen.[60] – Die durch diese Sprache alarmierte Dresdner SED-Bezirksleitung versuchte, bei Landesbischof Dr. Johannes Hempel und der sächsischen Kirchenleitung ein Redeverbot für Fränkel zu erreichen, begegnete dort aber dem Hinweis auf die Selbstverantwortung der Gemeinden und auf klare rechtliche Grenzen kirchenleitenden Handelns. Auch in der Sache erfolgte keine Distanzierung.[61]

Ein erneuter Versuch im Januar 1974, die staatliche Anerkennung einer eigenständigen, partnerschaftlichen Stellung der Kirche zu erreichen, blieb so ergebnislos wie schon anderthalb Jahre zuvor.

Beim zweiten Grundsatzgespräch des Staatssekretärs mit dem BEK-Vorstand[62] thematisierte Schönherr den Stellenwert des christlichen Glaubens in der Gesellschaft. Er bezog sich dabei auf die seit 1972 benutzte, zunächst auf die CDU gemünzte Anerkennungsformel vom „sozialistischen Staatsbürger christlichen Glaubens“.[63] Die SED war nicht bereit, sie den Christen und der Kirche insgesamt zuzubilligen. Seigewasser forderte „die völlige Bejahung der geistigen Grundlagen der sozialistischen Gesellschaft“. Da die Volksbildung „die Einheit aller Schüler als der kommenden sozialistischen Staatsbürger zu gewährleisten“ habe, dürften „weltanschauliche Streitfragen nicht in die Schulen hineingetragen werden“. Bischof Hempel und andere sprachen von der atmosphärischen „Vorentschiedenheit gegen Christen“ in den Schulen. Auch Bischof Braecklein bezog sich zum Befremden der SED-Seite auf viele „Äußerungen des Mißtrauens gegenüber der Kirche“: Nicht die Kirche, sondern der Staat trage die weltanschauliche Auseinandersetzung in die Schulklassen hinein. Einen letzten Versuch

58 Einschätzung durch die ZK-AG Kirchenfragen; SED und Kirche 2, 215–220. Auf Honeckers Veranlassung befasste sich das Politbüro mit der Fränkel-Rede. – Ingo Braecklein, seit 1970 thüringischer Landesbischof, und Eberhard Natho, seit 1970 Kirchenpräsident von Anhalt, wurden von der SED wegen ihres Bemühens um gute Beziehungen zum Staat geschätzt; SED und Kirche 2, 229 f.

59 Die VVO sei nicht mehr auf kirchliche Rüstzeiten anzuwenden. Zu dem Beschluss des ZK-Sekretariats vom 28. März 1973 hatte Paul Verner geraten, um einem befürchteten kirchlichen Einspruch gegen die UN-Aufnahme der DDR zu begegnen. OKR Lotz/Eisenach hatte Stolpe als „Scharfmacher“ gegen die VVO denunziert und sich gegen ein staatliches Nachgeben gewandt; Besier 2, 66.

60 Vortrag von Bischof Fränkel auf Einladung des sächsischen Bruderrates der BK am 8. Nov. 1973 in der Annenkirche zu Dresden; KJ 1973, 161–167.

61 Engelbrecht, Kirchenleitung in der DDR, 265–275.

62 Gespräch am 23. Jan. 1974; ausführliche Information (Flint) und Kurzbericht (Seigewasser) vom 24. Jan.; SED und Kirche 2, 232–239. 239–241.

63 Erstmalig hatte ZK-Sekretär Albert Norden diese Formulierung in einer Ansprache vor dem CDU-Parteitag in Erfurt am 12. Okt. 1972 gebraucht. Sie sollte die noch offeneren Ulbricht'schen Vereinnahmungsformeln („humanistische Menschengemeinschaft“, „gemeinsame humanistische Verantwortung von Marxisten und Christen“) ablösen, indem sie auch einen ideologischen Konsens mit der SED („sozialistisch“) unterstellte.

Schönherrs, die Anerkennung einer „ideologischen Koexistenz“ zu erreichen, wies der Staatssekretär schroff zurück.[64]

Ausbildung zu Berufen in Verkündigung und Diakonie. – Schon die erste BEK-Synode 1969 hatte angeregt, im Hinblick auf den Wandel von der Volkskirche zur Minderheit mit missionarischem Auftrag „eine Gesamtkonzeption der kirchlichen Ausbildung im Blick auf die Gemeinde von morgen“ mit entsprechenden Berufsprofilen zu entwickeln. Die Ausbildungs- und die Gemeindekommission erarbeiteten gemeinsam eine Konzeption für die „Ausbildung kirchlicher Mitarbeiter im Gemeindedienst“, die 1975 vorlag. Auch bei kleiner werdenden Gemeinden sollte in der „Kirche als Lerngemeinschaft“ an die Stelle des multifunktionalen Pfarramtes eine spezifisch und qualifiziert ausgebildete Mitarbeiterschaft treten. Die Konzeption sah mehrere Dienstbereiche (Verkündigung, Lehre, Diakonie, Musik und andere Gestaltungsmittel, Verwaltung) und verschiedene Qualifikationsebenen (ehrenamtliche Mitarbeit, Gemeindearbeit leitende und Ausbildungs-Tätigkeit) vor. Für den Bereich „Lehre“ wurde 1978 in Potsdam ein Gemeindepädagogisches Ausbildungsinstitut gegründet, dessen Absolventinnen und Absolventen auf Pfarrstellen wirken und gruppenspezifische Arbeit in der Region anleiten sollten. Die EKU führte die Ordination für den gemeindepädagogischen Dienst ein. Der Praxisbezug des Theologiestudiums durch ein diakonisches und ein Gemeindepraktikum wurde weitgehend realisiert, nicht aber die Umstrukturierung zu einer auf alle Disziplinen bezogenen Grundstufe und einer Aufbaustufe, der auch das Erlernen der Sprachen vorzubehalten sei.[65] Im Bereich der Diakonie, deren Arbeit eine wichtige Stellung im Sozial- und Gesundheitswesen der DDR einnahm, gelang 1975 ein Durchbruch zur staatlichen Anerkennung. Eine Ausbildungsvereinbarung legitimierte die medizinische Fachschulausbildung an den konfessionellen Einrichtungen und einen entsprechend anerkannten Abschluss.[66] Es war die erste und blieb die einzige Staat-Kirche-Vereinbarung nach Art. 39(2) der DDR-Verfassung.

Konfirmation und Jugendweihe – ein unlösbares Problem? – Der Konflikt zwischen Jugendweihe und Konfirmation belastete die Gemeinden von Jahr zu Jahr. Als staatlich inszenierte Veranstaltung war die Jugendweihe weithin zur Sache geschlossener Schülerjahrgänge geworden. Im Hinblick auf Schul- und Berufschancen nahmen auch Kinder aus christlichen Familien daran teil; Verweigerung blieb die Sache einer Min-

64 Schönherr unter Bezugnahme auf Friedensüberlegungen Lenins: Was bedeute nun „ideologische Nicht-Koexistenz“? Die „Unmöglichkeit der ideologischen Koexistenz“ sei „ein nebelhafter Begriff“. Könnte man solche Fragen nicht „durch hohe Autorität klären?“ Seigewasser bemerkte, durch reichlich vorhandene Literatur sei dies längst beantwortet.

65 W. Krusche, Rückblick auf 21 Jahre Weg- und Arbeitsgemeinschaft im Bund der Evangelischen Kirchen, 1991, 38 f.; Althausen, Welt, 112 f. Dokumente in: Lerngemeinschaft, 125–152.

66 Vereinbarung über die Ausbildung von mittleren medizinischen Fachkräften für eine Tätigkeit in evangelischen Gesundheits- und Sozialeinrichtungen in der DDR, unterzeichnet am 2. Juni 1975 von Seigewasser, Mecklinger (Minister für Gesundheitswesen), Schönherr, Stolpe, Bosinski (Direktor des IMHW/DDR) und Kupas (Vorsitzender des Hauptausschusses des IMHW/DDR); Hübner/Kaiser, 86.

derheit. Gesamtkirchlich galt weiterhin die Unvereinbarkeit von Konfirmation und Jugendweihe. Die Regelung, dass Jugendweiheteilnehmer erst nach regelmäßiger Beteiligung am kirchlichen Leben ein Jahr danach konfirmiert werden sollten, wurde in mehreren Landeskirchen unterlaufen, da es in vielen Gemeinden Unmut über das „Strafjahr“ gab. Ohnehin hatte die thüringische Praxis eines faktischen Ignorierens bzw. Akzeptierens der Jugendweihe den ursprünglichen kirchlichen Konsens längst durchbrochen. Die Besinnung auf die Problematik der traditionellen Konfirmation führte zum Konzept eines „konfirmierenden Handelns der Gemeinde“: Ein prozessuales Verständnis sollte die Fokussierung auf den Konfirmationsakt als Taufabschluss und Zulassung zum Abendmahl und den kirchlichen Rechten überwinden. In der Kirchenprovinz Sachsen wie auch in der Lutherischen Kirche Sachsens gab es eine entsprechende Praxis bzw. Modellversuche, doch schließlich keine landesweite Akzeptanz in den Gemeinden.[67]

3. Auf dem Weg zum „Zusammenwachsen“ der ostdeutschen Landeskirchen

Die Kirchen in der DDR wollten im Kirchenbund ihre Zusammenarbeit vertiefen und in der Gemeinsamkeit von Zeugnis und Dienst „zusammenwachsen“.[68] Schon in der Gründungsphase hatte es Initiativen für konkrete Schritte gegeben: Sie betrafen die Koordination landeskirchlicher Aktivitäten und die theologische Vorbereitung der vollen Kanzel- und Abendmahlsgemeinschaft zwischen den Gliedkirchen.[69] Der Diskussions- und Reformstau in der zunehmend bewegungsunfähig gewordenen EKD begann sich geradezu über Nacht aufzulösen.

Konfessionelle Abgrenzung stellte sich selbst zur Disposition.[70] Ab Dezember 1969 führten die lutherischen und unierten Kirchen Lehrgespräche zum Rechtfertigungsglauben als dem zentralen Thema evangelischer Kirchengemeinschaft. Werkstattberichte[71] zur Frage „Wie verkündigen wir heute die Rechtfertigung?“ zielten auf aktuelle, situationsgerechte Zugänge. Zum Gesellschaftsbezug der Rechtfertigungsbotschaft hieß es, sie treffe den Menschen „in der sozialen Struktur seines Lebens“ und sei „niemals an dieser vorbei“ zu verkündigen. Deshalb sei auch der „sozialistische Humanismus“ im Rahmen der „marxistisch-leninistischen Weltanschauung“ zu beachten. Gegenüber individualistischer Verengung von Rechtfertigung, einem traditionsbedingten Defizit, sei im Leben der Gemeinde als einer „einladenden Lebensgemeinschaft“ das Angenommensein des Einzelnen zu realisieren. Auch „die Einübung in partnerschaftliche Verantwortung innerhalb der Gesellschaft“ sei zu fördern.[72] Der konkrete

67 Zur Situation in Sachsen: Engelbrecht, 243–255. 1974 erklärte Bischof Hempel, die „Schlacht Jugendweihe–Konfirmation“ sei „verloren, aber der Kampf geht weiter“; ebd. 254.

68 Ordnung des BEK, Grundbestimmungen, Art. 1.

69 Die Regionalsynode-Ost der EKiBB wandte sich am 4. Mai 1969 mit dieser Bitte an die künftige Bundessynode und plädierte dafür, deren Zuständigkeit zu erweitern; KJ 1969, 281.

70 Die Generalsynode der VELK/DDR erklärte am 6. Juli 1969 im Hinblick auf die erstrebte Kirchengemeinschaft, „nach vorn hin offen“ zu sein; sie betrachte sich nicht als „ein für allemal gültige Form des kirchlichen Zusammenschlusses“; KJ 1969, 282.

71 Werkstattbericht I „Verkündigung, Lehre und Kirchengemeinschaft“, II „Rechtfertigung und heutige Rede von Gott“; KJ 1971, 295–321, III „Rechtfertigung und Gesellschaft“; KJ 1972, 301–309.

72 KJ 1972, 301. 304 f. 309.

„Ort" christlicher Existenz und kirchlichen Handelns erwies sich so auch als zentraltheologisch relevant.
Initiativen auf europäischer Ebene kamen dem Aufbruch zur intensiveren Kirchengemeinschaft zugute. Von Gesprächen und Konsenstexten wie den Arnoldshainer Abendmahlsthesen (1957) ausgehend, hatten theologische Tagungen in Leuenberg bei Basel 1969/70 und lutherisch-reformierte „Thesen zur Kirchengemeinschaft" (1970) zum Entwurf einer „Konkordie reformatorischer Kirchen" (1971) geführt.[73] Die evangelischen Kirchen in der DDR stimmten ihnen 1972 gemeinsam zu und trugen durch Formulierungsvorschläge zur Endfassung bei.[74] Die Zustimmung zur Leuenberger Konkordie beendete die kirchentrennende Bedeutung lutherischer und reformierter Bekenntnisbindung.

Die engagierte Gemeinsamkeit der ostdeutschen Kirchen führte zu dem Urteil, diese hätten zu einer „in der EKD kaum erreicht[en]" Intensität theologischer Arbeitsgemeinschaft gefunden.[75] Doch mit zunehmender Konkretisierung wurde das „Zusammenwachsen" mühsamer. 1974, nach dem Inkrafttreten der Konkordie, planten die Kirchen des BEK unter der Devise „Von der Konkordie zur Kirche" Schritte auf dem Weg zu einer „Kirchwerdung" des Bundes. Für 1976 sahen sie Beschlüsse im Hinblick auf eine „Evangelische Kirche in der DDR" vor. Die hiermit befasste Bundessynode aber offenbarte einen vielstimmig-dissonanten Beinahe-Stillstand.[76] Aus den lutherischen Kirchen war trotz Leuenberg zu hören, die Bekenntnis-Differenz schließe Kircheneinheit aus. Das Argumentations- und Motivgeflecht des Beharrens schien von der Frage, ob nicht dank der Einheit stiftenden Kraft des Wortes Gottes das Beharren auf *Trennung* statt des Vollzugs von *Einheit* einer Rechtfertigung bedürfe,[77] kaum berührt zu werden. Doch auch jetzt wurde das Ziel des „Zusammenwachsens" generell bejaht. Engagierte Befürworter der Einheit suchten behutsam-beharrlich voranzukommen. 1977 beschloss die BEK-Synode für 1979 eine Delegiertenversammlung, die Wege „zur Vertiefung der Kirchengemeinschaft mit den Mitteln synodaler Arbeit" suchen solle.[78] Traditionsfundiertem Beharren wirkten bedeutsame Einheitsfaktoren entgegen. Deren wichtigster war und blieb die Bundessynode selbst als ein Forum offener Aussprache über Lebensfragen im Gebiet der SED-Diktatur. Andere gemeinsame Aktivitäten kamen hinzu, von 1975 an auch die „Theologische Studienabteilung" beim BEK. Sie leistete durch ihre selbständige und verantwortungsbewusste Informations- und Dokumentationsarbeit den Kirchen und Gemeinden wichtige Dienste.

---

73 KJ 1971, 51–56.

74 So im Einleitungssatz zu Art. 11 der LK mit der Aussage, die Rechtfertigungsbotschaft mache die Christen frei „zu verantwortlichem Dienst an der Welt und bereit, in diesem Dienst auch zu leiden"; KJ 1972, 309–312. Die Dienststelle des Staatssekretärs wertete diesen Beitrag aus der sozialistischen DDR als „politisch negativ"; Information 4. Dez. 1972; BArch-O 4, 402.

75 KJ 1972, 398.

76 BEK-Synode in Züssow 24.–28. Sept. 1976 zum Thema: „Kirchengemeinschaft – Einheit und Vielfalt"; KJ 1976/77, 371–384.

77 Zusammenfassender Bericht über die kirchlichen Stellungnahmen (Dr. Demke); KJ 1976/77, 375.

78 KJ 1976/77, 386.

4. Kirchliche Wortmeldungen zu politisch-gesellschaftlichen Fragen

Themen der Gesetzgebung. SED-Parteiprogramm 1976. – Der Zeugnis- und Dienstauftrag nötigte die Kirche, im Falle schwerwiegender Bedenken zu dem, was „im Sozialismus" als Recht gelten sollte, Stellung zu nehmen. Zu Beginn der Honecker-Ära wurde in der DDR der *Schwangerschaftsabbruch* bis zum dritten Monat generell freigegeben. Auf die Ankündigung der Fristenlösung hin wandten sich die evangelischen Bischöfe und die katholische Ordinarienkonferenz mit einem beschwörenden Appell an alle Beteiligten, nicht die durch Gottes Gebot untersagte Tötung werdenden Lebens als Mittel der Geburtenregelung zu benutzen. Ein Staat, der Ehe, Familie und Mutterschaft unter seinen Schutz stellt, könne die hier zu befürchtende Abstumpfung der Gewissen nicht wollen.[79] Bei der Abstimmung über das Gesetz am 9. März 1972 gab es den schlechthin einmaligen Fall einer nicht hundertprozentigen Akklamation der Volkskammer; CDU-Abgeordnete stimmten gegen die Beschlussvorlage. Wenige Wochen danach wurden flankierende Maßnahmen zur Förderung junger Ehen und berufstätiger Mütter beschlossen. – Im Neuentwurf des *Jugendgesetzes* von 1973 wurde die gesetzlich fixierte Ideologisierung verstärkt. Die KKL mahnte unter Rückverweis auf das Gesetz von 1964,[80] wieder die Förderung „selbständigen Denkens" und den Grundsatz der „Gewissens- und Glaubensfreiheit" im Gesetz zu verankern. Sie erhob auch Einspruch dagegen, dass die Jugendlichen den Ideen des Sozialismus „treu ergeben" sein und dass alle Studierenden den Marxismus-Leninismus „propagieren" müssten.[81]
Zu dem Anfang 1976 veröffentlichten Entwurf eines neuen *SED-Parteiprogramms* votierte die KKL im Blick auf Konsequenzen für „das Zusammenleben von Bürgern verschiedener Weltanschauung und Gewissensbindungen".[82] Die endgültige Fassung des Programms enthielt dann die Garantie der „Gleichberechtigung aller Bürger" unabhängig „von Weltanschauung [und] religiösem Bekenntnis".[83]

Der IX. SED-Parteitag (18.–22. Mai 1976) beschloss ein Programm zur „Gestaltung der entwickelten sozialistischen Gesellschaft". Zu den sozialpolitischen Maßnahmen gehörten die Erhöhung von Renten, des Mindestlohns (von 350 auf 400 DDR-Mark), der Urlaubsdauer und die Einführung der 40-Stunden-Woche. Die SED begann sich jetzt auch auf eine langfristige Koexistenz mit Religion und Kirche einzustellen. Paul Verner instruierte hierzu im Juli 1976 die zuständigen Funktionäre.[84] Zwar bleibe die ideologische Arbeit, das Überzeugen der Menschen von der Überlegenheit des Sozia-

79 Wort der Bischöfe vom 15. Jan. 1972; KJ 1972, 267 f.
80 Vgl. oben, S. 88 f.
81 Brief der KKL an die Gemeinsame Kommission von DDR-Ministerrat und Zentralrat der FDJ, 9. Okt. 1973; Kundgebungen BEK 1, 98–100.
82 Brief Schönherrs an Seigewasser vom 26. März 1976 mit einer von der Theologischen Studienabteilung beim BEK vorbereiteten „Meinungsbildung" der KKL vom 14. März 1976; SED und Kirche 2, 279 f.
83 KJ 1976/77, 368; SED und Kirche 2, 286.
84 Rede von ZK-Sekretär Verner am 22. Juli 1976 vor den für Kirchenfragen verantwortlichen Funktionären der SED-Bezirksleitungen; SED und Kirche 2, 284–292.

lismus, „das Herzstück der Parteiarbeit", doch sei es „Unsinn" zu meinen, das neue Parteiprogramm ziele auf eine „administrative Einschränkung der Kirchen" und „gewaltsame Abschaffung der Religion".[85] Die Religion werde nicht in den nächsten Jahren absterben oder „auf unnatürliche Weise überwunden werden"; das sei „ein langer und widerspruchsvoller Prozeß".

Ökumene und UN: Antirassismus-Erklärungen. – Der Exekutivausschuss des ÖRK hatte im September 1970 beschlossen, Organisationen finanziell zu unterstützen, die mit dem Ziel wirtschaftlicher, sozialer und politischer Gerechtigkeit rassistische Unterdrückung bekämpfen. Das *Antirassismusprogramm des ÖRK* war innerkirchlich umstritten vor allem im Hinblick auf die Verwendung gespendeter Gelder, da sie auch Organisationen, die sich am bewaffneten Kampf gegen rassistische (koloniale, „weiße") Unterdrückung beteiligten, zukommen sollten. Für eine ausschließlich humanitäre Verwendung gab es nur Zusagen, keine Kontrollmöglichkeit. In der EKD blieb der ÖRK-Beschluss kontrovers und wurde nicht mitgetragen. Der Kirchenbund aber entschloss sich zur Beteiligung an dem Programm und rief zu einer Spendenaktion auf.[86] Im Antirassismusprogramm sah die KKL einen „Modellfall für die Verwirklichung der Allgemeinen Menschenrechte" – unausgesprochen auch für die Situation in der DDR. Die Problematik der Entscheidung wurde nicht verkannt.[87] Im Hinblick auf die antiwestliche Tendenz der Befreiungsbewegungen begrüßte die Regierung die KKL-Entscheidung als Unterstützung der eigenen Politik. Ganz anders reagierte sie 1975 auf den Protest der Bischofskonferenz gegen eine UN-Resolution, die den Zionismus als „Rassismus" verurteilt hatte. Das Wort der Bischöfe sei eine Provokation; der DDR sei „erheblicher außenpolitischer Schaden" entstanden. Der Staatssekretär suchte Schönherr nachträglich zu einer antiisraelischen Äußerung zu drängen. Dieser bestand aber auf der Erklärung: Für die Bischöfe gehe es um eine Gewissensfrage. Beim Verhältnis zu Israel könnten sie als Christen und Deutsche nicht von der jüngsten Geschichte absehen.[88]

---

85 Diesen Irrtum, den Verner auf forcierten „Antikommunismus" und „Antisowjetismus" zurückführte, gebe es selbst bei „realistisch" eingestellten [= kooperationswilligen] Geistlichen; ebd., 285 f.; vgl. die obigen Bedenken der KKL vom 14. März 1976.

86 Mitteilung durch Schönherr vom 9. Jan. 1971 an ÖRK-Generalsekretär Blake, unter Hinweis auf das Risiko des Vertrauens hinsichtlich der Verwendung. Man halte dies aber für vertretbar und gerechtfertigt „angesichts der in der Geschichte aufgehäuften Schuld der Weißen, von der sich unsere christlichen Kirchen nicht ausschließen können"; Spendenaufruf an die Gemeinden vom 27. Febr. 1971; Kundgebungen BEK 1, 27 f., 36 f.; KJ 1971, 326 f.

87 In der Kirchenprovinz Sachsen bejahte man als „letztes und äußerstes Mittel" auch die „Anwendung befreiender Gewalt"; KJ 1971, 331. Im lutherischen Sachsen hatten zunächst Bedenken überwogen.

88 Die Erklärung der Bischofskonferenz vom 27. Nov. 1975 wurde durch eine Indiskretion vorzeitig bei der in Nairobi tagenden ÖRK-Vollversammlung bekannt und erregte dort Unmut; Gespräch Seigewassers mit Schönherr und Stolpe am 4. Dez. 1975; SED und Kirche 2, 265–268.

Historische Anlässe: DDR-Jubiläum, Ende des Zweiten Weltkrieges. – Beim Grundsatzgespräch vom Januar 1974 brachte der Staatssekretär auch das 25. DDR-Jubiläum zur Sprache. Von den Kirchen, denen er eine gesellschaftlich-kulturelle Mitsprache „nachdrücklichst" bestritten hatte, erwartete er eine öffentliche „Würdigung der gesellschaftlichen Entwicklung",[89] für die es aus anderen sozialistischen Ländern wie Ungarn „viele gute Beispiele" gebe.[90] Ein daraufhin von Schönherr und Hempel formulierter Text betonte aber vor allem die Erwartung, dass Gegensätze abgebaut würden.

Der im August vorliegende Entwurf einer dem Staatsoberhaupt zu überreichenden Grußadresse provozierte empörte Ablehnung. Außer „theologisch verbrämten unklaren Aussagen" enthalte der Text auch „kritische Fragen, Polemiken, Überheblichkeiten und Anmaßungen", lasse aber „die staatsbürgerliche Aussage" „für unsere sozialistische DDR" vermissen; staatliche „Hinweise" hierzu habe man nicht beachtet.[91] In der Tat lag der kirchliche Text[92] weitab von der Jubelrhetorik über die letzten „erfolgreichsten" Jahre der DDR-Geschichte. In ihrer Mitverantwortung für den Frieden wüssten die Christen sich in Übereinstimmung mit „den *erklärten Zielen* unseres Staates" [Hervorhebung R. M.], doch möge die friedliche Koexistenz „nicht als ein kaltes, mißtrauisches Nebeneinander, sondern als wirksame Zusammenarbeit" realisiert werden. Eine eigenständige Partnerschaft reklamierte der Hinweis, die Kirchen seien bereit, am Gespräch des Staates „mit seinen Bürgern über die Zukunft" teilzunehmen; sie hätten aus dem Evangelium Wesentliches zur Erkenntnis dessen, „was der Mensch und was menschliche Gesellschaft ist und braucht", beizutragen.[93] Die Kirche müsse in der sozialistischen Gesellschaft „die Freiheit ihres Zeugnisses und Dienstes" bewahren; die Christen möchten für die humanistischen Ziele des Staates „ohne Misstrauen" in Anspruch genommen werden und ihre Kinder dazu erziehen können, Mitverantwortung „mit unverletztem Gewissen" wahrzunehmen. Die SED aber hielt es für schlechthin inakzeptabel, sich mit der oft geäußerten kirchlichen Sicht der Dinge nun auch in größtmöglicher Öffentlichkeit konfrontieren zu lassen.[94] – In der CDU, die neuerdings ihre Rolle als Sprecherin der DDR-Christen bedroht sah, wurde frohlockend registriert, dass der Kirche ein öffentlicher Auftritt beim Staatsjubiläum versagt blieb.[95]

Vor dem 30. Jahrestag des Kriegsendes wurde in Berlin ein Symposium mit der Russisch Orthodoxen Kirche (Exarch Filaret) arrangiert. Bei dieser Gelegenheit trug Schönherr „Gedanken eines Christen zum 8. Mai 1945 und 1975" vor und bezog sich dabei betont auch auf kommunistische Zeugnisse. Thesen von Frau OKR Lewek

89 SED und Kirche 2, 235. 240.

90 Staatssekretär Seigewasser gegenüber OKR Stolpe, 8. Aug. 1974; SED und Kirche 2, 242 f.

91 Seigewasser gegenüber Stolpe, 8. Aug. 1974; SED und Kirche 2, 242 f.

92 SED und Kirche 2, 243–247.

93 Zitate aus der Erklärung der Eisenacher BEK-Synode 1971.

94 Seigewasser bedauerte, die evangelischen Kirchen überhaupt auf die „Möglichkeit einer Begegnung" mit dem Staatsratsvorsitzenden (1973–1976 Willi Stoph) hingewiesen und viele „Fingerzeige für eine gute Grußadresse" gegeben zu haben; 8. Aug. 1974 gegenüber Stolpe; SED und Kirche 2, 242.

95 Ein IM-Bericht vom 16. Aug. 1974 rekapituliert Äußerungen des CDU-Vorsitzenden Götting: Wir können „dem lieben Gott danken, daß der Schönherr eine so blöde Erklärung formuliert hat"; die SED habe „von den Kirchen Loyalität erwartet, das trat aber nicht ein, damit sind wir wieder aufgewertet ..., der Weg geht wieder über uns"; J. Weber (Hg.), Der SED-Staat. Neues über eine vergangene Diktatur, München 1994, 166.

vom BEK-Sekretariat zum Begriff „Befreiung" fanden kirchliche Beachtung: Christus befreit die Kirche „zum Freimut im Umgang mit anderen", „zum Dienst für andere", „zur Zusammenarbeit mit anderen" und dazu, „neuen Unfreiheiten zu widerstehen". Befreiung sei ein Prozess, in dem ständig neue Chancen zu entdecken und wahrzunehmen seien. Ein KKL-Text zum Gedenken an das Kriegsende und die lutherische Generalsynode (VELK/DDR) übernahmen diese Formulierungen.[96]

Permanentes Konfliktthema: Totalitäre Erziehung. – Einen seit Jahren nicht mehr benutzten Weg öffentlicher Äußerung beschritt die Kirchenprovinz Sachsen in der Passionszeit 1975: Im Auftrag der Synode brachte die Kirchenleitung in einer Kanzelabkündigung die ideologische Intoleranz im Bildungswesen vor den Gemeinden zur Sprache.[97] Das Kanzelwort benannte, was christliche Eltern und Schüler vielfältig erfuhren, das Bedrängen und Verletzen der Gewissen im Zeichen des Erziehungsziels „sozialistische Persönlichkeit". Es wollte zum Weg Jesu Christi ermutigen, auch wo das Bekenntnis zu ihm Schul- und Berufschancen gefährdet. Christen und Marxisten sollten mit- statt gegeneinander Verantwortung wahrnehmen; auch die sozialistische Gesellschaft werde „verantwortlich denkende und tolerante Menschen brauchen". Vergeblich versuchte die SED, das Verlesen des Wortes als „verfassungsfeindlich" und als „Einmischung" in ausschließlich staatliche Zuständigkeit zu unterbinden. Gerade vor dem Gedenken an das Kriegsende und dem Abschluss der Helsinki-Konferenz kam die erneute Öffentlichkeit jenes Konfliktthemas der SED höchst ungelegen. Zur selben Frage richtete die Berlin-Brandenburgische Synode einen Brief an die Gemeindekirchenräte. Schönherr gab den Text dem Staatssekretär zur Kenntnis, verwies auf die „tiefe Unruhe" in den Gemeinden und bat ihn, zur Lösung der Konflikte beizutragen.[98]

5. Kirchliches Bauen – Einlenken der SED?

Als Bischof Schönherr im Januar 1974 ohne Erfolg für eine ideologische Koexistenz warb, erbat er auch eine Aussprache über Baufragen; hier war der Staat gesprächsbereit. Seit Jahrzehnten war die Kirche, wo es um die Erhaltung kirchlicher Gebäude ging, außer mit planwirtschaftlichen Engpässen auch mit oft schikanöser Ablehnung konfrontiert worden.[99] Das Bereitstellen oder Verweigern von Material und Baukapazitäten war durch zentrale Weisung an politisch erwünschtes Verhalten geknüpft worden. An Neubauten war kaum zu denken. Für die „sozialistische Stadt" hatte Ulbricht Kirchen nicht vorgesehen. Auch kulturgeschichtlich Unersetzliches wie 1968

96 KJ 1975, 326–330.

97 Kanzelwort vom 9. März 1975; KJ 1975, 318–321. Synodalbericht hierzu im Herbst 1975: KJ 1975, 320 f.

98 Frühjahrssynode der EKiBB, 4.–8. April 1975; Brief von Schönherr an Seigewasser; KJ 1975, 321–323.

99 G. Pasch, Erhaltung und Restaurierung von Kirchen in der DDR. Zeichen der Hoffnung gegen Verfall und Resignation; in: Wartenberg 190–208.

die Leipziger Universitätskirche war sozialistischer Selbstdarstellung zum Opfer gefallen. Viele Kirchen, so der Berliner Dom, blieben Halbruinen. In Stalinstadt (später: Eisenhüttenstadt) versammelte sich eine kleine, durch Besuche von Tür zu Tür entstandene Gemeinde ab 1952 in einem Zirkuswagen; während der Übergangsphase 1954 konnte eine Kirchbaracke errichtet werden; ein fester Bau blieb Utopie.[100] Der Vorstoß Schönherrs galt dem kirchlichen „Sonderbauprogramm“ von 1974 zur Wiederherstellung von Kirchen und Gemeindehäusern. Die Neubau-Satellitenstädte brachten einen zusätzlichen Bedarf an Räumen für die kirchliche Arbeit.
Die Entspannungspolitik und politische Einbindung der DDR hatte ein Umdenken gefördert: Im internationalen Jahr des Denkmals 1975 kam auch die Erhaltung von Kirchen auf die Liste der staatlichen Agenda.[101] Und seit dem IX. Parteitag der SED 1976 gab es auch eine Chance für Neubauvorhaben. Von 36 dem Staatssekretär vorgelegten Anträgen wurden zwar 29 abgelehnt, andere blieben unentschieden, doch für Eisenhüttenstadt und Magdeburg-Nord wurden kirchliche Bauten genehmigt.[102]

C SITUATIONSWANDEL IN EUROPA UND DAS SIGNAL VON ZEITZ

1. Das Helsinki-Abkommen 1975 und die Frage der Menschenrechte

Die Entspannungspolitik hatte die Situation in Europa bedeutsam verändert. Am 1. August 1975 wurde in Helsinki die Schlussakte der Konferenz für Sicherheit und Zusammenarbeit in Europa (KSZE) unterzeichnet. Die Vertragsstaaten erkannten die seit dem Zweiten Weltkrieg bestehenden Grenzen in Europa als unantastbar an und vereinbarten eine weitreichende Kooperation. Dem Interesse der Sowjetunion entsprach die territoriale Sicherung ihres Osteuropa-Imperiums; die DDR profitierte außerdem vom jetzt vereinbarten verstärkten Handel mit der Bundesrepublik zu günstigen Bedingungen. Die seit 1970 geschlossenen Verträge hatten den Weg zur Anerkennung der DDR durch viele Staaten geebnet. Außer zahlreichen Botschaften gab es seit Mai 1974 in Ostberlin auch die zentral gelegene „Ständige Vertretung“ der Bundesrepublik. Die Akkreditierung westlicher Medienvertreter erleichterte eine freie Berichterstattung über die DDR,[103] die über Funk und Fernsehen auch deren Bevölkerung erreichte. Kirchliche Vorgänge erlangten eine zunehmende Publizität. Was in

100 H. Bräuer, Die ersten drei Jahrzehnte der Evangelischen Friedenskirchengemeinde Eisenhüttenstadt. Erinnerungen, Eisenhüttenstadt 1990.

101 Zur seither veränderten Praxis, auch einer Duldung kirchlicher Aktivitäten abseits der Genehmigungsbürokratie, vgl. Pasch, Erhaltung, 203–206.

102 SED und Kirche 2, 280–284.

103 Journalisten waren nicht mehr darauf angewiesen, nur als „friedliebende Touristen“ Tagesvisiten in Ostberlin mit dem Risiko langwieriger Kontrollen oder der Zurückweisung zu unternehmen; R. Henkys, Evangelische Publizistik in repressiver Gesellschaft; in: C. Drägert/N. Schneider (Hg.), Medienethik. Freiheit und Verantwortung. FS zum 65. Geburtstag von Manfred Kock; Stuttgart/Zürich 2001, 151–166.

Synodalerklärungen und -debatten zu hören war, offenbarte viel über die Situation im Land.

Helsinki brachte dem SED-Regime die territoriale Bestandsgarantie, aber auch ein inneres Risiko. Zu den zehn Prinzipien der KSZE-Schlussakte gehörte die „Achtung der Menschenrechte und Grundfreiheiten einschließlich der Gedanken-, Religions- oder Überzeugungsfreiheit" und das Recht jedes Individuums, seine Rechte „zu kennen und auszuüben". „Korb 3" des Dokuments erklärte auch das Recht auf freie Wahl des Wohnsitzes. Die im „Neuen Deutschland" publizierte und somit zitierbare Helsinki-Schlussakte weckte in der Bevölkerung große Hoffnungen. Angesichts der konkreten Vereinbarungen konnte die Schutzbehauptung der SED, im „Sozialismus" seien die Menschenrechtsfragen bereits ein für allemal gelöst, nicht verfangen.

Schon seit Jahren war die Kirche im ökumenischen Kontext mit der Menschenrechtsthematik befasst. Das DDR-Nationalkomitee des LWB hatte im März 1973 für eine ÖRK-Konsultation eine Studie über Menschenrechte und christliche Verantwortung vorgelegt, die theologisch von der Rechtfertigung und der in der Partnerschaft mit Gott begründeten Menschenwürde ausging.[104] Ein Text des BEK-Ausschusses „Kirche und Gesellschaft" und des BEK-Sekretariats „Zur theologischen Relevanz der Menschenrechte" vom Juni 1974 reflektierte die Gesamtthematik und nannte als berechtigte Anfrage an den Individualaspekt auch die marxistische, ökonomisch-soziale Definition von Menschenrechten.[105] Im Juli 1976 antwortete Bischof Schönherr für die KKL auf eine ÖRK-Anfrage zur Menschenrechtslage in Relation zum Helsinki-Abkommen. Seine Begründung für den Verzicht auf das Formulieren von im ökumenischen Maßstab vergleichbaren und auswertbaren Aussagen beleuchtete die Situation.

Bei solchen Aussagen müsse „der jeweilige historische und politisch-soziale Kontext" angemessen berücksichtigt werden. Da in der DDR der Atheismus zur herrschenden Weltanschauung gehöre, sei das Leben von Gemeinden und Christen „nicht konfliktlos". Besonders auf dem Gebiet der Bildung und Erziehung seien sie mit dem Führungsanspruch einer Partei konfrontiert, die das „Leitbild der sozialistischen Persönlichkeit" zum „Maßstab für die Gewährung gleicher Chancen" macht. Die Staatsführung sehe sich allerdings wegen der humanitären Aufgaben und der ökonomischen Ziele „zu praktischer Toleranz" genötigt, wie auch das neue SED-Parteiprogramm zeige. Wegen dieses Kontextes wolle man die Probleme nicht öffentlich außerhalb der DDR, sondern dort, „wo die Verantwortung wirklich getragen wird", zu klären versuchen. Bei Gesprächen zwischen Staat und Kirche habe die Helsinki-Schlussakte eine große Rolle gespielt; die kirchliche Seite habe besonders auf die *Zusammengehörigkeit* von Menschenrechten und Frieden hingewiesen. Doch ein Engagement für die Verwirklichung der Menschenrechte sei den Gemeinden „noch wenig vertraut". Es verlange die Fähigkeit, „Konflikte konstruktiv zu verarbeiten und durchzustehen", ohne zu resignieren. Dies sei nur möglich, „wenn man aus einer Freiheit von Angst lebt, die aus dem Glauben an die souveräne Führung Gottes kommt".[106]

104 Der auch dem Staatssekretär überreichten Studie attestierte eine SED-Stellungnahme wegen des Verteilerschlüssels eine große Breitenwirkung. Hier sei wieder von einem „verbesserlichen", „menschlichen" Sozialismus die Rede, die Kirche werde zum Raum für Freiheit und kritische Öffentlichkeit erklärt und die „führende Rolle der Arbeiterklasse" in Frage gestellt; Einschätzung vom 15. März 1973; Mau, Eingebunden, 144–146.

105 KJ 1974, 495 f.

106 Brief Schönherrs vom 19. Juli 1976 an den Direktor der ÖRK-Kommission für Internationale Angelegenheiten, Dr. Leopoldo Niilus; Dokumente, 255–257.

Für viele Menschen in der DDR bezog sich die Menschenrechtsfrage vor allem auf das „Recht auf Freizügigkeit" oder das „Recht auf Information", wie eine 1974 angeregte, 1977 vorliegende Information für evangelische Gemeinden feststellte, die sich ebenfalls auf die ÖRK-Vollversammlung in Nairobi bezog.[107] Der Helsinki-Vertrag eröffnete vierzehn Jahre nach dem Mauerbau eine viele DDR-Bürger faszinierende Perspektive, da die Freizügigkeitsklausel von „Korb 3" es ermöglichte, ein legales Verlassen der DDR zu beantragen. Binnen kurzem sahen sich die Behörden mit einer Flut von Anträgen auf Entlassung aus der DDR-Staatsbürgerschaft konfrontiert. Der bald als „illegal" diskreditierten Antragstellung folgte in vielen Fällen der sofortige Verlust des Arbeitsplatzes. Hiervon Betroffene suchten für die nicht absehbare Wartezeit bis zur Ausreisegenehmigung Rat und Unterstützung bei der Kirche, auch Beschäftigung, so auf Friedhöfen oder in der Diakonie. Die Kirche war hier bald an den Grenzen ihrer Möglichkeiten.[108] Die weniger restriktive staatliche Genehmigungspraxis für Dienstreisen[109] hatte zur Folge, dass manche Reisenden nicht wieder an ihren Dienstort in der DDR zurückkehrten. Nach Beratungen 1976 und 1977 verabredeten die EKU-Räte beider Bereiche am 6. Juli 1977 mit Bezug auf das Pfarrerdienstgesetz eine Regelung analog zu der schon bis 1961 geltenden. Danach konnten bei nicht genehmigtem Verlassen des Dienstes in der DDR erst nach zwei Jahren und mit dem Einverständnis der Heimatkirche die Rechte der Ordination erneut zuerkannt werden.[110]

2. Protest-Signal: Die Selbstverbrennung von Pfarrer Brüsewitz

Das Ereignis von Zeitz und erste Reaktionen. – Im Sommer 1976 zerstörte eine schokkierende Nachricht den Eindruck von Normalität und generellem Einvernehmen zwischen Staat und Kirche. Am 18. August, einem sonnigen Mittwochvormittag, hatte auf dem Marktplatz von Zeitz ein Pfarrer im Talar ein Protestplakat aufgestellt, sich dann mit Benzin übergossen und angezündet. Oskar Brüsewitz, der in Droßdorf-Rippicha amtiert hatte, verstarb vier Tage danach aufgrund der schweren Verbrennungen. Den plakatierten Text – „Funkspruch an alle – Funkspruch an alle – Wir klagen den Kommunismus an wegen Unterdrückung der Kirchen in Schulen an Kin-

107 Menschenrechte. Eine Information für evangelische Gemeinden in der DDR. Ausarbeitung der ad-hoc-Gruppe Menschenrechte (1977); Dokumente, 258–266. An der Arbeit der ad-hoc-Gruppe war der BEK-Ausschuss Kirche und Gesellschaft maßgeblich beteiligt.

108 Gegenüber dem Rat des Bezirks Magdeburg erklärte Bischof Krusche am 21. Juni 1977, dass die Kirche eine Vertretung von Ausreisewilligen gegenüber dem Staat „nicht übernehmen kann und wird"; Besier 2, 224.

109 Schon für 1974 vermerkte der Jahresbericht Seigewassers, dass die Zahl kirchlicher Ausreisen, überwiegend in ökumenischen Zusammenhängen, sich gegenüber 1972 verdreifacht habe; SED und Kirche 2, 258.

110 R. Schulze, E. Schmidt, G. Zachhuber, gehen oder bleiben. Flucht und Übersiedlung von Pfarrern im geteilten Deutschland und die Gesamtverantwortung der Kirchenleitungen. Bericht und Dokumentation, Leipzig 2002, 67 f. BEK, EKU und VELKD arbeiteten noch an einem neuen gemeinsamen Pfarrerdienstgesetz für alle Kirchen in der DDR; ebd.

dern und Jugendlichen“ – hatten zivile Augenzeugen nur kurz zu Gesicht bekommen; die Behörden behandelten ihn als Staatsgeheimnis.[111]
Das Ereignis ließ an die Selbstverbrennung des Studenten Jan Pallach in Prag 1969 denken. Es löste bei staatlichen Stellen sofort hektische Reaktionen aus. Auch kirchlich Verantwortliche, von der Ortsgemeinde bis zur Kirchenleitung in Magdeburg und Berlin, reagierten umgehend. Die geistliche Dimension des Geschehens war evident, ebenso die politische Brisanz. Noch bevor die Medien über das Ereignis berichteten, versuchten die staatlich Verantwortlichen Stellungnahmen von kirchlicher Seite zu erreichen, die die Tat als grundlos und den Täter als nicht ernst zu nehmen hinstellen würden. Erwünschtes kam rasch u. a. von CDU-Funktionären. Zwecks offensiver Schadensbegrenzung wurden kirchliche Äußerungen entstellt wiedergegeben. Sich steigernder Druck und die Androhung einer radikalen Verschlechterung des Staat-Kirche-Verhältnisses zielten auf eine umgehende Distanzierung der Kirche von Brüsewitz.

Schon am späten Nachmittag des 18. August sprach die SED-Bezirksleitung mit der Magdeburger Kirchenleitung; aus Berlin waren Staatssekretär Seigewasser und BEK-Sekretär Stolpe an dem Gespräch beteiligt. Bischof Krusche, der sich auf einer ökumenischen Reise in Afrika befand, wurde durch Propst Bäumer vertreten. Er machte Angaben zur Person von Brüsewitz, über den bekannt war, dass er durch ungewöhnliche, auch in seiner Gemeinde umstrittene Aktionen Aufmerksamkeit für die biblische Botschaft zu wecken versucht hatte. Seigewasser erklärte, die Tat treffe „die Vertrauensbasis ... zwischen Staat und Kirche“. Er sprach die „dringliche, herzliche Bitte“ aus, sich von Brüsewitz zu distanzieren, um einer „Hetzkampagne gegen die DDR“ durch die westliche Presse entgegenzuwirken. Stolpe und andere erklärten, einem Missbrauch des Ereignisses zu Angriffen gegen die DDR entgegentreten zu wollen: In diesem Fall sei „eine Solidaritätssituation mit dem Staat gegeben“.[112]
Nachdem sich bereits Zeugen gegenüber westdeutschen Medien geäußert hatten, informierte am 20. August das ARD-Fernsehen anhand der bei der EKD vorliegenden Informationen über das Ereignis. Wie die Kirchenleitungen in Ost und West, bemühte sich die seriöse westdeutsche Publizistik, stichhaltig und mit zurückhaltendem Urteil zu informieren. Augenblicklich aber wurden Tat und Täter auch schroff gegensätzlich politisch instrumentalisiert. Dem ARD-Bericht warf die SED „verleumderische Hetze gegen die DDR“ (ND vom 21. August) vor. Auf die lautstarke Propaganda der Springer-Presse gegen die „DDR“ antworteten ND und das CDU-Organ „Neue Zeit“ am 31. August mit Artikeln, in denen Brüsewitz („dieser ‚Pfarrer‘“) grob verunglimpft und der Rat der EKD wegen eines auf BEK-Informationen beruhenden Kommuniqués[113] beschimpft wurde. Die Empörung über den ND-Kommentar reichte bis in die Reihen der SED. In einem Brief an Honecker erklärten 35 Marxisten, für den hier praktizierten Rufmord an Brüsewitz gebe es „keine Rechtfertigung“.[114]

---

111 Ähnlich auf der anderen Seite des großen zweiteiligen Transparents: „Funkspruch ... Die Kirche in der DDR klagt den Kommunismus an! Wegen Unterdrückung in Schulen an Kindern und Jugendlichen“; Schultze, Signal, 154.

112 Schultze, Signal, 108 f.

113 Das EKD-Kommuniqué übernahm die Bezeichnung „Verzweiflungstat“. Es rief zur Fürbitte „für die in ihrem Dienst bedrängten kirchlichen Mitarbeiter in der DDR“ und für alle Christen auf, die „um ihres Glaubens willen leiden oder verfolgt werden“; KJ 1976/77, 400.

114 Er sei „mit dem Sozialismus nicht vereinbar“; Schultze, Signal, 268–270. Den Wortlaut ihres von der SED unterdrückten Protestes gaben die Verfasser auch der Kirche zur Kenntnis, die ihn als „streng vertraulich“ behandelte.

Die Magdeburger Kirchenleitung widerstand dem vom Staatssekretär zuerst als Bitte, dann ultimativ geäußerten Verlangen, sich von Brüsewitz zu distanzieren. Am 21. August beschloss sie ein für die Gottesdienste des folgenden Tages bestimmtes Wort an die Gemeinden: Brüsewitz habe sich als Zeuge Gottes verstanden; für ihn sei „unsere Kirche in ihrem Zeugnis zu unentschlossen“ gewesen. Der „Tat unseres Bruders“ aber, das eigene Leben zu beenden, können wir nicht zustimmen, denn wir sollen „durch das Zeugnis und Beispiel unseres Lebens“, indem wir in unserer Gesellschaft mitarbeiten, „für Gottes Ziele in dieser Welt“ eintreten. Als selbst vor Gottes Gericht Geforderte aber dürfen wir „unseren Bruder Oskar Brüsewitz nicht verurteilen“.[115]

Am 26. August wurde Brüsewitz beerdigt, unter großer kirchlicher Beteiligung und zugleich umfassender staatlicher Abschirmung, um jede „Demonstration gegen unseren sozialistischen Staat“ auszuschließen. Propst Bäumer stellte das Leben von Brüsewitz und sein Ende, das für die Christen geistlich, kirchlich, politisch und menschlich erschreckend sei, unter das Wort „Fürchte dich nicht! Ich bin der Erste und der Letzte und der Lebendige“ (Offb 1,17 f.). Verschiedenen Personen verwehrte der staatliche Sicherheitskordon die Teilnahme am Trauergottesdienst. Die Kirchenleitung protestierte gegen diese Verletzung eines Verfassungsrechtes beim Staatssekretär sowie öffentlich bei der nächsten Synode.[116]

„Brief an die Gemeinden“ und Herbstsynoden 1976: Staat-Kirche-Konfrontation. – Das im Ereignis von Zeitz liegende „Signal“ veranlasste einen innerkirchlich weitreichenden Prozess von Reflexion und Rechenschaftslegung. Die KKL beschloss nach intensiven Beratungen am 11. September einen „Brief an die Gemeinden“. Durch die Tat von Brüsewitz tief beunruhigt, sehe sich die Kirche auf ihr Christuszeugnis hin befragt, ob es „unentschlossen und ängstlich“ sei, ob Kirchenleitungen die Sorgen und Nöte von Gemeinden, Pfarrern und Mitarbeitern genügend aufgenommen, ob Pfarrer und Gemeinden einander tragende Gemeinschaft gewährt hätten. Den Staat beträfen Fragen zur Glaubens- und Gewissensfreiheit, besonders für junge Menschen, und die öffentliche Behandlung des Vorganges, wie sie zusammenstimme „mit Wahrhaftigkeit und der Würde des Menschen“. Die Tat zeige „erneut die Spannungen“ in unserer Gesellschaft und die „Zerreißproben, in die viele gestellt sind“. Zum Verhältnis von Kirchenleitungen und Gemeinde hieß es: „Wir haben noch nicht gelernt, füreinander durchschaubar zu handeln und zu reden“.[117] Die Reaktionen auf die Tat von Brüsewitz zeigten den Kirchenleitungen auch die Vorbehalte gegenüber dem jahrelangen zähen und geduldigen Streben des BEK, eine eigenständige anerkannte Partnerschaft in der SED-geleiteten „sozialistischen Gesellschaft“ zu erreichen.

Die SED sah sich durch den „Brief an die Gemeinden“ alarmiert. Sie wertete das offene Benennen gravierender Probleme als Provokation. Honecker bezeichnete den KKL-Brief als „einen der größten konterrevolutionären Akte gegen die DDR“.[118] Am selben 11. September hatte Wolf Biermann das erzwungene Schweigen eines Jahrzehnts mit dem Auftritt in einer Kirche

115 Schultze, Signal, 168 f.
116 Schultze, Signal, 37 f. 193–195.
117 Schultze, Signal, 249–251.
118 Fernschreiben Honeckers vom 15. Sept. 1976 an die Bezirksleitungen der SED; SED und Kirche 2, 293 f.

durchbrochen; sein Lied vom „Abhaun" aus der DDR – auch in den Tod! – geißelte die Politik „unserer Genossen".[119] Für die SED zeichnete sich ein gefährliches Bündnis linker Opposition mit der stets beargwöhnten Kirche ab. Doch schreckte sie trotz der „konterrevolutionären" Gefahr vor harten Sanktionen zurück. Da im Oktober wieder (Einheitslisten-)Wahlen anstanden, hatte der Schein von Normalität und Einvernehmen Priorität.
Ein ökumenischer Kirchentag in Halle wurde zum Forum für Fragen zum Brüsewitz-Signal. Gerade war der „Brief an die Gemeinden" bekannt geworden. Bischof Krusche äußerte sich in einer sehr persönlichen Weise: Brüsewitz habe mit Sicherheit nicht den Tod gesucht, um einer bestimmten Presse in der Bundesrepublik Schlagzeilen zu liefern. Niemand kenne den genauen Text seiner Plakate. Seine Frage an uns aber sei gewiss die: „Warum brennt ihr so wenig", „warum läßt es euch kalt, wenn Menschen verloren gehen, wenn Kinder nicht mehr zur Christenlehre kommen?" Seinen Bruder Brüsewitz aber möchte er fragen: Hast du nicht gelesen, dass biblische Zeugen nicht protestierend, sondern fröhlich ertrugen, was ihnen auferlegt wurde? „Wir" aber seien gefragt, ob wir künftig „die Kirche des Gekreuzigten sein wollen, dessen Wirkungen verborgen sind".[120]

Die Herbstsynoden wurden zum Ort gesamtkirchlicher Rechenschaftslegung. Bei der BEK-Synode erklärte Schönherr, dem Geschehenen zum Trotz müsse man weiterhin den Weg einer „Kirche im Sozialismus" finden – nicht im Sinne einer politischen Aussage, sondern um den Gemeinden in der DDR zu dienen. Dass erstmalig der Bau von Kirchen in Neubaugebieten genehmigt werde, zeige, dass beim marxistischen Dogma vom „Absterben der Religion" jetzt mit langer Dauer gerechnet werde. Man hoffe auf klärende Gespräche zum Widerspruch zwischen dem Erziehungsziel der atheistischen „kommunistischen Persönlichkeit" und der Zusicherung von Gewissensfreiheit und Gleichberechtigung. Bischof Krusche sagte zum Vorwurf taktischer Rücksichtnahmen auf den Staat, eindeutig zu reden und zu handeln müsse nicht Konfrontation bedeuten. Es müsse Verständnis dafür geben, dass die gleiche gemeinsame Verantwortung „auf verschiedenen Ebenen sehr anders wahrgenommen werden muß".[121]

Bei der Provinzialsynode in Magdeburg gab es eindringliche Überlegungen von der Kreuzestheologie her zu täglich erfahrenen Situationen. Kirchenleitung und Pfarrerschaft[122] hätten unterschiedliche „Mandate". Die Kirchenleitung habe Verantwortung für „das Ganze der Kirche und ihr weitergehendes Leben in den Gemeinden", die auch „im Kontext der Innenpolitik unseres Staates" wahrzunehmen sei. Da die Kirche keinen vertraglich gesicherten „Lebens- und Rechtsraum" habe und daher auf ständiges Verhandeln mit dem Staat angewiesen sei, müsse man auch dort geltende „Spielregeln, Sprachregelungen, Norm- und Tabu-Erwartungen" beachten. Die Pfarrer aber hätten das Evangelium „an die Menschen in unserer Gesellschaft" unmittelbar, in der Nähe zu deren Belastungen und Frustrationen, auszurichten; dabei spiele auch die Art, „wie Pfarrer sich selbst als Glieder der Gesellschaft verstehen", eine

119 Biermann wurde im November während einer Westdeutschland-Tournee ausgebürgert. Zwölf namhafte Schriftsteller baten die Staatsmacht, diese Maßnahme „zu überdenken". Dem Protest schlossen sich über hundert Schriftsteller und Künstler an.

120 Antwort von Bischof Krusche beim ökumenischen Forum am 19. Sept. 1976; Schultze, Signal, 271–273.

121 Bischöfe Schönherr und Krusche bei der Pressekonferenz der Bundessynode in Züssow am 28. Sept. 1976; Schultze, Signal, 290 f.

122 Synodalbericht der Kirchenleitung der KPS am 28. Okt. 1976; Schultze, Signal, 317–321. Diesen Teil des Berichtes hatte Predigerseminar-Rektor Christoph Hinz als „neutraler" Autor verfasst.

Rolle. Anhand von Stichworten des „Briefes an die Gemeinden“ (s. o.) nannte Bischof Krusche „Probleme in unserer Gesellschaft“; er erwarte, dass die staatliche Praxis sich ändere: Es möge ausgeschlossen werden, „was als Druck empfunden und wodurch Angst erzeugt“ werde; es sollte „Freiräume für das offene Gespräch“ geben; die Tabuisierung von Problemen führe zu Frustrationen, Resignation oder auch Aggression. Machtausübung sollte „so durchschaubar wie möglich gemacht werden“. Er sage dies, um „mit unseren staatlichen Partnern darüber sprechen und nach Lösungen suchen zu können“; es „gegen die DDR“ zu benutzen, wäre „gegen unsere erklärte Absicht“. Als „offenkundige Schäden in unserer Kirche“ benannte der Bischof einen Mangel an tragender Gemeinschaft, an Zeichen, dass man einander brauche, und ein Beharren in Selbstrechtfertigung. Der Vorgang in Zeitz und die Reaktionen darauf verstärkten die Frage, „*wie* wir Kirche im Sozialismus sein können“. Die DDR sei der Staat, „in dem wir nach Gottes Willen leben und für den wir uns mitverantwortlich wissen“.[123]

Was bei der Magdeburger Synode ausgesprochen wurde, stieß beim Staat auf schroffe Abwehr. Bischof Krusche sei „außerordentlich aggressiv und provokatorisch“ aufgetreten. Die Kirchenleitung und zahlreiche Synodale hätten sich „oppositionell gegenüber dem Staat“ geäußert und „eine dynamische Strategie“ als „protestierende Kirche“ entwickelt. Der Versuch Krusches, „sich gegenüber dem Staat eine Tür offenzuhalten“, sei „demagogisch“.[124] Ein von der SED-Bezirksleitung formulierter Maßnahmeplan verriet die eigene Ratlosigkeit.[125] Die Magdeburger Kirchenleitung galt neben der Dresdner für die ZK-AG Kirchenfragen und den Staatsekretär weiterhin als die reaktionärste: Immer noch sei hier vom „wahren“ Sozialismus, von „kritischer“ Solidarität und Stellungnahme „zu allen gesellschaftlichen Problemen“ die Rede. Man müsse verstärkt differenzieren: Vorerst sei kein Kirchenbau in Magdeburger Neubaugebieten zu genehmigen.[126]

3. SED-Interessenlagen – Verweigerung und Gespräch

Honeckers Diktum vom „konterrevolutionären“ Charakter des Briefes an die Gemeinden hatte bei SED-Funktionären einen längeren Nachhall, wurde aber bald auch gedämpft.[127] Auch dem Staat ging es um eine Beruhigung und Klärung der Situation. Ein von der Kirche erbetenes Grundsatzgespräch mit dem BEK-Vorstand wurde in

123 Synodalbericht; Schultze, Signal, 321–323.

124 Bericht der SED-Bezirksleitung Magdeburg über die Synode der KPS, 1. Nov. 1976; Schultze, Signal, 325–333.

125 Maßnahmeplan vom 11. Nov. 1976: Es müsse gelingen, „positive Kräfte“ in der KPS „zu einer offensiven Haltung zu bewegen“; kirchenpolitisch tätige Genossen seien „weiter zu qualifizieren“; Schultze, Signal, 334.

126 Beratung mit ZK-AG Kirchenfragen und Staatssekretär Seigewasser am 22. Nov. 1976; Schultze, Signal, 335.

127 Relativierend bemerkte Seigewasser gegenüber Stolpe und Lewek am 26. Okt. 1976, man habe den KKL-Brief „in einzelnen seiner Passagen als konterrevolutionär“ einschätzen müssen; SED und Kirche 2, 300. ZK-Sekretär Norden erwähnte als Sanktion gegen den BEK das Faktum, dass nach „dem konterrevolutionären Brüsewitz-Brief der Kirchenleitung“ der DDR-Friedensrat keine BEK-Vertreter mehr eingeladen habe; Brief an Honecker, 2. Febr. 1977; SED und Kirche 2, 310.

Aussicht gestellt,[128] dann aber mit Bezug auf „Vorkommnisse auf einigen Synoden" abgesagt. Da 1977 die neue BEK-Synode zu wählen war und der Staat die erneute Bestätigung Schönherrs einem Wechsel in der Leitung des BEK vorzog, sollte der Eindruck eines offenkundige Scheiterns seines Verständigungskurses vermieden werden.

Innerkirchlich aber wuchs nach dem Brüsewitz-Schock und der Biermann-Ausweisung das Drängen auf offene Stellungnahme gegen die Politik der SED. Kirchliche Mitarbeiter und Synoden forderten Gespräche mit der Volksbildung. Der BEK-Vorstand verlangte ein Grundsatzgespräch mit der zitierfähigen Erklärung, dass der Staat das kirchliche Leben und Wirken respektiere. Termine wurden in Aussicht genommen und mehrfach verschoben. Die SED war konzeptionell unschlüssig.[129] Seit Februar 1977 aber gab es positive Signale. Das Politbüro beschloss für zehn Neubaugebiete die Genehmigung von Kirchenbauten „auf Valutabasis".[130] Eine Anfrage Schönherrs zum geplanten Arbeitsgesetzbuch der DDR wurde von Honecker rasch dahingehend beantwortet, dass es für kirchliche Mitarbeiter entsprechend der von Schönherr geäußerten Erwartung bei der seit 1958 geltenden Regelung bleiben solle.[131]

Ab 13. Mai 1977 tagte letztmalig die 2. BEK-Synode. Zwei Tage zuvor fand endlich das wiederholt vertagte Grundsatzgespräch des Staatssekretärs mit dem BEK-Vorstand statt. Honeckers Genehmigung hierfür hatte Paul Verner zwecks Stärkung der „realistischen Kräfte" im Kirchenbund erwirkt.[132] Der Staatssekretär sollte der ZK-Direktive gemäß die „konstruktive und von großem Verständnis für das religiöse Anliegen getragene Politik" des Staates erläutern und die Wertschätzung des diakonischen Wirkens der Kirchen erklären. Zur Volksbildung aber gelte der „prinzipielle Standpunkt": Eine „Benachteiligung der Kinder kirchlich eingestellter Eltern" gibt es nicht; „vereinzelt" auftretende Probleme sind wie bisher vor Ort zu klären. Die Mitglieder des BEK-Vorstandes aber bestanden nachdrücklich darauf, dass die vom Staat verkündeten positiven Grundsätze *im Leben der Menschen erfahrbar* werden müssten.[133]

---

128 So Seigewasser am 26. Okt. 1976 gegenüber Stolpe und Lewek; SED und Kirche 2, 299.

129 Eine SED-interne Untersuchung von 1988 nennt als „eigentliche[n] Grund" für das Zögern den „noch nicht abgeschlossene[n] Prozeß der Urteilsbildung über das weitere Vorgehen"; H. Dohle, Grundzüge der Kirchenpolitik der SED zwischen 1968 und 1978, Diss. B (masch.schr.), Akademie für Gesellschaftswissenschaften beim ZK der SED, 165.

130 Beschluss des Politbüros vom 1. Febr. 1977; SED und Kirche 2, 306 f. Auch für Magdeburg-Nord (vgl. oben, S. 122) wurde jetzt eine Genehmigung vorgesehen.

131 Brief Schönherrs an Honecker (15. März), Antwort Honeckers (21. März); SED und Kirche 2, 308 f.

132 Die Kirchen würden Probleme der „Kirche im Sozialismus" konstruktiv ansprechen; sicherlich werde es auch Fragen zur Volksbildung geben; Verner an Honecker, 5. Mai 1977; SED und Kirche 2, 312 f.

133 SED und Kirche 2, 313–319.

D STAAT-KIRCHE-VEREINBARUNGEN VON 1978

1. Zur Situation 1977/78

Ende Oktober 1977 konstituierte sich in Herrnhut die 3. Synode des DDR-Kirchenbundes. Bischof Schönherr wurde wieder zum KKL-Vorsitzenden gewählt. Der Weg einer sich mit ihrem Zeugnis und Dienst auf die Daseinsbedingung „Sozialismus“ einlassenden Kirche sollte fortgesetzt werden. Doch nach den Erfahrungen der vergangenen Jahre, der Ausgrenzung von Christen und Kirche, der Nichtanerkennung *eigenständigen* Mitwirkens in der Gesellschaft, und angesichts wachsenden Unwillens in der Kirche ging es jetzt um eine fühlbare Verbesserung der Gesamtsituation. Noch während der Synodaltagung wurde die Bitte um einen Empfang des neuen Vorstandes beim Staatsratsvorsitzenden wiederholt; man rechne mit einem Termin noch vor Jahresende. Stolpe entwarf einen „Aufriss“ für das Spitzengespräch, den er nach Überprüfung und Ergänzung durch den BEK-Vorstand als „Arbeitspapier für Vorbereitungsgespräche“ dem neuen Leiter der ZK-AG Kirchenfragen, Rudi Bellmann,[134] übergab. Für einen „Antrittsbesuch“ könne dies aber nur bis zur Märztagung 1978 der KKL gelten.

Der kirchliche „Aufriss“ benannte eine Reihe von Themen zur „abschließenden Klärung“; anderes sollte vorgemerkt werden „zwecks weiterer Klärung“.[135] Schon jetzt solle es Entscheidungen geben 1. zur „Gemeinsamen Verantwortung für die Menschen“, 2. zum „Dienst der Kirche an den Gläubigen“ und 3. zu „Fragen des kirchlichen Eigentums“. Unter 1 solle öffentlich bestätigt werden: Erweiterte Reisemöglichkeiten zu Verwandten (aus besonderen Anlässen und generell für über 50-Jährige), gleiche Chancen für alle und deren „Durchsetzung auf allen Ebenen“ sowie Gesprächsoffenheit und Ermunterung zu konstruktiver Kritik. Amtliche Entscheidungen sollten durchschaubarer und Probleme sollten offengelegt werden. Unter 2 waren Bauvorhaben, Sendungen in Funk und Fernsehen, Kindergärten, Lutherjubiläum 1983 und Strafanstaltsseelsorge aufgelistet, unter 3 die kircheneigene Landwirtschaft und Friedhöfe. Für eine „weitere Klärung“ sah der Aufriss die Altersversorgung kirchlicher Mitarbeiter, das Theologiestudium an den Universitäten, den Literatur- und Zeitschriftenimport und Druckgenehmigungen für theologische Literatur vor.
Am 6. Dezember 1977 erklärte Paul Verner gegenüber Schönherr, Honecker sei bereit, den BEK-Vorstand zu empfangen. Doch seien mehrere der genannten Themen „weder zeitgemäß noch gerechtfertigt“,[136] vor allem die politischen Vorschläge des ersten Punktes: Allein der Staat habe Reisemöglichkeiten festzulegen, Chancengleichheit bestehe überall, sei also kein Thema. Es sei unverständlich und ungerechtfertigt, wie auf der Magdeburger Synode vom „Klima der Verängstigung, des Drucks auf Jugendliche“ zu sprechen. Bei der Theologenausbildung seien nicht die staatlichen Fakultäten, sondern die kirchlichen Ausbildungsstätten das Problem. Über anderes, wie Lutherjubiläum, Sendungen im Fernsehen, kirchliche Landwirtschaft, Altersversorgung kirchlicher Mitarbeiter könne man sich verständigen. – Schönherr erklärte, eine Konfrontation vermeiden zu wollen. Das geplante Gespräch müsse aber, da der von ihm vertretene Kurs innerkirchlich noch umstritten sei, über „schöne Worte“ hinaus Ergebnisse zeigen, die den ständigen Vorwurf unkritischer Anpassung entkräften.

---

134 Bellmann (*1919) hatte 1977 Willi Barth (*1899) als Leiter der AG Kirchenfragen abgelöst.

135 Abdruck des Aufrisses bei Besier 2, 100 f.

136 Information der AG Kirchenfragen vom 8. Dez. 1977 an Honecker über das Gespräch von Verner mit Schönherr; SED und Kirche 2, 323–326.

Zwei Tage nach dem Verner-Schönherr-Gespräch gab es erstmalig nach zehn Jahren wieder ein gemeinsames Wort der evangelischen Kirchen in Ost- und Westdeutschland. Seit 1969 hatte die EKD-BEK-Beratergruppe in regelmäßiger Folge vor allem zwecks wechselseitiger Information getagt. Das Brüsewitz-Ereignis war zum Anlass für einen besonders offenen Austausch über die kirchliche Situation in der DDR geworden. Einige Wochen danach hatte erstmalig seit der Gründung des Kirchenbundes der EKD-Ratsvorsitzende, Landesbischof Claß, die BEK-Synode in Züssow besuchen können. Beim Gegenbesuch zur EKD-Synode in Saarbrücken kennzeichnete Bischof Schönherr die besonderen Beziehungen beider Kirchen als „kritischen Ökumenismus“: Zu einer Gemeinschaft von Kirchen gehöre, „daß man einander ermuntert und auch einander in Frage stellt“. Ein Besuch von Bischof Claß und Kirchenpräsident Hild beim BEK im Dezember 1977 bot die Gelegenheit zu einer Gemeinsamen Erklärung von Mitgliedern des Rates der EKD und des KKL-Vorstandes. Sie galt den Helsinki-Nachfolge-Verhandlungen in Belgrad.

Die vom BEK angeregte Erklärung sollte ein „seelsorgerliches Wort“ der Kirchen in beiden deutschen Staaten an die Politiker sein. An der Grenze zwischen den großen Gesellschaftssystemen, an denen sie je spezifisch Anteil nehmen, seien die Kirchen vereint in der Sorge um den Fortgang des Entspannungsprozesses. Die Völker Europas hätten mit Dank und Hoffnung die Prinzipien der Helsinki-Schlussakte (Frieden, Zusammenarbeit, Sicherheit, Gewaltverzicht, Menschenrechte) „in ihrem unmittelbaren Zusammenhang“ aufgegriffen. Die Kirchen ermutigten die Politiker, zugunsten der Entspannung die Rüstungsausgaben zu mindern und die Zusammenarbeit „mehr und sichtbarer als bis jetzt den Menschen zugute“ kommen zu lassen.[137] Staatssekretär Seigewasser wertete das auf den Zusammenhang von Frieden und Menschenrechten fokussierte gemeinsame Wort intern als einen Versuch der „Aufweichung sozialistischer Positionen“ und befürchtete „antikommunistische Auswirkungen“.[138]

In Thüringen stand 1977 die Wahl eines Nachfolgers für Bischof Braecklein an. Von der SED favorisierte Kandidaten (vor allem OKR Prof. Walter Saft, aber auch OKR Hans Schäfer) scheiterten. Die Lutherische Bekenntnisgemeinschaft in Thüringen hatte erklärt, es dürfe personell „keine von vornherein erkennbare Anfälligkeit für außerkirchliche Einflüsse“ bestehen. Auch von der VELK/DDR kam ein entsprechender Hinweis.[139] Auf zwei Wahlsynoden erreichte kein Kandidat die erforderliche Mehrheit, bei der letztmöglichen dritten im Dezember 1977 fiel die Entscheidung für Superintendent Werner Leich/Lobenstein, der schon als Pfarrer Kritiker des Mitzenheim-Kurses gewesen war. Für Staatssekretär Seigewasser war klar, dass eine Fortsetzung des „Thüringer Weges“ nun fraglich wurde.[140]

---

137 Text der Erklärung: KJ 1976/77, 497 f. = Kundgebungen BEK 1, 231 f.

138 Dienstbesprechung am 13. Dez. 1977; Besier 2, 239.

139 In einem Rundschreiben vom 15. Aug. 1977 hatte der Leitende Bischof der VELK/DDR, Heinrich Rathke/Schwerin, ohne Saft und Schäfer zu erwähnen, nur auf die Kandidaten Prof. Klaus-Peter Hertzsch und Sup. Werner Leich hingewiesen; Besier 2, 703 f.

140 Jahresanalyse 1977; BArch-O 4, 0-4/418.

2. Das Spitzengespräch im März 1978

Zum Erstaunen vieler informierten die Titelseiten der DDR-Zeitungen am 7. März über ein Gespräch des SED-Generalsekretärs und Staatsratsvorsitzenden Erich Honecker mit Bischof Schönherr und dem Vorstand der KKL. Nach Jahrzehnten einer feindselig-argwöhnischen Haltung von SED und Staatsorganen und der Verdrängung von Glauben und Kirche aus der Öffentlichkeit wirkte allein schon die Tatsache dieser Begegnung als Sensation. Seit 1958 hatte es kein Staat-Kirche-Gespräch auf hoher Ebene mehr gegeben, ein Gespräch der Kirchenleitung mit dem SED-Chef und Staatsoberhaupt noch nie.[141]

Das Treffen war mit größter Diskretion vorbereitet worden, um dessen Ertrag nicht durch vorzeitige Publizität zu gefährden. Die Bischöfe und die KKL waren im Januar 1978 informiert worden. Mitte Februar erging Honeckers Einladung an den KKL-Vorstand zum 6. März in das Staatsratsgebäude. Am 3. März gab Schönherr der Kirchenleitung von Berlin-Brandenburg einen Hinweis und informierte den katholischen Bischof Alfred Kardinal Bengsch. Über die kirchlichen Vorbereitungen war das MfS laufend informiert, wurde aber wegen des Agierens der Parteispitze nicht seinerseits tätig.[142] Zu den Voraussetzungen des Treffens gehörte die genaue Verständigung über dessen Modalitäten. Der Text der im KKL-Vorstand beratenen Ansprache Schönherrs wurde vorab an Honecker übermittelt.

Honecker sprach vor den an einem runden Tisch Versammelten[143] über die Politik der DDR und würdigte das Wirken der Kirche auf verschiedenen Gebieten. Seine zwischen Erhofftem und Realem oszillierende Rede bezog sich wiederholt auch auf wichtige kirchliche Anliegen: Das „vertrauensvolle, sachliche, offene Klima“ zwischen Staat und Kirche solle „auch in der ‚Vertikale‘ wirksamer werden“; „Kooperation zwischen Staat und Kirche“ sei möglich und nötig; es solle ein konstruktives Zusammenleben von „Bürgern verschiedener Weltanschauung und Gewissensbindung“ sowie Problemlösungen „im Geiste der Toleranz und der gegenseitigen Verständigungsbereitschaft“ geben.[144] Am Schluss formulierte Honecker konkrete Zusagen an die Kirche.

Die kirchlichen Redebeiträge brachten auch das, was aus der Liste dringlicher Fragen getilgt worden war, zur Sprache: die Erwartung des Einlenkens im Bildungswesen und menschlicher Erleichterungen gemäß Helsinki-„Korb 3“. Schönherr würdigte die Bedeutung dieser Begegnung. Man dürfe ideologische Gegensätze nicht verharmlosen, doch wo es um eine „gerechtere, friedlichere und freundlichere Welt“ geht, dürften sie nicht zu „unübersteigbaren Barrieren“ werden.

---

141 Im Vorfeld der Begegnung erinnerte Bischof Schönherr an das „Wartburg-Gespräch“ Ulbrichts mit Mitzenheim 1964, der damals nur für seine Landeskirche sprechen konnte; der KKL-Vorstand aber habe die Legitimation aller Landeskirchen; Schönherr zu Verner am 6. Dez. 1977; SED und Kirche 2, 325.

142 Onnasch, Spitzengespräch, 16.

143 Aus SED und Staat: Honecker, Verner, Bellmann, Kalb (Stellvertreter des erkrankten Staatssekretärs), Eichler (Sekretär des Staatsrates); Vorstand der KKL: Schönherr, Präses Wahrmann, Krusche, Domsch, Christina Schultheiß, Stolpe (Sekretär des BEK).

144 SED und Kirche 2, 329–331.

Im Zeichen von „Verantwortung für die gleiche Welt" und „den gleichen Menschen" sei eine „Veränderung mancher Verhältnisse", auch „eigene Veränderung"[145] möglich. Christlicher Glaube sei nicht an eine bestimmte Staatsform gebunden; er sehe unter Gottes Verheißung und Gebot „Probleme und Nöte der Welt und Gesellschaft anders" und höre Fragen, „die andere nicht so hören". In Europa gehe es um „Sicherheit und Gewährung der Menschenrechte als Teil der Friedenssicherung" (ÖRK-Stellungnahme zu Helsinki). Echte Kooperation werde „auch dem sehnlichen Wunsch vieler Menschen" dienen, „leichter über Grenzen hinweg zusammenzukommen". Dem Bewahren von Leben diene kirchliche Hilfe für schwache und geschädigte Menschen, für die die Christen „materiellen und ideellen Raum" benötigten. Die Zusage freier Religionsausübung möge „nicht engherzig verstanden" werden. „Lassen Sie es uns freimütig sagen: hier liegen unsere Hauptsorgen." Die Spannung zwischen erklärter Glaubens- und Gewissensfreiheit „und dem Erziehungsziel der kommunistischen Persönlichkeit" dürfe sich nicht zum Nachteil christlicher Kinder und Jugendlicher auswirken. „Offenheit und Durchsichtigkeit sind das Barometer des Vertrauens. Das Verhältnis von Staat und Kirche ist so gut, wie es der einzelne christliche Bürger in seiner gesellschaftlichen Situation vor Ort erfährt."[146]
Auch andere Gesprächsteilnehmer verwiesen auf ein Missverhältnis von „offiziellen Prinzipien" der Politik und Erfahrungen der Bürger (Domsch, Krusche). Für menschliche Erleichterungen beim Besuchsverkehr sollte ein „erreichbares Optimum" angestrebt werden (Krusche). Auch Probleme der Berufslenkung und der diakonischen Arbeit wurden benannt (Schultheiß, Wahrmann).[147] – Honecker dankte abschließend für die „freimütige Aussprache".[148] In die „weitere Gestaltung der entwickelten sozialistischen Gesellschaft"[149] sollten alle Bürger einbezogen werden, alle Kinder sollten Zugang zur Oberschule und zu einer guten Berufsausbildung haben. Die Beziehungen zur BRD seien weiter zu normalisieren; der Reise- und Besucherverkehr könne aber nicht erweitert werden: Wie die große Zahl von Rauschgiftopfern in Westberlin zeige, gebe es „Gefahren und Einflüsse", vor denen „wir unsere Bevölkerung zu schützen haben".[150]

Konkrete Ergebnisse des Spitzengespräches formulierte Honecker in zehn auf kirchliche Desiderate bezogenen Punkten. Es handelte sich formell nicht um „Vereinbarungen" gemäß Artikel 39(2) der DDR-Verfassung,[151] sondern um Zusagen der höchsten Autorität im Staat, die als solche aber einen hohen Grad von Verbindlichkeit hatten.

1. Kirchliche *Bauvorhaben*, vor allem auch in Neubaugebieten, sollten bis über das Jahr 1980 hinaus fortgeführt werden. Der Staat koppelte sie an die Weiterführung und den Abschluss der Restaurierung des Berliner Doms. Diese Projekte wurden, ohne dass dies offiziell vermerkt wurde, überwiegend durch Valuta (DM-West) finanziert. 2. Mit vier *Fernsehsendungen* im

145 Schönherr bezog sich ausdrücklich auf eine Formulierung Paul Verners von 1971.

146 SED und Kirche 2, 338–341; Kundgebungen BEK 1, 233–237.

147 SED und Kirche 2, 332 f.

148 Ein Treffen dieser Art gebe es „zum ersten Mal in der Geschichte der DDR", es sei in den Staat-Kirche-Beziehungen „die Krönung und zugleich der Anfang eines Entwicklungsprozesses"; SED und Kirche 2, 333.

149 Zielformulierung des IX. SED-Parteitags von 1976.

150 SED und Kirche 2, 333–335.

151 Eine Rechts- und Handlungsfähigkeit für *Vereinbarungen* gemäß der neuen Verfassung war ein wichtiger Anfangsimpuls für die BEK-Gründung gewesen; vgl. oben, S. 97. Einzelne Vereinbarungen hatte es 1974 für die diakonische Arbeit gegeben; oben, S. 115. Die zehn Punkte wurden als staatliche Festlegungen zu den vom BEK genannten Sachfragen formuliert; SED und Kirche 2, 335–338; Onnasch, Spitzengespräch, 12–15.

Jahr (zu Ostern, Pfingsten, Reformationstag, Weihnachten) erhielt die Kirche Zugang zu einer ihr bisher verschlossenen Ebene von Publizität.[152] 3. Kirchliche und staatliche Veranstaltungen zum *500. Geburtstag Luthers* 1983 sollten koordiniert werden. Da sich die DDR als „Erbin alles Progressiven und Humanistischen in der Geschichte unseres Volkes“[153] verstand, konnte die Kirche hier administratives Entgegenkommen für eigene Vorhaben erwarten. – Weitere Zusagen gab es für das kirchliche Wirken vor Ort. 4. *Gefängnisseelsorge*, die es seit 1958 fast nur noch in Ausnahmefällen (auf ausdrückliches Verlangen eines Strafgefangenen und nach Ermessen der Vollzugsorgane) gab, sollte wieder regulär möglich sein. 5. Für die seit Ende der 50er-Jahre weitgehend unterbundene kirchliche Arbeit in staatlichen *Alters- und Pflegeheimen* traten Regelungen von 1955/56 wieder in Kraft. 6. Kirchliche *Kindergärten* erhielten eine Bestandsgarantie, jedoch ohne eine Erweiterung, da mit kommunalen und betrieblichen Kindergärten der Gesamtbedarf gedeckt sei. Das war eine Konzession, die den Totalanspruch auf die kommunistische Erziehung tangierte. Ökonomischen Belangen dienten 7. die Gebührengleichstellung kirchlicher *Friedhöfe* mit den staatlichen, 8. die Preis-, Plan- und Soll-Gleichstellung kirchlicher *Land- und Forstwirtschaft* (etwa 7 % der Nutzflächen in der DDR) mit den LPGs und staatlichen Forstbetrieben, 9. die Übernahme kirchlicher Mitarbeiter in die *staatliche Rentenversicherung*. Sie wurde, was unerwähnt blieb, von der EKD mit 80 Mio. DM unterstützt. 10. Die Einfuhrgenehmigung für *theologische Literatur* und Zeitschriften aus den „kapitalistischen“ Ländern diente dem dringenden Bedarf bei den Theologischen Fakultäten und den kirchlichen Ausbildungsstätten.

Verglichen mit dem ungesicherten Status der Jahrzehnte zuvor, der verborgenen Direktiven und dem Wohl- oder Übelwollen von Funktionären Raum ließ, waren die zitierbaren Zusagen ein beträchtlicher Fortschritt. In dem durch sie bezeichneten Rahmen war die kirchliche Arbeit auch über einen eng gefassten „kultischen“ Bereich hinaus auf längere Sicht legalisiert. Abseits vom Dogma eines gesetzmäßigen „Absterbens“ der Kirche signalisierte der Rückgriff auf Regelungen des ersten DDR-Jahrzehnts den Willen zur Kontinuität und Verlässlichkeit im Staat-Kirche-Verhältnis.
Die Begegnung vom 6. März wurde für den Staat zum Inbegriff eines geregelten, der Stabilität des DDR-Sozialismus dienenden Verhältnisses zur Kirche. Wie schon das „Kommuniqué“ von 1958, dann die Formel „Kirche im Sozialismus“, diente alsbald unter neuen und wachsenden Spannungen „der 6. März“ als eine auf kirchliches Wohlverhalten zielende Beschwörungsformel. Fürs erste aber hatten die kirchlich und staatlich Beteiligten mit der Anerkennung und Umsetzung des Vereinbarten zu tun. Aufgrund des entschiedenen Verlangens von Schönherr enthielt die „Gemeinsame Erklärung“ über das Gespräch auch seinen fortan oft zitierten Schlusssatz: „Das Verhältnis von Staat und Kirche ist so gut, wie es der einzelne christliche Bürger in seiner gesellschaftlichen Situation vor Ort erfährt“. Auf dem Hintergrund des Brüsewitz-Schocks bot er eine Handhabe gegen autoritäre oder devote Schönrednerei. Für den eigenen Part hatte Honecker bei der Verabschiedung bemerkt, es gelte nun, das Vereinbarte „nach unten durchzustellen“. Auf der einen wie der anderen Seite weckte das Ereignis vom 6. März neben Erstaunen und erfreuter Zustimmung auch Argwohn und Ablehnung. Entschiedene Kritiker des Schönherr-BEK-Kurses hielten das Spitzengespräch für Verrat am Auftrag der Kirche, da diese sich nun mit

152 Textbeiträge – so auch ein Gruppengespräch zu religiösen Fragen – waren vor der Aufzeichnung der Sendung wörtlich vorzulegen.

153 Honecker am 6. März im Sinne der in den folgenden Jahren noch stärker betonten Erbe-Rezeption.

dem totalitären Staat liiert habe.[154] Manchen erschien auch die bis zuletzt funktionierende Geheimdiplomatie der Vorbereitungsphase als unvereinbar mit der gebotenen Offenheit kirchlichen Redens und Handelns.

Ein beträchtliches Akzeptanzproblem gab es auch im SED-Funktionärsapparat. Der durch tägliche ND-Lektüre programmierte Funktionär vor Ort begriff, dass nunmehr also die Kirche Achtung und Entgegenkommen genieße (man witzelte, ob denn jetzt die SED gemeinsam mit ihr regiere). Tief verunsichert war die CDU-Führung. Sie befürchtete, hinfort werde statt ihrer „die Institution Kirche" als der „wahre Repräsentant der christlichen Bürger unseres Staates" gelten.[155] Für die mit Kirchenfragen befassten SED-Funktionäre brachte Paul Verner das Ereignis auf die Linie der Erfolgsgeschichte der SED, deren Politik sich „sowohl durch Prinzipienfestigkeit als auch durch Elastizität" auszeichne.[156]
Das erstmalige Gespräch des Staatsoberhaupts mit dem KKL-Vorstand werde „die Entwicklung in den Kirchen" für lange Zeit beeinflussen. Hier sei vom „Überwintern" im „Provisorium" DDR nicht mehr die Rede. Realistische Kräfte würden gestärkt, reaktionäre zurückgedrängt werden. Doch könnten diese wegen der Niederlage versuchen, die ersteren „unter Druck zu setzen". Honecker habe prinzipienfest, offen und verbindlich gesprochen, der westliche „Gegner" aber versuche, die Menschenrechtsfrage „nachträglich ins Gespräch zu bringen" und „die Freunde der CDU" zu verunsichern. Verner verbreitete Zuversicht: Die DDR-Feinde hätten nun keine Chance mehr, durch eine kirchliche Opposition den Sozialismus „von innen her zu schwächen". Die Zusammenarbeit von Staat und Kirche habe jedoch mit einer „Teilnahme der Kirche an der Ausübung politischer Macht" oder deren „Partnerschaft" als „kritisches Korrektiv" nichts zu tun. Auch weiterhin komme eine kirchliche Einmischung in Bildungs- und Erziehungsfragen nicht in Betracht. Maxime des täglichen Handelns müsse aber die von Honecker betonte „Gleichberechtigung und Gleichachtung aller Bürger" sein. Es gebe immer noch „Fälle der Verletzung dieser Norm", da „unsere Genossen" gegenüber kirchlich gebundenen Bürgern nicht immer „feinfühlig" handelten. Die Preisgabe kirchlicher Bindungen zur Bedingung für berufliche Entwicklung zu machen, sei „nicht verfassungsgerecht"; „damit müssen wir Schluß machen". Entgegen dem kirchlichen Vorwurf „Oben Cocktail und unten Magenbitter" müsse es eine „Einheit staatlichen Handelns von oben bis unten" geben.

Verner wertete das Gespräch als gelungene Befriedungsaktion. Er suchte den Eindruck eines grundsätzlichen Politikwandels zu zerstreuen,[157] indem er bekräftigte,

---

154 Superintendent Steinlein/Nauen erklärte am 10. März seinen Austritt aus der Kirchenleitung und der Synode von Berlin-Brandenburg. Die inakzeptable Staat-Kirche-Liaison wurde nach seiner Meinung auch durch das auf den Titelseiten der DDR-Presse präsentierte Foto (Heiterkeit in der Gesprächsrunde) belegt; R. Steinlein, Die gottlosen Jahre, 121. Das Bild dokumentierte jedoch etwas vom Umgang mit der Spannungssituation: Auf Honeckers Frage nach seinem Ergehen hatte Bischof Krusche geantwortet, er habe sich gerade bei einer Kur in Ungarn „für dieses Gespräch den Rücken stärken lassen". Bei der Verabschiedung wünschte Honecker Frau Schultheiß, Straßenbauobermeisterin in Thüringen, Erfolg bei ihrer Arbeit und hörte als Entgegnung: „Aus dem Erfolg wird nichts werden, 42 % der Brücken in der DDR sind nicht tragfähig." Die Bemerkung löste hektische Reparaturaktivitäten aus; Spitzengespräch, 47.

155 So der CDU-Ideologe Carl Ordnung in einem Gespräch am 10. März 1978; Mau, Eingebunden, 107.

156 Rede Verners am 22. März vor den Bezirksverantwortlichen für Kirchenpolitik; SED und Kirche 2, 341–355 (zit. 344).

157 Gegenüber der Deutung, die SED sei mit dem Spitzengespräch über ihren „ideologischen Schatten gesprungen", gab 20 Jahre danach Dohle zu bedenken, dass nach dem 6. März

was schon immer hatte gelten sollen.[158] Am entscheidenden Punkt, dem kirchlichen Einspruch gegen die Bildungspolitik, bestätigte er die kompromisslose Härte, ließ aber nicht unerwähnt, was dennoch nach wie vor seitens der Kirche zu erwarten sei.[159] Die Desillusionierung begann rascher, als zu vermuten war.

parteiintern die Rede ging: „Eine Kirche, die vieles hat, hat auch vieles zu verlieren“; Spitzengespräch, 49.

158 Schon Ulbricht hatte im Kontext seines hart antikirchlichen Kurses die Funktionäre zu „feinfühligem“ Umgang mit Christen gemahnt; vgl. auch oben, S. 52.

159 Verner wies die „Mißdeutung“ des Gesprächs vom 6. März durch Inanspruchnahme einer „Partnerschaft“ der Kirche zum Staat, gar als „kritisches Korrektiv“ im politischen und gesellschaftlichen Leben, scharf zurück; SED und Kirche 2, 348.

Kapitel 5
Friedenszeugnis und wachsende Öffentlichkeit (1978–1985)

A BEWEGUNG AUF DER INSTITUTIONELLEN EBENE

1. Auf dem Weg zur Vereinigten Kirche

Die evangelischen Landeskirchen wollten im Kirchenbund zusammenwirken und „zusammenwachsen".[1] Auf der Grundlage der Leuenberger Konkordie[2] sollte die Verständigung über das je besondere theologische Profil lutherischer und unierter Kirchen noch bestehende Hindernisse aus dem Weg räumen. Eine von der EKU (Bereich DDR) und der VELK/DDR gebildete Arbeitsgruppe befasste sich mit der Bedeutung konfessionsspezifischer Anschauungen für das ekklesiologische Selbstverständnis und die Stellungnahme zu Lebensfragen.[3] Überlegungen zum Verhältnis der Zwei-Reiche-Lehre zur Lehre von der Königsherrschaft Christi dienten einer gemeinsamen Grundorientierung zur politischen Ethik.[4] Auch das Verständnis von Ämtern und Diensten, so der Status und die Ordination seminaristisch ausgebildeter Prediger und Gemeindepädagogen, wurde auf das erstrebte Zusammengehen hin thematisiert.

Die Ost-EKU und -VELK bildeten im Rahmen des BEK gemeinsame Gremien und begannen mit einer personellen Verflechtung ihrer Dienststellen. Gemäß dem Beschluss von 1977 tagte im Januar 1979 in Eisenach eine aus Synodalen der drei kirchlichen Zusammenschlüsse gebildete Delegiertenversammlung mit dem Arbeitsauftrag „Vertiefung der Kirchengemeinschaft". Sie beschloss eine Aufsehen erregende Empfehlung: In einem zügig voranzutreibenden Prozess solle der BEK mit den beiden konfessionellen Zusammenschlüssen EKU und VELK zu einer „Vereinigten Evangelischen Kirche" (VEK) fusioniert werden. Die zu klärenden Fragen und die Schritte des Gesamtprozesses wurden benannt. In Grundartikeln sollte das Selbstverständnis der Vereinigten Kirche formuliert werden; die künftige Aufgabenverteilung sollte geklärt und die Schritte des Fusionsprozesses genau festgelegt werden. Bei allen Schritten sollten die Landeskirchen eigenverantwortlich, indem sie sich selbst in die Pflicht nahmen, mitwirken. Binnen zwei Jahren sollte das Einverständnis über den Weg zur

1 Ordnung des BEK, Art. 1(2).

2 Der Kirchenbund hatte am 11. Juni 1974 dem ÖRK in Genf die gemeinsame Zustimmung aller BEK-Gliedkirchen mitgeteilt.

3 So beispielsweise in den „Handreichungen" von 1959/60; vgl. oben, S. 70 f.

4 J. Rogge, H. Zeddies (Hg.), Kirchengemeinschaft und politische Ethik. Ergebnis eines theologischen Gespräches zum Verhältnis von Zwei-Reiche-Lehre und Lehre von der Königsherrschaft Christi, Berlin(-Ost) 1980.

VEK erreicht sein.[5] Die Landeskirchen stimmten der Zielstellung und Terminplanung zu. Es überwog bei marginal geäußerter Skepsis die Hoffnung, durch ein geduldiges Abarbeiten der Probleme das Einheitsprojekt realisieren zu können.
Im Sommer 1979 begann eine „Gemeinsame Vorbereitungsgruppe" mit der Arbeit. In der neuen Kirche sollten unverzichtbare Anliegen nicht verloren gehen, so bei den Lutheranern die eigene Bekenntnisbindung, bei den Unierten der Bekenntnisrang der Barmer Erklärung, deren aktuelle Bedeutung bereits Gegenstand einer Reihe von Voten des Theologischen Ausschusses der EKU war.[6] Die Stärkung der „besonderen Gemeinschaft" nach der BEK-Ordnung 4(4) blieb ein allen gemeinsames Anliegen, das nach Art der lebhaft praktizierten Ost-West-Gemeinschaft der EKU zu verwirklichen sei. Separate wie auch gemeinsame Beratungen waren stark von diesen Fragen bestimmt. Manche Besorgnisse, auch Befremden über den Stellenwert bestimmter Propria, waren beim Verständigungsprozess zu überwinden.[7]
Auf dem Weg zur Vereinigten Kirche blieb man im Zeitplan. Zur Leipziger BEK-Synode 1980 lag ein Entschließungsentwurf für die „schrittweise Verwirklichung einer verbindlicheren Gemeinschaft" vor. Synodalbeschlüsse hatten schon die föderative Struktur der zu bildenden Kirche und zugleich die Inpflichtnahme und Haftung der Gliedkirchen für die Gemeinschaft bestätigt.[8] Von 1982 an sollten die konfessionellen und Bundes-Dienststellen (Kirchenkanzlei der EKU, Lutherisches Kirchenamt, BEK-Sekretariat) eine gemeinsame Dienststelle bilden; Beratungsgremien sollten zusammengefasst, Kommissions- und Ausschussarbeit koordiniert und nachweisbare Einsparungen erzielt werden. In der Endphase, beim Beschließen der Grundartikel, sei auch über den „rechtlichen und tatsächlichen Fortbestand" von EKU-Bereich DDR und VELK/DDR zu entscheiden.[9] Eine Untergruppe der Gemeinsamen Vorbereitungsgruppe hatte unter Mitwirkung der EKD die künftige Gestaltung der „besonderen Gemeinschaft" zu klären.[10]
Mit der Güstrower BEK-Synode im September 1981 erhielt der Einigungsprozess deutlichere Konturen. In der jetzt vorliegenden Fassung wurde die „Gemeinsame Entschließung" zu einem Vertrag mit Verfassungscharakter. Der künftige Zusammenschluss sollte ausdrücklich „Kirche" sein. Zu den Übergangsmodalitäten gab es ein grundsätzliches Einvernehmen, dass nach der Bildung einer gemeinsamen Synode aus Synodalen von BEK, EKU und VELK die Leitungsgremien, Dienststellen und Beratungsgremien zusammenzuführen und zuletzt die Grundbestimmungen und der Name der Kirche zu beschließen seien.[11]

---

5 Empfehlungen der Delegiertenversammlung in Eisenach vom 28. Jan. 1979; KJ 1979, 395–400 = Nach-Denken, 191–198 = Kundgebungen BEK 1, 284–290. „Vereinigte Evangelische Kirche" war der Arbeitstitel des Projekts.

6 Als Ergebnis des gesamtdeutsch arbeitenden Ausschusses: Zum politischen Auftrag der Gemeinde (Barmen II) 1974; Kirche als „Gemeinde von Brüdern" (Barmen III) 1980; als Votum des EKU-Ausschusses West: Für Recht und Frieden sorgen. Auftrag der Kirche und Auftrag des Staates nach Barmen V, 1986.

7 KJ 1980, 393 f.

8 KJ 1981/82, 454.

9 Gemeinsame Entschließung zur schrittweisen Verwirklichung einer verbindlicheren Gemeinschaft; KJ 1980, 346.

10 KJ 1980, 346.

11 KJ 1981/82, 457.

Nach mehrfachem Votieren aller Synoden ging es um das Ja der Gliedkirchen zum Ziel und Weg. Die meisten Synoden stimmten mit großen Mehrheiten zu, die Lutherische Kirche Sachsens erreichte knapp die nötige Zweidrittelmehrheit, Berlin-Brandenburg aber verfehlte sie[12] trotz des Werbens des neu gewählten Bischofs Dr. Forck. Die Bestürzung war groß über die „pauschale Ohrfeige“ für alle, die sich seit Jahren um tragbare Kompromisse bemüht hatten. Die Kirchenleitung wertete die Abstimmung als ein „Noch nicht“, betonte auch positive Intentionen bei den nicht Zustimmenden und erreichte eine Denkpause für mit „viel Geduld und Zeit“ noch zu klärende Fragen. Doch bei einem zweiten Abstimmungsgang 1984 erreichte Berlin-Brandenburg abermals nicht die notwendige Stimmenzahl. Das VEK-Projekt war endgültig gescheitert. Es blieb nur noch ein Abschluss der Arbeit an den Grundartikeln, deren im Mai 1985 vorgelegte Fassung nun als „Gemeinsame Erklärung zu den theologischen Grundlagen der Kirche und ihrem Auftrag in Zeugnis und Dienst“ im September 1985 die Zustimmung der Dresdner BEK-Synode erhielt.
Die „Gemeinsame Erklärung“[13] bestätigte unter Hinweis auf die Leuenberger Konkordie, dass die BEK-Gliedkirchen „gemeinsam Kirche sind“. Im theologischen Sinn des Wortes gebe es daher die „Evangelische Kirche in der DDR“ mit praktizierter Kanzel- und Abendmahlsgemeinschaft. Das „Hören auf die jeweils anderen Bekenntnisse“ sei Hilfe zur Schriftauslegung. Die Barmer Erklärung bleibe als Glaubenszeugnis „für das heutige Erkennen richtungweisend“. Die Evangelische Kirche sehe „die Gesellschaft, in der sie lebt, als den ihr von Gott zugewiesenen Ort zur Bewährung“ von Glauben, Hoffnung und Liebe und nehme „in der aus der Bindung an das Wort erwachsenden Freiheit ... ihre Verantwortung für das Leben in der Gesellschaft wahr“.

2. Erwartungen und Erfahrungen nach dem „6. März“

Vom Spitzengespräch im März 1978 versprach sich die SED eine langfristige Festigung ihres Regimes: Die Anerkennung und Erleichterung kirchlichen Wirkens sollte einem „konstruktiven“[14] Verhältnis zum ideologischen Fremdkörper in ihrem System dienen. In kritischen Situationen der folgenden Jahre beschwor die SED stets von neuem die „Politik des 6. März“. Ohne Frage erleichterten die staatlichen Zusagen die kirchliche Arbeit, doch die fortdauernde Härte auf der Ebene von Erziehung und Bildung stellte für viele in der Kirche den Ertrag der Begegnung in Frage. Er blieb auf beiden Seiten umstritten. Beim Staat registrierte man als unerwünscht, dass die Kirchen den Freiraum nutzen, um als eigenständige „gesellschaftliche Kraft“ aufzutreten.[15]

Zum 30. Jahrestag der DDR suchte der Staat die politische Einbindung und „Beheimatung“ der Christen im realen Sozialismus breitenwirksam zu dokumentieren: Beim Staatsakt im Palast der Republik am 6. Oktober 1979 fanden sich die BEK-Repräsentanten Schönherr und Natho unmittelbar hinter Breshnew und Honecker platziert und erschienen bei Honeckers Dank an die Bürger, „die unabhängig von weltanschaulicher Überzeugung und religiösem

12 Mit 69 Ja-Stimmen gegenüber 53 Nein-Stimmen bzw. Enthaltungen.
13 Kundgebungen BEK 2, 189–191 = Nach-Denken, 199–203.
14 Beim Gespräch benutztes, fortan beiderseits häufiger gebrauchtes Prädikat.
15 Informationen über Wirkungen und Probleme seit dem Gespräch ...; 16. Apr. 1979 RdB Dresden; Besier 2, 275. Vorlage zur Dienstbesprechung beim Staatssekretär, 5. Dez. 1979; BArch-O 4, 407.

Bekenntnis ... ihr Bestes für das Gedeihen unseres Staates" gaben, groß im Fernsehbild. Das wurde bei den Herbstsynoden mit heftigen Unmutsäußerungen quittiert.[16]
Als Bischof Fränkel auf der Görlitzer Frühjahrssynode 1979 von einer „Zukunftsperspektive" und nicht zu verspielenden „Chance" sprach, gab es so heftigen Widerspruch, dass er die Vertrauensfrage stellte. Thüringer Synodale wiesen die Rede von „wechselseitiger Vertrauensvorgabe" (Landesbischof Leich) zurück. Bischof Gienke/Greifswald erregte auf einem westdeutschen Pfarrertag Unmut, als er die Frage, ob denn die Kirchen in der DDR den Staat stabilisieren wollten, mit „Ja, das wollen wir auch" beantwortete.[17] Auch im dritten Jahr nach dem Gespräch dauerte die Konfliktklage an. Als Schönherr von einer Besserung im Bildungsbereich sprach, da es weniger Beschwerden gebe, widersprach Generalsuperintendent Forck: Es habe sich nichts geändert; nach wie vor würden Kinder christlicher Eltern benachteiligt; das sei nicht nur gelegentliches Fehlverhalten von Funktionären, sondern die „Linie der Regierung".[18] Bald danach wurde Schönherr wegen einer kritischen Äußerung zur DM-Mindestumtausch-Erhöhung für westdeutsche DDR-Besucher staatlicherseits scharf zurechtgewiesen.[19]
Schon längst hatten sich neue Spannungen aufgebaut. Die Stichworte lauteten: Wehrerziehung, Nachrüstung und kirchliches Friedenszeugnis.

3. Personenwechsel auf der Ebene kirchenpolitischer Verantwortung

Bei Staat und Kirche gab es im Übergang zu den 80er-Jahren neue Amtsträger. Nach bald 20-jähriger Amtsführung starb im Oktober 1979 Staatssekretär Seigewasser. Sein Nachfolger wurde Klaus Gysi, wie Seigewasser Altkommunist, aber dank Bildung und geistlicher Beweglichkeit auffallend vom vorherrschenden Funktionärstyp unterschieden.[20] Gysi und seinen Mitarbeitern war es wie dem Staatschef ernst mit der Verständigung und einer Staat-Kirche-Kooperation auf der Linie des „6. März". Doch neue Konfliktsituationen veranlassten ein Demonstrieren von Härte. Margot Honecker, Ministerin für Volksbildung, verlangte von Gysi wirksames Handeln: Er solle den Kirchen, die ihn „testen" wollten und neuerdings „Druck von unten" machten, „einen Schuss vor den Bug" geben.
Die Ostregion von Berlin-Brandenburg hatte 1981 einen Nachfolger für Bischof Schönherr, der 70 Jahre alt wurde, zu wählen. Damit stand auch erstmalig ein Wechsel in der Leitung des Kirchenbundes an. Dem Staat lag an einer Fortsetzung des auf Verständigung gerichteten Schönherr-Kurses. Doch die Bischofswahl im April 1981 fiel auf Gottfried Forck, dessen kritische Haltung zum DDR-Sozialismus und mangelnde

16 KJ 1979, 386.
17 Besier 2, 275 f.
18 Pressegespräch bei der Leipziger BEK-Synode im September 1980; Besier 2, 344 f.
19 Honecker informierte am 23. Okt. 1980 die leitenden SED-Funktionäre über Schönherrs „grobe Einmischung in staatliche Angelegenheiten". Verner hatte dem Bischof zuvor laut ZK-Beschluss „mit Nachdruck" erklärt, sein Auftreten sei eine „schwere Belastung" des Staat-Kirche-Verhältnisses („Wasser auf die Mühlen derer, die in der BRD gegen die DDR hetzen"); die evangelische Kirche setze viel aufs Spiel, wenn sie das Vertrauen des Staates („Vertrauen gegen Vertrauen") „weiterhin mißbraucht"; SED und Kirche 2, 436 f.
20 Gysi (*1912), 1935 nach Frankreich emigriert, übte seit 1945 verschiedene kulturpolitische Funktionen aus, wurde 1957 Leiter des Aufbau-Verlags, 1966 Minister für Kultur und 1973 DDR-Botschafter in Italien.

Neigung und Begabung zu diplomatischem Agieren offenkundig waren.[21] Der kirchenpolitischen Balance bei zunehmenden Spannungen diente es, dass zum Jahresbeginn 1982, nach der Einführung Forcks, Manfred Stolpe das ihm seit längerem angetragene Amt des Konsistorialpräsidenten der Kirche in Berlin-Brandenburg übernahm. Im BEK-Sekretariat folgte ihm zunächst Christoph Demke und seit 1983 Martin Ziegler, zuvor Direktor des Diakonischen Werkes in Berlin-Brandenburg, der in den Jahren wachsender Turbulenzen die zentrale Dienststelle mit Umsicht leitete.

B FRIEDEN ALS THEMA DER KIRCHE 1978–1982

1. Militarisierung und kirchlicher Einspruch

Schon vor dem Staat-Kirche-Gespräch im März 1978 kursierten Gerüchte über die baldige Einführung von „Wehrunterricht“ als obligatorisches Fach in den 9. und 10. Klassen, darüber hinaus auch von Lehrgängen zur Zivilverteidigung und, freiwillig für Jungen, von militärischen Lagern mit Waffengebrauch. Margot Honecker bezeichnete den Wehrunterricht als „festen Bestandteil des Bildungs- und Erziehungsprozesses“.[22] Das Bevorstehende führte zu besorgten Anfragen aus den Gemeinden und beschäftigte die Frühjahrssynoden. Im Mai beschloss die KKL eine „Anrede an die Gemeinden“ zur UN-Debatte über Abrüstungsfragen, die eine „Erziehung zum Frieden“ forderte.[23] Schönherr unterbreitete dem Staatssekretär die Besorgnis über die Wehrerziehung, die mit der Friedenspolitik der DDR und der Helsinki-Schlussakte nicht vereinbar sei. Falls eine Antwort ausbleibe, werde die KKL mit dem Brief an die Öffentlichkeit gehen.

Seigewasser lud am 1. Juni 1978 den KKL-Vorstand zur Information und Aussprache ein. Er erklärte, die Planung sei unumstößlich. Der Wehrunterricht gehöre zur „Friedenspolitik“ der DDR, deren Verteidigungsbereitschaft dem Frieden in Europa diene. Schönherr und Krusche entgegneten, dieses Vorhaben statt vertrauensbildender Maßnahmen würde man weder in den Gemeinden noch in der Ökumene verstehen. Die Kirche sei besorgt für die Heranwachsenden: Waffengebrauch sei nicht mit Friedenserziehung vereinbar. Die KKL erwäge, sich nun an die Gemeinden zu wenden. Es gehe um die Gewissensfreiheit für Eltern, die ihre Kinder nicht zum Wehrunterricht schicken würden.[24]

Am 14. Juni 1978 beschloss die KKL eine „Orientierungshilfe“ zum Wehrunterricht und ein in den Gottesdiensten am 25. Juni zu verlesendes „Wort an die Gemeinden“. Sie bezog sich auf „viele besorgte Stimmen“ aus den Gemeinden.

Vom Wehrunterricht drohe der Erziehung zum Frieden ernster Schaden; er stelle die Glaubwürdigkeit der Friedenspolitik der DDR in Frage. Die Regierung habe diese Bedenken nicht

21 Einer staatlichen Einschätzung zufolge galt Forck als „politischer Gegner des real existierenden Sozialismus“; er propagiere „ein sozialreformerisches Konzept, den Sozialismus von innen her zu verbessern“; Information der ZK-AG Kirchenfragen vom 5. Mai 1981; Besier 2, 815.

22 KJ 1978, 355–362; Besier 2, 252 f.

23 Anrede der KKL, 20. Mai; Dokumente, 272 f.

24 Besier 2, 253–255.

berücksichtigt. Den Eltern gelte Fürbitte und Begleitung bei ihrer Verantwortung mit „der uns möglichen Hilfe“. Die Orientierungshilfe informierte über die vom Staat geplanten Maßnahmen. Zur Zielsetzung der Wehrerziehung gehöre auch die 100%ige Teilnahme an der freiwilligen Waffenausbildung. Angesichts dessen gehe es um „unser aller Bereitschaft und Fähigkeit“, zum Frieden zu erziehen und Konflikte „im persönlichen und gesellschaftlichen und im Leben der Völker“ zu bewältigen.[25] – Die Wirkung der kirchlichen Stellungnahme blieb begrenzt. Es gab zwar viele Eingaben an staatliche Stellen zum Wehrunterricht, doch eher selten die Verweigerung der Teilnahme. Die SED vermied ihrerseits eine Zuspitzung: Bei Nichtteilnahme gab es einen Zeugnisvermerk ohne darüber hinaus gehende Sanktionen.

Die militärische Lage in Europa und historisches Erinnern boten bald Anlass, die Verantwortung für den Frieden erneut zu bekunden. Im Jahr nach dem gemeinsamen Wort von 1977[26] erwogen BEK und EKD, sich zum 40. Jahrestag des Kriegsbeginns wieder gemeinsam zu äußern. Es gelang, ein „Wort zum Frieden“ zu formulieren, das ein breites und weithin zustimmendes Echo fand. Es sprach von der deutschen Verantwortung und Schuld, die ein tiefes Umdenken und Opfer verlange, verwies darauf, dass Misstrauen, Angst und das Gefühl der Bedrohung alle anderen Hoffnungen auslöschen, und betonte als Aufgabe der Kirchen, „für eine konsequente Erziehung zum Frieden zu sorgen“.[27] Der Staatssekretär hatte die Absicht einer gemeinsamen Erklärung ohne Einwand zur Kenntnis genommen. CDU-Organe („Neue Zeit“, „Standpunkt“) wurden angewiesen, die „Friedenspolitik der DDR“ als Gegensatz zur westdeutschen Politik herauszustellen.[28]
Die Frage der Stationierung neuer Mittelstreckenraketen führte zu wachsender Beunruhigung der Öffentlichkeit. Auf die sowjetische Rüstung (bzw. „Nachrüstung“) hin beschloss die Nato am 12. Dezember 1979, die sowjetische Überlegenheit durch eine Nachrüstung zu kompensieren, zugleich aber über eine kontrollierte, auf Gleichstand zielende Begrenzung der Raketensysteme zu verhandeln. In die diesem „Doppelbeschluss“ vorangehende Debatte fiel ein aufsehenerregender Abrüstungsvorschlag, den KPdSU-Chef Breshnew zum 30. Jahrestag der DDR in Ostberlin unterbreitete, verbunden mit der Ankündigung, aus der DDR 1000 sowjetische Panzer und 20 000 Soldaten abzuziehen. Die SED nahm das zum Anlass, den Beifall der DDR-Bevölkerung in Form einer Unterschriftenaktion der Nationalen Front zu organisieren. Gegen den starken Zustimmungsdruck, mit dem die Aktion betrieben wurde, wandte sich ein BEK-Wort an die Gemeinden, auch ein Brief Schönherrs an Ministerpräsident Stoph. Zwar verdiene der Breshnew-Vorschlag „ernste Beachtung“, doch durch „wohlbekannte Feindbilder“, die „Verteufelung des Gegners“ und die Unterschriftenaktion werde die Versöhnungsbereitschaft kaum gefördert. Dass deshalb manche Bürger den Aufruf nicht unterschrieben, sei zu respektieren; die Freiwilligkeit müsse gewahrt werden.[29]

25 Kundgebungen BEK 1, 246–253; Dokumente, 273–280; KJ 1978, 359–361 (Auszug).
26 BEK-EKD-Wort zum Helsinki-Prozess 1977; vgl. oben, S. 131.
27 Wort zum Frieden. Erklärung des BEK und der EKD zum 40. Jahrestag des Beginns des Zweiten Weltkrieges; 24. Aug. 1979; KJ 1979, 124 f.= 448 f.; Kundgebungen BEK 1, 305–307.
28 Besier 2, 279.
29 Wort des BEK an die Gemeinden vom 1. Nov. 1979; KJ 1979, 484 f. = Kundgebungen BEK 1, 320 f.; Brief Schönherrs an Stoph vom 1. Nov. 1979; Besier 2, 286 f.

2. Erwartung und Protest bei der Jugend

Kirchliche Veranstaltungen mit Schriftstellern und Liedermachern. – Während der Sensibilisierung durch Wehrerziehung und Nachrüstungsdebatte gab es, drei Jahre nach dem folgenreichen Auftritt Biermanns in einer Kirche, Schriftsteller-Lesungen und Auftritte von Liedermachern in kirchlichen Räumen, jeweils in einem gottesdienstlichen Rahmen, aber mit deutlich regimekritischem Akzent. Am 15. Juni 1979 sprach vor mehr als 500 meist jugendlichen Zuhörern Stephan Heym in Eichwalde bei Berlin, elf Tage danach auch in der innenstädtischen Bartholomäuskirche. Die ARD berichtete darüber. Schon im Dezember 1978 war in der Leipziger Bethanienkirche die Liedermacherin Bettina Wegner vor 800 Teilnehmern aufgetreten; im Dezember 1979 war sie in der Neuruppiner Klosterkirche zu hören.

Der Staat hatte durch eine Aufforderung an Bischof Schönherr zum Eingreifen schon die erste Lesung Heyms zu verhindern gesucht. Nach einer Andacht las Heym aus seinem diktaturkritischen „König David Bericht". Das war in staatlicher Sicht Missbrauch der Kirche, um „den Sozialismus als Gesellschaftsordnung zu diffamieren".[30] Als weitere Veranstaltungen folgten, wurde dem Bischof eröffnet, der Staat könne „auf Provokation und Konfrontation gerichtete Gesetzesverletzungen" nicht länger hinnehmen. Schönherr betonte aber das Recht der Gemeinden, sich den Problemen der Zeit zu stellen und die Fragen der Gegenwartsliteratur an Staat und Gesellschaft einzubeziehen.[31]
Zur Voraussetzung solcher Veranstaltungen gehörte deren erkennbar kirchlicher Charakter. Berliner Mitglieder der Kirchenleitung berieten am 4. Oktober 1979 mit Jugendmitarbeitern darüber, wie die von der VVO geforderte „religiöse Zielsetzung" kirchlicher Veranstaltungen angemessen zu handhaben sei.[32] Das Dresdner Landeskirchenamt betonte gegenüber staatlicher Kritik am Auftreten der Liedermacherin Bettina Wegner den „eindeutig kirchlichen Charakter" der Veranstaltung mit Psalmlesung und Gebet. Wegner wolle „die Wahrheit" sagen, auch „wenn sie nicht gern gehört" werde.[33] Für Gesellschaftskritik unter dem Dach der Kirche wurde eine biblische Begründung vorausgesetzt.[34]

Alternative Gottesdienste und Blues-Messen. – Seit etwa 1975 erfreuten sich Jugendtage, bei denen Jugendpfarrer geistliche Themen zeitnah behandelten, wachsenden Zuspruchs. Seit dem Sommer 1979 gab es noch einmal ansteigende, auch durch Friedensgruppen vermehrte Besucherzahlen.[35] Heranwachsende, die überwiegend auch der FDJ angehörten, erlebten die Kirche als interessant und attraktiv, fanden vor allem „ein Stück Freiheit",[36] auch ein Akzeptiertwerden bei sozialen Problemen. Als zu Pfingsten 1979 eine halbe Million Jugendlicher das FDJ-Festival in Berlin besuch-

---

30 Gespräche Seigewasser–Schönherr am 12. Juni und 3. Juli 1979; Besier 2, 269 f.

31 Gespräch von Staatssekretär-Stellvertreter Kalb mit Schönherr am 1. Sept. 1979; Besier 2, 271.

32 Winter, Bluesmessen. Schönherrs Hinweis auf die Grenze dessen, was hier von der Kirche gedeckt werden kann, provozierte die Bemerkung, man lehne einen Bischof ab, der sich „als verlängerter Arm der Staatssicherheit" offenbare; Besier 2, 273.

33 Besier 2, 270 f.

34 Dass dies bei einem Auftritt von Wegner versäumt worden sei, wurde vom LKA Dresden ausdrücklich bedauert; Brief vom 10. Jan. 1979 an den RdB Dresden; Besier 2, 732.

35 KJ 1979, 422–424.

36 Schönherr bei der BEK-EKD-Beratergruppe am 2. Juli 1979; Besier 2, 273.

te, kamen viele auch in die Marienkirche zu Andachten, Kirchenmusik und spontaner freimütiger Aussprache. Einen unerwarteten Andrang verzeichnete zeitgleich die erste in der Berliner Samariterkirche gehaltene „Blues-Messe".

Für Freitag vor Pfingsten (1. Juni) hatte der Bluesmusiker Günter Holwas durch Kreisjugendpfarrer Eppelmann und das Einverständnis des Gemeindekirchenrats eine Gelegenheit gefunden, mit seiner Band aufzutreten. Innerhalb einer gottesdienstlichen Veranstaltung, mit Gebet und biblischen Lesungen zum Thema „Liebe", war dies nicht anmeldepflichtig. Über zweihundert überwiegend kirchenfremde junge Leute fanden sich ein. Eppelmann und sein Amtsbruder Seidenschnur erkannten hier im nachhinein „eine einmalige Chance ..., Menschen zu erreichen, die mit der Kirche sonst nichts zu tun haben wollten".[37] Fast vier Monate danach kamen schon mehr als tausend Jugendliche. Wegen des großen Andrangs wurden die Bluesmessen 1980 nach der Erlöserkirche in Berlin-Lichtenberg mit günstigerem Freiland-Kirchenareal verlegt. Die jungen Menschen kamen von weither, selbst aus der ČSSR. Im Rahmen einer Vorbereitungsgruppe übernahm die Kirchenleitung die Verantwortung für die Veranstaltungen, die in den Jahren 1983/84 Teilnehmerzahlen von bis zu 7000 verzeichneten.
Ein sich herausbildendes Ritual führte im Gebetsteil von Fragen des Alltags, erlebten Situationen, eigenem und fremdem Verhalten zu Psalmworten der Klage und Hoffnung. Der kurze Verkündigungsteil, z. B. zum Thema Abrüstung, wurde unterbrochen durch Zwischenrufe auch mit Bibelworten. Das Schlussgebet mit Fürbitten galt wieder aktuellen Erwartungen und Nöten, der Befreiung zu Aufrichtigkeit und Wahrheit.[38]

Hatte der Staat in früheren Jahren unkonventionelle Gottesdienste allein wegen unerwünschter Attraktivität und „Ausweitung" kirchlicher Tätigkeit als illegal betrachtet, so forderte er kirchenleitendes Einschreiten jetzt nur noch zum Eindämmen des vernehmbaren Unmuts über den realen Sozialismus.

Im Sommer 1980 und in den folgenden Jahren provozierten die Bluesmessen gespannte Aufmerksamkeit und staatliche Disziplinierungsversuche. Die Arbeit mit politisch „indifferenten oder negativen Jugendlichen" ziele auf „eine Kirche gegen den Sozialismus". Manche Jugendmitarbeiter wollten zwar eigenständig zum Sozialismus beitragen, andere aber suchten „Konfrontationen" mit „Staat und Gesellschaft".[39] Man sah aber bald, dass Mitwirkende und kirchenleitend Verantwortliche „nicht daran dachten, die Sache aufzugeben", mit der Begründung, man wolle „bestimmte Defizite bei der Jugend" abbauen.[40]
Das Gerücht, bei der Bluesmesse am 26. Juni 1981 solle der Solschenizyn-Brief „Lebt nicht mit der Lüge!" zitiert werden, wirkte alarmierend. Staatssekretär Gysi suchte in einer dichten Folge von Gesprächen (mit Präses Becker, Stadtjugendpfarrer Passauer, Bischof Schönherr) solche Schritte zur „Staatsfeindlichkeit", ja „Konterrevolution" zu verhindern; wenn nötig, werde der Staat die Gesetze „konsequent zur Anwendung bringen".[41] Die Kirchenleitung übernahm durch die Vorbereitungsgruppe die volle Verantwortung. Gysi plädierte daraufhin für die Zulassung; ein Verbot könnte zu „Solidarisierungen" und durch innerkirchliche Zu-

37 Eppelmann, Fremd im eigenen Haus, 148.
38 Winter, Bluesmessen, 156 f.
39 Informationen über aktuelle Tendenzen und Inhalte der Jugendarbeit der evang. Kirchen in der DDR, 26. Juni 1980; BArch-O 4, 408.
40 Gespräch des Kreissekretärs der Nationalen Front Berlin-Friedrichshain mit Generalsuperintendent Grünbaum, Superintendentin Laudien und Pfarrer Eppelmann, 30. Sept. 1980; BArch-O 4, 434, 220–222.
41 Gespräch Gysis mit Präses Becker am 17. Juni 1981; BArch-O 4, 434, 195.

spitzung zur „Prestigefrage" führen.[42] Der Primat von „Ruhe" zwischen Staat und Kirche war evident. Die Bluesmessen fanden weiterhin statt, bis 1986 das Interesse an ihnen erlosch.

Friedensdekade und Sozialer Friedensdienst. – Angesichts der bedrängenden Situation von Militarisierung und Nachrüstung regte Anfang 1980 der sächsische Landesjugendpfarrer Harald Bretschneider an, den Buß- und Bettag als „Abrüstungstag" zu aktualisieren. Er entwickelte Arbeitsmaterial, zu dem auch ein mit BEK-Unterstützung verbreitetes Lesezeichen mit der Aufschrift „Frieden schaffen ohne Waffen" und dem Symbol „Schwerter zu Pflugscharen" gehörte. Unter Mitwirkung des Sekretärs der BEK-Kommission für Kirchliche Jugendarbeit, Fritz Dorgerloh, und des KKL-Vorstandes wurde daraus die Idee einer mit dem Buß- und Bettag endenden „Friedensdekade", die erstmalig im November 1980 begangen wurde. An staatlicher Intervention scheiterte der Plan, sie mit einer „Friedensminute" bei DDR-weitem Glockengeläut zu beenden.[43]
Pfarrer Christoph Wonneberger von der Dresdner Weinberg-Gemeinde schlug im Oktober 1980 mit seinem Pfarrkonvent der Landessynode vor, beim Staat als Alternative zum Wehrdienst einen „Sozialen Friedensdienst" (SoFD) zu beantragen. Die Synode zögerte, doch mit der Nachrüstungsdebatte wurde das Desiderat dringlicher. Die Idee wurde per Kettenbrief in der ganzen DDR verbreitet. Etwa fünftausend Jugendliche beteiligten sich an einer öffentlichen Unterschriftensammlung und wandten sich an die Landessynoden.[44] Synoden wie Kirchenleitungen hielten eine Volkskammer-Eingabe für chancenlos, doch im Mai 1981 beschloss der Bischofskonvent, „bei jeder sich bietenden Gelegenheit" das SoFD-Anliegen beim Staat vorzutragen.

Ende Mai 1981 wies Schönherr, nur noch wenige Monate im Amt, Staatssekretär Gysi auf zu erwartende Probleme hin. Aufgrund zunehmender Kriegsangst gebe es bei den Jugendlichen, auch nicht kirchlich gebundenen, Unruhe und eine Verweigerungshaltung. Es werde für die Kirchenleitungen schwieriger, zu erwartenden Konflikten zu begegnen; die Jugend werfe ihnen zu große Kompromissbereitschaft vor. Bellmann von der ZK-AG Kirchenfragen wies Schönherrs Äußerungen schroff zurück: Die DDR-Jugend sei bereit, den sozialistischen Staat zu verteidigen.[45] Im Juni diskutierten die Studentengemeinden in Rostock, Magdeburg, Jena und Berlin das SoFD-Projekt. Auch bei Werkstatttagungen der Jungen Gemeinde, Landesjugendtagen und regionalen Kirchentagen kam es zur Sprache.
Der Staat blieb strikt ablehnend: SoFD und andere Aktivitäten zielten auf eine „leise Konterrevolution und ideologische Diversion". Solche Einmischung in „gesellschaftliche Bereiche und staatliche Entscheidungen" habe schon „eine gewisse Breite in der kirchlichen Öffentlichkeit" erreicht. Durch SoFD solle die Regierung „von unten" wie auch international unter Druck gesetzt werden. Staatssekretär Gysi bezeichnete SoFD, da gegen die Wehrpflicht ge-

---

42 Gespräche Gysis am 19. Juni vormittags mit Passauer, mittags mit Schönherr, nach einer Kirchenleitungssitzung mit Schönherr, Becker und Passauer, am 24. Juni mit Passauer. Letzterer erklärte entgegen der staatlichen (MfS-gestützten?) Behauptung, die Vorbereitungsgruppe habe keine Solschenizyn-Texte vorgesehen; Information Gysis an Bellmann (AG Kirchenfragen) und ZK-Sekretär Verner; BArch-O 4, 434, 174–182. 191–196.

43 Dorgerloh, Jugendarbeit, 275 f.; KJ 1980, 389.

44 Engelbrecht, 275–277. Die Zahlenangaben schwanken. Beim Staat war von drei- bis viertausend Unterschriften die Rede; Besier 2, 406 f.

45 Gespräche Schönherrs mit Gysi (22. Mai) und Bellmann (28. Mai); Besier 2, 394 f.

richtet, als verfassungswidrig. Hier werde die Kirche auf einen Konfrontationskurs gedrängt, der „die Linie des 6. 3. 1978 sprengen" soll.[46]

In der Tat war es für den Staat unmöglich, hier nachzugeben. Schon die Bausoldatenregelung war ein Entgegenkommen ohne Beispiel im gesamten Ostblock. Seit Ende Juli 1981 führte Gysi Einzelgespräche mit den Bischöfen, die ihm versicherten, keine Konfrontation zu wollen. Doch müssten die Synoden die vorliegenden Eingaben behandeln und Antworten finden, die dem Friedensanliegen der Jugend gerecht werden.

Gysi wies eine Modifizierung des Bausoldatendienstes in Richtung SoFD kategorisch zurück, erwog aber gegenüber ZK-Sekretär Verner wegen der Gefahr einer Ausweitung des Konflikts „den Vorschlag einer abgestimmten Formulierung" für die Synoden.[47] Diese zeigten in Berichts- und Beschlusspassagen Zurückhaltung. Doch was in den Debatten ausgesprochen wurde, veranlasste Verner, den SED-Chef auf „massive, negative und provokatorische Auftritte" gegen die DDR-Politik hinzuweisen; dabei habe besonders Bischof Krusche „eine aktive Rolle" gespielt.[48] Honecker informierte umgehend die SED-Bezirks- und Kreisfunktionäre über die „gesetzwidrigen Forderungen" und Angriffe aus der Kirche. Den Bischöfen sei wiederholt „unsere Friedenspolitik erläutert" worden; jetzt müsse man verstärkt „mit der kirchlichen Basis" sprechen. Die Kirche dürfe „nicht vom Weg des 6. März 1978" abkommen.[49]
Auch nach Monaten hatte sich die Lage nicht geändert. Bei seinem Antrittsbesuch als KKL-Vorsitzender hörte Krusche von Gysi erneut das Nein zu SoFD .[50] Mit Blick auf „konterrevolutionäre Aktionen" in Magdeburg, Thesen an der Technischen Hochschule zur „gewaltlosen Aktion", forderte Gysi von den Kirchenleitungen ein Ende der „politischen Kampagne" und die Rückkehr zur Grundlage des 6. März.[51]

Symbolhandlungen: Gedenken an die Zerstörung Dresdens. – Alljährlich am Abend des 13. Februar läuten in Dresden die Glocken zum Gedenken an die Zerstörung der Stadt 1945. Zwei Dresdner Lehrlinge überlegten für diesen Zeitpunkt ein stilles öffentliches Gedenken.[52] Gemeinsam mit einer Fachschülerin luden sie durch ein illegal hergestelltes und verbreitetes Flugblatt Jugendliche für den 13. Februar 1982 zu einer „kleinen Gedenkfeier" an der Ruine der Frauenkirche ein; sie solle den Wunsch nach Frieden zeigen. Aufgrund der unerwartet großen Resonanz suchten sie für das Vorhaben Rat bei der Kirche. Schuldirektoren diffamierten den Plan als „faschistische Umtriebe der Kirche", um eine Situation „wie in Polen" zu schaffen. Um einer drohenden Konfrontation mit Sicherheitskräften vorzubeugen, wandten sich Bischof Hempel und LKA-Präsident Domsch erstmalig an den SED-Bezirkssekretär Hans Modrow.[53] Superintendent Ziemer wandelte die Konzeption ab zu einem in die Kreuzkirche zu verlegenden „Forum über den Frieden mit der Jugend". Dies fand Anfang Januar sogleich die Zustimmung Modrows: Er wolle „mithelfen, daß nichts passiert".

46 Äußerungen von Dr. Wilke und Staatssekretär Gysi im Juli 1981; Besier 2, 395–398.
47 Gysi an Verner am 26. Okt. 1981; Besier 2, 406 f.
48 Hausmitteilung Verners vom 10. Nov. 1981 an Honecker; SED und Kirche 2, 446.
49 Fernschreiben Honeckers vom 10. Nov. 1981; SED und Kirche 2, 447.
50 Gespräch Gysis mit Krusche und Demke am 28. Jan. 1982; BArch-O 4, 1437, 74–78.
51 Gespräch Gysis mit Forck und Stolpe am 25. Jan. 1982, BArch-O 4, 434, 134 f.
52 Das Folgende nach Engelbrecht, 297–315.
53 Kirchlichen Kontakt mit SED-Funktionären (statt staatlichen Stellen) hatte die Dresdner Kirchenleitung bisher strikt vermieden.

Nach einem Referat Hempels sollte es ein Frageforum und vor dem Glockenläuten ein Friedensgebet geben. Am 13. Februar fanden sich hierzu fünftausend junge Menschen aus Dresden und von weither ein, die meisten mit dem Aufnäher „Schwerter zu Pflugscharen". Ein detailliertes Sicherheitskonzept des Landeskirchenamtes für die Gesamtveranstaltung sorgte für einen ruhigen Verlauf auch an der Ruine der Frauenkirche. In Unkenntnis der Umstände gab es hier nun freilich den Vorwurf einer „Verkirchlichung" der ursprünglichen Initiative.[54]

3. Kirchliche Verantwortung für Frieden und Verständigung

Konzeptionelle Arbeit: „Erziehung zum Frieden". – 1978 hatte die KKL ein Studien- und Aktionsprogramm „Erziehung zum Frieden" beschlossen, das von der BEK-Synode als dringliche Aufgabe angesichts der „militärpolitischen Durchdringung weiter Lebensbereiche" nachdrücklich unterstützt wurde.[55] Eine Ad-hoc-Gruppe des BEK legte 1980 ein Rahmenkonzept „Erziehung zum Frieden" vor. Es erwog im Anschluss an die Diskussion seit den 50er-Jahren und den ökumenischen Impuls von Nairobi 1975 für die Kirchen in der DDR die „öffentliche *Absage an nukleare Abschreckung* als ... Sicherheitsstrategie" und eine *Friedenserziehung*, die „die individuell-zwischenmenschlichen" wie auch „die politisch-gesellschaftlichen" Phänomene von Friedlosigkeit aufgreift.[56] 1981 lag eine Studie von Joachim Garstecki, Referent für Friedensfragen in der Theologischen Studienabteilung beim BEK, vor, die von der KKL empfohlen und in der Friedensdiskussion stark beachtet wurde.[57]

Sie fragte angesichts der Rahmenbedingungen kirchlichen Friedenshandelns in der DDR – Machtanspruch der SED, Einmischungsverdacht, ideologisch geprägte Friedenspolitik mit dem Primat des Sicherheitsdenkens –, wie denn kirchliche Friedensinitiativen politisch wirksam werden können? *Die Bibel* fordere, den Frieden als Gabe, Verheißung und Aufgabe zu verstehen; *friedenswissenschaftlich* gehe es um eine „Minimierung des Unfriedens"; *politisch* stagniere Friedenssicherung gegenüber der Rüstungsdynamik. Bei kirchlichem Friedenshandeln sei „unerleuchtetes Politisieren" wie auch „Einmischung in fremde Sachbereiche" zu vermeiden; wichtig sei ein „informiertes Problembewußtsein" und Legitimation „durch Urteilsfähigkeit". Eine „intelligente Feindesliebe" als Mitbedenken der Sicherheit des Gegners gehöre zum „politisch Vernünftigen". Auch die Pazifismusfrage wurde historisch und aktuell reflektiert. Angesichts der Erosion der Konzepte „Abschreckung" und „Entspannung" gewinne der pazifistische Impuls an Bedeutung. Eine umfassende Geltung des 5. Gebotes, Gewaltfreiheit werde zur Forderung der politischen Vernunft. Zwar sei in der Krise des gegenwärtigen Sicherheitssystems Pazifismus (noch) nicht „unmittelbar politikfähig", doch sollten die Kirchen das Anliegen des Pazifismus interpretieren.

Für das christliche Friedenszeugnis und die kirchenleitende Aufgabe, dem Friedensimpuls gegenüber der ideologischen Diktatur Recht und Raum zu verschaffen, war es

54 Kritik von Schülern des Kirchlichen Proseminars und des Diakonenhauses in Moritzburg; Engelbrecht, 305.
55 BEK-Synodalbeschluss 1978; Dokumente, 284.
56 Rahmenkonzept; Dokumente, 289.
57 Grundfragen eines politischen Wirksamwerdens von christlichem Friedensdienst; Dokumente, 289–318.

von Bedeutung, dass biblisch-theologisch begründete, aktuell-problembezogene Reflexion die länger andauernde Konfliktsituation begleitete.

Eskalierender Konflikt: „Schwerter zu Pflugscharen". – Die Abbildung der in der Sowjetunion gestalteten, der UN in New York gestifteten Skulptur nach Micha 4,3 konnte 1980 in Herrnhut als Lesezeichen gedruckt werden. Auch eine Aufnäher-Variante, die als „Textiloberflächenveredelung" nicht genehmigungspflichtig war, wurde in großer Stückzahl hergestellt und von der Kirche für die Friedensdekade 1981 empfohlen. Sie fand bei den Jugendlichen großen Anklang. Die biblische Herkunft, die bildliche Gestaltung in der Sowjetunion und die Aufstellung am Sitz der Weltgemeinschaft schienen das Symbol zum ideal geeigneten Zeichen christlichen Friedenswillens in der sozialistischen Gesellschaft zu machen. Doch die SED sah hier nur den Protest gegen die von ihr forcierte Wehrbereitschaft, verbunden mit der Bildung einer sich ihrem Führungsanspruch entziehenden, unabhängigen Ost-West-Friedensbewegung. Dies suchte sie schon im Ansatz zu unterdrücken. Mit dem Reagieren von Schulen und Polizei auf das Friedenssymbol kam es zu einer dramatischen Zuspitzung im Verhältnis von Staat und Kirche. Schüler und Lehrlinge wurden dieses Zeichens wegen diskriminiert. Es gab monatelange Auseinandersetzungen. Nach vielen innerkirchlichen Beratungen und Staat-Kirche-Gesprächen kam schließlich ein Kompromiss zustande. Die Kirchenleitungen bekannten sich zwar nach wie vor zu dem Symbol, verzichteten aber ausdrücklich auf dessen Verwendung als Aufnäher, d. h. als persönlich-bekennend öffentlich getragenes Abzeichen.

Schülerinnen und Schüler wurden des Aufnähers wegen beschuldigt, „Reklame für die Kirche" zu machen, Wehrdienstverweigerung zu propagieren und einer illegalen Organisation anzugehören. Der Aufforderung, das Symbol von der Kleidung zu entfernen, wurde oft gewaltsam nachgeholfen. Ein Verlust der Lehrstelle, Ausschluss vom Abitur bzw. Exmatrikulation wurden angedroht. Der Fall einer Schülerin in Berlin, die wegen entschiedenen Vertretens ihrer Überzeugung von der Schule verwiesen wurde, beschäftigte auch den Staatssekretär und Ministerin Honecker.[58] Gegen solches Vorgehen wandte sich im Januar 1982 die Herrnhuter BEK-Synode. Die KKL erklärte das Symbol als bildhaften Leitspruch für die Abrüstung, ein auch von „unserer Regierung" verfolgtes Ziel; es sei kein „simples Rezept gegen die Atomwaffen".[59] In dem staatlichen Vorgehen sah auch eine von der SED als „progressiv" beurteilte kirchliche Gruppierung einen „Angriff gegen die Kirchen schlechthin".[60]
Zwischenzeitlich und regional gab es Anzeichen für eine Entspannung.[61] Doch eine zwischen drei Ministerien getroffene Sprachregelung besagte, dass der Aufnäher die Zugehörigkeit zu einer nicht genehmigten Organisation bezeichne.[62] Vor der KKL-Tagung im März hörte Bi-

58 Bischof Forck erklärte, es sei „schwer zu verstehen", dass das den Friedenswillen der Sowjetunion ausdrückende Symbol „als ‚staatsfeindlich' angesehen" werde; Brief an Stadtrat für Inneres Hoffmann zum Vorgehen gegen Katharina Meinel, 29. März 1982; Mau, Eingebunden, 225–227.

59 Schwerter zu Pflugscharen. Stellungnahme der KKL vom 14. März 1982; Dokumente, 319 f.

60 Bericht der ZK-AG Kirchenfragen (P. Kraußer) an Verner vom 2. April 1982, mit Bezug auf die „Kirchliche Bruderschaft Sachsens"; Besier 2, 459.

61 So war im Bezirk Dresden wiederholt erklärt worden, Träger des Aufnähers sollten nicht benachteiligt werden; Engelbrecht, 283.

62 Verhaltensrichtlinie vom März 1982, abgestimmt zwischen den Ministerien des Innern, für Volksbildung und für Hoch- und Fachschulwesen; SED und Kirche 2, 450.

schof Hempel von Staatssekretär Gysi, die „Abzeichenkampagne" sei „ungesetzlich bzw. staatsfeindlich",[63] zehn Tage danach in verschärfter Tonart: in der Kirche werde zunehmend „staatsfeindliche Hetze" betrieben; der kirchliche Raum werde „systematisch" für eine „unabhängige Friedensbewegung" missbraucht.[64] Ein Brief der sächsischen Landeskirche an die Gemeinden wies diese Unterstellung zurück. Dem Bewusstsein für Frieden „mit Verboten zu begegnen", sei „ein schwerwiegender Fehler". Doch könne man, da der Staat das Tragen des Aufnähers nicht länger dulde, deren Träger nicht mehr vor den angedrohten Konsequenzen schützen. Von Jesus lernen wir, „dass zeichenhaftes Handeln", auch wenn es „in das Leiden führt", „wirksam ist".[65] Auch andere Frühjahrssynoden wandten sich in dieser Weise an die Gemeinden. Das MfS konstatierte eine „Verhärtung und Verschärfung" der kirchlichen Position.[66]

Ende März 1982 gab es neue Gesetze zum Wehrdienst und zur Staatsgrenze. Hierzu bot Gysi ein Sachgespräch an. Unter der Bedingung, dass auch über den Aufnäherkonflikt gesprochen werde, willigte der KKL-Vorstand ein. Das Gespräch am 7. April mit einem großen Teilnehmerkreis wurde ein „eindrucksvolles Beispiel kirchlichen Protestes".[67] Das staatliche Vorgehen[68] habe die Jugendlichen wie die anwesenden Vertreter der Kirche „schwer irritiert, bestürzt und verletzt" (Krusche); es beeinträchtige die Glaubens- und Gewissensfreiheit; „mühsam entstandenes Vertrauen" sei zerstört worden (Domsch). Eine Zusammenarbeit zur Konfliktlösung gebe es vielfach nicht mehr. Für die Kirchen sei die eigenständige Friedensverantwortung und -arbeit unverzichtbar; das Friedenssymbol drücke die Hoffnung auf ein Endziel und die Verantwortung für ein gewaltloses Beilegen von Konflikten aus. Bischof Leich betonte, das hier Geäußerte sei als „evangelischer Protest" zu verstehen. – Noch am selben Tag bat Bischof Krusche als KKL-Vorsitzender die Gliedkirchen, angesichts der erfahrenen Belastungen das Friedenszeugnis so auszurichten, dass es ohne eine Konfliktverschärfung „gehört und wirksam werden" könne.[69]

Das Friedenssymbol tangierte für die SED die Machtfrage. Honecker schwor den Parteiapparat auf eine kompromisslose Haltung ein. In der Kirche wolle man „im Interesse imperialistischer Kreise" mit dem „eigenständigen" Friedenszeugnis Opposition gegen die Arbeiter-und-Bauern-Macht organisieren. Nun sei zusammen mit den „Freunden der CDU" durch „massenpolitische Arbeit" in kirchlichen Kreisen die DDR-Friedenspolitik „beweiskräftig zu erläutern".[70] Die Kirchenleitungen lehnten einen Empfang beim CDU-Generalsekretär und Stellvertretenden Staatsratsvorsitzenden Götting ab, der nun seinerseits die Verschwörungsthese Honeckers bekräftigte: Der evangelischen Kirche in der DDR sei nach CIA-Rezept „eine ähnliche Rolle" wie die katholische Kirche in Polen als Organisator einer „konterrevolutionären Entwicklung" zugedacht.[71]

---

63 Hempel erklärte, manche staatliche Aussprache sei eher geeignet, „die Situation anzuheizen als die Jugendlichen davon abzubringen"; Gespräch Gysi–Hempel am 12. März 1982; BArch-O 4, 1437, 151 f.

64 Gespräch von Hempel und Domsch mit Gysi am 22. März in Berlin, während die sächsische Landessynode tagte; Engelbrecht, 287.

65 Engelbrecht, 288 f.

66 Information 173/82 vom 8. April; Besier/Wolf, 333.

67 Pollack, 307. Die Kirche war mit 23 Teilnehmern vertreten (Namen bei Besier/Wolf, 348).

68 Laut MfS-Bericht gab es im Zusammenhang mit dem Aufnäher bis März 1982 über tausend „Feststellungen" durch die VP und über zweihundert „Zuführungen"; Besier/Wolf, 335 f.

69 Krusche an die Gliedkirchen am 7. April 1982; Besier 2, 466.

70 Fernschreiben Honeckers vom 16. April 1982 an die SED-Bezirks- und Kreissekretäre; SED und Kirche 2, 450–453.

71 Götting an Honecker, 1. Juli 1982. Er bekräftigte die Absicht der CDU, den „Beschlüssen des X. Parteitags der SED" zu folgen und „unter Führung der Partei der Arbeiterklasse alles in unseren Kräften Stehende zu tun"; SED und Kirche 2, 453 f.

Die Kirchenleitungen erklärten, sie könnten wegen der behaupteten Gesetzwidrigkeit des Aufnähers deren Träger nicht mehr schützen,[72] sondern sie nur noch „in ihrer guten Absicht zu decken“ versuchen.[73] Die KKL bestätigte das Symbol „Schwerter zu Pflugscharen“ für die kommende Friedensdekade; doch solle „um der Intention des Symbols willen, das ein Zeichen für Frieden, Verständigung und Abbau von Konfrontationen“ ist, auf die Herstellung von Aufnähern oder von so verwendbaren Drucken verzichtet werden.[74]
Die Frühjahrs-Jugendtreffen bei Halle und in Eisenach zeigten die tiefe Enttäuschung bei den Jugendlichen über den ihnen zugemuteten Verzicht auf das Friedenssymbol. Innerkirchlich wurde der Vorwurf erhoben, nur auf staatlichen Druck hin, ohne ein formelles Verbot, auf den Aufnäher verzichtet zu haben.[75] Tatsächlich gab es „kein generelles Verbot der Aufnäher“. In Schulen wurde das Verbot, ihn zu tragen, mit der Schulordnung begründet, bei Volkspolizei-Maßnahmen mit der Befugnis, „Störungen der öffentlichen Sicherheit und Ordnung“ zu beseitigen. Es liefen noch kirchliche Beschwerdeverfahren, bei denen man auch auf frühere positive Urteile über das Friedenssymbol in DDR-Publikationen hingewiesen hatte.[76]

Friedensdekade und Bundessynode 1982. – Um Materialien mit dem Symbol „Schwerter zu Pflugscharen“ wenigstens für die Friedensdekade 1982 herstellen zu dürfen, bedurfte es monatelanger Anstrengungen.[77] Gysi sondierte wiederholt auch bei Honecker und plädierte für die „großzügige Lösung“, ein Werben für die Friedensdekade in Schaukästen auch mit dem „Schwerter zu Pflugscharen“-Symbol zu gestatten.[78]. Doch selbst bei stark eingegrenzter Verwendung sah die SED-Führung in dem Friedenssymbol einen gefährlichen Angriff auf die Doktrin vom „bewaffneten Frieden“. Heikle Entscheidungen standen auch für ein Podiumsgespräch bei der Friedensdekade an. Ob der SPD-Politiker Eppler hierfür ein Visum erhalten dürfe, wagte Gysi nicht ohne ZK-Sekretär Verner und dieser nicht ohne Honecker zu entscheiden.[79]
Die BEK-Synode vom 24. bis 28. September 1982 in Halle zum Thema „Frieden – Zusage und Aufgabe“ beschloss die „Absage an Geist und Logik der Abschreckung“, stimmte mit ausdrücklichem Bezug auf den „Palme-Bericht“ und übereinstimmend mit der SPD-Friedenskonzeption dem Konzept für „gemeinsame Sicherheit“ zu, plädierte für „vertrauensbildende Maßnahmen“ und „einseitige Abrüstungsschritte“, für den Abbau von Feindbildern und die Erziehung zur Friedensfähigkeit. Die Christen sollten vom Frieden nicht nur reden, sondern auch handeln; spontane Aktionen

72 So schon am 24. März die sächsische Landeskirche; Engelbrecht, 288.
73 Bischof Leich, Brief an die Thüringer Superintendenten vom 8. Apr. 1982; Besier 2, 466.
74 Beschluss der KKL-Tagung vom 7./8. Mai 1982; Silomon, „Schwerter zu Pflugscharen“, 195 f.
75 So schon beim ersten Reagieren in Sachsen im März auf Gysis Wertung des Aufnähers als „ungesetzlich“ und „staatsfeindlich“; Engelbrecht, 291.
76 Information Stolpes über die Rechtslage auf der Frühjahrssynode 1982 von Berlin-Brandenburg; Silomon, Schwerter, 171 f.
77 Silomon, Schwerter, 195–207. 212–218.
78 Gysi an Honecker am 14. Sept. 1982; Silomon, Schwerter, 215 f.
79 Silomon, Schwerter, 227 f.

dürften „nicht von vornherein kriminalisiert oder ignoriert werden". Der Verzicht auf den Aufnäher „Schwerter zu Pflugscharen", der vielen Jugendlichen nicht leicht falle, werde von der Synode „um des Friedens willen" mitgetragen.[80]
Die Friedensdekade im November 1982 zeigte eine nochmals gewachsene Beteiligung vor allem junger Menschen. Die Veranstaltungen an vielen Orten zum Thema „Angst – Vertrauen – Frieden" verliefen insgesamt undramatisch. Ein kirchliches Resümee fasste zusammen: Frieden stiften heiße, ihn zu praktizieren: „Vertrauen wagen" – dies wurde zum Leitwort des kirchlichen Luther-Gedenkens 1983 –, „Leben ausstrahlen", „Phantasie und Kreativität betätigen".[81] Auch 1983, neben dem Luther-Jubiläum, fand die Friedensdekade starke Resonanz. In den Jahren danach verlagerte sie sich bei nachlassendem Interesse der Jugendlichen mehr auf die Gemeindeebene; der „Gewöhnungseffekt" brachte sie „in die Jahre".[82]

Grenzen kirchlicher Positionierung: „Berliner Appell" 1982. – Schon 1976 und zunehmend seit 1979/80 hatten kirchenfremde Regimekritiker die Evangelische Kirche als Forum des offenen Wortes entdeckt und genutzt. 1980 fand Pfarrer Eppelmann über seinen Amtsbruder Johannes Meinel Kontakt zu dem prominenten Altkommunisten Robert Havemann an dessen Wohn- und Hausarrestort Grünheide. 1981 initiierte Havemann eine Briefaktion, in der um des Friedens willen ein radikales Umdenken bis hin zur Preisgabe der Eigenstaatlichkeit der DDR gefordert wurde.

In einem Brief an Honecker vom 7. Juli 1981 erklärte Pfarrer Eppelmann, wegen des selbstmörderischen Rüstungswettlaufs sei nunmehr *Pazifismus* „die einzige Möglichkeit politischen Handelns", und forderte den Staatschef auf, durch unverzügliche Maßnahmen „den Völkern in Westeuropa das Mißtrauen" zu nehmen.[83] Monatelang ignoriert, gelangte der Brief über einen „Stern"-Korrespondenten an die Öffentlichkeit. Ein Offener Brief Havemanns an den sowjetischen Partei- und Staatschef Breshnew mit noch darüber hinausgehenden Forderungen, der auch von anderen Regimekritikern mitverantwortet wurde, erschien am 6. Oktober, dem Vorabend des DDR-Staatsfeiertages, in westdeutschen Zeitungen. Havemann, der jüngst noch die DDR als das „bessere Deutschland" bezeichnet hatte, stellte nun mit dem Argument, die ursprünglich der Sicherheit dienende Teilung Deutschlands sei durch die Blockkonfrontation zur „tödlichsten Bedrohung" Europas geworden, die Eigenstaatlichkeit der DDR zur Disposition.[84] Auch aus der Offenen Arbeit der Jungen Gemeinde in Jena kam ein „Appell für Abrüstung", für den Unterschriften gesammelt wurden. Das MfS suchte dessen Verbreitung mit allen Mitteln zu verhindern.

80 Beschluss der BEK-Synode zum KKL-Bericht, 28. Sept. 1982; Silomon, Schwerter, 319–322.

81 Lutz Borgmann in der DDR-Rundfunksendung „Berichte aus dem kirchlichen Leben" am 27. Nov. 1982 zur Potsdamer Podiumsdiskussion (s. o.); Silomon, Schwerter, 239.

82 Urteil von Garstecki; Silomon, Schwerter, 290.

83 Eppelmann schlug in 17 Punkten vertrauensbildende Maßnahmen vor, so die Entmilitarisierung des gesellschaftlichen Lebens durch Verbot von Kriegsspielzeug, Abschaffung des Wehrunterrichts, Nicht-Benachteiligung von Wehrdienstverweigerern, Verzicht auf Militärparaden an Staatsfeiertagen. Honecker möge sich auch für den Abzug ausländischer Truppen aus allen Ländern Europas einsetzen; W. Büscher (Hg.), Friedensbewegung in der DDR, Hattingen 1982, 178 f.

84 Neubert, Geschichte der Opposition in der DDR, 405–411.

Um die Jahreswende 1981/82 verfassten Havemann und Eppelmann einen auf breite Unterstützung angelegten Aufruf mit politischen Forderungen. Das Ansinnen, ihn durch kirchliche Informationsmittel zu verbreiten, wies Stolpe für Berlin-Brandenburg zurück; der BEK-Sekretariatsleiter Dr. Demke riet, nicht Forderungen, sondern Fragen zu formulieren. Der „Berliner Appell" vom 25. Januar mit etwa 80 Erstunterzeichnern vor allem aus der Berliner Friedensbewegung und der kirchlichen Jugendarbeit wiederholte unter dem Motto „Frieden schaffen ohne Waffen!" das pazifistische Postulat: „Wenn wir leben wollen, fort mit den Waffen!" Am 9. Februar 1982 erschien der „Berliner Appell" in der Westpresse. Eppelmann wurde als „Rädelsführer" einer geplanten „illegalen Organisation" aus einer Konfirmandenfreizeit heraus verhaftet, kam aber nach zweitägigen Verhören und kirchlichen Verhandlungen mit staatlichen Stellen wieder frei. Im Namen von Bischof Forck hatte Stolpe eine innerkirchliche Auseinandersetzung mit Eppelmann zum Problem des „Berliner Appells" zugesichert; bliebe er in Haft, so würde sich die Kirche „vor den Menschen Eppelmann" stellen müssen.[85] Unter Hinweis auf das Pfarrerdienstgesetz forderte die Kirchenleitung Eppelmann zur Zurückhaltung auf; ein weiteres Betreiben der Unterschriftenaktion halte sie „nicht für verantwortbar".[86] Der Berliner Appell bildete den unmittelbaren Anlass für das schärfere staatliche Vorgehen gegen die Träger des Friedenssymbols (s. o.). Der Theologe Hanfried Müller und Gleichgesinnte reagierten auf den Appell mit der Verbreitung polemischer Privatdrucke, der fortan regelmäßig versandten „Weißenseer Blätter".[87]

Kirchlicher Umgang mit staatskritischen Äußerungen. – Als Ort des offenen Wortes, an dem mit Bibellesung und Gebet, Hören auf Gottes Anrede und menschlichem Antworten Wahrheit zur Sprache kommt, somit als Freiheitsraum in der ideologischen Diktatur wurde die Kirche zunehmend auch von außen her entdeckt und in Anspruch genommen. So kam ab 1979 unerwartet zur Wirkung, was ein Jahrzehnt lang das kirchliche Leben und Wirken „im Sozialismus" geleitet hatte: im Zeichen des Evangeliums als „Kirche für andere" da zu sein, anstatt unter den widrigen Verhältnissen weltabgewandt-institutionszentriert nur überwintern zu wollen. Der fortdauernde, im Streben nach Einvernehmen nur noch punktuell wahrgenommene Staat-Kirche-Konflikt wurde in neuer Weise akut und manifestierte sich bald in einer fast permanenten Krisensituation. Was im kirchlichen Freiraum zunächst an einigen, bald an vielen Orten unter lebhafter Beteiligung „von unten" zu Friedens-, Umwelt- und Menschenrechtsfragen gedacht und ausgesprochen wurde, tendierte aus Sicht der

85 Stolpe am 10. Febr. 1982 gegenüber HAL Heinrich beim Staatssekretär für Kirchenfragen; BArch-O 4, 34, 129–131.

86 KL-Beschluss und Konsistorialerklärung vom 2./5. April 1982; Neubert, Opposition, 411. Der FAK Information beim BEK erklärte am 24. April die Stellungnahme von Berlin-Brandenburg als hilfreich; der „Berliner Appell" zeige „die Grenzen kirchlichen Friedensengagements"; Silomon, Schwerter, 195.

87 Das kleinformatige Periodicum gab sich als Organ des Weißenseer Arbeitskreises, enthielt aber überwiegend von H. Müller selbst und seiner Frau Prof. Rosemarie Müller-Streisand stammende Artikel. Müllers prinzipielle Ablehnung der verfassten Kirche störte den Honecker-Kurs kirchenpolitischer Verständigung. Doch dienten die mit dem MfS vorweg abgestimmten Beiträge dem Staat auch als Argumentationsmaterial.

SED zur Bildung einer eigenständigen „Bewegung". Hier aber sah die Partei, die ihre Macht unlösbar mit dem ideologisch-gesellschaftlichen Führungsanspruch verknüpft hatte, zunehmend eine „konterrevolutionäre" Bedrohung.

Anfang 1982 hatte Erich Mielke das MfS auf den Kampf gegen eine „eigenständige pazifistische Friedensbewegung in der DDR" eingeschworen.[88] Honecker bezeichnete den Aufnäher „Schwerter zu Pflugscharen" als „populäre Grundlage" für dunkle Absichten kirchlicher Kräfte, die „unter dem Vorwand einer ‚eigenständigen', ‚unabhängigen' Friedensbewegung" eine Opposition „gegen die Arbeiter-und-Bauern-Macht zu organisieren" versuchten.[89] Mit finsterem Verdacht im Stil der Agentenhysterie der 50er-Jahre polemisierte auch CDU-Generalsekretär Götting gegen eine „eigenständige christliche Friedensbewegung in der DDR".[90] ZK-Sekretär Verner erklärte gegenüber den Kirchenpolitik-Funktionären, die Kirche zu einem „Freiraum für Andersdenkende" zu machen, sei mit dem „6. März" unvereinbar; für das Lutherjahr 1983 spekulierten „gegnerische Kräfte" darauf, dass „unsere Toleranz" Freiräume für „antisozialistische Machenschaften" lassen werde.[91]

Der Staat verlangte von der Kirche, kritische Äußerungen zu unterbinden. In kirchenleitender Verantwortung aber war darauf zu sehen, dass die Kirche ein Ort des freimütigen, offenen Wortes blieb. Zugleich galt es, zugunsten des vielgestaltigen kirchlichen Lebens für den auf staatlich-rechtlicher Ebene „legalen" Status der Kirche einzustehen. Der tief misstrauisch um ihre Macht besorgten Staatsführung gaben führende Kirchenleute, wie viele Gespräche zeigten, zu verstehen, dass es besser sei, die offene Meinungskundgabe im kirchlichen Raum zu tolerieren, als sie zu unterdrücken, ja dass die Kirche hier eine Entlastungsfunktion[92] zum gedeihlichen Zusammenleben in der Gesellschaft wahrnehme, nicht aber den Sturz des Regimes betreibe. Erst der glaubwürdig-manifeste Verzicht auf explizit politische („konterrevolutionäre") Ambitionen machte es möglich, für das *offene Gespräch* in der Kirche zu den Fragen der Zeit einzutreten. Aus gegebenen Anlässen übernahmen Kirchenleitungen die Verantwortung dafür, dass im kirchlichen Raum Geplantes nicht „sozialismusfeindlich" sei.

Oft bedurfte es eines ebenso zähen wie beweglichen Verhandelns zugunsten bestimmter Vorhaben. Als die Kirchenleitung von Berlin-Brandenburg 1981 auf einer Fortsetzung der Bluesmessen bestand, schloss der Staat daraus auf ein Überwiegen von Kräften, „die es auf eine Kraftprobe ankommen lassen" wollten.[93] Die Freilassung Eppelmanns nach dessen Verhaftung 1982 wurde durch die Ankündigung eines „innerkirchlichen Verfahrens" erreicht. Für das Eisenacher Friedensgruppen-Treffen 1984 war der Hinweis, man habe das sehr sorgfältig vorbereitet, und auch Landesbischof Leich bürge für den kirchlichen Charakter des Treffens,

88 Rede Mielkes am 19. Febr. 1982; Besier/Wolf, 319.

89 Fernschreiben Honeckers vom 16. April 1982 an die SED-Bezirks- und Kreissekretäre; SED und Kirche 2, 451 f.

90 Brief an Honecker vom 1. Juli 1982; SED und Kirche 2, 453 f.

91 Verner, Reden vor SED-Funktionären am 16. Mai 1980 und 15. April 1983; SED und Kirche 2, 427. 471.

92 In anderen Bereichen, der Betreuung von körperlich und geistig Behinderten und dem Bemühen um sozial gefährdete Jugendliche, nahm der Staat die Entlastung durch die Kirche seit langem gern und wie selbstverständlich in Anspruch.

93 So der (Ost-)Berliner Oberbürgermeister Krack am 1. April 1981 an SED-Bezirkssekretär Naumann; BArch-O 4, 434.

von Bedeutung.[94] Bei politisch relevanten Veranstaltungen bestand der Staat auf der Zusicherung eines nicht staatsfeindlichen Verlaufs; oft aber gab es danach den staatlichen Vorwurf, Zusagen der Kirchenleitung seien nicht eingehalten worden. Für das Lutherjahr machte es ZK-Sekretär Verner den Funktionären generell zur Pflicht, die Kirchenleute an ihre Zusagen zu erinnern.[95]

Es zeigte sich aber immer wieder, dass die staatliche Konflikt-Delegierung an die Kirche ihr Ziel verfehlte. Kritik am DDR-Sozialismus kam nicht zum Schweigen. Es half nichts, dass die SED nach Partnern verlangte, „die auch durchsetzen, was vereinbart wurde".[96] Kirchenleitend Verantwortliche, die mit dieser Forderung konfrontiert wurden, signalisierten zwar je und dann Verständnis für die staatliche Kritik,[97] betonten aber stets die kirchlichen Normen, also strukturelle Grenzen ihrer Handlungsmöglichkeiten; man möge nicht erwarten, sich zum „verlängerten Arm" des Staates zu machen.[98] Seit dem Brüsewitz-Ereignis gewann der Hinweis auf den Erfahrungs- und Erwartungsdruck in den Gemeinden an Gewicht.[99] Es wurde zunehmend deutlich, dass die Politik des betonten Einvernehmens mit der Kirche („6. März") gerade für den Staat ihren Preis hatte. Waren Ambitionen der 50er-Jahre, die kirchliche „Basis" gegen die „Hierarchie" zu mobilisieren, schon fernste Vergangenheit, so führte nun auch der Versuch, sie umzukehren, nicht zum Erfolg.

C DAS LUTHERJAHR 1983: SED-KULTURPOLITIK UND KIRCHLICHES ZEUGNIS

1. Konzeptionelle Vorbereitung auf Luthers 500. Geburtstag

Für 1983 stand in der DDR ein Doppeljubiläum an: der 100. Todestag von Karl Marx und der 500. Geburtstag Martin Luthers. Dem ersteren gebührende Aufmerksamkeit zu verschaffen, gelang der Führung des ersten „sozialistischen" Staates auf deutschem

---

94 So GenSup Günter Krusche und KonsPräs Stolpe am 29. Febr. 1984 gegenüber dem Berliner Stellv. OB Hoffmann mit Bezug auf die aus Berlin-Brandenburg Eingeladenen, darunter Bärbel Bohley und Ulrike Poppe; BArch-O 4, 587.

95 Verner am 15. April 1983 im Blick auf Veranstaltungen zu Friedens-, Wehrdienst-, Umwelt- oder Bildungsfragen, die auch für „destruktive Kräfte" attraktiv seien; SED und Kirche 2, 471.

96 H. Dohle bei einem Erfahrungsaustausch von Bezirksfunktionären am 9. März 1984; Besier 3, 63.

97 Zum erfahrungsbegründeten Modus der Konfliktbewältigung gehörte es, dass Kirchenvertreter in brisanten Situationen sich gegenüber staatlicher Empörung besonders hörbereit aufmerksam verhielten. Diesen Umstand in einer „Information" eigens zu erwähnen, diente offensichtlich als Nachweis für wirkungsvolles Argumentieren des berichtenden Funktionärs.

98 So Bischof Demke zum staatlichen Ansinnen, Pfarrer Tschiche/Magdeburg wegen staatsfeindlicher Äußerungen beim Eisenacher Friedensgruppentreffen zu „disziplinieren"; Information über ein Gespräch beim RdB Magdeburg am 12. März 1984; Besier 3, 64.

99 Die vom Staat veranlasste *Terminverschiebung* einer Bluesmesse (wegen zeitlicher Nähe zum 40. Jahrestag des Kriegsendes) habe anhaltende „große Spannungen und Auseinandersetzungen" verursacht; auf sie zu *verzichten*, sei unmöglich gewesen; G. Krusche und Stolpe am 11. Juni 1985 gegenüber dem Stellv. OB Hoffmann/Berlin; BArch-O 4, 766.

Boden angesichts tiefer Gegensätze im europäischen Kommunismus nur mit einiger Mühe.[100] Ein ungleich größeres Interesse galt schon vorab dem 500. Geburtstag Luthers, dessen Geburts- und Sterbeort samt wichtigen Stätten seines Lebens und Wirkens innerhalb der DDR-Grenzen lagen. Seit den 70er-Jahren planten kirchlich und theologisch Verantwortliche die angemessene Gestaltung des Jubiläums. Aus der Ökumene war ein großer Besucherandrang zu erwarten. Die veränderte Gesamtsituation ließ hoffen, dass die schlimmen Erfahrungen mit dem Reformationsjubiläum 1967[101] sich nicht wiederholen würden. Schon beim Spitzengespräch 1978 waren staatliches Entgegenkommen und administrative Unterstützung zugesagt worden. Der SED-Führung bot sich die Chance, durch gute Staat-Kirche-Kooperation Spannungen und Konflikte zu überblenden. Darüber hinaus suchte die SED das Lutherjubiläum auch ideologisch-politisch zu nutzen.

Nach einem längeren Vorlauf hatte sich im Dezember 1978 das „Lutherkomitee der Evangelischen Kirchen in der DDR" konstituiert. Es arbeitete unter dem Vorsitz von Landesbischof Leich im Auftrag der kirchlichen Zusammenschlüsse BEK, EKU und VELK und war für die kirchliche Gestaltung des Lutherjahres konzeptionell verantwortlich. Es unterstützte und koordinierte auch die sieben regionalen Kirchentage. Man war sich einig darin, dass der Reformator weder heroisiert noch instrumentalisiert werden, das Luther-Gedenken weder einem Triumphalismus nach Art früherer Jubiläen (1883, 1917, 1933) noch einer politisch-ideologischen Vereinnahmung dienen dürfe. Luther solle den Menschen der Gegenwart mit seinem eigenen Wort, das aus dem Hören auf Gottes Wort kommt, begegnen.

Diesem Leitgedanken dienten auch eine Reihe von langer Hand vorbereiteter Publikationen. Zu ihnen gehörten eine aufgrund ihres editorischen Standards anerkannte wissenschaftliche Lutherausgabe[102] und ein die Forschung zur Lutherbiographie repräsentierendes Werk.[103] Für die wissenschaftlichen Aktivitäten hatte der Theologische Arbeitskreis für Reformationsgeschichtliche Forschung (TARF) besondere Bedeutung. Das auf dem Hintergrund der Erfahrungen von 1967 ins Leben gerufene, jährlich in Wittenberg oder an einem anderen reformationsgeschichtlichen Ort in der DDR tagende, international besetzte Gremium[104] leistete auch konzeptionelle Vorarbeit für den in größeren Abständen tagenden Internationalen Kongress für Lutherforschung.

---

100 Die bemerkenswerteste Veranstaltung hierzu war die im April 1983, vier Wochen nach dem Gedenkdatum, in Ostberlin tagende, von Parteien des linken Spektrums beschickte „Internationale Wissenschaftliche Konferenz" zum Thema „Karl Marx und unsere Zeit – der Kampf um Frieden und sozialen Fortschritt".

101 Vgl. oben, S. 91 f.

102 Martin Luther Studienausgabe. In Zusammenarbeit m. H. Junghans, J. Rogge u. G. Wartenberg hg. v. H.-U. Delius, Berlin(-Ost) 1979 ff. Bis 1983 erschienen die Bände 1–3 (inzwischen Bde. 1–6). Die Edition war dem Staat auch als Devisenbringer willkommen. Ein Sonderkatalog der EVA nannte über 30 Titel.

103 Leben und Werk Martin Luthers von 1536 bis 1546. Festgabe zu seinem 500. Geburtstag. Im Auftrag des Theologischen Arbeitskreises für Reformationsgeschichtliche Forschung hg. v. H. Junghans, 2 Bde., Berlin(-Ost) 1983.

104 G. Haendler, Nordeuropäische Anstöße zur Gründung des Theologischen Arbeitskreises für Reformationsgeschichtliche Forschung (TARF) 1969/70; in: ders.: Kirchliche Verbindungen über die Ostsee hinweg in Geschichte und Gegenwart, Berlin 1999, 207–219.

Zum Leitwort für das Jubiläum wurde die Katechismusformulierung „Gott über alle Dinge fürchten, lieben und vertrauen". Ein staatlich lizenziertes Plakat mit dem Motto „Vertrauen wagen" machte das kirchliche Anliegen DDR-weit sichtbar. Zur starken Resonanz des Jubiläums trug die erklärte Absicht bei, den 500. Geburtstag des Reformators im Geiste ökumenischer Offenheit zu begehen. Der Intention, auf Luthers Ruf zu Buße und Glauben zu hören, entsprach es, auch Irrtümer und Fehlentscheidungen des Reformators nicht zu verschweigen. Ein vom Lutherkomitee erarbeiteter Gebetstext für die Gottesdienste am 4. Mai auf der Wartburg und am 10. November in Eisleben sprach auch von folgenreichen ungerechten Urteilen Luthers über die römisch-katholische Kirche, über täuferische Gruppen, aufständische Bauern und über die Juden.[105]

Die staatliche Luther-Ehrung war, anders als 1967, auf eine betont positive Würdigung Luthers gestimmt. Im Übergang zu den 80er-Jahren vollzog die SED-Kulturpolitik eine bemerkenswerte Hinwendung zum historischen Erbe, dessen „progressive" Traditionen den „sozialistischen deutschen Nationalstaat" legitimieren sollten. So wurde nun das vormals verfemte preußisch-deutsche Erbe partiell gewürdigt und angeeignet;[106] auch das seit Jahrzehnten im ideologisch verödeten Geschichtsunterricht entstellte Lutherbild begann sich anhand von Vorarbeiten marxistischer Historiker zu wandeln.[107] Dass nunmehr Honecker in programmatischem Zusammenhang, bei der Gründung des staatlichen Lutherkomitees 1980, Luther als einen „der größten Söhne des deutschen Volkes" pries, mutete den auf die Parteilinie fixierten Genossen ein Umdenken zu, das auch Anlass zu kabarettistischer Glossierung bot.[108] Ob dies freilich, wie die Kirche wiederholt vom Staat forderte,[109] dem jahrzehntelangen glaubens- und kirchenfeindlichen Indoktrinieren im Bildungswesen entgegenwirken konnte und sollte, war mehr als fraglich.

Unter Honeckers Vorsitz konstituierte sich am 13. Juni 1980 das „Martin-Luther-Komitee der DDR". Die große repräsentative Versammlung dokumentierte die Absicht der Luther-Ehrung durch die DDR-Gesellschaft. Die Evangelische Kirche, deren Lutherkomitee schon seit längerem arbeitete, ließ sich im Interesse ihrer Eigenständigkeit nicht auf das Ansinnen der

---

105 KJ 1983, 199.

106 So schon längst durch die sichtbare Fortsetzung der deutschen Uniformtradition in der Volksarmee. 1981, nach der Ankündigung der großen Preußen-Ausstellung in Westberlin, ordnete Honecker die Wiederaufstellung des Reiterstandbildes Friedrichs II. Unter den Linden an. Auch Bismarck wurde jetzt durch eine vielbeachtete Biographie (E. Engelberg 1985) differenzierend gewürdigt.

107 Luther, in der Frühzeit der DDR als „Fürstenknecht" und „Verräter" an der „frühbürgerlichen Revolution" geschmäht, war schon 1967 als deren Wegbereiter gewürdigt worden (G. Zschäbitz, Martin Luther. Größe und Grenze, Berlin 1967). Zum Bauernkrieg-Müntzer-Gedenken 1975 hatte sich die differenzierende Arbeit marxistischer Historiker zu reformationsgeschichtlichen Vorgängen fortgesetzt.

108 Im Ostberliner Kabarett „Die Distel" war jetzt zu hören: „...Wer immer noch glaubt, der Martin sei für unser Gescheh'n, philosophisch geseh'n, nicht ganz legitim – der Genosse Erich steht hinter ihm!"

109 Besier 2, 334.

Mitgliedschaft im DDR-Komitee ein, sondern entsandte Gäste[110] zu dessen konstituierender Sitzung. Landesbischof Leich erklärte, die Kirche suche „das Gespräch mit Andersdenkenden in den großen Fragen der Gegenwart", das „offen und freimütig" geführt werden solle; Offenheit schließe „die Vorgabe von Vertrauen" ein und sei „der sicherste Grund für die Erfüllung gemeinsamer Aufgaben".[111]
Von marxistischen Historikern erarbeitete „Thesen über Martin Luther"[112] würdigten dessen „historische Leistungen" und forderten die Pflege des „von ihm hinterlassenen progressiven Erbes". Luthers „persönliche Leistung" sei es gewesen, „theologische Grundlagen" für eine „reformatorische Ideologie" zu schaffen, die „revolutionäre Wirkung erlangte", und „dieses Fundament zäh und unbeirrbar verteidigt" zu haben. Für den Gegenwartsgebrauch reklamierten die marxistischen Thesen Luthers Hochschätzung sozialethischer Tugenden wie „Dienst am Nächsten", „Ermutigung zu schöpferischer, sinnvoller Arbeit", „Ablehnung des Missbrauchs menschlicher Arbeit zu Profitzwecken", „Schutz der Familie", „Hochschätzung von Fleiß, Arbeitsamkeit, Pflichterfüllung und Sparsamkeit".[113] Ein markantes Profil gewann der Perspektivwechsel in einer Lutherbiographie, deren marxistischer Autor den atheistischen Lesern auch die theologischen Grundlagen von Luthers Denken und Wirken begreiflich zu machen versuchte.[114]
Der veränderte Umgang mit dem nichtmarxistischen Erbe sollte zwar ideologische Überlegenheit bekunden, doch ging es der SED längst nicht mehr um revolutionäre Tugenden, sondern um das einvernehmliche Bewahren des angefochtenen „realen" DDR-Sozialismus. Marxistischen Reformationshistorikern aber begegnete wegen des Umgangs mit weltanschaulich fremdem Gut immer auch das Misstrauen der Ideologiewächter; sie hatten bei ihren Kontakten mit Theologen stark einschränkende Auflagen zu beachten. Man sah bei ihnen wie darüber hinaus auch bei den mit Kirchenfragen befassten Funktionären stets die Gefahr eines „opportunistischen" Einverständnisses mit Vertretern der Fremdideologie.
Bevor im Mai 1983 die Veranstaltungsfolge des Lutherjahres begann, instruierte ZK-Sekretär Verner die mit Kirchenfragen befassten Funktionäre über die Situation und ihre Aufgaben. Angesichts der staatlichen „Toleranz ... in den Fragen der kirchlichen Luther-Ehrung" würden „gegnerische Kräfte" versuchen, „Freiräume" für „konterrevolutionäre Absichten und Ziele" zu missbrauchen. Besonders die bevorstehenden Kirchentage würden mit Veranstaltungen zu den Themen Frieden, Umwelt und Bildung zu Anziehungspunkten für „destruktive Kräfte" werden. Auch die katholische Kirche bot neuerdings Anlass zur Sorge. Seien die Beziehungen zur Berliner Bischofskonferenz bisher „positiv, offen und vertrauensvoll" gewesen, so enthalte der Hirtenbrief des neuen Vorsitzenden, Kardinal Meisner, vom Januar einen „Katalog von ungesetzlichen Forderungen", wie man sie im vergangenen Jahr aus den protestantischen Kirchen gehört habe.[115]

---

110 Landesbischof Leich (Vorsitzender des kirchlichen Lutherkomitees), Bischof Dr. Krusche (BEK), Präsident Dr. Rogge (EKU), Dr. Zeddies (VELK).

111 Leich, Erläuterung zum Motto des kirchlichen Luther-Gedenkens „Vertrauen wagen!" (Kurzfassung des Leitwortes „Gott über alle Dinge fürchten, lieben und vertrauen"); KJ 1983, 202.

112 Thesen über Martin Luther. Zum 500. Geburtstag; in: Einheit (Ztschr. f. Theorie u. Praxis d. wiss. Sozialismus, hg. v. ZK der SED) 1981, 890–903. Die Thesen hatte eine Arbeitsgruppe von Gesellschaftswissenschaftlern unter Leitung von Prof. Dr. Horst Bartel formuliert.

113 Thesen, 890. 892. 898. – R. Mau, Die marxistischen Luther-Thesen der DDR; in: BThZ 1 (1984), 27–44.

114 Gerhard Brendler, Martin Luther. Theologie und Revolution, Berlin(-Ost) 1983; hierzu KJ 1983, 152 f. 170–173.

115 Rede Paul Verners am 15. April 1983 zu Fragen der Kirchenpolitik in Verbindung mit den Martin-Luther-Ehrungen; SED und Kirche 2, 466–478 (zit. 470–472).

2. Zum Verlauf des Lutherjahres

Von Mai bis November 1983 gab es eine Fülle kirchlicher Veranstaltungen und Begegnungen. Den ersten Höhepunkt bildeten die Festveranstaltung und der ökumenische Gottesdienst am 4. Mai, dem in Thüringen traditionell begangenen Datum der Verbringung Luthers auf die Wartburg.

Der Festakt im Palas der Wartburg wurde, erstmalig bei kirchlichen Ereignissen, vom DDR-Rundfunk und -Fernsehen live übertragen. Bischof Leich rief zum Vertrauen auf die Treue Gottes: Auch in ihrer Gefährdung bleibe die Welt in seiner Hand. Dr. Rogge, Reformationshistoriker und EKU-Kanzlei-Präsident, sprach am Ort der Bibelübersetzung über Luthers Bedeutung als Ausleger der Heiligen Schrift. Es gab viele ökumenische Grußworte. Für das staatliche Luther-Komitee sprach Volkskammerpräsident Sindermann.[116]
Zu den herausragenden Ereignissen des Jubiläums gehörte der stark besuchte VI. Internationale Kongress für Lutherforschung in Erfurt, der erstmalig in der DDR tagte. Kluge Vorsorge der Kongressleitung konnte eingedenk der Erfahrungen von 1967 den Versuch eines staatlichen Eingreifens abwehren. Der Absicht, einigen Teilnehmern die Einreise zu verweigern, traten Prof. Leif Grane/Kopenhagen, der das Vorbereitungskomitee leitete, und Dr. Rogge als Präsident des Erfurter Kongresses mit der Feststellung entgegen, in diesem Falle werde der Kongress dank vorsorglicher Zweitplanung in Straßburg stattfinden. Die Andeutung des Prestigeschadens für die DDR wirkte augenblicklich.
Ökumenische Begegnungstage zum Geburtsdatum Luthers vom 10. bis 13. November in Eisleben und Leipzig bildeten den abschließenden Höhepunkt der Ereignisfolge. An ihnen nahmen offizielle Vertreter von 78 Kirchen aus 36 Ländern teil. Für die katholische Kirche erklärte Kardinal Willebrands, Präsident des Sekretariats für die Einheit der Christen, die nach wie vor bestehende Exkommunikation Luthers habe die „Bruderschaft in Christus“ nicht zerstört; er bleibe der „Bruder Martin“.[117] Der Erfurter Bischof Joachim Wanke erklärte in einem Hirtenbrief: „Es verbindet uns mit unseren evangelischen Mitchristen mehr als uns trennt“.[118]
In der Konzeption wie im Verlauf und der Resonanz des Jubiläums kam zum Ausdruck, dass Luther nicht nur den Protestanten „gehört“ und nicht „gegen andere“ in Anspruch genommen werden darf.

Das Lutherjahr sollte so weit wie möglich in den Gemeinden nahe dem Alltag der Menschen begangen werden. Deshalb hatten die Kirchentagsgremien nicht einen zentralen, sondern mehrere regionale Kirchentage, eine in der DDR schon erprobte Veranstaltungsform, die eine Region- und Ort-bezogene Gestaltung und Mitverantwortung ermöglichte, geplant. Verkehrsmittel und Versammlungsräume standen dank staatlichen Entgegenkommens im benötigten Umfang zur Verfügung. Die Beteiligung junger Menschen überstieg die Erwartungen. Der Zyklus begann im Mai in Thüringen an fünf Orten zugleich; im Juni folgten Kirchentage in Rostock, Frankfurt/Oder, Magdeburg und der Lutherstadt Eisleben; Dresden im Juli verzeichnete den größten Andrang mit etwa hunderttausend Menschen bei der Schlussveranstaltung. Der thematisch abgestimmte und auch durch Symbolhandlungen kohärente Kirchentagszyklus fand seinen besonders akzentuierten Abschluss Ende September mit dem Kirchentagskongress und Kirchentag in Wittenberg. Eine abendliche Symbolhandlung auf dem Gelände der Lutherhalle, das Umschmieden eines Schwertes zur Pflugschar,

---

[116] KJ 1983, 205–207.
[117] KJ 1983, 209.
[118] Bischof Wanke: Hirtenbrief zur österlichen Bußzeit 1983; KJ 1983, 200.

wurde unter großer Beteiligung junger Menschen zum beeindruckenden Friedenszeugnis. Das „Bischofsforum“ bot Gelegenheit zur offenen Aussprache über bedrängende Probleme.
Die öffentliche Präsenz von Kirche wurde im Lutherjahr nach ihrer jahrzehntelangen Ausgrenzung aus der „sozialistischen Gesellschaft“ in ähnlicher Weise wie bei den schon eine Generation zurückliegenden Kirchentagen in Berlin 1951 und Leipzig 1954 erlebt. Gegenüber dem Lutherjubiläum trat der 100. Todestag von Karl Marx stark in den Hintergrund. Die zunehmend kritische Stimmung gegenüber dem realen Sozialismus offenbarte der in diesem Jahr aufkommende Slogan „Martin Luther feiert seinen 500. Geburtstag, und Karl Marx ist 100 Jahre tot!“.

D FRAGILE STAAT-KIRCHE-BEZIEHUNGEN 1983–1985

1. Konfliktsituationen im Lutherjahr

Gerade im Lutherjahr wollte der SED-Staat ein gutes Einvernehmen mit der Kirche[119] demonstrieren, die gleichwohl in der Optik des ideologisch-politischen Kampfes der einzige „legale“, „für oppositionelle Kräfte geeignete“ Stützpunkt des Klassenfeindes in der DDR blieb.[120] Es gab Konfliktstoff über das perennierende Bildungsthema hinaus. Anfang 1983 wurden Bausoldaten zu Haftstrafen verurteilt; der KKL-Vorsitzende Bischof Hempel erreichte unter Hinweis auf den „6. März“ die Aufhebung des Urteils. Die landeskirchlichen Frühjahrssynoden beurteilte der Staat im ganzen als „ruhig“, konstatierte aber bei der Kirchenleitung von Berlin-Brandenburg verstärkt „negative Tendenzen“ und ein Programmieren der „Konflikte von morgen“.[121] Massive Kritik am DDR-Sozialismus bei der zweiten Berliner „Friedenswerkstatt“[122] am 3. Juli 1983 alarmierte das SED-Politbüro. Gut eine Woche zuvor hatte, gleichfalls auf dem Areal der Erlöserkirche, eine von etwa siebentausend Jugendlichen besuchte Bluesmesse stattgefunden. Die von Gottesdiensten, Kirchenmusik und Meditation in der Kirche begleite Friedenswerkstatt vereinigte etwa dreitausend Teilnehmer aus der ganzen DDR, auch aus Westdeutschland und Westberlin. Plakate, Ausstellungen, viele Gruppen und kritische Künstler zeigten das Spektrum der Bewegung; es gab Protest gegen die Unterdrückung des „Schwerter zu Pflugscharen“-Symbols, gegen Militarisierung und Disziplinierung. Staatssekretär Gysi forderte laut Politbürobeschluss die Kirchenleitungen auf, eine „organisierte Verleumdung“ der DDR wie bei diesen Veranstaltungen zu unterbinden;[123] gleichwohl blieben die „Werkstatt-

119 Eine Konzeption der AG Kirchenfragen vom 22. März 1983, an der auch Gysi und MfS-Offiziere mitgewirkt hatten, empfahl Honecker ein ausgesprochen behutsames Agieren gegenüber der Kirche; Besier 3, 16 f.

120 Rededisposition eines MfS-Offiziers, Herbst 1982; Besier/Wolf, 357. 362. So schon die Kirchenpolitik-Konzeption von 1954; vgl. oben, S. 51.

121 Gysi im Entwurf zur Information vom 13. April 1983 über die Frühjahrssynode; BArch-O 4, 447.

122 Schon 1982 war, angeregt durch das Dresdner Friedensforum im Februar, in Berlin eine thematisch orientierte „Friedenswerkstatt“ veranstaltet worden.

123 Beschluss des Politbüros, 12. Juli 1983; SED und Kirche 2, 478–482.

gottesdienste“ weiterhin Jahr für Jahr ein Forum christlicher Verantwortung für die Probleme der Zeit.

Bei der Bundessynode im September gab der KKL-Vorsitzende Bischof Hempel eine Situationsschilderung, durch die sich die SED-Führung schockiert sah. Nachdem er im Bericht vor der Synode in Potsdam-Hermannswerder an die Zusicherung von „Gleichberechtigung und Gleichachtung“ der Christen erinnert und der Synodale Udo Semper von der „Enttäuschung und Verbitterung von Bürgern unseres Landes, die ihren Platz hier sehen“, gesprochen hatte, ergänzte Hempel dies durch ein Benennen von Gründen hierfür: „Zentralismus unserer Gesellschaft“, „Verkümmerung schöpferischer Potenzen“, Zurückdrängung von Christen, die „Formen des Umganges“ miteinander, „pädagogisch gefilterte“ Information. Jungen Menschen verweigere man das „Recht auf Zorn“ und das „Recht auf Aufrichtigkeit“. Das Vorgehen gegen die „Schwerter zu Pflugscharen“-Träger sei symbolhaft für das Verhältnis des Staates zur Jugend.[124] Für die Staatsführung war das schlichte Benennen von DDR-Realität durch den leitenden Kirchenmann, das die ideologisch verbrämte Weltsicht der SED Lügen strafte, unerträglich.

Die SED-interne Feststellung, Hempels Ausführungen hätten den Verlauf und das Ergebnis der Synode „wesentlich geprägt“, war das Eingeständnis des Scheiterns bemühter staatlicher Einflussnahme. Man attestierte der Kirche ein im Lutherjahr „gewachsenes Selbstbewusstsein“, die Inanspruchnahme von Mitsprache und eigenständiger Partnerschaft in der Gesellschaft.[125] Zwei Tage nach der Bundessynode begann der Wittenberger Kirchentag (s. o.), der nach Gysis Urteil „der schlimmste“ von allen gewesen sei.[126] Der Staatssekretär warf dem KKL-Vorsitzenden einen „Bruch“ der bislang guten Staat-Kirche-Zusammenarbeit im Lutherjahr vor.[127] Auch die landeskirchlichen Herbstsynoden boten keinen Anlass zur Beruhigung: Dort sei „oft kritisch“, ja „feindselig“ gegenüber der Politik des Staates gesprochen worden. Darauf angesprochen, erklärte Bischof Hempel, die Kirche erstrebe „keine alternative Gesellschaft“; es sei aber die Frage, „wo in unserer Gesellschaft die Bürger ihre Sorgen und Beschwernisse abladen könnten“.[128]

2. Frieden, Umwelt, Ausreise als „Gruppen“-Themen 1984/85

Während der Nachrüstungsdebatte hatten sich viele örtliche Friedensgruppen gegen die Aufstellung neuer Raketen in Europa gewandt. Westdeutsche Rüstungskritiker, vor allem aus der Partei der Grünen, besuchten seit 1981 Berliner Friedensgruppen. Eine sich hier anbahnende „Friedensbewegung“ über die Systemgrenzen hinweg suchte die SED unbedingt zu verhindern. Doch für die ostdeutschen Friedensgruppen war es wichtig, DDR-weit ihre Aktivitäten verknüpfen zu können. Die Kirche bot des-

124 Information der AG Kirchenfragen über die BEK-Synode in Potsdam-Hermannswerder vom 16.–20. Sept. 1983; BArch-O 4, 447.

125 Mau, Eingebunden, 165.

126 Beim Bischofsforum am Abschlusssonntag habe man „heftige Attacken gegen die sozialistische Gesellschaft“ geduldet; Besier 3, 49.

127 „Grundsatzgespräch“ Gysis mit Hempel am 10. Okt. 1983; Besier 3, 42 f.

128 Interne Information von BEK-Sekretär Ziegler über ein Gespräch des Staatssekretärs mit Hempel, Gienke, Stolpe und Ziegler am 12. Dez. 1983; Besier 3, 53.

halb Koordinationstreffen an. Erstmalig am 5./6. März 1983 trafen sich in Berlin 37 Friedensgruppen unter dem Motto „Konkret für den Frieden". Hierfür hatte das evangelische Konsistorium einen Rahmen des in der Kirche Vertretbaren formuliert.[129] Ein Problem der Versammlung von Gruppen unter dem Dach der Kirche war und blieb die Kirchenfremdheit eines Teils ihrer Mitglieder, insoweit diese nicht bereit waren, sich an die Grundlagen kirchlichen Lebens und Sprechens binden zu lassen.[130]
Zum Herbst 1983 spitzte sich die Situation dramatisch zu. Da sich die Intention des Doppelbeschlusses von 1979[131] nicht erfüllt hatte, stand die Billigung einer Aufstellung weiterer US-Mittelstreckenwaffen in Westdeutschland bevor;[132] es folgte die sowjetische Ankündigung, weitere Raketen in der DDR und in anderen Ostblockländern zu stationieren. Während der heißen Phase der Nachrüstungsdebatte bemühte sich aber die DDR-Führung um eine besonnene Politik im Kontakt mit der Bundesrepublik. Hier bestand, wie auch die Kirche zu beachten hatte, die Ideologieformel „Friedenspolitik" zu Recht.

Für den 4. November 1983 planten Ostberliner Friedensgruppen und die Grünen eine gemeinsame Aktion: Den Botschaften der vier Mächte sollte eine Friedenspetition überbracht werden; zeitgleich war ein Demonstrationszug von der Friedrichstraße zum Staatsratsgebäude geplant. Die DDR-Organe verwehrten aber den Vertretern der Grünen die Einreise und drohten mit der Verhaftung aller Demonstranten. Bischof Forck erklärte sich bereit, persönlich die Petition an die Botschaften zu überbringen, wurde daran jedoch durch eine vorübergehende Abriegelung des Konsistoriums gehindert. Nach „Zuführungen" und Gesprächen mit kirchlich Verantwortlichen verzichteten die Demonstranten auf ihr Vorhaben.
Ein Nachfolgetreffen der Friedensgruppen „Konkret für den Frieden II" fand am 3./4. März 1984 mit etwa zweihundert Delegierten in Eisenach statt. Bischof Leich mahnte zu „Nüchternheit, Bereitschaft zum Kompromiß", auch zum „ganz kleinen Schritt" um der Erhaltung des Friedens willen.[133] Garstecki von der Theologischen Studienabteilung bezeichnete die Friedensbewegung als „eine soziale Emanzipationsbewegung", die der Realpolitik voraus sein müsse. Teilnehmer schilderten persönlich erlebte staatliche Übergriffe; es gab auch Kritik an Repräsentanten der Kirche.[134]

Ökologie als Thema von Kirche und Gruppen. – Das Friedensthema wurde mit der forcierten Militarisierung der DDR politisch brisant; mehr allmählich, im Kontakt mit der westdeutschen Umweltdebatte und zunächst ohne politische Konfrontation, vollzog sich die Bewusstseinsbildung zur Ökologie. Der BEK-Ausschuss „Kirche und Gesellschaft" hatte in einem Arbeitspapier von 1978 die „Verantwortung der Christen in einer sozialistischen Gesellschaft für Umwelt und Zukunft des Men-

---

129 Konsistorialbeschluss von Berlin-Brandenburg vom 1. März 1983 (vor dem Hintergrund auch des „Berliner Appells" von 1982; s. o. S. 152): Das Treffen dürfe „nicht zur Plattform einseitiger Positionen werden", die „die von der evangelischen Kirche vertretene Linie verlassen"; Neubert, 475.

130 Leich, 210.

131 Vgl. oben, S. 142.

132 Beschluss des Deutschen Bundestages vom 22. November 1983.

133 Der Tagungstitel „VERNUNFT MACHT FRIEDEN", den der für die Vorbereitung verantwortliche Altendorfer Friedenskreis vorgesehen hatte, war von der gastgebenden Kirche wegen der Anspielung auf die Machtfrage nicht gebilligt worden.

134 Neubert, 519 f.

schen" thematisiert. Es gebe eine Spannung zwischen „Fakten" und „Zielsetzungen" des Sozialismus, faktischer „Priorität des Ökonomischen vor dem Ökologischen" und der Verantwortung für eine „überlebensfähige Weltgesellschaft".

Der Ausschuss schlug angesichts der ökologischen Krise kleine praktische Schritte vor, durch die „in den Gemeinden" die Umkehr „exemplarisch Gestalt" gewinnen könne.[135] 1979 behandelte die Theologische Studienabteilung beim BEK das Ökonomie-Ökologie-Thema als „Beitrag zur Suche nach einem christlichen Lebensstil in der sozialistischen Gesellschaft". Im selben Jahr konnte eine kirchliche Delegation aus der DDR an der Ökumenischen Weltkonferenz in Boston über „Glaube, Wissenschaft und Zukunft" teilnehmen. Auf Bitten des BEK arrangierte Staatssekretär Gysi 1980 ein Expertengespräch zu Fragen der Nutzung und Sicherheit von Atomenergie. Bedeutsame Aktivitäten gingen vom „Kirchlichen Forschungsheim Wittenberg" aus, das für das Problemfeld „Glaube und Naturwissenschaft" zuständig war. Die hier von Pfarrer Dr. Gensichen geleitete praxisbezogene Arbeit fand starke Resonanz, so 1981 die Initiative „Mobil ohne Auto". Baumpflanzaktionen wie schon 1979 in Schwerin und Radfahrer-Sternfahrten sorgten für eine zunehmende Beachtung lokaler Umweltdesiderate.
Die theoretische Arbeit und die Gruppenaktionen zu Umweltproblemen zogen aber zunehmend die staatliche Beobachtung auf sich. Das Wittenberger Forschungsheim galt bald als ein „Zentrum für gegnerische Zielsetzungen", da es „alternative Bewegungen" in der DDR inspiriere und organisiere.[136] Die Organisatoren einer Demonstration beim Chemiewerk Buna 1983 wurden mit Geldstrafen belegt. 1984 führte die Umweltthematik besonders im sächsischen Raum zu einer Zuspitzung der Staat-Kirche-Situation: Die Kirche wurde beschuldigt, sich unter dem Deckmantel des Ökologie-Themas in staatliche Angelegenheiten „mit dem Ziel der Systemveränderung" einzumischen; gegen Beteiligte ergingen Strafurteile.[137]

Die Friedens- und Umweltaktivitäten trugen erkennbar zu einem Situationswandel bei. 1984 griff mit „Verantwortung für die Schöpfung" auch die BEK-Synode das Ökologiethema auf. Mit Bezug auf jene Aktivitäten konstatierte eine marxistische Studie 1985, die Kirche sei ungeachtet ihres Mitgliederschwunds von den 70er-Jahren an zunehmend öffentlichkeitswirksam geworden und habe eine „Ausstrahlung auf breitere Kreise der Bevölkerung".[138]

Gehen oder Bleiben – Ausreise aus der DDR. – Seit langem gab es den gesamtkirchlichen Konsens,[139] dass die Christen, auch wenn sie es könnten, nicht die DDR verlassen, sondern sie als den Ort für das ihnen aufgetragene Zeugnis und ihren Dienst an den Mitmenschen verstehen sollten. Mit dem Helsinki-Abkommen wurde dies in neuer Weise aktuell. Jetzt gab es zahllose Anträge auf „Entlassung aus der Staatsbürgerschaft der DDR". Auch durch schikanöse Behandlung und unabsehbare Wartezeiten ließen sich Ausreisewillige nicht abschrecken. Beschwerden gegen die Ablehnung von Anträgen, Hilfeersuchen an internationale Gremien, auch Aktionen wie das Aufsuchen von Botschaften der Bundesrepublik in Ostblockländern (Warschau, Prag, Budapest) verschafften dem Fluchtwillen große Publizität. 1984 genehmigte die DDR-Führung 21 000 Anträge, 1985 verließen nochmals 25 000 Menschen legal die DDR.

135 Neubert, 446 f.
136 MfS-Einschätzung 1982; Neubert, 449.
137 Bericht in der EKD-BEK-Beratergruppe am 7. März 1984; Besier 3, 60 f. 547.
138 Kirchenstudie 1985 der von O. Klohr geleiteten Forschungsgruppe „Wissenschaftlicher Atheismus"; Besier 3, 134 f.
139 So die kirchlichen Festlegungen von 1960 und 1976; oben, S. 75 f. 124

Was als Befreiungsschlag – Abgang einer staatsverdrossenen Minderheit – gedacht war, provozierte eine Flut neuer Anträge.[140]
Auch die Kirche war zunehmend vom Ausreiseproblem betroffen. Die kirchliche Stellung zum Leben und Bleiben in der DDR bedurfte der erneuten Prüfung und Vergewisserung.

Im Februar 1984 richtete Propst Falcke einen Rundbrief zur Frage „Warum bleibe ich eigentlich in der DDR?“ an die Pfarrer und Mitarbeiter seines Erfurter Sprengels. An ein seit langem resignativ-realistisch beachtetes Tabu rührte seine Bemerkung, er sehe keinen Grund, die „so beschaffene Grenze zu rechtfertigen“. Es gebe fragwürdige, aber auch unterstützungswürdige Ausreisegründe, so den schweren Konflikt „mit der politisch-ideologischen Macht“. Allen Enttäuschungen zum Trotz aber sollen wir „unser Land und unser Leben in ihm ... unter Gottes Herrschaft und Verheißung“ und die DDR als eine „veränderbare Größe in der offenen Geschichte“ sehen. Im „persönlichen, familiären und gemeindlichen Leben“ sei vieles möglich, „was dann auch gesellschaftlich-politisch relevant werden“ könne.[141] Bischof Krusche formulierte und entfaltete Ende 1985 als tragfähige „Grundlage für unser Bleiben in der DDR“ den Satz: „Weil Gott uns hier braucht“.[142] Die Theologische Studienabteilung dokumentierte kirchliche Stimmen zum Ausreisethema.[143] Die Publikation des Papiers 1985 zum traumatischen Datum des 13. August[144] führte zu einer scharfen Reaktion durch Staatssekretär Gysi. Doch die Meinung, nach einem Vierteljahrhundert sei auch das Thema der „Mauer“ offen anzusprechen, verstärkte sich.

3. Staat-Kirche-Verhältnis 1984/85

Erfahrungen des Lutherjahres und zunehmende Aktivitäten von Friedens- und Umweltgruppen bildeten den Hintergrund des Gespräches, das Staatssekretär Gysi im März 1984 mit dem Vorstand des Kirchenbundes führte.[145] Der KKL-Vorsitzende Hempel erläuterte das „Mandat der Kirche im Sozialismus“, verwies auf die problematische Rechtssituation in der DDR und verwahrte sich gegen den jüngst mehrfach erhobenen Vorwurf „konterrevolutionärer“ Aktivitäten: Das Wort und die Sache seien der Kirche fremd.

Die Evangelische Kirche, in der nicht nur Bischöfe und Pfarrer das Sagen haben, sondern „das ganze Volk Gottes“, auch Synoden und Verwaltungen, sei, wie Hempel betonte, ihrer differenzierten Struktur wegen eine „ständige Konfliktbewältigungsgemeinschaft“, benötige den „Bewegungsspielraum“ einer „breiten Schneise“ und sei insofern für den Staat kaum „berechenbar“. Man wirke darauf hin, dass in den Gemeinden und bei den Gruppen, „die anders sind als wir“, die „sozialistischen Gesetze“ eingehalten werden, „solange es geht“. Doch infolge von „Rechtsunsicherheit“, unpräzisen Gesetzen und „verdeckter Jurisprudenz“ werde „gegebenenfalls überall Illegalität“ gesehen. Die Kirche repräsentiere zwar nicht die gesamte

140 1984 hatten einschließlich freigekaufter Häftlinge und von Besuchsreisen nicht Zurückkehrender etwa 35 000 Menschen die DDR verlassen; Neubert, 526.
141 Schultze u. a., gehen oder bleiben, 220–225.
142 Vortrag vor dem Lückendorfer Arbeitskreis am 9. Nov. 1985; Schultze u. a., gehen oder bleiben, 72.
143 Garstecki, Leben und Bleiben in der DDR – Gedanken zu einem neuen und alten Thema.
144 Als epd-Dokumentation 41a85 zu einem Kommentar von R. Henkys zum 13. August.
145 Gespräch am 30. März 1984; BArch-O 4, 1456.

Gesellschaft; doch sei sie „für alle da";[146] es gebe auch ein „stellvertretendes Reden" in der Gesellschaft. Er würde zwar seine Formulierungen von Potsdam-Hermannswerder[147] so nicht wiederholen, doch wenn es mit der Ausreisewelle „so weitergeht", werde er sich als sächsischer Bischof „an die Öffentlichkeit meiner Christen wenden" müssen. Auch andere Vorstandsmitglieder mahnten die Klärung dringlicher Fragen an: Jetzt endlich müsse es ein Gespräch mit dem Volksbildungsministerium geben; um der „Glaubwürdigkeit des 6. März" willen könne es nicht bei dem „reinen Nein von Frau Minister Honecker" bleiben.[148]

Staatssekretär Gysi signalisierte Hörbereitschaft: Das von Hempel vorgetragene „Programm" ermögliche eine „konstruktive Arbeit von Staat und Kirche". Was zu den Bildungsfragen gesagt wurde, verstehe er als einen auf „die Angemessenheit der Mittel" bezogenen „Hinweis an den Staat". Als sich drei Monate danach noch nichts bewegt hatte, erklärten Stolpe und BEK-Sekretär Ziegler gegenüber dem Staatssekretär, die Kirchenleitungen könnten ohne greifbare Ergebnisse bis zur Bundessynode dem vor Ort spürbaren Druck nicht widerstehen: Die Alltagsfragen schlügen „voll auf das allgemeine Verhältnis von Staat und Kirche" zurück. Da ein Gespräch zu Bildungsfragen mit Spitzenverantwortlichen offenbar nicht möglich sei, regte Stolpe einen offenen Austausch „in einem sehr kleinen Kreis" über die „Situation junger Christen in der Schule" an. Gysi reagierte ausweichend.[149]

Acht Tage danach führten KKL-Vorstandsmitglieder ein erstes Gespräch mit Werner Jarowinsky, dem neuen ZK-Sekretär für Kirchenfragen.[150] In der jetzt gängigen Terminologie befürwortete dieser für das Staat-Kirche-Verhältnis eine „Koalition der Vernunft"[151] als „Koalition der Vernünftigen"; es gelte, „gemeinsam den Sozialismus besser zu machen". Das klang nach einer „partnerschaftlichen" Rolle, die bislang der Kirche im Interesse des Führungsanspruchs der SED entschieden verweigert worden war.[152]

Im September 1984 tagte die Bundessynode zum Thema „Christliche Verantwortung für die Schöpfung". Ein Expertengespräch knapp vier Wochen zuvor über „Umwelt-

146 Hempel bezog sich für den seit 1984 oft gebrauchten Satz „Die Kirche ist für alle da, aber nicht für alles!" auf Bischof Leich, der aber seinerseits auf die Urheberschaft von Bischof Krusche verweist; Leich, 203.

147 Hempels Antwort auf die Anfrage des Synodalen Semper; oben, S. 160.

148 So Bischof Gienke nach eindringlicher Schilderung der Situation mit vielen Beispielen. Hempel hatte den „Volksmund" zitiert: „Die EOS [Zulassung zur Erweiterten Oberschule] muß man sich freischießen".

149 Er müsse prüfen, ob dies „ein neuer Vorschlag" sei; man müsse „Positionen des Mißtrauens abbauen" und angesichts der politischen Gesamtlage „nach innen wie nach außen eine Koalition der Vernunft" bilden; Gespräch Gysis mit Stolpe und Ziegler am 21. Juni 1984; BArch-O 4, 1437.

150 1984 endete die ZK-Tätigkeit des 73-jährigen Paul Verner, der ein Vierteljahrhundert lang (seit 1958) in der SED für Kirchenfragen leitend verantwortlich gewesen war. Jarowinsky übernahm das Kirchenressort zusätzlich zur Verantwortung für Handel und Versorgung.

151 Honecker benutzte diese Formulierung neuerdings im deutschlandpolitischen Zusammenhang.

152 Die Wendung, den „Sozialismus besser" machen zu wollen, tangierte auch (dem Amts-Neuling wohl nicht bewusst) das SED-Trauma des Prager Reformsozialismus von 1968 und die schroffe Ablehnung der Rede von einem besseren („verbesserlichen") Sozialismus; vgl. oben, S. 111 f., 123

schutz“ ließ Entgegenkommen erhoffen. Die Kirchenvertreter versicherten, dass ökologische Aktivitäten kirchlicher Gruppen und Gemeinden „nicht gegen den sozialistischen Staat gerichtet“ seien, sondern, „selbst wenn sie manchmal spektakulär wirken“, die verfassungsgemäße „Verantwortung zum Schutz von Natur und Umwelt“ wahrnehmen.[153] Zur Synode notierte Gysi Zurückhaltung bei Teilnehmern, die sonst „im Umweltschutz ein neues Konfrontationsfeld suchten“. Alle gravierenden Konfliktfelder kamen wieder zur Sprache, doch konstatierten SED-Beobachter eine gewisse „Mäßigung in Stil und Ton“.[154] Für kritische Aufmerksamkeit sorgte die im KKL-Bericht benutzte Formulierung „Grundvertrauen zwischen Staat und Kirche“. Hempel hatte dabei das „Vertrauen wagen!“ des Lutherjahres im Blick; bei kritischem Hören aber drängte sich das Beschwören „vertrauensvoller“ Beziehungen in der Vereinnahmungsrhetorik von SED und CDU auf.

Im KKL-Bericht hieß es, der nunmehr 35-jährige „beiderseitige Lernprozeß“ ermögliche es, „von einem Grundvertrauen zwischen Staat und Kirche zu sprechen“. In geschlossener Sitzung wurde hierzu kontrovers diskutiert. „Grundvertrauen“ bedeute nicht „vertrauensvoll“ (Domsch). „Wir sollten den Staatsvertretern die Angst nehmen“ (Sup D. Mendt). In der Gysi-Rede beim Synodalempfang habe es beeindruckende Zwischentöne gegeben (Schorlemmer). Sup Große/Saalfeld protestierte gegen die nicht vom Gesamtgremium der KKL gebilligte Formulierung: Da es zu viel „Grundmißtrauen“ gebe, könne von einem „Grundvertrauen“ keine Rede sein.[155] Von westlicher Seite wurde bei der nächsten BEK-EKD-Konsultation gefragt, ob jener Begriff „eine stärkere Nähe der Kirche zum Staat als vor zehn Jahren zum Ausdruck bringe“. Ziegler entgegnete, dass „die Kirchen in der DDR ihr Verhältnis zum Staat mit Ja und Nein“, nicht mehr nur durch ein Nein charakterisierten.[156]

Stetig aber ohne Erfolg hatte die Kirche die Klärung dringlicher Fragen angemahnt. Für 1985, sieben Jahre nach dem „6. März“, erhoffte man Fortschritte von einer Begegnung zwischen dem KKL-Vorsitzenden Hempel und dem Staatsratsvorsitzenden Honecker. Der KKL-Vorstand wollte anlässlich des 40. Jahrestags der Zerstörung Dresdens Honecker in das dortige Diakonissenmutterhaus einladen, um den 1978 erklärten Grundsatz der Gleichberechtigung aller Bürger zu bekräftigen; weiteres erhoffte man von einem baldigen Gespräch Honeckers mit dem KKL-Vorstand. Statt jener Einladung zu folgen, empfing Honecker Bischof Hempel am 11. Februar in Berlin mit der Maßgabe, dass keine konkreten Anliegen der Kirche vorgetragen würden. Durch die „Festigung persönlichen Vertrauens“ könnten, wie Gysi zuvor betont hatte, auch ohne Klärung von Sachproblemen „Gleise gelegt werden“. Bei der Begegnung mit Honecker äußerte Hempel den Wunsch nach vernünftigen Arbeitsbeziehungen auf der Linie des 6. März und betonte den Wunsch nach „handhabbaren Richtlinien“ für die „Gleichberechtigung und Gleichachtung auch christlicher Bür-

153 SED und Regierung waren u. a. durch Bellmann und Gysi vertreten, die Kirche u. a. durch Ziegler, Sup Ludwig Große (Mitglied der KKL) und Dr. Gensichen; Information über das Gespräch vom 28. Aug. 1984 (Dr. Wilke); BArch-O 4, 1456.

154 Die West-Medien hätten Äußerungen zum „Konfliktpotential gegen den sozialistischen Staat“ hochgespielt; Information der ZK-AG Kirchenfragen zur BEK-Synode in Greifswald vom 21.–25. Sept. 1984; SED und Kirche 2, 513–518 (zit. 514 f.).

155 Information (wie vorige Anm.), 515; Besier 3, 96 f.

156 Konsultation vom 29. Okt. 1984; Konsultationen, 129.

ger". Vertrauen werde in dem Maße wachsen, „wie es für die Menschen an der Basis erfahrbar ist".[157] Honecker akzeptierte die Bitte um ein problembezogenes Gespräch mit dem KKL-Vorstand; sie wurde nie realisiert. – Am Abend des 13. Februar predigte Hempel vor dreieinhalbtausend Menschen in der Dresdner Kreuzkirche: Der Christ müsse „dem anderen in die Augen und nicht auf das Abzeichen sehen"; er bezog dies ausdrücklich auch auf „Staatsvertreter, Staatsfunktionäre und Parteigenossen".[158] Der Landesbischof hatte an der Dresdner Großkundgebung zum 40. Jahrestag der Zerstörung teilgenommen, nicht aber am Staatsakt in der wieder eröffneten Semperoper.
Am gesamtpolitischen Horizont zeichnete sich eine Veränderung ab. Im März 1985 wurde Michail Gorbatschow, der schon durch seine offene, undoktrinäre Sprache Aufmerksamkeit erweckt hatte, Generalsekretär der KPdSU. Im Zentrum kommunistischer Macht bahnte sich nach jahrzehntelanger Verweigerung von Reformen ein Wandel an. Bei der SED aber stieß die kirchliche Bitte um das zugesagte substantielle Spitzengespräch auf Abwehr.

Auf eine BEK-Anfrage im Staatssekretariat Ende April erging der Bescheid, diese Sache würde vom Staat „nicht billig gemacht werden". Man werde sich nicht auf Forderungen und eine „Pression, etwas zu erreichen", einlassen. Es gehe darum, ob *die Kirche* bereit sei, sich zum Sozialismus „neu zu erklären".[159] Ein von Stolpe und Ziegler erarbeitetes, im August 1985 unterbreitetes Konzept des KKL-Vorstandes für ein Spitzengespräch[160] stieß SED-intern auf einhellige Abwehr: Der Vorschlag sei „völlig einseitig" (Gysi), mit verstärktem Druck wolle man politische Zugeständnisse erreichen (Jarowinsky), das Stichwort „menschliche Erleichterungen" sei SPD-inspiriert (Bellmann). Auch komme vor dem SED-Parteitag 1986 ein Spitzengespräch nicht in Betracht. Bellmann empfahl aber, da eine generelle Absage „neue Probleme" schaffen würde, Sondierungsgespräche ohne Terminfestlegungen.[161] – Die zum 13. August publizierte ThSA-Dokumentation zum Ausreisethema weckte neue Befürchtungen bei der SED. Stolpe suchte sie durch den Hinweis auf die nur kircheninterne Verbreitung des Papiers zu beschwichtigen, verwies aber auch auf die Grenzen kirchlicher Möglichkeiten der Konfliktvermeidung: Die Ökologie- und Friedensgruppen tendierten wegen kirchlicher Einrede dahin, sich von der Kirche zu lösen.[162] Zehn Tage vor der Bundessynode bot ein Expertengespräch zu Menschenrechtsfragen die Gelegenheit, dem Staat nahe zu legen, im Hinblick auf Westreisen „mehr Vertrauen" in die Bürger zu investieren.[163]

157 Damit bekräftigte Hempel den für die Kirche entscheidenden Aspekt des Gespräches von 1978. Der Text seiner Ansprache wurde durch eine BEK-Schnellinformation noch am selben Tag innerkirchlich verbreitet; Kundgebungen BEK 2, 181–183 = Unterwegs, 261–263 = SED und Kirche 2, 519–521.

158 Besier 3, 120 f.

159 HAL Heinrich gegenüber Ziegler am 23. April 1985; Besier 3, 124.

160 Gemeinsame Aufgaben wie Frieden und internationale Solidarität sollten betont, aber auch konkrete Fragen gelöst werden, u. a.: „Unbürokratische Behandlung der Bürger", bessere „Reisemöglichkeiten in dringenden Familienangelegenheiten", „Gleichberechtigung und Gleichachtung" im Bildungswesen; Vorschlag des KKL-Vorstandes vom 14. Aug. 1985; Besier 3, 637 f. (Anm. 1075).

161 Stellungnahmen von Gysi, Jarowinsky und Bellmann am 20./21. Aug.; Besier 3, 133–138.

162 Gespräch zwischen Gysi und Stolpe am 28. Aug. 1985; BArch-O 4, 968.

163 Durch das Gespräch vom 12. Sept. 1985 wollte der Staat „gemeinsame Grundpositionen" zur KSZE und zu den Menschenrechten festigen. Zu den kirchlichen Teilnehmern gehörten G. Krusche und Frau Lewek von der Arbeitsgruppe Menschenrechte des BEK sowie Stolpe und Zeddies; BArch-O 4, 1456.

Die Dresdner Bundessynode 1985 bekräftigte angesichts des Rüstungswettlaufs ihre 1982 und 1983 erklärte „Absage an Geist, Logik und Praxis der Abschreckung". Dem ökumenischen Projekt „Konzil des Friedens" galt ein Beschluss zu dessen Vorbereitung im Kirchenbund und der Ökumene.[164] In der Synodaldebatte kamen wegen der anhaltenden staatlichen Weigerung, auf dringende Desiderate einzugehen, die Konfliktthemen (Rechte der Bürger, Bildungs- und Jugendpolitik, Erweiterung von Reisemöglichkeiten) nachdrücklich zur Sprache. Der Staat registrierte viele „provokatorische und diffamierende Aussagen";[165] Jarowinsky unterstellte eine mit den Westmedien abgestimmte „raffinierte Regie", deren Ziel es gewesen sei, die „erreichten kirchlichen Wirkungsmöglichkeiten" abzusichern und zugleich „verstärkten Druck" auf den Staat und auf kooperationswillige („realistische") Kirchenvertreter auszuüben.[166] Gegenüber jenen „feindlich und reaktionär" auftretenden Kräften seien „unverzüglich Maßnahmen" in deren „kirchlichen Wirkungsbereichen bzw. ihrem beruflichen Umfeld" einzuleiten.[167]
In den Gottesdiensten und Veranstaltungen der Friedensdekade 1985 zeigte sich die politische Relevanz ihres Themas: „Frieden wächst aus Gerechtigkeit". Der Staat vermerkte stärkere Aktivitäten westlicher Journalisten und Diplomaten sowie „negativer Kunst- und Kulturschaffender".[168] Briefe an Honecker forderten „Redefreiheit, Versammlungsfreiheit, Pressefreiheit, Entmilitarisierung des Bildungswesens, Erweiterung der Reisemöglichkeiten". Der Magdeburger Akademieleiter Tschiche übte scharfe Kritik an der Staatsmacht: Eine herrschende „Minderheit" verteidige „ihre Macht mit allen Mitteln", sei aber unfähig, herangereifte Probleme wie Umweltschutz und Menschenrechte zu lösen. Es müsse „Strukturveränderungen" geben.[169]

4. Kirchenbund und EKD 1979–1985

Die „besondere Gemeinschaft" der evangelischen Christenheit in Deutschland (Art. 4, 4 der Ordnung des BEK) wurde trotz staatlicher Behinderungen in wachsendem Umfang praktiziert. Auf der institutionellen Ebene diente ihr die seit 1969 regelmäßig tagende EKD/BEK-Beratergruppe. Nach phasenweise unbefriedigender Kommunikation, auch wegen der Größe und Fluktuation dieser Gruppe, veranlasste Anfang 1980 die Friedensthematik die Bildung einer kleineren Konsultationsgruppe, deren Auftrag und fester Mitgliederbestand eine verbindlichere Arbeitsweise ermög-

164 Beschluss und Erklärung vom 24. Sept. 1985; Gemeinsam unterwegs, 251 f. 268 f.
165 Information vom 26. Sept. über die BEK-Synode Dresden vom 20.–24. Sept. 1985; BArch-O 4, 951.
166 Jarowinsky, Einschätzung der BEK-Synode vom 20.–24. Sept. 1985 in Dresden, am 27. Sept. an Honecker, von diesem sogleich an die Politbüromitglieder übermittelt; SED und Kirche 2, 521–524 (zit. 522 f.).
167 SED und Kirche 2, 521–524 (zit. 524).
168 Für Berlin wurden als Mitwirkende u. a. genannt: Stephan Krawczyk, Freya Klier, Barbara Thalheim, Reinhold Andert, Lutz Rathenow; Einschätzung der Friedensdekade in Berlin durch den Stellv. OB Hoffmann an Gysi, 25. Nov. 1985; BArch-O 4, 770. 180–188.
169 Äußerungen Tschiches laut Einschätzung (wie vorige Anm.).

lichte.[170] Wie schon seit den 50er-Jahren erschwerte das Leben in zwei sehr verschiedenen Welten die Verständigung. Für das Miteinander und das Finden einer gemeinsamen Sprache galt die Maxime gegenseitiger Rücksichtnahme und politischer Zurückhaltung. Dass dies bei öffentlichen Äußerungen zur eskalierenden Nachrüstung nicht beachtet wurde, machte der Konsultationsgruppe zu schaffen.

Die Regionalsynode Ost von Berlin-Brandenburg hatte sich im Frühjahr 1983 mit einem „Friedensbrief" an die Regionalsynode West und andere Kirchen gewandt. Sie bat, an vertrauensbildenden Schritten mitzuwirken, und wertete den Dienst als Bausoldat bzw. die Wehrdienstverweigerung als ein gegenüber dem militärischen Dienst „deutlicheres Zeichen" für den Frieden.[171] Beim Deutschen Evangelischen Kirchentag in Hannover im Juni 1983 stellten Delegierte aus dem BEK ein Statement zur Sicherheitspartnerschaft vor, das von den fast 13 000 Anwesenden angenommen wurde.[172] Als befremdlich wurde von vielen das Gruß- und Schlusswort von Bischof Hempel bei der EKD-Festveranstaltung am 30. Oktober 1983 in Worms empfunden. Nachdem politische Prominenz[173] Person und Bedeutung Luthers gewürdigt hatte, mahnte der BEK-Vorsitzende zum Verzicht auf die Raketennachrüstung,[174] zu der unmittelbar anschließend auch die EKD-Synode votieren wollte. Die spätere Erörterung in der Konsultationsgruppe zeigte die spannungsvoll-komplexe Situation. Man habe, wie es aus westlicher Sicht hieß, von Hempel „ein geistliches Schlusswort erwartet"; er habe die Ängste von Bundesbürgern vor sowjetischer Bedrohung offenbar nicht verstanden. Den östlichen Teilnehmern ging es darum, die durch das Wettrüsten verursachten Ängste anzusprechen; jede weitere Aufrüstung gehe in die falsche Richtung.[175]
Das „Reden im jeweils anderen Bereich" wurde in der Konsultationsgruppe zum Thema gemeinsamen Nachdenkens. Zwar könne für die Kirche, die über alle Grenzen hinweg *eine* ist, nicht das völkerrechtliche Prinzip der „Nichteinmischung" gelten, doch der Respekt vor der besonderen Verantwortung eines anderen Amtes sei unverzichtbar. In der Ost-West-Situation werde „uns aus der Bundesrepublik mehr Rücksicht abverlangt als euch aus der DDR" (Präses von Heyl). Eine Kirche, die Verfolgungssituationen kennt, gewinne mit der „Aura des Gerechten" einen „Glaubwürdigkeitsvorsprung". Zu den Bedingungen des Redens „von der anderen Seite der Grenze" her gehöre auch die Sinnveränderung von Sätzen beim Übergang in einen anderen Kontext.[176]

Der 40. Jahrestag des Kriegsendes veranlasste eine vielfältige Rückbesinnung. Seit August 1984 beriet die BEK-EKD-Konsultationsgruppe über ein gemeinsames Wort, das die Stuttgarter Erklärung von 1945 mit einem zukunftsoffenen Situationsbezug aktualisieren sollte. Die Arbeit an den Entwürfen zeigte die Brisanz von Stichworten wie „Befreiung" und „Vertreibung", „Frieden" und „Einheit". Mit der fünften Fassung vom Januar 1985 lag der endgültige Text vor, der im März freigegeben wurde.

---

170 Von 1980 bis 1990 gab es über 40 Tagungen; Konsultationen, 27–30.
171 Radatz/Winter, Einheit, 72.
172 Die u. a. von Elisabeth Adler, H. Falcke, G. Krusche, W. Romberg, A. Schönherr und C. Ziemer vertretene Erklärung beruhte auf einer Arbeit der Theologischen Studienabteilung: Sicherheitspartnerschaft und Frieden in Europa. Aufgabe der deutschen Staaten, Verantwortung der deutschen Kirchen; epd-Dok 10/83 vom 29. 4. 1983.
173 Ministerpräsident Vogel, Bundeskanzler Kohl und Bundespräsident Carstens.
174 Hempel: „Wir meinen, daß weitere Raketen weitere Raketen gebären – sonst nichts"; KJ 1983, 58.
175 Konsultation vom 1./2. Dez. 1983; Konsultationen, 108 f.
176 Cornelius von Heyl, Zur Problematik des Redens im jeweils anderen Bereich. Referat vor der Beratergruppe BEK/EKD am 6. Sept. 1984; Konsultationen, 595–599.

Die Kirchen erklärten in ihrem Gemeinsamen Wort, sie erführen „rückschauend“ das Kriegsende „als Befreiung zu neuem Zeugnis von Gottes Gnade und zu neuem Dienst an Gottes Welt“. „Es wurde uns schwer, die Realität zweier deutscher Staaten anzunehmen“[177] und „die organisatorische Einheit der deutschen evangelischen Kirche aufzugeben“, um unter den jeweiligen Bedingungen Zeugnis und Dienst eigenständig ausrichten zu können. „Wir haben lange gebraucht“, um Vorurteile gegenüber den Siegermächten abzubauen, an einem „neuen Vertrauen“ mitzuwirken und das „gemeinsame Zeugnis unserer Kirchen für den Frieden“ als Herausforderung und Chance zu erkennen. Das „Wir klagen uns an ...“ der Stuttgarter Erklärung sei auch auf manche Entwicklung der letzten vierzig Jahre zu beziehen. An die „Regierungen der beiden deutschen Staaten“ richtete sich die Bitte, ihre Verantwortung für den Frieden wahrzunehmen, und der Dank „für alle nüchterne und behutsame Politik zwischen beiden deutschen Staaten“. Sie sollten beim Reden über Staatsziele „keine unerfüllbaren Hoffnungen“ wecken, aber alles tun, um „bis heute bestehende Belastungen der Menschen zu mildern“.[178]

Das Gemeinsame Wort wurde von staatlicher Seite in der DDR wie auch in der Bundesrepublik positiv aufgenommen,[179] eignete sich aber nicht zur Verlesung in Gemeindegottesdiensten und fand in den Gemeinden nur geringe Resonanz. Dass es von schon erfahrbarer Versöhnung ausging, erschien vielen angesichts der noch andauernden Blockkonfrontation schwer verständlich.[180] Scharfe Reaktionen kamen aus dem rechten Spektrum der westdeutschen Publizistik: Mit diesem Wort missachte die EKD das Wiedervereinigungsgebot des Grundgesetzes.[181]

---

177 Erst nach „sehr kontroversen Diskussionen“ in der Konsultationsgruppe wurde von der EKD-Seite das Einverständniswort „annehmen“ (statt „hinnehmen“ als Ausdruck mentalen Vorbehalts) akzeptiert; Prälat Binder 1994 vor der Enquete-Kommission des Bundestages; Besier 3, 604, Anm. 882.

178 Wort zum Frieden des BEK und der EKD zum 40. Jahrestag des Endes des Zweiten Weltkrieges; Konsultationen, 299–304 = KJ 1985, 110–113.

179 Noch 1984 hatte die SED gefordert, politischen Neutralismus „offensiv zu überwinden“; die Verantwortung beider deutscher Staaten für den Frieden dürfe nicht zu „gesamtdeutschen kirchlichen Konzeptionen“ führen; Besier 3, 77.

180 BEK-EKD-Konsultation vom 13. Mai 1985; Konsultationen, 139 f.

181 In einem Offenen Brief vom 24. März 1985 warf der Verleger Axel Springer dem EKD-Ratsvorsitzenden Eduard Lohse vor, die EKD leugne „in politischer Kameraderie mit der DDR-Führung, den Grünen und Teilen der SPD das Offensein der deutschen Frage“; Besier 3, 111.

Kapitel 6
Gesellschaftliche Diakonie zur Friedlichen Revolution (1986-1990)

A VERGEBLICHES HOFFEN AUF FORTSCHRITT 1986/87

1. Kirchliches Drängen auf Wandel – Hinhalten bei der SED

Noch ein Jahr nach der Honecker-Hempel-Begegnung stand eine Klärung wichtiger Fragen nicht in Aussicht. Zwar hatte der Kirchenbundvorstand Honeckers Gesprächszusage, doch eine Absprache über Termin und Inhalte kam nicht zustande.[1] Die spannungsvolle Stagnation hielt an. Der SED-Parteitag im April 1986 trug für die Kirchenpolitik nichts aus. Was in dessen Vorfeld ZK-Sekretär Jarowinsky dem Politbüro über kirchliche Dinge vortrug, diente angesichts beunruhigender Details dem Nachweis, der Ressortverantwortliche habe erfolgreich agiert.[2]
Neuer KKL-Vorsitzender wurde Landesbischof Leich, da Hempel wegen seiner landeskirchlichen und ökumenischen Aufgaben[3] hierfür nicht mehr zur Verfügung stand. In zwei Landeskirchen wurde das Bischofsamt neu besetzt. In Mecklenburg folgte 1984 auf Heinrich Rathke (1970–1983) Christoph Stier, wie sein Vorgänger mit befristeter Amtszeit.[4] In Görlitz wurde 1986 Hans-Joachim Wollstadt (1979–1985) durch Joachim Rogge abgelöst.[5] Bei der Frühjahrssynode in Berlin-Brandenburg, wenige Tage vor dem SED-Parteitag, sprach Bischof Forck von dominierender Erwartungslosigkeit, ja Resignation in Kirche und Gesellschaft.

1 Sachstandsbericht der KKL bei der Konstituierung der V. BEK-Synode am 31. Jan. 1986; SED und Kirche 2, 493.

2 Jarowinsky erwähnte, „diffamierende Angriffe“ und „Provokationen“ durch „reaktionäre Kräfte“ hätten zugenommen. Kirchliche Zustimmung zu Gorbatschows Abrüstungsvorschlag wertete er als Erfolg der SED-Differenzierungspolitik; er zitierte hierzu ganz unüblich seitenlang Äußerungen kirchenleitender Personen; Anlage zum Politbüro-Beschluss vom 7. Jan. 1986; SED und Kirche 2, 492. 524–530.

3 Seit 1983 war Landesbischof Hempel einer der sieben Präsidenten des ÖRK.

4 Christoph Stier (*1941) war seit 1976 mecklenburgischer Landespastor für Weiterbildung und Akademiearbeit gewesen. Stier protestierte im Herbst 1985 gegen gesteigerte Aktivitäten und Pressionen des MfS in der Kirche; dies führe zu wachsendem Misstrauen zwischen Staat und Kirche; Gespräch am 1. Nov. 1985 mit dem Vorsitzenden des RdB Schwerin, R. Fleck; Besier 3, 124.

5 Der Reformationshistoriker Dr. Dr. h. c. Rogge (*1929, seit 1962 Dozent für Kirchengeschichte am Sprachenkonvikt Berlin, seit 1977 Präsident der Kirchenkanzlei-Ost der EKU) wurde nach seiner Wahl zum Bischof auch Honorarprofessor an der Sektion Theologie in Berlin. Er betätigte seine Kommunikationsgabe lebhaft und engagiert – innerkirchlich, zur ökumenischen Nachbarschaft hin und gegenüber staatlichen Instanzen.

Am 25. Jahrestag des Mauerbaus gab es einen spektakulären Protest. Der Berliner Vikar Reinhard Lampe kettete sich mit einem Schild „Die Mauer tönt im Kopf“ an ein Fensterkreuz nahe der Mauerecke bei der Bernauer Straße. Westliche Journalisten waren zur Stelle und setzten auch die Verhaftung des Protestierenden ins Bild. Die Kirche übernahm die Rechtsvertretung des Vikars, der zu einer Haftstrafe auf Bewährung verurteilt wurde.[6] Dass kurz danach, am 1. September, der Kirchenbund zu den Teilnehmern des vom DDR-Friedensrat veranstalteten „Friedensreports“ gehörte, stieß in der Kirche auf Unverständnis.

Der DDR-Friedensrat hatte auch den BEK zur Beteiligung am „Friedensreport“ eingeladen, der bei einem Empfang zum Weltfriedenstag Honecker zu überreichen und an die UN weiterzuleiten sei. Bedingung des Kirchenbundes war, mit einem „eigenständigen nichtintegrierten Beitrag“, nicht als „Mitglied der DDR-Friedensbewegung“ aufzutreten. Nach Irritationen bis zuletzt[7] unterließ die DDR-Berichterstattung den Hinweis auf die kirchliche Eigenständigkeit und gab die Rede des BEK-Synodalpräses verstümmelt wieder.[8] Dem KKL-Vorstand wurde nun aus der Kirche ein „unerträglicher Opportunismus“, das Bündnis von „Thron und Altar“ vorgeworfen; man habe „Kinder, Jugendliche und Eltern brüskiert“. Der Unmut hielt lange an. BEK-Präses Dr. Gaebler erklärte, er stünde „so schnell für solche Dinge nicht mehr zur Verfügung“.[9]
Die Reaktorkatastrophe von Tschernobyl im April 1986 verlieh der Debatte zu Umweltfragen aktuelle Brisanz. Öffentliche Aufmerksamkeit weckten aber vor allem synodale Äußerungen zu den Themen Wehrdienst, Volksbildung und Reisebeschränkungen, die das Westfernsehen[10] publik machte. Die SED wertete die sich häufenden „Anfragen und Angriffe“ als Versuch, „eine Kursänderung“ einzuleiten.[11] Es müsse aber beim „geduldigen und vertrauensvollen“ Staat-Kirche-„Gespräch über alle Fragen“ bleiben. Um den KKL-Vorsitzenden Leich bei der Linie des 6. März zu halten, erwog man ein Entgegenkommen bei Baubilanzen und der DDR-Berichterstattung über kirchliche Ereignisse, auch die bisher verweigerte Zulassung von Bausoldaten zum Hochschulstudium.[12]

Die staatliche Absicht, mit Hilfe der Kirchenleitung dem wachsenden Drängen auf Veränderung Einhalt zu gebieten, erwies sich als chancenlos. Das innenpolitische

---

6 Lampe forderte aber weiterhin mit innerkirchlichen Flugblättern Reisefreiheit. Gemeinsam mit anderen richtete er 1987 hierzu Eingaben an die Berlin-Brandenburgische und an die Bundessynode; s.u. S. 177.

7 Der kirchliche Informationstext dürfe beim Friedensengagement junger Christen nicht die Begriffe „Evangelische Studentengemeinde“ und „Junge Gemeinde“, sondern nur Umschreibungen benutzen; BArch-O 4, 1457.

8 Gegen die Absprache wurden auch die Namen der BEK-Teilnehmer, Präses Dr. Gaebler und OKR Christa Lewek, alphabetisch in die Teilnehmerliste eingeordnet. Der KKL-Protest blieb unbeantwortet.

9 KKL-Tagung am 5./6. Sept. 1986; Besier 3, 175–179. Ein ena-Bericht vom 4. Sept. informierte innerkirchlich über den Honecker-Empfang; BArch-O 4, 1457.

10 Es fiel auf, dass bei der BEK-Synode zu den Beiträgen bekannter Kritiker wie Falcke, Große, Garstecki oder Schorlemmer regelmäßig die Scheinwerfer aufleuchteten.

11 Die ZK-Arbeitsgruppe Kirchenfragen sprach von dem nicht zu duldenden Versuch der Kirche, „als … Partner des Staates aufzutreten, im Interesse aller Bürger zu sprechen und sich in staatliche Angelegenheiten einzumischen“; Information zur Erfurter BEK-Synode vom 19.–23. Sept. 1986; SED und Kirche 2, 532–537 (zit. 534 f.).

12 Aufgabenstellung für ein Gespräch mit Landesbischof Dr. Leich, 17. Okt. 1986, [von Gysi?] an Jaro[winski] und R. B[ellmann]; BArch-O 4, 967.

Reformprogramm Gorbatschows – „Glasnost" und „Perestroika"[13] – war rasch in aller Munde und brachte die SED in Argumentationsnot. Es wurde klar, dass die DDR-Führung innenpolitisch nicht mehr mit dem bisherigen Rückhalt aus Moskau rechnen konnte. Nachdem die Menschen jahrzehntelang auf den Vorbildcharakter der Sowjetunion eingeschworen wurden („Von der Sowjetunion lernen, heißt siegen lernen!"), erklärte nunmehr der SED-Chefideologe Kurt Hager, der von der KPdSU eingeschlagene Weg sei „nicht als Modell für die anderen sozialistischen Länder" zu betrachten, und verhöhnte mit einem kaltschnäuzigen Diktum dringliche Erwartungen der Bevölkerungsmehrheit.[14] Bei einem Empfang des KKL-Vorstandes im Mai 1987 wies Staatssekretär Gysi kirchliche Erwartungen zurück: Gorbatschows Initiativen könne man nicht einfach auf die DDR übertragen. Es könne zwar Gespräche zu einzelnen Fragen geben, doch neue generelle Lösungen bei Bildungs- und Wehrdienstfragen erst dann, „wenn die allgemeinen Verhältnisse dafür reif" seien.[15]

Ab 1985/86 gewann der Plan eines Konzils für den Frieden deutlichere Konturen.[16] Nach einer Empfehlung der ÖRK-Vollversammlung in Vancouver 1983 sollten sich alle Kirchen in einem „konziliaren Prozess" zu einem „Bund" zusammenfinden, um Christus zu bekennen gegen die dämonischen Mächte der Zeit (Rassismus, Klassen- und Kasten-Herrschaft, Militarismus, Missstände der Wirtschaftsordnung u. a.). Die Empfehlung ging von einer Initiative der DDR-Delegation aus, die unter Federführung von Heino Falcke an einen gleichartigen Appell Bonhoeffers von 1934 anknüpfte. 1984 proklamierte der Ökumenische Rat das Konzil für 1990 und beschloss einen darauf bezogenen Vorbereitungsprozess. Die Synode der Kirchenprovinz Sachsen und die BEK-Synode erklärten 1985 ihre Absicht zur aktiven Beteiligung. Die Kirche solle gemeinsam mit „Bundesschluss"-Gruppen das volle Friedensengagement leben. Es gehöre zur Offenheit der Volkskirche, dass in ihrer Mitte auch „Gruppen" die Verbindlichkeit einer Freiwilligkeitskirche praktizieren.[17] Auf landeskirchliche Einladung hielten die Basisgruppen wie seit 1983 die Jahrestagung des Seminars „Konkret für den Frieden", 1986 in Stendal in der Kirchenprovinz Sachsen. Die kirchliche Einbindung blieb für die Gruppen unverzichtbar; einzelne Stimmen mahnten aber, ihre Eigenständigkeit zur Geltung zu bringen.[18]

13 „Durchsichtigkeit" politischer Vorgänge und positiver „Wandel" der Verhältnisse.

14 „Würden Sie, nebenbei gesagt, wenn Ihr Nachbar seine Wohnung neu tapeziert, sich verpflichtet fühlen, Ihre Wohnung ebenfalls neu zu tapezieren?" Berliner Zeitung vom 10. April 1987.

15 Schnellinformation des BEK-Sekretariats vom 22. Mai über das mehrstündige Gespräch vom 21. Mai 1987. Es war seit 14 Monaten das erste Gespräch seit einem Empfang des 1986 neu gebildeten KKL-Vorstandes.

16 Zum Folgenden: Neubert, 617–619.

17 H. Falcke, Unsere Kirche und ihre Gruppen. Lebendiges Bekennen heute?; in: KiS 1985, 145–152.

18 Die Gruppen sollten sich von der „Kirche als Briefträger" lösen (Eppelmann); sie sollten die kirchliche „Spielwiese" verlassen und zur „Baumschule in der Gesellschaft" werden (Tschiche); Neubert, 624.

2. Konfliktreicher Weg zum Berliner Kirchentag 1987

1987 beging Berlin sein 750. Jubiläum. Zu den staatlichen Vorbereitungen gehörte im Osten auch die Sanierung des seit Jahrzehnten vernachlässigten Altbaubestandes, für die Baukapazitäten aus der ganzen Republik eingesetzt wurden – zum großen Unmut im Rest der Republik wegen des dort noch zunehmenden Verfalls. Sächsischer Protest artikulierte sich im Auto-Aufkleber „781 Jahre Dresden". Die Evangelische Kirche in Berlin-Brandenburg(-Ost) plante einen über bisher mögliche regionale Treffen hinausgehenden Kirchentag. Um ihn politisch zu ermöglichen, verzichtete der Deutsche Evangelische Kirchentag für den EKD-Bereich auf eine gleichzeitige Tagung in Westberlin. In zähen Verhandlungen erreichte die östliche Kirchenleitung ein staatliches Plazet. Die Gruppen wiederum hielten einen Verzicht auf eigene staatskritische Aktivitäten zugunsten des gesamtkirchlichen Ereignisses für unzumutbar.

Seit Anfang 1985 wirkte ein kirchlicher Vorbereitungsausschuss; zwei Mitglieder waren auch Gäste beim staatlichen Komitee für das Berlin-Jubiläum. Für eine Genehmigung des Kirchentages verlangte der Staat, die Gruppen-Aktivitäten, vor allem die „Friedenswerkstatt", zu unterbinden bzw. effektiv zu kontrollieren. Im August 1985 votierte ZK-Sekretär Jarowinsky gegen den kirchlichen Zeitplan (24.–28. Juni 1987) und schloss eine große Abschlussveranstaltung aus. Auf Sicherheitsbedenken[19] reagierte Stolpe mit dem Vorschlag, Großveranstaltungen in den Stadtrandbereich zu verlegen.[20] Acht Monate später war noch alles in der Schwebe. Gysi ließ verlauten, man „könne davon ausgehen, daß der Kirchentag stattfindet", doch vier Wochen danach war dies wieder ungewiss.[21]
Ende Juni 1986 rang sich das Politbüro zu einem stark restriktiv formulierten Plazet durch. Die SED sah sich angesichts des Bestehens auf einem Berliner Kirchentag vor der Alternative, „den Druck weiter zu verstärken", was aber „schwer machbar" sei, oder „das Beste aus der Sache zu machen".[22] Die „Friedenswerkstatt" vom 29. Juni 1986 brachte die Planung beiderseits unter Druck. Der Staat konstatierte ein Unterlaufen vieler Festlegungen, aus der Vorbereitungsgruppe „Bluesmesse" und „Friedenswerkstatt" aber hörte man: „Für Krusches Kirchentag sind wir nicht bereit, unsere Arbeit zu opfern".[23] Die Kirchenleitung beschloss für die Friedenswerkstatt eine „Denkpause" (keine Veranstaltung 1987) und bat die Friedensgruppen, sich nun in den Gemeinden für den Kirchentag zu engagieren. Dies aber verschärfte als „Zumutung" die Konfrontation. Die Kirchenleitung, vor allem Günter Krusche, wurde auch von West-Medien wegen des „Kniefall[s] vor dem Staat" attackiert.[24]
Für eine Abschlussveranstaltung im Freien machte sich gegenüber beginnendem Resignieren vor allem Stolpe stark, schließlich mit Erfolg. Der Hinweis, eine Absage der Schlussveranstaltung

19 Eine kirchliche Großveranstaltung sei in der Hauptstadt „weder möglich noch notwendig". Zu anderer Zeit könne man einen Kirchentag evtl. in Brandenburg oder einer anderen Stadt gestatten; Jarowinsky an Honecker am 20. Aug. 1985; Besier 3, 204.

20 Gespräch Gysi-Stolpe am 28. Aug. 1985; Besier 3, 204.

21 Wegen des Verlaufs der Frühjahrssynode könne der Kirchentag „keineswegs als beschlossene Sache gelten"; Gespräch Gysi–Stolpe am 5. Mai 1986; Besier 3, 205.

22 Das Politbüro formulierte als Bedingungen: Veranstaltungen nur in kirchlichen Räumen, kirchliche Garantie für einen „störungsfreie[n], das gesellschaftliche Leben nicht beeinträchtigende[n] Verlauf", keine öffentliche Großveranstaltung, keine Beteiligung aus anderen Landeskirchen, keine „gesamtdeutschen" oder „gesamtberliner" Ambitionen; Beschluss vom 24. Juni 1986; SED und Kirche 2, 531 f.

23 Gespräch Stellv. OB Hoffmann mit Krusche vom 1. Juli 1986; BArch-O 4, 967.

24 Besier 3, 208. 210.

werde die Kritik am Kirchenleitungskurs noch steigern, veranlasste Gysi zum Einlenken. Der Moratoriumsbeschluss für die Friedenswerkstatt aber provozierte eine neue Gruppen-Initiative. Flugblätter, die bei der Berlin-Brandenburgischen Frühjahrssynode 1987 in Umlauf kamen, desavouierten den offiziellen Kirchentag und proklamierten einen „Kirchentag von unten".[25] Über diese „schnelle und offensive Organisation politisch problematischer Kräfte" beunruhigt, verlangte das Staatssekretariat ein entschiedenes Vorgehen der Kirchenleitung gegen den „politischen Missbrauch" des Kirchentags. Krusche räumte ein, man erfahre bei dem vielgestaltigen Gesamtprogramm nicht in jedem Fall, was Gemeindegruppen planen. Stolpe beruhigte: Die Kirchenleitung werde „ihre politische Verantwortung wahrnehmen" und mit den staatlichen Stellen „rechtzeitige konstruktive Absprachen" treffen.[26]

Eine Arbeitshilfe für kirchliche Veranstaltungen trat im Namen der Freiheit zum offenen Wort den aktuellen Pressionen entgegen. Die Kirche Jesu Christi könne „um ihres Selbstverständnisses willen" grundsätzlich „kein Gespräch … ablehnen, keine Begegnung" oder „Kooperation mit Menschen unterbinden", die, sei es auch mit bedrängender oder beängstigender Leidenschaft, „nach dem Leben, der Zukunft der Gesellschaft, dem Frieden, der Verantwortung fragen". Jedoch seien Veranstaltungen, die, statt der „Versöhnung zwischen Menschen" zu dienen, bestimmte Probleme verdrängen und nicht für die biblische Botschaft offen sind, kirchlich nicht verantwortbar. Durch Menschen bewirktes Leid werde im Blick auf das Kreuz Christi zur Sprache kommen; die biblische Sicht von der Schöpfung und der kommenden Herrschaft Gottes führe zur „Bereitschaft, über alle um des Menschen und des Lebens willen notwendigen Veränderungen nachzudenken".[27]
Noch im Mai korrigierte die Kirchenleitung den Beschluss zur Friedenswerkstatt, die nun doch noch 1987 während der Friedensdekade stattfinden sollte. Dem „Kirchentag von unten", dessen Initiatoren kein Gemeinde-Domizil fanden, aber auch eine stark begrenzte Alternativlösung[28] ablehnten, verschaffte Stolpe noch kurz vor Beginn des Kirchentages einen Tagungsort.[29]
Nach dem spannungsvollen Vorlauf vermittelte der Berliner Kirchentag mit seinen Gottesdiensten, Arbeitsgruppen und vielen begleitenden Veranstaltungen durchweg positive Eindrücke. Störungen hielten sich in Grenzen. Dank der Beteiligung über den landeskirchlichen Bereich hinaus, prominenter westdeutscher Referenten, ökumenischer Gäste und lebhafter Debatten zeigte der Kirchentag eine durch staatliche

25 „Wir machen einen Kirchentag von unten", hieß es auf dem „Fliegende[n] Papier Nr. 1" von Mitgliedern der Friedenswerkstatt und der Berliner Offenen Arbeit. Man sehe sich der „Repräsentationsveranstaltung" wegen von der „Kirche/Gemeinde an den Rand gedrängt". Da alle Kirchen in das „kirchenoffizielle Spektakel" einbezogen seien, werde man „ein Gemeindezentrum besetzen"; Neubert, 685.

26 Gespräch HAL Heinrich mit Krusche, Stolpe und Diakon Peter am 26. März. Heinrich wurde aus dem ZK scharf kritisiert: Er habe nicht hart genug verhandelt und ein Mitwirken von Eppelmann sowie Krawczyk und Klier hingenommen. Die zentrale SED-Arbeitsgruppe „Kirchentag" forderte, den Druck auf die Kirchenleitung zu verstärken, u. a. durch wöchentlich zwei Gespräche im Staatssekretariat; Besier 3, 210–212.

27 Arbeitshilfe für kirchliche Veranstaltungen und Veranstaltungen im Raum der Kirche vom 18. Mai 1987, unterzeichnet von Bischof Dr. Forck; zit. Besier 3, 723 f. (Anm. 449).

28 Eine Aussprache in der Gethsemanekirche am 27. Juni.

29 Gemeindesaal und Hof der Pfingstkirche. Hier fanden sich 6000 Besucher ein; am zweiten Tag stand auch die Gethsemanekirche zur Verfügung; Neubert, 685 f.

Eingrenzungsversuche nicht zu verhindernde Offenheit. Staatssekretär Gysi hatte Ende 1986 Berliner SED-Funktionäre auf zu Erwartendes eingestimmt.[30] Das Auftreten der „Kirche von unten" bei der Schlussveranstaltung mit Protest-Losungen[31] wurde von der Mehrheit der Teilnehmer als Störung empfunden. Auch auf der staatlichen Seite zeigte sich schließlich Erleichterung über den Verlauf des Kirchentages.

3. Bereitschaft zum Wandel?

Im Sommer 1987 gab es Anzeichen für eine Korrektur der innenpolitischen Leitlinien der SED. Während des in mehreren mitteleuropäischen Ländern veranstalteten Olof-Palme-Friedensmarsches, an dem christliche Teilnehmer in der DDR sich erstmalig sichtbar eigenständig beteiligen konnten, fand auch der seit langem angebahnte Staatsbesuch Honeckers in der Bundesrepublik statt. Beide Ereignisse wurden noch überboten durch eine elf Tage vor Honeckers West-Reise erscheinende Publikation: Am 27. August wurde ein seit Jahren unter gelungener Geheimhaltung vorbereitetes deutsch-deutsches Dokument, das *SED-SPD-Papier „Der Streit der Ideologien und die gemeinsame Sicherheit"*, veröffentlicht.

Die dem Ideologiepapier zugrunde liegenden Gespräche waren, von Erhard Eppler angeregt, seit 1984 in einer Reihe von Seminaren geführt worden, an denen Mitglieder der SPD-Grundwertekommission und der SED-Akademie für Gesellschaftswissenschaften teilgenommen hatten. Nach Kenntnisnahme durch das SPD-Präsidium und das SED-Politbüro im Juli 1987 autorisierten beide Gremien die gleichzeitige Publikation. Zu den gemeinsam anerkannten Grundsätzen gehörten die wechselseitige Anerkennung des Existenzrechtes und der ausdrückliche Verzicht auf Destabilisierung und Verleumdung der jeweils anderen Seite.
Für die Menschen in der DDR bis weit in die SED-Mitgliedschaft hinein hatte nach jahrzehntelanger aggressiver „Feind"-Agitation das, was an diesem Morgen im SED-Zentralorgan „Neues Deutschland" zu lesen war, einen gänzlich ungewohnten, neuen Klang. Das SPD-SED-Papier bot den ostdeutschen Lesern eine parteiamtlich autorisierte Argumentationsbasis gegenüber dem gewohnten harten Ideologiediktat. Auch die seit langem im Kirchenbund gegen den Widerspruch der SED vertretenen friedensethischen Grundsätze konnten sich mit der hier dokumentierten Sicherheitskonzeption bestätigt sehen. SPD und SED erklärten übereinstimmend, der Friede könne „in unserer Zeit nicht mehr gegeneinander errüstet, sondern nur noch miteinander vereinbart und organisiert werden". Der politische Dissens wurde formuliert, aber mit dem Vorzeichen eines friedlichen Konkurrierens beider System versehen.

Honecker wertete das Ideologiepapier als historisch bedeutsam für die Arbeiterbewegung und als Gewinn für die außenpolitische Reputation der DDR, verkannte aber offensichtlich dessen innenpolitische Sprengkraft. Sie zeigte sich in der lebhaften innerparteilichen Diskussion des Dokuments. Kurt Hager verordnete als SED-Chef-

30 Mau, Regionalisierung, 250 f.

31 Von den DDR-Medien ignoriert, kam der Protest („Theologie der Befreiung – auch für uns", „Glasnost in Staat und Kirche", „Friedenswerkstatt ruhe in Unfrieden") im West-Fernsehen groß ins Bild.

ideologe bald ein Ende der Debatte. Doch was einmal gesagt war, ließ sich weder öffentlich noch parteiintern aus dem Bewusstsein löschen.[32]

Für politisch relevante Eigeninitiativen gab es in der DDR-Organisationsgesellschaft bislang kaum eine Chance. Zum Erstaunen vieler aber zeigte sich Derartiges beim *Olof-Palme-Friedensmarsch* vom 1.–18. September 1987. Er sollte im Gedenken an den im Jahr zuvor ermordeten schwedischen Ministerpräsidenten für die Idee einer atomwaffenfreien Zone in Mitteleuropa werben. Friedensorganisationen in der Bundesrepublik und der DDR, Österreich und der Tschechoslowakei hatten in einer gemeinsamen Anfrage ein Mitwirken des Kirchenbundes angeregt. Der BEK sagte unter der Bedingung zu, dass Gemeinden und Gruppen sich selbständig beteiligen könnten und einige Teilnehmer auch zu Veranstaltungen außerhalb der DDR delegiert würden. Im Bereich der DDR waren mehrere Streckenabschnitte geplant. Besonders bedeutsam wurde der von der Aktion Sühnezeichen vorbereitete Pilgerweg zwischen den Konzentrationslagern Ravensbrück und Sachsenhausen. Von Ort zu Ort gab es eine Begrüßung durch Bürgermeister, Pfarrer und Bevölkerung, Andachten und Gebete in den Kirchen. Kirchliche Teilnehmer bewegten sich überwiegend in einer gesonderten Gruppe. Eigene Plakate zum christlichen Friedensanliegen[33] erregten Aufsehen, wurden aber weitgehend geduldet und boten Anlass zu Gesprächen; nur vereinzelt wurden sie gewaltsam abgedrängt.[34] Einem Pilgerzug in Berlin, gleichfalls mit Losungen, von der Zions- zur Gethsemane-Kirche schlossen sich spontan auch Passanten an. Auf den Strecken und Veranstaltungen von Stralsund bis Freiberg und Dresden waren an vielen Orten christliche Teilnehmer zu erkennen. Am Vorabend einer Großkundgebung in Dresden endete die kirchliche Beteiligung mit einem stark besuchten Forum in der Kreuzkirche. Das kirchliche Urteil „Es ist tatsächlich etwas in Bewegung gekommen"[35] benannte die Erfahrung einer ganz ungewohnten Toleranz und Offenheit. Ein Zusammenhang des soeben Erlebten mit gleichzeitigen Ereignissen, dem SED-SPD-Dialogpapier und dem Honecker-Besuch in der Bundesrepublik, konnte vermutet werden.

4. Überwindung der „Abgrenzung"? Die Görlitzer Bundessynode 1987

Vom 18.–22. September 1987 tagte in Görlitz die Synode des Kirchenbundes. Zwei Wochen zuvor stellte Gysi dem KKL-Vorsitzenden Leich fühlbare Verbesserungen im Staat-Kirche-Verhältnis in Aussicht: Die Informationspolitik werde so verändert,

32 E. Hahn, SED und SPD. Ein Dialog, Berlin 2002; R. Reißig, Dialog durch die Mauer. Die umstrittene Annäherung von SPD und SED, Frankfurt/New York 2003.

33 Es gab u. a. die Losungen „Friedenserziehung statt Wehrerziehung", „Für das Recht auf Kriegsdienstverweigerung", „Für einen zivilen Ersatzdienst".

34 Die Losung „Abrüstung in Kindergarten und Schule" wurde aufgrund von Gesprächen verändert zu „Abbau von Feindbildern in Familie, Schule und Kindergarten"; M.-M. Passauer, Bericht vor der Görlitzer BEK-Synode am 20. Sept. 1987; Dokumente, 333.

35 epd-Dokumentation 1987, 44. Passauer formulierte: „Der Wille zur Kooperation bezwang die Praxis der Konfrontation. Wir haben Kooperationspartner unter uns und den staatlichen Vertretern gefunden"; Dokumente, 337.

dass kirchliches Leben „als Normalität gesellschaftlichen Lebens" erscheine; weiterhin würden zwecks Konfliktvermeidung Totalverweigerer keine Einberufung zum Wehrdienst erhalten. Auf dem Feld härtester Konfrontation schien eine sensationelle Wende bevorzustehen: Das Bereinigen von „Einzelfällen" im Bildungswesen werde „als Hebel für grundsätzliche Regelungen" dienen. Bei geplanten Informationsgesprächen sollten auch Wehrdienstfragen bis hin zur Frage eines zivilen Ersatzdienstes, eines seit 1980 stets zurückgewiesenen kirchlichen Anliegens, zur Sprache kommen.[36] Ohne Frage zielten solche positiven Signale auch auf einen glimpflichen Verlauf der bevorstehenden Synode. Bei ihr war ein Synodalantrag zu erwarten, der an die Existenzfrage der DDR, den Fortbestand der Mauer, rührte.[37]
Thematischer Schwerpunkt der Görlitzer Synode sollte die Beschlussvorlage „Bekennen in der Friedensfrage" sein. Sie benannte auf der Linie früherer BEK-Erklärungen Folgerungen aus der „Absage an Geist, Logik und Praxis der Abschreckung".[38] Doch ein analog betitelter Text, der Antrag „Absage an Praxis und Prinzip der *Abgrenzung*", rückte in den Brennpunkt der Aufmerksamkeit. Er galt einer umfassenden Liberalisierung von Reisemöglichkeiten. Im Frühjahr war er schon von der Berlin-Brandenburgischen Synode diskutiert, aber nicht angenommen worden.

Zwei Mitglieder der Berliner Bartholomäus-Gemeinde[39] hatten in der Absicht, den Protest des Vikars Reinhard Lampe gegen die Mauer zu unterstützen, mit diesem zusammen den Text gegen die Abgrenzungs-Politik der DDR formuliert. Nachdem er in Berlin-Brandenburg keine Mehrheit gefunden hatte, wurde der inzwischen von elf Personen unterzeichnete Text zu Pfingsten als „Aufruf" verbreitet. Propst Falcke brachte ihn auf der Görlitzer BEK-Synode ein. Die definitive Teilung Deutschlands und Europas habe zwar, wie es in dem Text hieß, die Entspannungspolitik der 70er-Jahre ermöglicht. Doch das gesellschaftliche Leben sei durch die gleichzeitige Politik der Abgrenzung schwer erkrankt. Die Isolation der nachwachsenden Generation seit 26 Jahren, gegenüber Polen seit sechs Jahren, sei zum „Nährboden für Zerr- und Feindbilder" geworden. Nach den sowjetischen Vorschlägen für Frieden und Verständigung und dem in der DDR begonnenen „Prozeß der kontrollierten Öffnung nach außen" müsse es nun „neue Anstöße unsererseits" geben. Mit der Abschreckung sei auch die den Dialog behindernde Abgrenzung abzulehnen. Die Synode möge daher für die Wiederherstellung der bis 1980 geltenden Reisemöglichkeiten Polen–DDR, für Freizügigkeit zwischen den

36 Gespräch Gysis mit Leich am 5. Sept. 1987; Aktennotiz Leichs; Silomon, Synode, 297 f.

37 Hierauf bezogen sich auch Versuche staatlicher Einflussnahme auf BEK-Synodale; Silomon, Synode, 305.

38 Der dann von der Synode beschlossene Text formulierte (I) militärstrategische und individuelle Konsequenzen, (II) Verweigerung des Waffen- bzw. generell des Wehrdienstes als einen auf den Weg des Friedens führenden „Ausdruck des Glaubensgehorsams" und (III) friedenspädagogische Konsequenzen: Feindbilder und feindselige Rhetorik seien zu überwinden; statt „Abgrenzung zwischen Menschen" solle es „mehr Begegnungsmöglichkeiten" geben; da „schwelende Konflikte" den Frieden gefährden, gelte es, „die Probleme in unserem Lande offen an[zu]sprechen"; epd-Dokumentation 44/87, 33–35 = Silomon, Synode, 280–282.

39 Ludwig Mehlhorn und Stephan Bickhardt. Sie übernahmen Anregungen von der Demokratiebewegung der Tschechoslowakei (Charta 77) und Polens (Komitee zur gesellschaftlichen Selbstverteidigung) und wandten sich dagegen, die Mauer, wie es in dem Briefwechsel der Berliner Bischöfe Kruse und Forck zum 13. August 1986 ausgesprochen war, als eine Folge der deutschen Schuld hinzunehmen; Silomon, Synode, 8–11.

sozialistischen Staaten und für eine „rechtlich garantierte Reisefreiheit in westliche Länder für alle DDR-Bürger“ eintreten.[40]
In seiner Einbringungsrede hatte Falcke den Bezug des Antrags auf die aktuelle Gesamtsituation und den Evangeliumsauftrag der Christen betont. Die vielen Eingaben zu dieser Thematik zeigten, dass der Antrag eine Wunde berührte. Als Begründung, ihn gerade jetzt, in der Phase politischer Öffnung und Vertrauensbildung, zu stellen, dienten das SED-SPD-Papier, das Eintreten von Staats- und Parteivertretern für eine Politik des Dialogs und das „aussagekräftige Symbol“ von Honeckers Westdeutschland-Besuch. Dies wolle man durch „kritische Assistenz“ unterstützen. Die Absage an die Abgrenzung gelte aber auch für „uns selbst“: Sie müsse „zuerst in das eigene Fleisch“ des persönlichen und Gemeindelebens schneiden.[41]
Die Synodalen bekundeten überwiegend Verständnis für die Intention der Antragsteller, äußerten aber gravierende Bedenken gegen den Text.[42] Auch bringe schon der Synodaltext zur *Abschreckung* zur Geltung, was die Antragsteller bewege. Grenzen seien nicht generell friedenshemmend; deren Charakter aber müsse sich verändern. Die Synode beschloss ein Seminar zum Thema „Abgrenzung und Öffnung“, das, im Januar 1988 vom Präsidium der BEK-Synode in Oranienburg veranstaltet, von mehr als 200 Teilnehmern besucht wurde.[43]

Die Distanzierung vom „Abgrenzungs“-Thema wurde vom Staat erleichtert registriert. Doch dessen bleibende Aktualität war evident. Schon das Verständnis für das Anliegen und der Hinweis auf eine derzeitige Nicht-Zumutbarkeit für den Staat verdeutlichten die Situation. Staatssekretär Gysi präsentierte dem KKL-Vorsitzenden die Quittung für die unerwünscht offene Sprache der Synodalen: Die geplanten Informationsgespräche wurden abgesagt. Leich bezeichnete das als „schwer verständlich“.[44]

B WACHSENDER FREIMUT UND KONFRONTATIONEN 1987/88

1. Konflikt um den „Grenzfall“ und die Zions-Umweltbibliothek

Der Gesprächsabsage folgten eine Warnung und eine Stasi-Aktion. Seit 1986 war das staatskritische Magazin „Grenzfall“, eine von der „Initiative Frieden und Menschenrechte“ verbreitete Samisdatzeitschrift, in Umlauf. Nach staatlicher Überzeugung

40 Weitere Forderungen waren: Aufhebung politisch begründeter Einreiseverbote, Begründung bei der Ablehnung von Reiseanträgen, Änderung der kirchlichen (ökumenischen) Reisepraxis, die „vorrangig Sache der Gemeinden werden“ müsse. Antrag „Absage an Praxis und Prinzip der Abgrenzung“; Dokumente, 373–375 = Silomon, Synode, 272 f.

41 So unter Hinweis auf den Bußruf des Darmstädter Wortes von 1947, „in die Irre gegangen“ zu sein durch das Errichten einer „Front der Guten gegen die Bösen im politischen Leben und mit politischen Mitteln“; Einbringungsreferat Falckes; Dokumente, 368–373 = Silomon, Synode, 274–277.

42 Diese betrafen u. a. die Unzeitigkeit wegen der gegenwärtigen Politik der Öffnung, den fehlenden Bezug auf das Evangelium und das vorherrschende „Nein“; Brief an die Eingeber vom 22. Sept. 1987; Dokumente, 375–377 = Silomon, Synode, 278 f.

43 Dokumente, 377–379.

44 Die für die wehr- und bildungspolitischen Fragen vorgesehenen Experten hätten, wie Gysi behauptete, wegen der gesellschaftskritischen Äußerungen auf der Synode abgesagt. Gespräch Gysi–Leich am 6. Nov. 1987; Besier 3, 240.

wurde es im Keller des Berliner Zions-Gemeindehauses hergestellt, wo sich auch die Umweltbibliothek befand und mit kirchlichem Einverständnis und staatlicher Duldung die „Umweltblätter“ gedruckt wurden. Nach einer ultimativen Aufforderung an den BEK, die Publikation des „Grenzfall“ zu unterbinden und die Vervielfältigungsgeräte einzuziehen,[45] unternahm das MfS am 24./25. November eine nächtliche Aktion, beschlagnahmte Vervielfältigungsgeräte und konfiszierte die neueste Ausgabe der „Umweltblätter“, ohne dem „Grenzfall“ auf die Spur zu kommen. Rasch informierte Gruppen-Mitglieder versammelten sich am folgenden Nachmittag vor der Zionskirche, um gegen den Übergriff zu demonstrieren. Als ein großes Polizeiaufgebot rund um die Kirche die Demonstration aufzulösen drohte und Verhaftungen vornahm, zogen sie sich in die Kirche zurück. Man beschloss, die Arbeitsfähigkeit der Umweltbibliothek wiederherzustellen und vor der Kirche eine ständige Mahnwache mit brennenden Kerzen zu halten. Die erste Mahnwache mit Stadtjugendpfarrer Wolfram Hülsemann wurde verhaftet. Bischof Forck protestierte im Staatssekretariat und forderte, Meinungsverschiedenheiten sachlich auszutragen. Im Falle von Haftstrafen werde die Kirche, wie Stolpe erklärte, für jeden Betroffenen eintreten; die Tätigkeit der Umweltbibliothek werde von der Kirche gedeckt. Am 1. Advent informierte eine Kanzelabkündigung die Gemeinden, dass die Kirchenleitung „die unverzügliche Freilassung aller Inhaftierten“ und eine rückhaltlose Aufklärung über die Aktion und deren angeblichen Anlass gefordert habe.[46]

Staatssekretär Gysi suchte nach seiner Rückkehr von einem Besuch des ÖRK in Genf die Lage zu beruhigen. Bei der Gratulation zum 70. Geburtstag von Altbischof Krusche in Magdeburg trat er für „Vertrauen, Verständigungsbereitschaft und Verläßlichkeit“ im Staat-Kirche-Verhältnis ein. Man werde auch künftig christliches Umweltengagement respektieren. Stolpe wertete die jüngsten Vorgänge als „ein Barometer“. Auftrag der Kirche sei die Verkündigung („Wer kommt, muss das Evangelium hören“), aber auch „gesellschaftsdiakonische Arbeit“.[47] Bischöfe und Verwaltungsleiter vermerkten „wachsende Sensibilitäten im Veränderungsprozess der DDR-Gesellschaft“. Die Kirche müsse dies „mit Offenheit und Wahrheit“, aber auch „behutsam und geduldig“ begleiten.[48]
Aktuelle Anlässe sorgten weiter für Bewegung. Zur Unterzeichung des USA-UdSSR-Abrüstungsvertrages hielten ESG und Stadtjugendpfarramt in Berlin einen Gottesdienst, bei dem Glasnost und Perestroika auch in der DDR gefordert wurden. Besorgnis gab es beim Staat hinsichtlich einer Tagung der Warschauer-Pakt-Mächte in Berlin am 10. Dezember, dem Tag der Menschenrechte. Angesichts zu erwartender Aktivitäten von Gruppen bat Stolpe vorsorglich, Aktionen junger Menschen, die ihre Vorstellungen kundtun wollen, nicht überzubewerten.[49] Bei einer Demonstration vor dem Gebäude des Komitees für Menschenrechte gab es zehn Festnahmen. Kirchlich Verantwortliche äußerten Kritik und Erwartung gegenüber dem Staat.[50]

45 Gespräch HAL Heinrich mit BEK-Sekretär Ziegler am 19. Nov. 1987.
46 Kanzelabkündigung am 29. Nov. 1987.
47 ZDF-Gespräch in „Kennzeichen D“ am 2. Dez. 1987; BArch-O 4, 767.
48 Zum Verhältnis von Kirche und Gruppen mahnte Stolpe, „der Verantwortungsbereich der Evangelischen Kirche“ müsse „deutlich erkennbar bleiben“; Besier 3, 250.
49 „Ein zu forsches Eingreifen staatlicher Organe“ könne Reaktionen bei der Veranstaltung in der Gethsemanekirche auslösen; Gespräch von Stolpe und OKR Pettelkau am 8. Dezember mit dem Stellv. OB Hoffmann; Besier 3, 253 f.
50 Der KKL-Vorsitzende Leich konstatierte, dass die Stasi-Aktion und die fortdauernde

2. Protest bei der Liebknecht-Luxemburg-Demonstration 1988 und Reaktionen

Das von der Görlitzer BEK-Synode geplante Seminar zum Antrag wider die „Abgrenzung" tagte am 16. Januar 1988 mit über zweihundert Teilnehmern in Oranienburg. Wie auch bei anderen Anlässen, gab es staatskonforme Äußerungen von CDU-Mitgliedern, doch überwogen bei weitem die kritischen Stimmen, die Freizügigkeit, Pressefreiheit und eine andere Wirtschaftspolitik forderten.[51] Am Tag danach aber rückte eine Aktion bei der alljährlichen „Kampfdemonstration zu Ehren von Karl Liebknecht und Rosa Luxemburg" in den Brennpunkt der Aufmerksamkeit. Zum Aufmarsch-Zeremoniell am 17. Januar 1988 erschienen auch über hundert Demonstranten mit Protestlosungen, den Luxemburg-Worten „Freiheit ist immer die Freiheit des Andersdenkenden!" und „Der einzige Weg zur Wiedergeburt – breiteste Demokratie". Auch viele Mitglieder der seit 1987 sich organisierenden Ausreisebewegung waren an der Aktion beteiligt. Die Sicherheitskräfte verhafteten etwa 160 Demonstranten. Am Tag danach trafen im Staatssekretariat die staatliche und die kirchliche Sicht der Dinge aufeinander.

Der Gysi-Stellvertreter Kalb forderte, die Politik des 6. März dürfe nicht von „negativen Kräften" gestört werden; man müsse Anfänge „im Keim ersticken". Stolpe bedauerte die Störung der „von Staat und Gesellschaft hoch bewertete[n] Demonstration". Hauptakteure seien etwa 120 Ausreiseantragsteller, die kirchliche Mahnungen zur Besonnenheit ablehnten, da man nach ihren Erfahrungen um so schneller ausreisen könne, je radikaler man auftrete. Jetzt bedeute der „6. März" konkret, sich über die Probleme Ausreisewilliger zu verständigen. Weder die Kirche noch die Gesellschaft könnten auf Dauer das Administrieren und die Gewaltanwendung durchhalten; es gelte, mit abweichenden Meinungen leben zu lernen.[52] Die Kirchenleitung beauftragte Rechtsanwalt Dr. Wolfgang Vogel mit der Vertretung der Inhaftierten, bei den Ausreisewilligen mit dem Ziel der Entlassung aus der DDR-Staatsbürgerschaft. Bei einer Versammlung am 20. Januar in der Eliaskirche trat sie ausdrücklich „für die Einheit aller Menschenrechte und ihre Gültigkeit für jeden Bürger" ein und forderte die sofortige Entlassung der Inhaftierten.[53]
Das Staatssekretariat intervenierte gegen die „provokatorische Erklärung" von Berlin-Brandenburg beim KKL-Vorsitzenden. Leich erklärte sich für nicht zuständig, solange es nicht auch in anderen Landeskirchen Verhaftungen gebe; er bat aber im Namen des BEK dringend, die anstehenden Sachfragen zu lösen. Als auch Freya Klier, Wolfgang Templin und Bärbel

---

Gesprächsverweigerung den Prinzipien des SED/SPD-Papiers widerspreche und dem Staat-Kirche-Verhältnis schade. Bischof Demke plädierte beim Rat des Bezirks Erfurt für eine „Ausweitung des Dialogs, auch im gesellschaftlichen Bereich", eine objektive, „mutige Informationspolitik", das Zulassen eigener Urteilsbildung der Schüler und transparente Entscheidungen bei Reisefragen; Besier 3, 255.

51 Mit Bezug auf die Görlitzer Debatte 1987 wurde (wenn auch ohne abschließende Resolutionen oder Appelle) betont, es gehe nicht um die Frage, „was wir dem Staat zumuten können", sondern „was uns der Staat zumutet"; Besier 3, 270.

52 Information vom 18. Jan. 1988 über ein Gespräch von Kalb (Gysi war erkrankt) mit Stolpe, Ziegler, Propst Furian, Hülsemann und Sup. Göhring; BArch-O 4, 768, 79–84.

53 Am selben Tag hatte sich HAL Heinrich gegenüber Stolpe gegen ein „Anheizen und Verschärfen" seitens der Kirche gewandt; die Kirchen dürften nicht „ständige Versammlungslokale von Leuten" sein, die mit ihr nichts zu tun haben; Besier 3, 272.

Bohley verhaftet wurden, bat Stolpe, mit ihnen sprechen zu können und informierte das Staatssekreteriat über ein Stipendien-Angebot westlicher Kirchen für die inhaftierten Künstler.[54] Stadtjugendpfarrer Hülsemann widersprach dem Vorwurf, die Kirche erhöhe die Spannungen: Mit der Wut, Empörung und Enttäuschung Betroffener sei man in der Kirche differenziert umgegangen; so leiste man „gesellschaftliche Diakonie"; bei verschlossenen Kirchentüren wäre der Staat mit dem Problem konfrontiert.[55] Ohne die Störung der Liebknecht-Luxemburg-Demonstration gutzuheißen, forderte die Kirchenleitung am 30. Januar die Freilassung der Verhafteten.[56] Man solle Meinungsstreit und Toleranz einüben, Beharrungstendenzen wie auch Ungeduld überwinden. Forck sandte die Erklärung an Honecker und erbat im Begleitbrief „eine zügige und milde Rechtsentscheidung", um Vertrauen und Mitwirkungsbereitschaft zu fördern.[57] Am selben Tag beschloss die Kirchenleitung, ein Beratungsbüro für Ausreise-Antragsteller einzurichten. Bei der Berliner Generalsuperintendentur nahe der Erlöserkirche fanden sich in der Hoffnung auf Unterstützung ihres Anliegens Hunderte, zeitweise mehr als tausend Menschen ein. Es kam zu Eklats.[58]

Im Zusammenhang der Fürbittgottesdienste wurden die Gruppen für die Kirche zunehmend zum Problem; innerkirchliche Gegensätze verstärkten sich. Generalsuperintendent Krusche und bald auch Stadtjugendpfarrer Hülsemann lehnten die Verantwortung für Gottesdienste, die von den Gruppen dominiert wurden, ab. Das MfS sprach von „landesverräterischen Beziehungen"; über Gysi forderte das Politbüro von der Kirche, „mit aller Konsequenz für Ruhe zu sorgen" und die „Kontaktbüros" zu schließen.[59] Acht Tage später riet Stolpe dem Staatssekretär aufgrund von Erlebnissen „mit hysterischen Ausreiseantragstellern", das „Haupt-Unruhepotential" von zwei- bis dreihundert Personen rasch ausreisen zu lassen, dann aber die Behandlung von Anträgen überschaubar zu regeln.[60] Nach weiteren vierzehn Tagen konstatierte der KKL-Vorstand „Unsicherheit im Verhalten des Staates", innerkirchlich aber „eine massive Abgrenzung der Gruppen von den Ausreisern und Antragstellern".[61]

3. Konfrontationen bei spannungsvollem Stillstand

Im Rahmen der konziliaren Planung von 1983/85 tagte vom 12.–15. Februar 1988 in Dresden erstmalig die *Ökumenische Versammlung*. An ihr beteiligten sich auch protestantische Freikirchen, die im Rahmen der Arbeitsgemeinschaft Christlicher Kir-

54 Gespräch HAL Heinrich mit Stolpe am 25. Jan. 1988; BArch-O 4, 1220, 119 f.

55 Gespräch Mußler (Magistrat, Sektion Kirchenfragen) mit Hülsemann am 27. Jan. 1988; Besier 3, 277.

56 Inzwischen war Vera Wollenberger (später: Lengsfeld) wegen des Versuchs der „Zusammenrottung" zu sechs Monaten Haft verurteilt worden.

57 Brief vom 1. Febr. 1988; Besier 3, 278.

58 F. Winter, Versuch einer Selbstklärung zum kirchenpolitischen Verhalten im Frühjahr 1988 (ungedruckt, 1997).

59 Prinzipielle Aussprache Gysis mit Stolpe am 3. Febr. 1988 nach „Festlegungen [Honeckers] im Politbüro". Stolpe: Mit Leuten, die hinsichtlich der DDR „in der Luft hängen" und „alle Brücken abgebrochen" haben, habe er „manche Nacht" ohne Erfolg diskutiert; BArch-O 4 , 995.

60 Gespräch Gysi–Stolpe am 10. Febr. 1988; Besier 3, 282.

61 Protokoll der Sitzung des KKL-Vorstandes am 24. Febr. 1988; Besier 3, 283.

chen (AGCK)[62] zusammenwirkten, sowie die katholische Kirche. Das Bild der Versammlung war stark durch die kirchliche Basis und vor allem jüngere Teilnehmer geprägt. In der Gesamtthematik „Gerechtigkeit, Frieden und Bewahrung der Schöpfung“ dominierten DDR-bedingt deutlich die ersten beiden Begriffe. Datum und Ort der Versammlung und die Teilnehmerschaft beunruhigten zunehmend die staatlich Verantwortlichen. Gysi bezeichnete es als „hellen Wahnsinn“, mit der Ökumenischen Versammlung „in die aufgeregte Situation Dresdens am 13. Februar“ zu gehen.[63]

Noch mehr als das offene Wort bei den Veranstaltungen beschäftigten den Staat Vorgänge in der Öffentlichkeit der Stadt. Nach einem schweigenden Gedenken an der Frauenkirchen-Ruine am Abend des 13. Februar verblieben dort Hunderte Ausreiseantragsteller, zogen dann zum Verkehrsmuseum, entfalteten Losungen[64] und forderten in Sprechchören „Freiheit!“ und „Die Mauer muß weg!“. Die Staatsorgane griffen zu; Verhaftete wurden zum Kulturpalast gebracht. Dort sich versammelnde Menschen forderten die Freilassung der Inhaftierten und stellten Kerzen auf. Westliche Medien berichteten darüber.

Auf die Dresdner Vorgänge hin beschloss das SED-Politbüro ein Bündel von Maßnahmen.[65] Honecker sprach wieder von „konterrevolutionären Aktionen“ unter dem Dach der Kirche und einem „Abgleiten“ von der Politik des 6. März.[66] ZK-Sekretär Jarowinsky eröffnete dem KKL-Vorsitzenden, die „Grenze des Zumutbaren“ sei überschritten; mit Kirchen als Oppositionslokalen müsse „endlich Schluß“ sein.[67] Leich protestierte gegen diese Erklärung: Nur die Kirche rede mit den Ausreisewilligen; der Staat dränge sie hier in eine Stellvertreterrolle.[68] Es sei bedrückend, dass

62 Die seit 1970 bestehende AGCK diente als Beratungsgremium der Verständigung zwischen den Gliedkirchen des BEK und einer Reihe von Freikirchen wie Methodisten, Altlutheraner, Altkatholiken und Mennoniten.

63 Gespräch mit Frau OKR Lewek am 11. Febr.; Besier 3, 287.

64 Plakatparole: „Vernichtet nicht Menschenrechte – wie einst Dresden“; Neubert, 790.

65 Politbüro-Beschluss vom 16. Febr. 1988 „Zu feindlich gesteuerten konterrevolutionären Aktionen gegen die DDR“, Berichterstatter E. Honecker: (1) „Prinzipielle Aussprache“ mit dem KKL-Vorsitzenden Leich anhand eines Konzepts zum Staat-Kirche-Verhältnis, der auch (2) Aussprachen auf Bezirks- und Kreisebene folgen sollen, (3) Artikel zum 10. Jahrestag des 6. März im CDU-Organ „Neue Zeit“, der vom ND und anderen Zeitungen „übernommen“ wird, (4) exakte Übersicht über kirchliche Aktivitäten 1988, (5) Ausschluss der West-Medien von kirchlichen Veranstaltungen, (6) sofortige Information an Ausreisewillige über die Berechtigung des Antrags; SED und Kirche 2, 551 f.

66 Fernschreiben Honeckers vom 18. Febr. 1988 an die Kirchenpolitik-Funktionäre; Besier 3, 289 f.

67 Erklärung Jarowinskys am 19. Febr. gegenüber Leich (in Gegenwart von Gysi und Ziegler). Der Politbüro-Text behauptete „Auflösungserscheinungen kirchlicher Strukturen“ wegen der Bildung von „Substrukturen“ mit erkennbarer „logistischer Fernsteuerung von außen“; SED und Kirche 2, 552–557. Der Auftritt erinnert an die Szenerie der Maron-Erklärung von 1956 (oben S. 55). Das Politbüro forderte die sinngemäße Weitergabe des Inhalts der Erklärung, deren Text aber nicht aus der Hand zu geben sei, auf der mittleren und unteren Ebene. Die von Jarowinsky am Schluss betonte „Vertraulichkeit“ wurde damit binnen kurzem zunichte.

68 Kirchliche Schnellinformation und staatliche (SED-interne) Information über das Gespräch Jarowinsky–Leich am 19. Febr. 1988; BArch-O 4, 1473 und Besier 3, 290 f.

in einer „Situation wie der jetzigen die Instrumente des Klassenkampfes wieder hervorgezogen werden".[69]
Zwei Wochen später nahm Honecker wider Erwarten den 10. Jahrestag des Gespräches vom 6. März zum Anlass für eine von der Kirche seit langem erbetene Begegnung mit dem KKL-Vorsitzenden. In der Form verbindlich, in der Sache monologisch-konfrontativ, offenbarte sie die Verhärtung der Situation. Bischof Leich brachte die Sicht der Kirche zum Ausdruck.[70]

Nach üblichen Ausführungen zur DDR-Friedenspolitik bemerkte Honecker, dass die Hoffnungen mancher, mit „Glasnost" und „Perestroika" sei „die allgemeine Freiheit ausgebrochen", „in Bezug auf die DDR jeder Grundlage" entbehrten. Jedes Land handele „seiner nationalen Entwicklung gemäß".[71] Leich bestätigte die Geltung der Grundsätze vom März 1978. Mit der Kurzformel „Kirche im Sozialismus" meine die Kirche die Bereitschaft zur Mitarbeit, „wo wir sagen können ‚Gott sei Dank!'", wo nicht, „werden wir uns zu Worte melden und freimütig sprechen". Gegenwärtig sei die Kirche in eine von ihr nicht gewünschte Stellvertreterrolle „für Staat und Gesellschaft" gedrängt gegenüber Menschen, die „sich wund gerieben haben" und Veränderungen in der sozialistischen Gesellschaft suchen, die „eigentlichen Adressaten" aber nicht dialogbereit finden und als einzigen Ausweg die Ausbürgerung sehen. Was die Bürger erleben (statt erforderlicher Argumente „die distanzierte Entscheidung der Macht", die Wertung von Kritik „als Ausdruck der Staatsfeindlichkeit") und was die DDR-Medien behaupten, klaffe weit auseinander. Die Verantwortlichen schienen die wirklichen Aufgaben „nicht oder nur unzureichend" zu sehen. Seit Anfang 1986 habe die Kirche Gespräche zu dringenden Fragen erbeten; eine Zusage vom Herbst 1987 sei wieder zurückgezogen worden. Zahlreiche Probleme (Antragsverfahren jeder Art, Besuchsreise- und Ausreiseanträge, ziviler Wehrersatzdienst, Chancengleichheit im Bildungswesen, Medienpolitik) verursachten eine verbreitete Unruhe. Man erwarte jetzt dringend „Entscheidungen und Handlungen mit einer Signalwirkung" für die Zukunftserwartung vieler Bürger. – Honecker wies Leichs Situationsbeschreibung und Desiderate zurück und unterstellte der Kirche eine „destruktive Haltung" zur Ausreisefrage.

Ausreisewillige beanspruchten die Kirche zunehmend für Beistand und als Ort eigener Aktion und brachten sie so in Konflikt. Manche Gemeindeglieder drohten mit einem „Kirchensteuerstreik", falls sich die Kirche weiterhin für Ausreisewillige oder Gesellschaftskritiker engagiere.[72] Drei Tage nach der Honecker-Leich-Begegnung sorgten *Polizeiaktionen in Berlin und Schwerin* für Aufsehen. Bei der Sophienkirche gab es ein Großaufgebot uniformierter und ziviler Sicherheitskräfte. Die Gottesdienstbesucher wurden kontrolliert, es kam auch zu Gewaltanwendung und Zuführungen.[73] Pfarrer Passauer und Bischof Forck protestierten gegen die massive Behinde-

69 Stolpe beim Gespräch Gysis mit Leich, Stolpe und Ziegler, 19. Febr. nachmittags; Besier 3, 291.

70 Gespräch am 3. März 1988 zwischen Honecker (mit Staatssekretär Herrmann, Leiter der Kanzlei des Staatsratsvorsitzenden) und Leich (mit BEK-Sekretariatsleiter Ziegler); BEK-Schnellinformation vom 3. März 1988; Dokumente, 227–232 = SED und Kirche 2, 562–566.

71 Niederschrift über das Gespräch vom 3. März 1988, Anlage zum Politbüro-Protokoll vom 8. März 1988; SED und Kirche 2, 558–562 (zit. 561).

72 epd-Meldung vom 17. Febr. 1988 nach „Glaube und Heimat" (Thüringer Kirchenzeitung); BArch-O 4, 768, 49.

73 Wegen einer angeblich geplanten Kirchenbesetzung durch Ausreisewillige; so Stellv. OB Hoffmann; BArch-O 4, 995, 194–196.

rung des Gottesdienstes, Bischof Stier auch gegen eine gleichzeitige Aktion beim Schweriner Dom. In der Leipziger Nikolaikirche dominierten Ausreisewillige das Montags-Friedensgebet.[74] Kirchliche Gremien und die Frühjahrssynoden waren vorrangig mit diesem Thema konfrontiert.

Nach den jüngsten Vorgängen galt das staatliche Augenmerk besonders der Frühjahrssynode in Berlin-Brandenburg vom 8.–12. April. Das SED-Ansinnen, qua „Hausrecht" die West-Presse auszuschließen, wies Präses Becker als kontraproduktiv zurück; es würde nur die Situation anheizen. In seinem Synodalbericht bekannte sich Bischof Forck aufgrund eines Referates von Altbischof Krusche zum „Lernweg" des 6. März 1978–1988. Jüngst aber sei das Staat-Kirche-Verhältnis „auf eine harte Probe gestellt worden".[75] Aus staatlicher Sicht waren die umfassenden Bemühungen um Einflussnahme auf die Kirche gescheitert, wie die Kritik an der DDR-Rechtsprechung,[76] die Antworten der Kirchenleitung auf Fragen der Synodalen[77] und die Synodalbeschlüsse[78] zeigten.
Die Stellung zu den Gruppen und den Ausreisewilligen blieb innerkirchlich kontrovers. Offene Kritik Generalsuperintendent Krusches an Bischof Forck, ein Vorgang ohne Beispiel, zielte auf das Ende der kirchlichen Unterstützung für Ausreisewillige.[79] Andere Kirchenleitungen wahrten gegenüber den Gruppen und den Ausreisewilligen deutliche Distanz. Bischof Rogge in Görlitz betrachtete sie vor allem als Störung kirchenleitender Verständigung mit staatlichen Stellen; Bischof Gienke warnte vor einer „Zerfaserung der Gemeinde".[80] Hiervon abgesehen aber vermerkte der Staat bei allen Synoden ein zunehmend kritisches Urteil zur innenpolitischen Situation auf der Linie, die Leich gegenüber Honecker vertreten hatte. Auch bisher als „realistisch" und „loyal" geltende Geistliche seien auf Änderungen und ein offenes Diskutieren politischer Probleme bedacht.[81]

Regionale Kirchentage im Juni 1988 (in Görlitz, Rostock, Erfurt und Halle), bei denen auch prominente westdeutsche Gäste zu Wort kamen,[82] nahmen zwar aus staat-

74 Am 14. März 1988, zur Zeit der Leipziger Messe, bildeten sie die Mehrheit der etwa 800 Teilnehmer.

75 Information über den Anlauf der Synodaltagung; BArch-O 4, 748, 8.

76 Forck: die Gerichte, die doch „nicht einfach den Willen der Staatsführung zu erfüllen haben", hätten neuerdings verurteilt, was „niemals strafbar war".

77 Forck, Furian und Stolpe hätten dabei „die ganze Situation noch einmal aufgeheizt" und massiv „alle Problempunkte" im Staat-Kirche-Verhältnis aufgelistet; Information über den Anlauf der Synodentagung; BArch-O 4, 748, 9.

78 Die Beschlüsse zur Entlassung aus der Staatsbürgerschaft und zu notwendigen Veränderungen in der Gesellschaft, zur „Solidarität mit den Gruppen", zur Informationspolitik und zum Umgang mit der kirchlichen Presse, zum Wehrdienst und einem zivilen Ersatzdienst, zu „mehr Öffnung in allen Bereichen des gesellschaftlichen Lebens" seien „gegen unsere Politik" gerichtet; Information über die Synodentagung, BArch-O 4, 748, 3 f.

79 Zum Bericht Forcks mahnte Krusche, beim „eigentlichen Anliegen" der Kirche zu bleiben; das „Eintreten für jeden und alles" mache die Kirche erpressbar; auf Dauer könne sie die Belastung durch die Kontaktstelle für Ausreisewillige (vgl. oben, S. 181) nicht aushalten; Besier 3, 311. 314.

80 Nur was in der Gemeinde Wurzel schlägt, könne als fruchtbar gelten; Information zur Synode der EKU – Bereich DDR – vom 6.–8. Mai 1988; Besier 3, 312.

81 Aktuelle politische Tendenzen in den Kirchen und Religionsgemeinschaften, Vorlage vom 23. Juni 1988; BArch-O 4, 957.

82 Helmut Schmidt in Rostock, Egon Bahr, Erhard Eppler und Carl-Friedrich von Weizsäcker in Erfurt, Helmut Simon (Kirchentagspräsident, ehem. Bundesverfassungsrichter) in Görlitz.

licher Sicht einen ruhigen Verlauf, jedoch mit längst gewohnten „unverkennbar negativen Tendenzen".[83] Für das erste Halbjahr 1988 resümierte Gysi, es habe trotz der „ausgestreckten Hand" Honeckers am 3. März keinen „Wandel im Staat-Kirche-Verhältnis" gegeben.[84]

C DIE KIRCHE ALS FORUM DER REFORMDEBATTE 1988/89

1. Ablösung Gysis und neuer Staatssekretär: Kurt Löffler

Am 13. Juli 1988 wurde der 76-jährige Staatssekretär Gysi abgelöst – überraschend auch für ihn selbst. Sein Scheitern beim Exekutieren der SED-Kirchenpolitik war freilich unübersehbar. Gysis Offenheit für Reformen war nur kurzzeitig, zumal im Spätsommer 1987 im Zusammenhang mit dem SED/SPD-Papier, erwünscht gewesen. Nach acht schwierigen Amtsjahren blieb kein Raum mehr für die vormals übliche Erfolgs- und Vereinnahmungsrhetorik, sondern nur noch für den Vorsatz, der „Eskalation von Spannungen im Verhältnis von Staat und Kirche offensiv entgegenzutreten".[85] Ministerpräsident Stoph verabschiedete Gysi in der Dienststelle unter Ausschluss jeglicher Öffentlichkeit.[86] Mit Kurt Löffler übernahm nach den altkommunistischen Amtsinhabern erstmalig ein Mann der jüngeren Funktionärsgeneration die schwierige Aufgabe, kirchenpolitische Vorgaben des ZK der SED umzusetzen.

Als Sekretär des staatlichen Lutherkomitees 1980–1983 hatte Löffler Berührungen mit der ideologisch fremden Welt von Glauben und Kirche gehabt. In seinen „Informationen" betonte er fortan die jeweils korrekte Ausführung von Aufträgen der ZK-Arbeitsgruppe Kirchenfragen. Anfang 1988 war Peter Kraußer anstelle des 68-jährigen Rudi Bellmann deren Leiter geworden. Sechs Wochen nach Löfflers Amtsantritt wurde die BEK-Synode in Dessau zur ersten wichtigen Bewährungsprobe, nachdem in Görlitz 1987, wie er urteilte, eine auf Konfrontation eingestellte Mehrheit faktisch das „Programm einer Oppositionspartei" beschlossen und sich massiv „in die Verantwortung des sozialistischen Staates" eingemischt habe. Interviewäußerungen Leichs[87] und ein Gespräch mit dem ihm vom Lutherkomitee her bekannten KKL-Vorsitzenden am 10. August deutete Löffler positiv: Leich erwarte einen „Neubeginn des Staat-Kirche-Verhältnisses". Jetzt konnten auch die wegen der Görlitzer Beschlusstexte zurückgehaltenen landeskirchlichen Amtsblätter und das BEK-Mitteilungsblatt wieder erscheinen. Für Löffler wurden aber die Dessauer Synode und Vorgänge kurz danach zu einer intensiven Lernstrecke – auch hinsichtlich dessen, was er als Parteilinie zu vertreten habe.

83 Hierzu rechneten u. a. die in Halle von Pfarrer Schorlemmer vorgestellten „20 Thesen aus Wittenberg zur Erneuerung und Umgestaltung der DDR"; Text: Rein, Revolution, 93–98.

84 Ziegler über ein Gespräch am 24. Juni 1988 im Staatssekretariat; Besier 3, 322.

85 So Gysi im März 1988; Mau, Eingebunden, 94.

86 Eine „weitere Verabschiedung von Mitarbeitern des Hauses sowie eventuellen Gästen" sei, wie gegenüber den Kirchen verlautete, nicht vorgesehen. Mit Gysi musste auch dessen Persönlicher Referent und Büroleiter Dohle gehen. Der Wechsel erfolge, wie der Stellvertreter Kalb mitteilte, aus Gründen „sachlicher und terminlicher Natur"; Besier 3, 325.

87 In den Lutherischen Monatsheften 1988, 363–367: Die Kirche dürfe nicht „zu einer verdeckten Oppositionspartei" werden; Information vom 29. Aug. 1988; Besier 3, 325.

2. BEK-Synode Dessau 1988 und Erwägungen zur Führungsrolle der SED

Das Thema der Dessauer Bundessynode vom 16.–20. September 1988 „Als Gemeinde leben" rückte ganz in die Optik der aktuellen DDR-Situation. Der KKL-Bericht vermied zwar jede Schärfe,[88] aber was dann auf der Synode zur Sprache kam, ließ an Deutlichkeit nichts zu wünschen übrig. Bischof Hempel äußerte sich zornig über ein abermaliges Verbot der sächsischen Kirchenzeitung. Einmütig wurden Dialog-Defizite beklagt. Schorlemmer, soeben von einer Westreise zurückgekehrt, sprach vom „grauen Bild" der DDR als bestimmendem Eindruck. Westdeutsche Medien sorgten ungeachtet der Politbüro-Forderung, sie auszuschließen, für Publizität. Alle Bischöfe stimmten, wie staatlich notiert wurde, den gesellschaftskritischen Aussagen auf der Synode zu. Die KKL erklärte, nicht mehr mittragen zu wollen, was sich in der DDR entwickelt habe. Leich bezeichnete es als eine wesentliche Aufgabe der Kirche, die Erneuerung der „Gesellschaft, die ein menschliches Gesicht hat", zu unterstützen. Es wurde von der Stellvertreterrolle der Kirche für „Offenheit und Öffnung" gesprochen. In den Medien brauche man offene, kritische Information; bei den Schulbüchern bedürfe es der „ideologischen Abrüstung"; die Erziehung zu Untertanengeist und Anpassung müsse aufhören.[89]

Eine unmittelbar nach der Synode gehaltene Greifswalder Gastvorlesung Stolpes über den Dialog von Christen und Kirche „mit der Gesellschaft zu Fragen der Zeit" bot einen Rückblick auf Erfahrungen zwischen Christen und Marxisten und reflektierte „das Gespräch" als „Instrument zur Suche nach einem Interessenausgleich zwischen Kirche und Gesellschaft". Der neue Staatssekretär fand im Redetext viel Zustimmungswürdiges, so auch Stolpes Überlegung zur Schwierigkeit, „prinzipielle Ziele in Einzelschritten" erreichen zu müssen, die „keine Verunsicherungen auslösen" dürfen, und sogar die Bemerkung, die „führende Rolle" der SED sei besser „in der überzeugenden Darstellung von Zielen und Wegen" zu verwirklichen „als durch Administrieren und die überproportionale Besetzung von Leitungsfunktionen": Der Vortrag sei „unbedingt durch unsere Vordenker auf dem Gebiet des ‚Einbringens von Kirche in die sozialistische Gesellschaft' zu nutzen".[90] Nachdem West-Medien aus der Vorlesung zitiert und einen Konflikt auf der Ebene staatlicher Verantwortung ausgelöst hatten, urteilte Löffler ganz anders: Stolpe ziele auf eine „Veränderung der gesellschaftlichen Verhältnisse der DDR" und wolle die „Machtausübung unter Führung unserer Partei" beseitigen.[91] „In Erfüllung des erteilten Auftrages" informierte Löffler Jarowinsky und Bellmann über die Pannenserie, die ohne seine Mitschuld diesen Vortrag ermöglicht habe.[92]

---

88 Hierzu gab es auch Kritik in der KKL schon während der Ausarbeitung des Berichts durch Rogge, Passauer, Harder/Greifswald, Günther/BEK-Sekretariat sowie nach der Synode („zu abgerundet [‚rundgelutscht']"); Besier 3, 329 und 812 (Anm. 398).

89 Besier 3, 328–331.

90 Stolpe: Christen und Kirche im Dialog mit der Gesellschaft zu Fragen der Zeit. Gastvorlesung an der Ernst-Moritz-Arndt-Universität Greifswald am 21. Sept. 1988; BArch-O 4, 1025, 25–47, sowie BArch-O 4, 1226, 75–97 (mit Marginalien von Staatssekretär Löffler).

91 Brief Löfflers vom 5. Okt. 1988 an den Stellv. Minister für Hoch- und Fachschulwesen, Prof. Gerhard Engel, zum [positiven] Urteil des Greifswalder Prorektors für Gesellschaftswissenschaften über den Stolpe-Vortrag; BArch-O 4, 1025, 16 f.

92 Information vom 10. Okt. 1988 zum Vortrag von Manfred Stolpe am 21. 9. 1988, BArch-O 4, 1025, 18–21: Der Theologie-Sektionsdirektor habe Stolpe zum Vortrag vor den Theologiestudenten eingeladen, ohne den Text oder Thesen anzufordern, obwohl dies

3. Offene Worte, Konflikte und Repressalien

Nach der Dresdner Tagung im Februar setzte die *Ökumenische Versammlung* vom 8. bis 11. Oktober in Magdeburg die Arbeit an einer Reihe von Papieren fort, die aber noch nicht zu beschlussreifen Texten führte.[93] Schon vorab gab es etwa 1400 Stellungnahmen; die Referate und Diskussionen in den Arbeitsgruppen fanden große Aufmerksamkeit. Der Staat hatte vor einer „weiteren Eskalierung" gewarnt, die das Staat-Kirche-Verhältnis belasten werde. Bei der Magdeburger Tagung spielten die Schlüsselbegriffe Gorbatschows und das gemeinsame SED/SPD-Papier eine große Rolle. Falcke sprach von „Perestroika" als einer „Suchbewegung nach der Gestaltung des Sozialismus in unserem Land"; die „Wertorientierungen der marxistisch-leninistischen Partei und ihrer Ideologie" müssten überprüft und der „real existierende Sozialismus" müsse umgestaltet werden. Dass sich auch die katholische Kirche, deren politische Zurückhaltung der Staat bislang positiv gewertet hatte, zunehmend beteiligte und auch Delegierte protestantischer Freikirchen den Grundaussagen zustimmten, bereitete der SED zusätzliche Sorge. Der Konziliare Prozess bot als basisorientierte Bewegung der SED kaum eine Einflussmöglichkeit über die Kirchenleitungen. Die Dessauer BEK-Synode und die Magdeburger Versammlung ergaben aus staatlicher Sicht zusammen ein „komplettes Programm der Installierung einer Art Oppositionsbewegung".[94]

Bestrafter Freimut: Relegierung von Berliner Schülern. – Ende September 1988 wurden vier Schüler der Abiturstufe an der Carl von Ossietzky-EOS in Berlin-Pankow, die auf abweichenden politischen Meinungen bestanden und in der Schule dafür geworben hatten, relegiert. Zwei weitere wurden an andere Schulen verwiesen und zwei mit einem öffentlichen Verweis bestraft. Solidarisierungen und kirchliches Eintreten für die Relegierten führten zu einem monatelangen Konflikt.

Die relegierten Schüler hatten die DDR als „starr und unbeweglich im Vergleich zur Sowjetunion, zu Ungarn, zu Polen" bezeichnet und „mehr Menschlichkeit, Versammlungsfreiheit, Pluralismus in der Presse, das Austragen von Meinungsverschiedenheiten in der Öffentlichkeit" gefordert. Den unmittelbaren Anlass zur Relegierung boten ein in der Schule verbreiteter Artikel und eine Unterschriftensammlung gegen die militärische Machtdemonstration am

wegen des Themas, der kirchlichen Stellvertreter-Anmaßung und der Dessauer BEK-Synode (Ende am 20. 9.!) dringlich gewesen wäre. Auch habe sich die Universität nicht vorher mit seiner Dienststelle abgestimmt. Für die Fehleinschätzung verwies Löffler auf das Ineinander von „positiven", „konstruktiven" Aussagen Stolpes (u. a. zum 6. März) und der inakzeptablen „strategisch-politischen Konzeption", die er „wortgewandt" durch „scheinbare Übereinstimmung" mit der SED-Politik „zu verbrämen" versucht habe. Wie Stolpes wiederholte Berufung auf das SED/SPD-Papier zeige, sei dessen Argumentationslinie „niemals vordergründig auf Konflikt angelegt".

93 Forck: Der Text zu „Gerechtigkeit in der DDR" sei „in der Diktion zu scharf", bei den Texten zum Wehrdienst wie auch zur „Bewahrung des Lebens" habe es Einsprüche der Katholiken gegeben (Abtreibung sei als Mord zu bezeichnen); Bericht in der EKD-BEK-Beratergruppe am 1. Dez. 1988; Besier 3, 337 f.

94 Beratung Jarowinskys mit Löffler, Bellmann, Kraußer (und Mitarbeiter Baron) am 13. Okt. 1988; Besier 3, 338–340.

Staatsfeiertag (7. Oktober). Die Relegierung wurde begründet mit dem Beharren der Schüler auf „feststehenden Meinungen", ihrer Absicht, „politische Wirkungen" zu erzielen, und fehlender „politisch-moralische[r] und charakterliche[r] Reife".[95]
Die „Umweltblätter" griffen den Vorgang auf.[96] Am 20. Oktober informierte Stolpe über kirchliche Bemühungen, eine Revision der „offenbar als Abschreckung" gedachten Maßnahme zu erreichen.[97] Der Staat suchte eine Informationsveranstaltung der Zions-Gemeinde zu verhindern, die gleichwohl stattfand. Das Stadtjugendpfarramt rief die Berliner Gemeinden auf, die Schüler-Relegierungen „öffentlich zu diskutieren".[98] Der Staat reagierte mit Warnungen und Drohungen. Nach dem Scheitern von Vermittlungsversuchen äußerten sich am 20. November kirchenleitend Verantwortliche vor annähernd tausend überwiegend jungen Teilnehmern in der Erlöserkirche sehr deutlich. G. Krusche forderte einen gesamtgesellschaftlichen Dialog über Bildungsfragen. Stolpe sprach von einer bis weit in die Gemeinden gehenden Betroffenheit; viele fühlten sich an die Zeiten vor über dreißig Jahren erinnert. Ein von mehr als 25 Basisgruppen getragener Aufruf forderte einen DDR-weiten Aktionstag, den die Kirchenleitung aber im Interesse eines noch erhofften Kompromisses nicht unterstützte.

Kirchenzeitungen waren 1988 wiederholt mit ausgesparten weißen Flächen erschienen oder durften nicht ausgeliefert werden. Angesichts der wachsenden Offenheit kirchlichen Redens griff die staatliche Zensur immer häufiger ein. Gespräche zwischen staatlich und kirchlich Verantwortlichen bewirkten nichts. Als ein Gebetstext für die Ökumenische Versammlung („Hilf, daß durch die Beratungen der Prozeß der Umkehr und Erneuerung in unserem Lande gefördert wird") abermals zum Druckverbot führte, beschlossen kirchliche Mitarbeiter in Berlin einen öffentlichen Protest. Etwa zweihundert Personen begannen am 10. Oktober beim Evangelischen Konsistorium einen Schweigemarsch, der zum DDR-Presseamt führen sollte, mit Plakaten, auf denen „Pressefreiheit für ‚Die Kirche'", „Schluß mit der Verbotspraxis" gefordert wurde. Schon nach wenigen Minuten wurde er von Sicherheitskräften, die viele Verhaftungen vornahmen, gestoppt. Drei Tage danach verwiesen Staatssekretär Löffler und der Leiter des DDR-Presseamtes Blecha Landesbischof Leich auf die Rechtslage: Die Kirchenzeitungslizenz gelte nur für Themen zu Fragen des Glaubens, der Theologie, der Arbeit der Kirchengemeinden, kirchlicher Gremien und Einrichtungen. Blecha drohte mit Lizenzentzug. Löffler warb „für eine gerechte Haltung zu unserem Land". Geradezu als Anwalt einer Fortexistenz der Kirche[99] beschwor er den KKL-

95 Das undatierte Papier „Zu den pädagogischen Maßnahmen an der EOS ‚Carl von Ossietzky' Berlin-Pankow" diente dem Nachweis, dass diese „angemessen und gerechtfertigt" waren; den beteiligten Pädagogen attestierte es „große Geduld" und „größte Toleranz"; BArch-O 4, 32–38.

96 „Umweltblätter" vom 16. Okt. 1988. BEK-Sekretär Ziegler bekam schon im Januar 1988 vom Staat zu hören, dass die „Umweltblätter" sich nicht mehr vom staatskritischen „Grenzfall" unterschieden; vgl. oben, S. 178 f..

97 Rundschreiben von Konsistorialpräsident Stolpe vom 20. Okt. 1988; BArch-O 4, 995, 100.

98 Veranstaltung am 4. Nov. 1988 in der Gethsemane-Kirche. Der von Marianne Birthler unterzeichnete Offene Brief vom 4. Nov. 1988 anerkannte, dass es an der EOS Carl von Ossietzky einen beispielhaften „freien Meinungsaustausch" gegeben habe, der dann aber nicht durchgehalten worden sei; BArch-O 4, 995, 39.

99 „Jene Kräfte" drohten das durch die Verfassung garantierte Leben der Kirche zu „zerstören und Anarchie und Gesetzlosigkeit" herbeizuführen; Besier 3, 336.

Vorsitzenden, für die Rückkehr zur Legalität zu sorgen. Für den Fall der Nichtbeachtung dieser Hinweise beschloss das SED-Politbüro den Lizenzentzug.[100]

Nikolaikirche Leipzig: Konflikt mit den Gruppen und öffentliche Proteste. – Ab 1988 wurden die von Basisgruppen gestalteten Montags-Friedensgebete in der Leipziger Nikolaikirche zunehmend zum Anziehungspunkt für Ausreise-Antragsteller. Der Staat forderte, das Friedensgebet abzusetzen oder ihm einen anderen Charakter zu geben. Doch die Landeskirche, voran Bischof Hempel, verteidigte das Friedensgebet konsequent, da die dort Versammelten nirgends sonst einen „adäquaten Gesprächsort" fänden.

Hempel bestand aber, als der Versuch, das Mitwirken von Basisgruppen einzuschränken, zu tumultartigen Szenen geführt hatte, auf dem Beachten der für „öffentliches Auftreten in einer Kirche" geltenden Grenzen.[101] Auch danach kam es wieder zu Protesten und Tumulten in der Nikolaikirche. Pfarrer Christian Führer gelang es, zu vermitteln und auf die Gestaltung der Friedensgebete prägenden Einfluss zu nehmen. Nach dem Gottesdienst formierten sich vom Nikolaikirchhof aus wiederholt größere Gruppen zu Demonstrationen. Sie wurden von regelmäßig anwesenden Polizei- und MfS-Kräften aufgelöst. Teilnehmer wurden verhaftet, verhört und zu Geldstrafen verurteilt. Zum Jahrestag des Protestes bei der Berliner Liebknecht-Luxemburg-Demonstration rief die oppositionelle Gruppe „Demokratische Initiative" dazu auf, den Willen zur Demokratisierung zu bekunden.[102] Gegen die etwa fünfhundert Demonstrierenden gingen Sicherheitskräfte gewaltsam, auch mit zahlreichen Verhaftungen, vor. In der Leipziger Lukaskirche sowie in anderen Städten wurden Fürbittandachten gehalten. Nach vier Tagen kamen die Inhaftierten wieder frei.

Die Staatsmacht sah sich durch die Demonstration vom 15. Januar alarmiert: Gegenwärtig seien die Kirchenleitungen nicht fähig, „diesen Kräften Einhalt zu gebieten". Die Entwicklung laufe wie „in einigen anderen sozialistischen Ländern" darauf hinaus, die Kirche „zum Experimentierfeld und zur Speerspitze für eine gesellschaftliche Destabilisierung zu machen".[103]

---

100 Politbüro-Beschluss vom 18. Okt. 1988 und Information über das Gespräch von Löffler und Blecha mit Leich vom 13. Okt. 1988; SED und Kirche 2, 579–583.

101 „Ein Friedensgebet, das Symptome einer Parteiversammlung hat, muß ich verbieten"; Hempel Ende August 1988 im Gespräch mit Vertretern der Basisgruppen; Engelbrecht, 328 f.

102 Ein Flugblatt forderte: „Schluß mit der lähmenden Teilnahmslosigkeit und Gleichgültigkeit. Lassen Sie uns gemeinsam eintreten für das Recht der freien Meinungsäußerung, für die Versammlungs- und Vereinsfreiheit und gegen das Verbot der Zeitschrift ‚Sputnik' und sowjetischer Filme"; Neubert, 786. Am 19. Nov. 1988 war die sowjetische Jugendzeitschrift „Sputnik" wegen „Entstellung der historischen Wahrheit" in der DDR verboten worden; ND/Berliner Zeitung 26./27. Nov. 1988.

103 Lewerenz, RdB Dresden, Vermerk über ein Gespräch vom 16. Jan. 1989 mit OLKR Schlichter. Letzterer habe die Notwendigkeit „kirchliche[r] Begleitung mit dem Aufruf zu Besonnenheit und Dialog" betont. Wie Beispiele aus dem Bezirk Dresden zeigten, würden mehr Dialoge „zu mehr Milderung führen"; Besier 3, 366. 834 f. (Anm. 582).

4. Staatliche Reaktionen auf kirchliches Reformverlangen

DDR-Reiseverordnung. – Eine Verordnung von Ende 1988 beseitigte die seit langem bestehende Unklarheit und Willkür bei Reisegenehmigungen ins „Ausland“, d. h. vor allem nach Westdeutschland.[104] Sie erweiterte den (nach wie vor auf Verwandte beschränkten) Personenkreis und die Anlässe für die Genehmigung von Westreisen, bedeutete aber zugleich eine herbe Enttäuschung für viel weiter reichende Hoffnungen. In einem West-Interview urteilte Stolpe, diese Verordnung sei „noch nicht der Idealfall“, aber „das heute Mögliche“. Staatssekretär Löffler wertete den von Stolpe sogleich übermittelten Interviewtext positiv. Auf dessen Veröffentlichung im Januar[105] aber reagierte das ND mit einer scharfen, höhnischen Zurechtweisung, wie es sie seit Jahrzehnten gegenüber leitenden Kirchenleuten nicht mehr gegeben hatte.[106] In der Kirche vermutete man den Beginn eines schärferen Kurses. Es gab viele Proteste an das ND und an staatliche Stellen. Auch den SED-Kirchenpolitikern entging nicht, dass man eine breite Welle der Solidarisierung mit Stolpe ausgelöst hatte.

Zwei Tage nach der Stolpe-Beschimpfung kündigte das ND die Bildung eines „Verbandes der Freidenker der DDR (VdF)“ an. Er solle die „dialektisch-materialistische Weltanschauung“ bei allen, „die sich um die Klärung philosophischer, weltanschaulicher und ethischer Fragen von einer nichtreligiösen Position aus bemühen“, verbreiten. Der Zweck war nicht so sehr, die seit Jahren ruhende offensive Atheismus-Propaganda wieder zu beleben, sondern politisch relevante Aktivitäten aus dem kirchlichen Bereich gezielt zu unterbinden.[107] Die Gründung des Verbandes, dem schon Jugendliche vom 13. Lebensjahr an beitreten könnten, wurde im Juni 1989 mit großem Aufwand inszeniert. Doch der wachsenden Dramatik der Ereignisse hatte diese Initiative nichts entgegenzusetzen.

Die Evangelische Kirche hatte seit der Gründung des Kirchenbundes 1969 versucht, den Evangeliumsauftrag unter den Bedingungen der DDR in der Formulierung *Kirche im Sozialismus* zur Sprache zu bringen. Die SED hatte dies stets als Zustimmung zur staatlichen Realität und Politik reklamiert, ließ Differenzierungen unbeachtet, vermerkte dann besorgt den selteneren Gebrauch der Formel, wies aber vor allem

---

104 „Verordnung über Reisen von Bürgern der DDR nach dem Ausland vom 30. Nov. 1988“. Schon anderthalb Jahre zuvor, beim Empfang des KKL-Vorstandes durch Staatssekretär Gysi im Mai 1987, hatte Bischof Leich eine „durchschaubare Regelung“ für Reisegenehmigungen angemahnt und dies auch gegenüber Honecker im März 1988 wiederholt; vgl. oben, S. 172. 183.

105 „Die Welt“ veröffentlichte das Interview vom 23. Dez. 1988 erst am 10. Jan. 1989. Stolpe hatte betont, es müsse natürlich das Ziel bleiben, „in einem politisch entspannten Europa ... weitere Reiseerleichterungen zu erreichen“.

106 Der Kommentar vom 11. Jan. 1989 im „Neuen Deutschland“ und anderen Zeitungen, ohne inhaltliche Bezugnahme auf den Interviewtext, kam aus dem SED-Parteisekretariat (Besier/Wolf, 605: „Unser ‚ND‘-Kommentar ‚Herr Stolpe und der Idealfall‘“): Stolpe möge sich angesichts mangelnden Gottesdienstbesuches besser um die „religiösen Belange“ kümmern. In der DDR herrsche, wie er aus „seiner FDJ-Erfahrung“ bis heute wissen müsse, „volle Religionsfreiheit“. Ein Lernprozess sei nicht für „die DDR-Führung in bezug auf die Europapolitik“, sondern für Stolpe zur „freien Religionsausübung“ vonnöten.

107 Besier/Wolf, 605–607.

jeden eigenständig-kritischen Umgang mit dem „Sozialismus"-Begriff zurück. Zur Orientierung für die Gemeinden erwies sich jene Formel als wenig brauchbar, da Alltagserfahrungen und Perspektivlosigkeit den Sozialismusbegriff diskreditierten. Der BEK-Synodalbericht 1986 stellte kontroverse Meinungen zur „Kirche im Sozialismus" fest; nur Erfahrungen „vor Ort" könnten diese Formel inhaltlich füllen.[108] Die zunehmend konfliktträchtige Gesamtlage raubte dem „real existierenden" SED-Sozialismus als Bezugsgröße für den Evangeliumsauftrag den Rest von Plausibilität. Klärend wirkte Richard Schröders Fundamentalkritik Anfang 1988: Jene Formel lege das Missverständnis nahe, „daß im Sozialismus alle Lebensverhältnisse neuartig seien", doch „weder Wetter noch Jahreszeiten, weder Pflanzen noch Tiere, weder Geburt noch Krankheit noch Tod in unserem Land" seien „sozialistisch". Darum solle man besser von der „Kirche in der DDR" reden.[109] Ähnlich äußerten sich bald auch kirchenleitend Verantwortliche,[110] im März 1989 auch der KKL-Vorsitzende Leich: Die „Kirche im Sozialismus"-Formel sei niemals wirklich inhaltlich geklärt worden.[111]
Das Jahrestreffen von Friedensgruppen[112] im Februar 1989 ergab kein einheitliches Meinungsbild, doch die Ende April nochmals in Dresden tagende *Ökumenische Versammlung* fand mit der dritten Tagung ihren Höhepunkt und Abschluss. Die zwölf beschlossenen Dokumente[113] bezogen sich überwiegend auf die Lage in der DDR und die dort dringlichen Reformen. Die theologische Grundlegung „Umkehr zu Gerechtigkeit, Frieden und Bewahrung der Schöpfung" und der Text „Mehr Gerechtigkeit in der DDR – unsere Aufgabe, unsere Erwartung" brachten dies höchst eindrücklich zur Sprache. Staatliche Beobachter konstatierten die Erfolglosigkeit aller Versuche, im erwünschten Sinn Einfluss zu nehmen.[114] Der Text „Mehr Gerechtigkeit in der DDR" benannte so deutlich die notwendigen Veränderungen, dass er später als die Magna Charta der Friedlichen Revolution galt. Er forderte einen „freimütigen und ehrlichen Meinungsaustausch", die Trennung der Kompetenzen von Staat und Partei,

108 Nach-Denken, 61.

109 Diese Rede benenne „als Ort der Kirche" ein Land, „einen Staat und seine Bürger", die „aufgrund ihrer besonderen Geschichte faktisch aneinander verwiesen sind, obwohl sie zu dieser Geschichte in sehr verschiedenen Verhältnissen stehen"; R. Schröder, Was kann „Kirche im Sozialismus" sinnvoll heißen?; in: KiS 14 (1989), 135–137 (zit. 137). Aus dem Staatssekretariat wurden die von Schröder aufgestellten „Kriterien und Forderungen" an einen „Sozialismus mit menschlichem Angesicht" als „aus dem Arsenal antikommunistischer Ideologie" stammend gerügt; Mau, Eingebunden, 153 f. 244.

110 Propst Furians Rundschreiben vom 9. Sept. 1988 an die Superintendenten in Berlin-Brandenburg verwies auf eine „gewisse Parallele" der Formel „Kirche im Sozialismus" zu einem Diktum von Reichsbischof Müller 1934. Jedoch unterscheidet sich dessen akklamatorische Eindeutigkeit („Wir stehen nicht neben oder gegen den Staat, sondern wir stehen mitten im Staat als seine treuesten Helfer und seine festeste Stütze") signifikant vom kirchlichen Umgang mit der „Kirche im Sozialismus"-Formel; Mau, Eingebunden, 244.

111 P. Maser, Kirchen, 170.

112 „Konkret für den Frieden", vgl. oben, S. 161. 172.

113 Veröffentlicht in epd-Dok 21/89 und in: Ökumenische Versammlung.

114 Information zur Ökumenischen Versammlung: „Trotz intensiver, langfristiger Gesprächsführung auf allen Ebenen" habe man die aus verschiedensten Berufen kommenden Delegierten (u. a. zahlreiche Ingenieure, Ärzte, Chemiker, Physiker, Biologen) nicht für eine Veränderung der in den Texten vertretenen Positionen gewinnen können; Besier 3, 378.

mehr Rechtssicherheit, eine Wahlrechtsreform, Freiheit und Chancengleichheit im Bildungswesen, Versammlungsfreiheit und bessere Reiseregelungen. Der Staat wertete die Beschlüsse der Ökumenischen Versammlung als „Plattform für eine politische Opposition", um eine öffentliche Diskussion für eine „grundlegende Reform" und die „Umgestaltung der gesellschaftlichen Verhältnisse" zu organisieren. Der SED begegnete jetzt in unleugbarer Präsenz, was sie seit Jahrzehnten mit den Mitteln der Macht zu verhindern gesucht hatte: Angesichts der Lage in Staat und Gesellschaft nahm die Kirche eine „Stellvertreterrolle für die Belange der Bürger" wahr.[115] Die Texte der Dresdner Versammlung wurden von der KKL den Kirchen für die eigene Weiterarbeit am Konziliaren Prozess übergeben. Als zwei Wochen danach in Basel die Europäische Ökumenische Versammlung beriet, trat die in Dresden dominierende DDR-Problematik gegenüber anderen Problemfeldern in den Hintergrund.

D WACHSENDER PROTEST. DER ZUSAMMENBRUCH DES SED-STAATES 1989/90

Zum 40-jährigen Staatsjubiläum der DDR im Oktober 1989 plante die SED eine triumphale Selbstdarstellung. Die Kommunal-„Wahlen" im Mai sollten wie gewohnt das 99%ige Einverständnis der Bevölkerung mit dem DDR-Sozialismus demonstrieren. Das Thomas Müntzer-Gedenken zu dessen mutmaßlichem 500. Geburtstag zielte auf die historisch-ideologische Systemlegitimation. Neuere Ergebnisse der marxistischen wie auch der theologischen Forschung zeigten allerdings, dass Müntzer nicht mehr im Stil der 50er-Jahre hierfür in Anspruch zu nehmen war.[116] Dass Honecker aus diesem Anlass trotzig-töricht einen unabsehbaren Fortbestand der Mauer verkündete, sorgte für Empörung.[117]

1. Kommunalwahlen als Protestthema

Sich am Bekenntnisritual der DDR-Einheitslisten-„Wahlen" nicht zu beteiligen, war eine schon immer von einer beherzten Minderheit genutzte Möglichkeit, Protest gegen das politische System zu signalisieren. In einem nie gekannten Ausmaß wurde davon bei den „Volkswahlen" vom 7. Mai 1989 Gebrauch gemacht. Auch die Nach-

115 Information zur Ökumenischen Versammlung; Besier 3, 378 f.

116 R. Mau, Rollentausch bei der Müntzerrezeption? Zum Müntzerverständnis im Gedenkjahr 1989; BThZ 7 (1990), 66–77.

117 Bei der Tagung des Müntzer-Komitees am 19. Januar 1989 ließ der Staatschef verlauten, die Mauer werde womöglich noch fünfzig oder hundert Jahre stehen, so lange, „wie die [westdeutschen; R. M.] Bedingungen nicht geändert werden, die zu ihrer Einrichtung geführt haben"; ND und Berliner Zeitung, 20. Jan. 1989. Mitglieder des Initiativkreises „Absage an Praxis und Prinzip der Abgrenzung" (vgl. oben, S. 177) richteten am folgenden Tag einen Offenen Brief an den Staatsratsvorsitzenden: Die Mauer sei, wie jeder wisse, „nach innen gerichtet". Unser Land brauche eine „Stabilität durch Gerechtigkeit", nicht „eine Stabilität der Angst". „Wir und unsere Kinder wollen nicht noch 50 Jahre warten"; Rein, Revolution, 127 f.

richten aus Polen, wo das Verlangen nach demokratischen Wahlen erste Erfolge zeitigte, stärkten die Entschlossenheit zum Protest gegen das Akklamationsritual. Auffallend häufig wurde bei Wahlversammlungen[118] die Möglichkeit, ein nicht vorgesehenes Nein zur Kandidatenliste zu bekunden, erfragt. Vierzehn Dresdner Pfarrer konkretisierten Mitte Februar gegenüber dem DDR-Wahlleiter Egon Krenz mit einer Reihe von Forderungen den Anspruch einer „freien und geheimen Wahl“.[119] Die Frühjahrssynoden in Mecklenburg, Berlin-Brandenburg und Sachsen äußerten sich im gleichen Sinne kritisch zu den Wahlen. Hinweise auf das Aufsuchen der Kabine oder die mögliche Nichtteilnahme wertete das Staatssekretariat als Aufforderung zum Wahlboykott.[120] Kritisch engagierte Bürger, überwiegend aus dem kirchlichen Bereich, bereiteten für den Wahltag eine umfassende Beobachtung der Auszählungen vor, wurden dabei zum Teil stark behindert, doch auch von sonst politisch zurückhaltenden Menschen unterstützt.

Fast überall gab es gravierende Unstimmigkeiten. An einigen Orten im Bezirk Schwerin erzwangen Pastoren ein sofortiges Wiederholen der Auszählung, da die Wahlkommissionen die Neinstimmen „übersehen“ hatten.[121] In Erfurt erhob die Pfarrerschaft Einspruch gegen das offizielle Ergebnis[122] und forderte aufgrund des Wahlgesetzes Neuwahlen. Die Reaktion waren Drohungen („Man solle sich überlegen, auf welcher Seite man steht“) wegen Diskriminierung und Beleidigung der Wahlvorstände. Die Pfarrer wandten sich daraufhin mit einer Kanzelerklärung an die Gemeinden.[123]
Viele Eingaben und deren drohende Zurückweisung[124] veranlassten die KKL zu einer Erklärung mit der dringenden Bitte an die Staatsführung um konkrete und rasche Beantwortung:

---

118 Sie boten formal auch die (freilich irreale) Möglichkeit, unabhängige Kandidaten ohne SED-Plazet auf die Einheitsliste zu bringen. Mehrere Gruppen (u. a. der Bartholomäus- und der Golgathagemeinde in Berlin) hatten schon frühzeitig zu einem solchen Versuch aufgefordert. Daraufhin wurde manche Wählerversammlung zur Kandidatennominierung geradezu konspirativ SED-intern abgewickelt; Neubert, 810 f.

119 Da bekannt sei, dass manche aus Furcht gegen ihre Überzeugung zur Wahl gehen und ihren Wahlschein offen in die Urne stecken, sei es dringend notwendig, bekannt zu geben, dass ein Wahlrecht, keine Wahlpflicht bestehe, dass es in jedem Wahllokal eine Wahlkabine gebe, die genutzt werden *müsse*, und wann eine Stimme als Ja, als Nein oder als ungültig gewertet werde; Schreiben vom 10. Febr. 1989 an Krenz; Besier 3, 380 f.

120 Löffler behauptete eine inakzeptable Einmischung der sächsischen Landessynode „in staatliche Angelegenheiten“. Bischof Gienke wies die Superintendenten und Pfarrer „auf ihre staatsbürgerliche Verantwortung im Zusammenhang mit den Wahlen“ hin. Bischof Leich erklärte, die Kirche habe den Gemeindegliedern keine Ratschläge zum Wahlverhalten zu geben. Bei der Görlitzer Frühjahrssynode suchte Bischof Rogge jede Schärfe abzuwehren; die staatliche Beobachtung konstatierte aber auch hier, die Politisierung betreffend, „den Anschluß an andere Landeskirchen“; Besier 3, 381–385. 850 (Anm. 697).

121 Neubert, 812.

122 Die Zahl der in einem Teil der Wahllokale festgestellten Neinstimmen überstieg bei weitem die der offiziell für Erfurt insgesamt genannten; Rein, Revolution, 139 f.

123 Erfurter Kanzelerklärung vom 27. Mai 1989; Rein, Revolution, 139–141 = Kundgebungen BEK 2, 329 f.

124 Ein Befehl von MfS-Minister Mielke vom 19. Mai legte eine Standardantwort von Wahlkommissions-Sekretären fest: „Die Wahlkommission hat anhand der von den Wahlvorständen ... exakt gefertigten Niederschriften die ordnungsgemäße Durchführung der Wahlen geprüft, das Wahlergebnis festgestellt und veröffentlicht. Dem ist nichts hinzuzufügen“;

Um des Friedens willen müsse es eine „Stärkung des Rechtes“ und eine „Neugestaltung künftiger Wahlen“ geben. Die Gemeindeglieder und kirchlichen Mitarbeiter wurden gebeten, ihre Anfragen „sachlich“, „aus der Mitverantwortung für das Ganze“, vorzubringen; „übertriebene Aktionen oder Demonstrationen“ seien „kein Mittel der Kirche“.[125] Doch Propst Falcke erhob Einspruch gegen diesen Satz, der ins Zwielicht geraten sei, da kurz danach in Berlin Demonstrationen „gewaltsam beendet oder verhindert“ wurden und es eine Woche danach in Greifswald eine „übertriebene Demonstration der Gemeinsamkeit zwischen Staat und Kirche“ gegeben habe.[126] Demonstrationen und Aktionen seien durchaus Mittel „christlichen Handelns im Raum gesellschaftlicher Öffentlichkeit“, wie die Bibel und die Geschichte der Kirche bis heute zeigten.[127]

Noch am Wahlsonntag (7. Mai) demonstrierten in Leipzig über tausend Personen gegen die Wahlfarce. Nach dem Friedensgebet am Montag formierten sich über fünfhundert Teilnehmer zu einer Demonstration, die aber schon vor der Nikolaikirche durch staatliche Kräfte aufgelöst wurde. Nach der Zurückweisung aller Wahlanfechtungen planten Berliner Gruppen für den 7. Juni einen Schweigemarsch vom Evangelischen Konsistorium zum Staatsratsgebäude. Staatsvertreter forderten von der Kirchenleitung, dagegen einzuschreiten.[128] Stolpe und G. Krusche erklärten, man werde Derartiges nicht verhindern können, solange es keine Veränderungen gebe und demokratische Defizite nicht öffentlich diskutiert würden.[129] Die Polizei sperrte die Zugänge zum Treffpunkt weiträumig ab und verhaftete zahlreiche Personen. Am Abend des 7. Juni kamen etwa fünfhundert Menschen in die Sophienkirche. Nach einer Andacht verhandelten sie über den Text einer Eingabe. Der Versuch, danach einen Demonstrationszug zu bilden,[130] scheiterte an einem großen Aufgebot von Sicherheitskräften. Über hundert Personen wurden festgenommen. Bis zum nächsten Morgen wurden sie mit teilweise hohen Geldstrafen entlassen.
Am Tag danach besuchten trotz starker Polizeipräsenz etwa tausendfünfhundert

---

Keine Gewalt!, 38. Kraußer, Leiter der ZK-AG-Kirchenfragen, wies am 23. Mai die Mitarbeiter der südlichen DDR-Bezirke an, sich keinesfalls „auf ein Abgleichen von Zahlen mit renitenten Kirchenvertretern einzulassen“; sie sollten erklären, „die Mehrheit der DDR-Bürger und Christen“ sei „an einer Überprüfung der Wahl nicht interessiert“; Besier 3, 388.

125 Erklärung der KKL vom 3. Juni 1989; Rein, Revolution, 141 f.

126 Hierzu vgl. unten, S. 196 f.

127 Konfliktbesänftigung und -vermeidung entspreche zwar der Strategie des BEK und dem traditionellen Rollenverständnis der Kirche. Doch angesichts der Unterdrückung oder Verschleierung von Konflikten in der Gesellschaft erweise sich Konfliktinszenierung durch die Gruppen zwecks gesellschaftlicher Lernprozesse als unentbehrlich. Das Kriterium christlichen Handelns sei *Gewaltfreiheit*; Falcke, Einspruch gegen einen Satz der KKL-Erklärung, Juni 1989; Rein, Revolution, 142–144.

128 Auch Kirchentagspräsident Simon und Bischof Kruse hatten dringend gebeten, Aktionen, die den gleichzeitig in Westberlin beginnenden Kirchentag stören würden, zu verhindern. Es war gelungen, für etwa 550 Christen aus der DDR die Teilnahme am Deutschen Evangelischen Kirchentag per Dienstreisevisum zu ermöglichen; außerdem nahmen etwa dreitausend DDR-Bürger im Rentenalter daran teil; Besier 3, 392. 399.

129 Bei vielen Gemeindegliedern gelte die Kirche als eine Institution, die nur beschwichtigt und verharmlost und deren Verhandlungen mit dem Staat keine Ergebnisse bringen; Stolpe und G. Krusche gegenüber Stadtrat Hoffmann am 1. und 5. Juni, Stolpe gegenüber Löffler am 5. Juni; Besier 3, 391 f.

130 Mit Plakattexten und einer schwarzen Urne „Hier ruht die Demokratie“; Keine Gewalt!, 38.

Personen die Gethsemanekirche zur Veranstaltung des dortigen Friedenskreises „Mut zur Wahrhaftigkeit". Über die Polizeianordnung, die Kirche dürfe nur einzeln verlassen werden, verhandelte die Kirchenleitung lange, schließlich mit Erfolg um den ungehinderten Abzug aller Teilnehmer. Die Frage der Wahlfälschungen aber blieb unerledigt bis zum Ende der DDR.

2. Wachsender Ausreisedruck, Drohungen und brüchige Harmonie-Fassade

Ausreisewillige bildeten bei den Montagsgebeten in der Leipziger Nikolaikirche nach wie vor die Mehrheit der Teilnehmer, im Juni jeweils über tausend Personen. Anschließende Demonstrationen vom Nikolaikirchhof aus endeten regelmäßig mit zahlreichen „Zuführungen". – Am 2. Mai 1989 hatte Ungarn begonnen, die Grenzbefestigungen an der österreichischen Grenze abzubauen. Die Hoffnung auf eine Fluchtmöglichkeit machte das bisherige DDR-Urlaubsland und die dortige westdeutsche Botschaft zum Ziel einer wachsenden Zahl vor allem jüngerer DDR-Bürger und Familien. Eine Budapester Kirchengemeinde errichtete nach der Überfüllung des Botschaftsgeländes ein Zeltlager für die DDR-Bürger. Über hundert von ihnen konnten Ende August in Richtung Österreich abreisen. Erstmalig seit 1961 hatte das Sperrsystem, das alle Versuche, dem SED-Regime zu entkommen, zum tödlichen Risiko machte, eine Lücke. Am 19. August fanden bei einem „paneuropäischen Picknick" an der ungarisch-österreichischen Grenze Hunderte DDR-Urlauber die Chance zur Flucht. Seit dem 11. September war die Grenze endgültig offen. Zehntausende nutzten diese Gelegenheit.[131] In wachsender Zahl kamen Ausreisewillige auch in die Vertretungen der Bundesrepublik in Prag, Warschau und Ost-Berlin. Als Ende September die Anwesenheit von über zweitausend DDR-Bürgern auf dem westdeutschen Botschaftsgelände in Prag zu unhaltbaren Zuständen geführt hatte, gelang es Außenminister Genscher, über das Rote Kreuz und die Außenminister der UdSSR, ČSSR und DDR eine Lösung auszuhandeln: Am 3./4. Oktober konnten etwa 5500 Menschen mit Sonderzügen der DDR-Reichsbahn und über DDR-Gebiet ausreisen, kurz davor und danach aus Warschau auch etwa 1400.[132] Die Fluchtbewegung aus der DDR hatte Dimensionen wie vor dem Mauerbau 1961 erreicht.

Am 4. Juni 1989 wurde in Peking die seit Monaten sich ausweitende *Demokratiebewegung* blutig niedergeschlagen. Honecker gratulierte dem neuen Parteichef der KPCh; die Volkskammer und Blockparteien sekundierten mit Beifall im Namen der DDR-Bevölkerung. Nach einem China-Besuch richtete Krenz Drohungen gegen Konterrevolutionäre; Margot Honecker suchte die Jugend gegen „Feinde" und „Verräter" zu mobilisieren.[133] Es gab viele Protestschreiben und -aktionen. Die Synode

---

131 Der ungarische Außenminister Gyula Horn erklärte am 31. August gegenüber der DDR-Forderung, wie bisher keine Fluchtmöglichkeit zu bieten, sein Land werde im Sinne „der internationalen Menschenrechte und seiner humanitären politischen Praxis" handeln.

132 Diese Entscheidung wenige Tage vor dem 40-jährigen Staatsjubiläum bezeichnete die DDR-Regierung als „Abschiebung" von Leuten, die „ihre Heimat verraten" hätten.

133 Auf dem „Pädagogischen Kongress" der DDR erklärte sie am 13. Juni 1989: Unsere „kämp-

der Kirchenprovinz Sachsen äußerte sich bestürzt über das blutige Niederschlagen der Monate lang friedvollen, fröhlich wirkenden Bewegung.[134] Klagegottesdienste in Berlin waren stark besucht. Eine Demonstration von der Pankower Kirche zur chinesischen Botschaft wurde durch MfS-Kräfte brachial beendet. Ein Offener Brief der Arbeitsgruppe Menschenrechte in Leipzig beklagte das gewaltsame Vorgehen „gegen friedliche Demonstrationen und freie Meinungsäußerung", die „Unterstützung staatsterroristischer Regime wie China und Rumänien", die „Angst der SED-Führung vor Reformen" und die Wahlfälschungen; beim Leipziger Kirchentag solle man politisch aktiven Gemeindegruppen „Kirchen und Räume für Fürbitt- und Informationsveranstaltungen" zur Verfügung stellen.[135]

Der *Greifswalder Dom St. Nikolai* war in mehrjährigen, weitgehend aus bundesdeutschen Mitteln finanzierten Arbeiten restauriert worden. Die Wiedereinweihung am 11. Juni sollte insbesondere nach den Vorstellungen von Bischof Gienke in einem großen, repräsentativen Rahmen unter Beteiligung kirchlicher und politischer Vertreter benachbarter Regionen erfolgen.[136] Ohne gesamtkirchliche Abstimmung hatte Gienke auch eine Teilnahme Honeckers betrieben. Insbesondere diese Tatsache gab dem Ereignis in der Phase von wachsender Ausreisebewegung, Protesten gegen die Wahlfälschungen und Drohgebärden vor dem Hintergrund des Peking-Massakers den Charakter einer makabren Inszenierung.

In der pommerschen Kirche hatte es schon Wochen vorher, ohne Kenntnis von der geplanten Honecker-Präsenz, Protest gegen das Vorhaben als „potemkinsches Dorf" gegeben.[137] Von Honeckers Teilnahme erfuhr die KKL erst am Tag vor der Einweihung. In ihrem Auftrag kam Forck nach Greifswald, wurde aber wegen seiner regimekritischen Haltung brüskiert durch den von Gienke hingenommenen Ausschluss vom städtischen Empfang mit Honecker. Ein anschließend im ND als Spitzentext publizierter Briefwechsel Gienke–Honecker,[138] von dem der KKL-Vorstand wiederum erst am Tag der Publikation erfuhr, sorgte DDR-weit für Empörung. Abgesehen von den Alleingängen des Bischofs empfand der Kirchenbund auch dessen Umgang mit Kritikern, seinen öffentlichen Tadel der kirchlichen und Lob der staatlichen

---

ferische Zeit" brauche „eine Jugend, die kämpfen kann" und den Sozialismus, wenn nötig, „mit der Waffe in der Hand" verteidigt; Rein, Revolution, 181.

134 Erklärung vom 18. Juni mit der Bitte an den BEK zur Weiterleitung an den chinesischen Christenrat; Rein, Revolution, 180.

135 Offener Brief vom 6. Juli 1989; Rein, Revolution, 182–185.

136 Zu den Teilnehmern gehörten Bischöfe aus der Bundesrepublik (Hamburg) und Schweden, auch der Ministerpräsident von Schleswig-Holstein, Björn Engholm, und Altbundespräsident Carstens.

137 Während der Domrestaurierung war ein zerfallendes Altstadtviertel abgerissen und durch Plattenbauten ersetzt worden. Studentenpfarrer Arndt Noack, Jugendarbeiter Torsten Rütz und Gemeindeglieder luden zum 6. Mai zu einer Protestveranstaltung ein. Ein Flugblatt sprach von „Protz und Kitsch vereinigt, um in die Welt zu posaunen, wie gut es zwischen Staat und Kirche läuft"; Neubert, 817.

138 In einem überschwänglichen Dankbrief vom 3. Juli wertete der Bischof gegenüber „Kritikern" das Erscheinen Honeckers mit dem Satz: „Die Breite unserer Gemeinden und unserer Bevölkerung ist ohnehin voller Freude und fühlt sich auf dem Weg des täglichen Miteinanders ermutigt." Nach der Entgegnung Honeckers auf der ND-Titelseite vom 19. Juli setzte die CDU-Presse eine Akklamations-Briefkampagne in Gang.

Presse, als inakzeptabel. Es gab viele Protestbriefe.[139] Gienke hatte zwar in seiner 17-jährigen Amtszeit bei den Gemeinden viel Sympathie gewonnen, wurde jedoch von kirchlichen Mitarbeitern zunehmend kritisch beurteilt. Die Herbstsynode votierte gegen den Bischof, der am 13. November seinen Rücktritt erklärte. Die Kirchenleitung warb aber um Verständnis für den eigenen Kurs in jüngster Zeit.[140] Zum neuen Bischof wurde der Meißener Superintendent Eduard Berger gewählt.

Im 450. Jahr der Einführung der Reformation plante die sächsische Landeskirche einen *Kirchentag in Leipzig* für den 6. bis 9. Juli 1989. Er fiel in die Phase wachsender Spannungen und gerade hier sich konzentrierender Konflikte. Der rapide Verfall ganzer Stadtviertel und Umweltprobleme wie die Verschmutzung der Pleiße gehörten neben der dauerpräsenten Ausreisefrage zu den Protestthemen.[141] Der Staat suchte den Kirchentag weitgehend aus der Öffentlichkeit zu verbannen.[142] Kirchentagspräsident Cieslak[143] verwies nachdrücklich auf das Evangelium als „Ausgangspunkt" und kritisierte „Trittbrettfahrer"-Gruppen mit nur gesellschaftskritischen Zielvorstellungen.

Weniger in den großen Veranstaltungen als in den Arbeitsgruppen des Kirchentagskongresses kam situativ Bedrängendes zur Sprache. Falcke, Tschiche/Magdeburg, der Leipziger Historiker Karlheinz Blaschke und Superintendent Ziemer brachten hier auch die kritischen Intentionen des Ökumenischen Kongresses zur Geltung. In der peripher gelegenen Lukaskirche, die Pfarrer Wonneberger wiederholt zum Forum für aktuelle Anliegen gemacht hatte, veran-

139 Die Wiedereinweihung des Domes „haben wir schweigend ertragen. Nach dem Briefwechsel ... halten wir es nicht mehr aus", hieß es in einem Brief aus Mecklenburg. Der Bischof möge künftig „die Theologie des Kreuzes in Gedanken, Worten und Werken sichtbarer werden" lassen; Besier 3, 409 f.

140 Der Honecker-Besuch sei „hoch einzuschätzen" als „Frucht eines sorgfältig aufgebauten und gepflegten Klimas in unserer Region". Leider aber sei es nicht zu den in Aussicht gestellten Gesprächen „zur Klärung anstehender Fragen der Kirche" gekommen. In der Berichtszeit sei die „Kirchenleitung als solche" nur „spät und wenig informiert" und „aus der Verantwortung ausgeschlossen" worden; Bericht auf der Landessynode vom 2.–5. Nov. 1989 in Züssow; Besier 3, 456.

141 Wenige Tage vor Beginn des Kirchentages äußerte Bischof Hempel, die Stadt werde „immer mehr zum Zentrum kirchenleitenden Handelns der sächsischen Kirche". Die Massierung von Polizeieinsätzen vor der Nikolaikirche „will eine Eskalation verhindern und provoziert sie gleichzeitig"; Protokoll der KKL-Tagung vom 30. 6./1. 7. 1989; Besier 3, 405.

142 Für die Kongressarbeit der ersten Tage sollte das „absolut" gelten. Gottesdienste dürften nicht nach außen übertragen werden. Zentrale Versammlungsorte (wie Ringmessehaus, Sachsenplatz, Zentralstadion, Oper, Kongresshalle) kämen für den Kirchentag nicht in Betracht. Die Teilnahme von „außerhalb der kirchlichen Struktur tätigen Gruppen" und ein „Markt der Möglichkeiten" wurden untersagt. Als „Treffpunkt Glauben heute" fand er dennoch statt. Nach der Leipziger Demonstration vom 15. Januar (vgl. oben, S. 189) sah sich die Kirchenleitung sogar mit dem Ansinnen konfrontiert, den Kirchentag an einen anderen Ort (z. B. Riesa) zu verlegen. Eine administrative Panne kam der Veranstaltung zugute: Der RdB Dresden hatte „in Verletzung der staatlichen Ordnung" bereits „Plakate und 250 000 Vlieszeichen genehmigt"; Information der AG-Kirchenfragen (Kraußer) an Jarowinsky vom 28. Jan. 1989 und Gesprächsnotiz Löfflers (mit Schumann, 1. Sekretär des Bezirks Leipzig) vom 2. März 1989; SED und Kirche 2, 584–588.

143 Johannes Cieslak aus Seifhennersdorf, Ofenbaumeister, hatte als Synodalpräsident von 1967–1983 die Stellung der Laien in der Landeskirche gestärkt und die Synode zu einem „echten demokratischen Leitungsinstrument" gemacht; Engelbrecht, 135.

stalteten kritische Gruppen einen kleinen „Statt-Kirchentag". Bischof Hempel mahnte bei der Schlussversammlung zur Ruhe im Land.[144] Nach staatlichem Urteil verlief der Kirchentag im ganzen positiv.[145] Unmerklich hatte sich die Sichtweise verändert: Erleichterung über glimpflich Verlaufenes überwog die Entrüstung über Kritik am DDR-Sozialismus.

3. Machtverluste der SED: Scheiternde Unterdrückung von Protest und Dialog

Im Spätsommer 1989 wurde die Diskrepanz von Führungsanspruch und Konzeptionslosigkeit der SED unübersehbar. Wochenlang war der erkrankte Partei- und Staatschef nicht präsent. Ein nach langer Unterbrechung vorgesehenes Informationsgespräch wurde abgesagt.[146] Daraufhin ergriff der Kirchenbund die Initiative, indem er die Freigabe einer öffentlichen Debatte über die der Massenauswanderung zugrunde liegenden Probleme forderte.[147]

Der KKL-Text forderte eine „mündige Beteiligung der Bürger an der Gestaltung unseres gesellschaftlichen Lebens", die öffentliche „Diskussion der anstehenden Aufgaben", „zutreffende Informationen" und „eine realistische Berichterstattung" in den Medien. Statt die Bürger durch „stereotype Belehrungen oder sogar Drohungen abzuweisen", seien sie „als mitverantwortliche Partner" zu respektieren. Alle müssten „unabhängig von verwandtschaftlichen Beziehungen" in andere Länder reisen können. Mit den Gemeinden sei zu bedenken, was es „für uns als Kirche bedeutet, daß Menschen bei uns nicht bleiben wollen." Durch ihr Leben und Handeln sollten die Christen zeigen, „daß sie selbst bereit sind, sich zu verändern und in der Gesellschaft Verantwortung zu übernehmen." Die KKL bat sie, „in der Gemeinschaft zu bleiben und die DDR nicht zu verlassen".[148]

Die *Eisenacher BEK-Synode* vom 15.–19. September stand ganz im Zeichen der Debatte über die bedrängenden Probleme des Landes. Ein Beschlusstext verzichtete auf vormalige Rücksichtnahmen und den Gestus von Bitten an die Staatsmacht. Unter dem Stichwort „Wir brauchen" listete er unaufschiebbare Reformen auf.[149]

---

144 „Ein bißchen mehr Ruhe ist keine Sünde"; Rein, Revolution, 188.

145 „Stolpe und auch Forck" seien „mit Vorschlägen zu gesellschaftlichen Veränderungen" (verglichen mit Ziemer, Blaschke, Falcke und Tschiche) „verbindlicher und immer verknüpft mit entsprechenden Aussagen zum Sozialismus und zur DDR" aufgetreten; Information Kraußer/Löffler vom 10. Juli an Jarowinsky zum Leipziger Kirchentag; Besier 3, 406. Jarowinsky übergab sie Krenz und dieser noch am gleichen Tag den Mitgliedern und Kandidaten des Politbüros.

146 Es sollte dem Fortgang des KSZE-Prozesses gelten; die Kirche wollte eine Reihe dringlicher Fragen thematisieren. Auf die neuerliche Gesprächsverweigerung reagierten die Kirchenleitungen in Thüringen und Sachsen mit der Absage einer Beteiligung an Empfängen zum Staatsfeiertag; Besier 3, 415.

147 KKL-Beschluss vom 2. Sept. 1989 und Brief des KKL-Vorsitzenden Leich an Honecker vom 4. Sept. 1989. Ein Brief an die Gemeinden gab Kenntnis von dessen Wortlaut; Dokumente, 388–390.

148 Brief an die Gemeinden vom 4. Sept. 1989: „Unsere Gesellschaft braucht jeden Menschen mit seinen Gaben und Fähigkeiten. ... Jeder, der geht, läßt andere einsamer zurück." Manche der Ausreisewilligen seien „vor der Illusion, dass höherer wirtschaftlicher Wohlstand schon Lebenserfüllung bringt", zu warnen; Dokumente, 390.

149 Beschluss der BEK-Synode in Eisenach vom 19. Sept. 1989 zum Bericht des KKL-Vorsitzenden; Dokumente, 391–395.

In unserem Land sähen viele, besonders auch junge Menschen „keine Zukunft mehr“. Aufgrund vielfältiger Erfahrungen gerade der jüngsten Zeit seien nun „Hoffnungen auf Veränderung in der DDR erloschen“. Es gebe auch Fragen an „uns selbst“ im Kirchenbund. Das Synodalwort beklagte „verhärtete Strukturen“, die eine organisatorische Form des BEK als „eine Kirche“ verhindert hätten, auch das verständnislose Gegenüber von „geistlich bewegten“ und „sozial engagierten“ Gruppen sowie Defizite in den Gemeinden. Nach 40 Jahren „Lernweg“ in der DDR gelte es jetzt, Bewährtes zu erhalten und den Weg in eine gerechtere, partizipatorische Gesellschaft zu suchen. Es müsse eine „offene und öffentliche Auseinandersetzung“ mit den gesellschaftlichen Problemen geben, Wahrhaftigkeit als Bedingung für Vertrauen, Medien-Pluralismus, Parteienvielfalt, Reisefreiheit, Wirtschaftsreformen, die Zulassung friedlicher Demonstrationen und der Wahl zwischen Programmen und Personen.
Zur Aufgabe der Kirche in dieser Lage differierten die Meinungen. OKR Große/Thüringen hatte gemahnt, auch jetzt dürfe die Kirche selbst nicht politische Opposition sein, es gehe vielmehr um eine „Koalition der Verantwortlichen“ in allen Parteien, Berufen, Gruppen „und auch in unseren Kirchen“. Falcke hatte aus der Synodaldebatte „viel Engagement für den Sozialismus“ vernommen; gewaltfreie Veränderungen in der DDR müssten „deutliche Zeichen“ geben, „daß der Sozialismus verbessert werden soll“. Zu fragen sei nicht, wie man „vom Osten in den Westen“, sondern „vom Heute ins Morgen“ kommt.[150]

Für die SED-Führung war von den ersten Informationen an das Urteil über die Eisenacher Synode klar: Sie konstatierte wie zuvor bei Texten oppositioneller Gruppen ein ausgeführtes „konterrevolutionäres Programm“. Reformziele würden „offen und verdeckt mit der Machtfrage verbunden“.[151] Für das ZK-Sekretariat hatten Jarowinsky und Löffler „Vorschläge zur Auseinandersetzung mit dem konterrevolutionären Programm der Synode“ auszuarbeiten. Gleich drei Spitzenfunktionäre (Joachim Herrmann, Jarowinsky und Krenz) sollten für Artikel, Kommentare und Stellungnahmen in Presse, Rundfunk und Fernsehen gegen die Konzeption der Synode und die „Versuche zur Gründung oppositioneller Parteien und Gruppierungen“ sorgen.[152] Jarowinsky konstatierte bei der Synode eine „Eskalation politisch negativer Aktivitäten“ im „Zusammenspiel mit Kreisen der BRD – vor allem der SPD“. Das verkündete Aktionsprogramm schließe eine „offene Konfrontation nicht mehr aus“.[153] Was Jarowinsky aus einem Redebeitrag Falckes[154] als ein „auf lange Sicht ausgerichtetes

150 Information Jarowinskys über die Synode an G. Mittag vom 22. Sept. 1989; SED und Kirche 2, 593–598 (zit. 594 f.).

151 Jarowinsky urteilte, in seinem Brief an Honecker (s. Anm. 147) habe Leich alle „nach dem Spitzengespräch im März 1988 vorgegebenen Hauptpunkte zu einer Konzeption für umwälzende gesellschaftliche Veränderungen zusammengefasst“; Information (wie vorige Anm.); SED und Kirche 2, 593.

152 Beschluss des Sekretariats des ZK vom 20. Sept. 1989 (Vorsitz: Mittag statt Honecker); SED und Kirche 2, 592 f. Laut ND vom 21. Sept. wollte die Synode „die DDR kapitalistisch und für die ‚Wiedervereinigung‘ sturmreif“ machen.

153 Information (wie Anm. 150), 598.

154 Falcke hatte an den unterbrochenen SED-SPD-Dialog erinnert und von einer gegenwärtig von deutschem Boden ausgehenden Konfliktverschärfung gesprochen. Er warnte vor einer Selbstrechtfertigung des Kapitalismus in der Bundesrepublik angesichts der DDR-Fluchtbewegung und „einem billigen Aufleben des Antikommunismus“ (zumal „in christliche Worte gekleidet“), erinnerte an die deutsch-deutsche Schuldgemeinschaft (gegen „einseitige Schuldzuweisungen an die DDR-Regierung“) und setzte sich für eine fortbestehende Eigenstaatlichkeit und völkerrechtliche Anerkennung der DDR ein; Information Jarowinskys (wie Anm. 150); SED und Kirche 2, 594 f.

politisches Konzept" zitierte, ließ sich aber auch als Hinweis an die führenden Genossen auf ein Netz für den Fall des „Falles" deuten.

Schon 1988 hatten die in Mecklenburg wirkenden Pfarrer Martin Gutzeit und Markus Meckel die Gründung eines Vereins „Bürgerbeteiligung" erwogen, seit Anfang 1989 aber eine Neugründung der sozialdemokratischen Partei in der DDR angestrebt. Der bei einem Menschenrechtsseminar Ende August vorgestellte Gründungsaufruf aber schockierte viele Teilnehmer wegen der entschiedenen, in die offene Konfrontation zur SED führenden Programmatik.[155] Auch die West-SPD begegnete dem Plan zurückhaltend-skeptisch.
Im Frühjahr und Sommer begannen auch anderweitige Absprachen für politische Organisation. Am 9. September verfassten die Künstlerin Bärbel Bohley und andere[156] den Gründungsaufruf für die programmatisch offene Vereinigung *„Neues Forum"*, die angesichts der Kommunikationsstörung zwischen Staat und Gesellschaft eine Gesprächsplattform für die Beteiligung vieler Menschen am „gesellschaftlichen Reformprozess" bilden sollte.[157] Das Bekanntwerden des Aufrufs durch Westmedien wirkte als Sensation. Die versuchte Legalisierung des Neuen Forums durch Anmeldung beim Innenministerium scheiterte.[158] Durch Unterschriften bei den sich vermehrenden Kontaktadressen entstand landesweit eine rasch wachsende Mitgliederzahl. Wenige Tage nach dem Neuen Forum meldete sich in Berlin auch die „Bürgerrechtsbewegung Demokratie Jetzt" zu Wort.[159] Während der Eisenacher BEK-Synode

155 Gründungsaufruf vom 24. Juli 1989, vorgestellt in der Golgathagemeinde Berlin am 26. Aug. 1989; M. Meckel/M. Gutzeit, Opposition in der DDR. Zehn Jahre kirchliche Friedensarbeit – kommentierte Quellentexte, Köln 1994; 364–368. Meckel und Gutzeit (*1952) hatten in den 70er-Jahren an den kirchlichen Ausbildungsstätten in Naumburg und Berlin studiert und sich mit den Grundlagen und der Programmatik der sozialistischen Bewegung befasst. In den folgenden Wochen gelang die Bildung kleiner Gruppen von Gründungswilligen.

156 In Grünheide bei Berlin in der Wohnung von Katja Havemann, der Witwe von Robert Havemann. Zu den Teilnehmern gehörten u. a. Hans-Jochen Tschiche, Jens Reich und Rolf Henrich.

157 Das Neue Forum wollte als eine gemeinsame „politische Plattform ... Menschen aus allen Berufen, Lebenskreisen, Parteien und Gruppen" die Möglichkeit bieten, sich an der Diskussion „lebenswichtiger Gesellschaftsprobleme in diesem Land zu beteiligen"; Neubert, 836.

158 Der Bescheid vom 21. September lautete, für eine solche Vereinigung bestehe „keine gesellschaftliche Notwendigkeit", sie sei „staatsfeindlich". Ein Rundbrief des Neuen Forums vom 1. Oktober betonte, man wolle sich „weder in die Illegalität noch ausschließlich in den kirchlichen Raum abdrängen lassen", strebe weder eine „Wiedervereinigung" noch ein „kapitalistisches Gesellschaftssystem" an; Neubert, 836. Die Anerkennung erfolgte erst am 8. November, als das Neue Form längst als DDR-weite Bürgerrechtsbewegung etabliert war und SED-Führung samt Regierung umgebildet waren.

159 Bei der Gründung am 12. September riefen die Initiatoren (vor allem Mitglieder der Initiative „Absage an Praxis und Prinzip der Abgrenzung", s. o., S. 177. 192) zur „Einmischung in eigener Sache" und zur Umgestaltung der Gesellschaft auf. Personen wie der Physiker und Synodale Hans-Jürgen Fischbeck, der Kirchenhistoriker Wolfgang Ullmann und der Publizist Konrad Weiß standen für ein deutlicher programmatisches Profil, jedoch erreichte „Demokratie Jetzt" bei weitem nicht die Resonanz des Neuen Forums.

forderten auch CDU-Mitglieder in einem „Brief aus Weimar“ innerparteiliche und gesellschaftliche Reformen.[160] Andere Bürgerrechtler gründeten am 1. Oktober in Berlin trotz massiver MfS-Störversuche die Vereinigung „Demokratischer Aufbruch – sozial – ökologisch“.[161] Der Kooperation aller Neugründungen diente eine „Gemeinsame Erklärung“ vom 4. Oktober. Sie rief alle DDR-Bürgerinnen und -Bürger auf, „an der demokratischen Erneuerung mitzuwirken“.[162]
Ähnliches Aufsehen wie die Gründung des Neuen Forums im September erregte die Neugründung der Sozialdemokratischen Partei in der DDR am 7. Oktober in Schwante bei Berlin (SDP). Ihr Programm forderte die Umwandlung der DDR zu einer „ökologisch orientierten sozialen Demokratie“.[163]
Seit dem Aufruf des Neuen Forums meldeten sich auch Künstler zu Wort, zuerst Berliner Mitglieder des Schriftstellerverbandes,[164] dann Vertrauensleute des Deutschen Theaters[165] und Mitglieder anderer Berliner Bühnen,[166] nach den harten Konfrontationen in Dresden (s. u.) auch das dortige Staatsschauspiel. So fand der seit langem aus dem Raum der Kirche geforderte gesamtgesellschaftliche Dialog binnen weniger Wochen ein vielgestaltiges Forum und gewann an Dynamik.

Die Montagsgebete in der Leipziger Nikolaikirche wurden im September 1989 regelmäßig zum Ausgangspunkt für Demonstrationen, bei denen zunächst noch das Ausreisethema dominierte. Nach der Öffnung der ungarischen Grenze aber war statt des Rufes „Wir wollen raus!“ auch ein entschlossenes, für grundlegenden Wandel einstehendes „Wir bleiben hier!“ zu hören. Von Mal zu Mal beteiligten sich mehr Menschen am Friedensgebet und der anschließenden Demonstration. Polizei und MfS reagierten mit zunehmender Härte; es gab jedes Mal zahlreiche Zuführungen. Beim Montagsgebet am 25. September wurde angesichts der vorangehenden Erfahrungen das „Gewalt“-Problem thematisiert.[167] Danach skandierten die etwa achttausend Teilnehmer

---

160 Vier im kirchlichen Dienst tätige Mitglieder (Martina Huhn, OKR Martin Kirchner, Christine Lieberknecht, KR Gottfried Müller) verlangten am 16. September „innerparteiliche Demokratie“ und Veränderungen im Sinne der Ökumenischen Versammlung. Die CDU-Führung reagierte am 19. September schroff zurückweisend; Parteichef Götting erwog den Partei-Ausschluss der Autoren.

161 Als konspirative Treffpunkte dienten die Wohnungen von Eppelmann und Neubert; zum Initiatorenkreis gehörten auch Falcke, die Pfarrer Edelbert Richter/Weimar, Rudi Pahnke und Friedrich Schorlemmer sowie die Schriftstellerin Daniela Dahn; Neubert, 838 f.

162 Neubert, 841.

163 Meckel/Gutzeit, Opposition, 367. In dem 15-köpfigen SDP-Vorstand, dem zahlreiche Theologen angehörten, wurden die Nichttheologen Stephan Hilsberg und Ibrahim Böhme als Erster Sprecher bzw. Geschäftsführer gewählt.

164 Am 14. September hatte eine Initiative von sieben Autorinnen (unter ihnen Daniela Dahn, Helga Königsdorf und Christa Wolf) für den „demokratischen Dialog“ breite Zustimmung gefunden.

165 Sie wandten sich mit einem Offenen Brief an Ministerpräsident Stoph und forderten die Zulassung des Neuen Forums und anderer Organisationen.

166 Am 29. September traten das Berliner Ensemble, am 3., 4. und 5. Oktober nacheinander das Maxim-Gorki-Theater, die Volksbühne und das Kabarett „Die Distel“ mit eigenen Initiativen hervor.

167 Mit einem Text von Christoph Wonneberger; Rein, Revolution, 224 f.

der Demonstration den Ruf „Keine Gewalt!" Nach dem Montagsgebet am 2. Oktober in der überfüllten Kirche und mit Tausenden auf dem Nikolaikirchhof demonstrierten etwa zwanzigtausend Menschen für Reformen in der DDR. Abermals gingen die Sicherheitskräfte hart vor; es gab viele Verhaftungen und Verurteilungen.
Die Kunde von den Leipziger Vorgängen und von Verhaftungen in Berlin und Potsdam wurde zum Anlass, eine ständige Mahnwache und allabendliche Fürbittandachten in der Berliner Gethsemanekirche zu halten. Daran beteiligten sich schließlich mehr als zweitausend Menschen.
Zum 9. Oktober, unmittelbar nach dem Staatsjubiläum, war in Leipzig mit einer noch größeren Demonstration zu rechnen. Die staatlich Verantwortlichen hofften sie durch das Ansinnen, das Montagsgebet abzusetzen, verhindern zu können. Das aber hielt Bischof Hempel nur für möglich, wenn er eine Erklärung zur Lage im Lande abgeben und wirkliche Veränderungen ankündigen könnte. Im übrigen: Die Kirche sei ein „stabilisierender Faktor"; „wenn wir Nikolai nicht hätten, wäre alles viel schlimmer".[168]
Inzwischen spitzte sich die Lage in Dresden dramatisch zu. Nach der Schließung der DDR-Grenze zur ČSSR am 3. Oktober, die den Flüchtlingsstrom hatte stoppen sollen, äußerten sich Zorn und Wut in heftigen Protesten. Als die Züge mit den Prager Botschaftsflüchtlingen am 4./5. Oktober zwecks „Abschiebung" in die Bundesrepublik über Dresden geleitet wurden, besetzten Tausende den Hauptbahnhof, um gleichfalls eine Ausreise zu erzwingen. Auf dem Vorplatz kam es zur gewalttätigen Konfrontation mit den Sicherheitskräften. Am 6./7. Oktober ging die Polizei gegen in Dresden friedlich mit Kerzen und Liedern Demonstrierende gewaltsam vor. Hunderte von Demonstranten wurden in den Straßen eingekesselt, verhaftet und in das berüchtigte Bautzener Gefängnis verbracht. Durch Kontakte mit der Einsatzleitung und Oberbürgermeister Berghofer gelang am 8. Oktober eine friedliche Beilegung des Konflikts. Zwanzig von den Demonstranten beauftragte Bürger führten in der Kreuzkirche Gespräche über politische Forderungen und die Freilassung der Gefangenen. An diesem Erfolg kirchlicher Vermittlung hatte Superintendent Christoph Ziemer – man nannte ihn in der Stadt den „Engel von Dresden" – entscheidenden Anteil.

4. Der Durchbruch zur Friedlichen Revolution

Der 40. Jahrestag der DDR, seit langem mit hochtönender Rhetorik vorbereitet und in Berlin mit dem üblichen militärischen Zeremoniell und einem Fackelzug von Tausenden FDJlern begangen, konnte die desolate Situation nicht überblenden. Die Bemerkung Gorbatschows zu Honecker „Wer zu spät kommt, den bestraft das Leben!" wurde zum wichtigsten Wort des Tages. Die Distanzierung des Moskauer Hoffnungs-

168 Hempel stellte sich auch entschieden hinter den wegen „politischer Kundgebungen" statt „Gottesdiensten" inkriminierten Pfarrer Wonneberger, der „mit seiner eigenen Sprache auf geistliche Durchdringung großen Wert legt"; Gespräch am 5. Okt. 1989 zwischen dem RdB Leipzig (Opitz, Reitmann u. a.) und Bischof Hempel, OKR Auerbach, Sup Magirius, Sup Richter; Engelbrecht, 330.

trägers von der reformunwilligen SED-Führung stärkte DDR-weit die Zuversicht, dass das Verlangen nach einem grundlegenden Wandel nicht noch einmal durch sowjetische Panzer unterdrückt werden würde. Noch während des Festprogramms am Abend des 7. Oktober gab es Demonstrationen, deren Eindämmung MfS-Chef Mielke persönlich befehligte. Auch in mehreren Städten (so in Plauen, Magdeburg, Karl-Marx-Stadt, Potsdam, Arnstadt) wurde demonstriert, in Leipzig auch ohne vorangehendes Friedensgebet. Am 8. Oktober gingen in Berlin Sicherheitskräfte mit großer Härte gegen eine größere betont friedliche Demonstration in der Nähe der Gethsemanekirche[169] vor. Mehr als tausend Personen wurden festgenommen; an den Zuführungspunkten kam es zu Gewaltexzessen; auch Unbeteiligte wurden Opfer des auf Abschreckung zielenden Einsatzes. Mitglieder der Mahnwache und der Gethsemane-Gemeinde sammelten Informationen und Zeugenberichte. Hunderte kamen in die Kirche, um nach dem Verbleib von Angehörigen zu fragen.

In Leipzig war für den Abend des 9. Oktober Schlimmstes zu befürchten. Es gab Versuche, die Konfliktlage zu beruhigen.[170] Die SED aber schien durch äußerste Gewalt den Mut zum Demonstrieren brechen zu wollen. Volksarmee und Kampfgruppen[171] verstärkten das große Polizei- und MfS-Aufgebot. Die Bürger wurden aufgefordert, die Innenstadt zu meiden. Zahllose Einsatzwagen, auch mit Polizeihunden, waren postiert. Das Gerücht wusste von einem Notlazarett und bereitgestellten Blutkonserven. Bischof Hempel hatte am Vormittag beim Rat des Bezirkes Leipzig erklärt, er werde beim Friedensgebet zu Besonnenheit und absoluter Gewaltlosigkeit mahnen. Im Konfliktfalle solle man „lieber Gewalt in Kauf nehmen als Gegengewalt ausüben". Der Stellvertreter für Inneres Reitmann sah „nur noch die Alternative zwischen Gespräch und Gewalt".[172]
Als sich die Spannung vor dem Friedensgebet, das jetzt in vier zentral gelegenen Kirchen gehalten wurde, dramatisch steigerte, gelang eine Einigung von historischer Tragweite. Der Gewandhauskapellmeister Kurt Masur, der Theologe Peter Zimmermann und der Kabarettist Bernd-Lutz Lange verfassten gemeinsam mit den Sekretären der Leipziger SED-Bezirksleitung Kurt Meyer, Jochen Pommert und Roland Wötzel eine Erklärung, die bei den Friedensgebeten und ab 18 Uhr über Lautsprecher in der Stadt verbreitet wurde: In gemeinsamer Sorge hätten sie eine Lösung gesucht, da alle den „freien Meinungsaustausch über die Weiterführung des Sozialismus in unserem Land" brauchten. Sie würden sich dafür einsetzen, dass dieser Dialog „auch mit unserer Regierung geführt wird", und mahnten die Bürger zur „Besonnenheit"

169 Erstmalige Rufe „Deutschland – einig Vaterland!" wurden von Mitdemonstranten („Seid still, das können wir jetzt nicht gebrauchen!") zum Schweigen gebracht.

170 Am 8. Oktober plädierte Christa Wolf in einem Deutschlandfunk-Interview für den Dialog und die Verständigung an einem Runden Tisch; die SED-Funktionäre „müssten keine Angst haben"; Neubert, 853.

171 Ein Kampfgruppenkommandeur hatte wenige Tage zuvor öffentlich erklärt, der Sozialismus sei notfalls auch „mit der Waffe in der Hand" zu verteidigen.

172 Solange niemand demonstriere oder andere Gesetzesverstöße (!) begehe, würden die Sicherheitsorgane ruhig bleiben. Nach dem Gottesdienst möge der Bischof die Menschen „nochmals zum Verlassen des Platzes auffordern"; Besier 3, 445.

um des friedlichen Dialogs willen. Dessen hätte es kaum bedurft. Doch so wurde die paritätisch mitwirkende SED-Autorität hörbar und war zugleich für Gewaltfreiheit im Wort. Die furchterregende Streitmacht trat nicht in Aktion; sie wurde sichtbar zurückgezogen. Leipzig erlebte die größte spontane Demonstration seit dem Aufstand von 1953. Mit dem neuen Ruf „Wir sind das Volk!“, der die fiktive SED-„Volks“-Demokratie paralysierte, bewegten sich siebzigtausend Menschen auf dem Innenstadtring. Das friedliche Bestehen der mit Bangen gewagten Machtprobe weckte im ganzen Land unbeschreibliche Freude. Die Macht der SED-Diktatur, der Bann der Angst, war gebrochen. Was vor mehr als einer Generation gewaltsam verhindert worden war, begann jetzt zu gelingen. Die Leipziger Demonstration vom 9. Oktober 1989 war der Durchbruch, der das Ende des Regimes einleitete. Anderes, auch in der weltweiten Außenwahrnehmung viel spektakulärer Wirkendes wie die Öffnung der Mauer, gehört in die Reihe von Folgeereignissen. Allein jenem Durchbruch zur Befreiung von der SED-Diktatur kommt, bis heute weithin verkannt, der Rang des historischen Gedenkdatums zu.

Die SED-Führung reagierte auf das mentale Umbruchsereignis sofort und signalisierte Bewegung. Nach der langen Phase von Sprachlosigkeit, Reformverweigerung und Repression gab sich das Politbüro nunmehr dialogbereit. In der machtpsychologisch tiefgreifend veränderten Lage suchte die SED-Spitze über den „Dialog“ wieder die Initiative zu gewinnen. Die Auffanglinie wurde deutlich markiert: Der „Sozialismus“, die „Arbeiter-und-Bauern-Macht“ stehe nicht zur Disposition; vor allem und augenblicklich aber müsse Schluss sein mit den Demonstrationen![173] Honecker bot dem KKL-Vorsitzenden Bischof Leich „ein vertrauliches Gespräch im kleinen Kreis“ an, um „den Dialog zwischen Staat und Kirche wieder zu beleben“. Während der KKL-Vorstand noch überlegte, ob gerade jetzt darauf einzugehen sei,[174] brach schon die Ära Honecker ab: Am 18. Oktober wählte das Politbüro Egon Krenz zum neuen SED-Generalsekretär. Er verkündete eine politische „Wende“[175] und bestätigte das Gesprächsangebot Honeckers an die Kirche.

Bei der Begegnung am 19. Oktober im Jagdschloss Hubertusstock zwischen Krenz und Jarowinsky sowie Leich, Demke, Stolpe und Ziegler thematisierte Leich sofort das seit Monaten, zuletzt durch Gewalt gegenüber friedlich Demonstrierenden, gestörte Vertrauen. Was geschehen sei, müsse geklärt und verfolgt werden. Das Gespräch mit der Bevölkerung müsse

173 Zur weiteren Arbeit auf kirchenpolitischem Gebiet; 13. Okt. 1989; BArch-O 4, 967. Eine Erklärung des Politbüros vom 11. Okt. 1989 sollte als das „bisher weitestgehende Angebot zum Gespräch und zur Mitwirkung“ verstanden werden. Es gehe um „gegenseitige Hörbereitschaft“, „Achtung“ und „Respekt vor dem jeweils eigenen spezifischen Auftrag des anderen“. Mittel- und langfristig sei „das in kirchlichen Kreisen vorhandene konstruktive, kritische Potential aufzufangen und in die in Gesellschaft und Staat vorhandenen Strukturen einzubinden.“ Das Dialogangebot „offenen Herzens“ anzunehmen, bedeute, „auf Demonstrationen und ähnliche Praktiken des Drucks“ zu verzichten.

174 Protokoll der KKL-Vorstandssitzung vom 18. Okt. 1989; Besier 3, 886 (Anm. 1058).

175 Gemeint (wie 1953 der „Neue Kurs“) als nach wie vor von der SED zu leitender Vorgang. Das FDJ-Zentralorgan „Junge Welt“ forderte, jetzt müsse „schnellstens der angekündigte Dialog substantiell zustande kommen, auf gesamtgesellschaftlicher Ebene, mit allen gesellschaftlichen Kräften unseres Landes – zu allen brennenden Fragen.“

jetzt beginnen – auch öffentlich, auch mit den politischen Gruppierungen. Durch rasche Entscheidungen oder deren Ankündigung sollten Zeichen gesetzt werden. Hierzu nannte Leich die Themen Reisepässe, Wahlverfahren, Rechtsstaatlichkeit, Eigenverantwortlichkeit von Regierung und Parteien, Bildungswesen, Wehrersatzdienst. Krenz dankte der Kirche für ihre Mahnungen zum Bleiben in der DDR und versprach ein neues Reisegesetz, auch solle die Rolle der Volkskammer künftig gestärkt werden. Er wies aber die noch immer ausstehende Prüfung des Wahlergebnisses vom Mai sowie Kritik an seinen Äußerungen zum Massaker in Peking als unbegründet zurück. Von der Kirche erwarte er Konstruktivität; man möge sich einigen: Die „Kirche solle Kirche sein". Der Dialog sei wichtig. Er frage aber, „wann Schluss mit diesen Demonstrationen" sei. Es müsse doch gearbeitet werden. Beachte man dies, so könne man „mit uns über alles reden".[176]

Die Begegnung am Tag nach Honeckers Sturz war das letzte Staat-Kirche-Spitzen-Gespräch vor dem Ende der DDR. Situativ und thematisch entsprach es der Begegnung vom 10. Juni 1953, als die SED nach der harten Repressionsphase notgedrungen ihren „Neuen Kurs" proklamierte: Wie damals ging es – anders als am 6. März 1978 – auch jetzt nicht primär um Kirchenfragen, sondern um einen auf generelle Erwartungen bezogenen *Politikwechsel*, bei dem die SED eine Assistenz der Kirche als Vertrauensträger gegenüber der zutiefst misstrauischen Bevölkerung wünschte, insbesondere mit dem Ansinnen, den Regierenden zuliebe die Demonstrierenden nach Hause zu schicken. Aufgrund der völlig anderen gesamtpolitische Situation aber blieben der SED nur noch einige Wochen für den am Ende vergeblichen Versuch, einen modifizierten Fortbestand ihrer mehr als vierzigjährigen Herrschaft zu erreichen. Es gelang ihr nicht mehr, wie früher – nun also durch „Wende"-Manipulationen – nochmals die „Frage der Macht" für sich zu entscheiden.

5. Phasen des Zusammenbruchs der SED-Herrschaft

Seit dem 9. Oktober 1989 gewann die Demokratiebewegung zusehends an Breite und Nachdruck. Landesweit, nicht mehr nur an den bisherigen Zentren, beteiligten sich politisch sensibilisierte Menschen an den *Friedensgebeten und Demonstrationen*. Die Initiative und das Mitwirken von Pfarrern und Gemeinden blieben hier von entscheidender Bedeutung. Nicht selten waren auch Zögern und Widerstand zu überwinden, da der Grundsatz der Trennung von Kirche und Politik für Bedenken sorgte und Befürchtungen hinsichtlich des noch bestehenden SED-Machtapparats wirksam blieben.[177] Bis zum Jahresende, auch noch darüber hinaus, blieben Kirchen die Ausgangs- und Sammlungsorte der sich ausbreitenden Bewegung. Bei den Versammlungen großer Menschenmengen in Kirchen und Gemeindezentren gehörten Lesung und Gebet zum weiterhin Selbstverständlichen und willig Akzeptierten. Gerade dank ihrer gewalt-

176 Die staatliche Pressemitteilung über das Gespräch betonte einen dialogbezogenen Konsens. Nur aus der BEK-Schnellinformation (epd/Dok 47a/89, 1 ff.) war zu entnehmen, was die kirchlichen Teilnehmer tatsächlich geäußert hatten; Besier 3, 447–449.

177 Es gab auch unmissverständliche Drohungen. Noch im November wurde in Halle (Saale) versucht, Rot gegen Weiß („Arbeiterfäuste" gegen „Kerzenträger") zu mobilisieren. Bei der großen Berliner Demonstration vom 4. November rief der Schriftsteller Christoph Hein: „Lassen wir uns nicht ... täuschen: Die Kuh ist noch nicht vom Eis!"; Neubert, 874.

frei-friedlichen Prägung war und blieb die Protestbewegung überzeugend und wirkungsmächtig: „Die Menschen trugen Kerzen, sangen Choräle oder Lieder der Friedensbewegung wie ‚We shall overcome'".[178] Mitte Oktober 1989, nach den Ereignissen in Dresden, Berlin und Leipzig, ging es in der Protestbewegung vor allem darum, dem Recht Geltung zu verschaffen.

In Dresden forderte Superintendent Ziemer am 16. Oktober im Namen der „Gruppe der 20"[179] im Gespräch mit Oberbürgermeister Berghofer eine Untersuchung der polizeilichen Gewaltakte durch eine unabhängige Kommission. In Berlin wurden die Mahnwachen in der Gethsemanekirche fortgesetzt, bis die Ankündigung der Staatsanwaltschaft, alle am 7./8. Oktober Verhafteten freizulassen, erfüllt war. Bürgerrechtsgruppen forderten am 23. Oktober politische Konsequenzen aus den polizeilichen Übergriffen. Das evangelische Stadtjugendpfarramt legte eine Dokumentation über die Erfahrungen Betroffener bei den Festnahmen und Vernehmungen vor.[180]

In Leipzig wurden die Montagsandachten auf sechs Kirchen beider Konfessionen ausgedehnt. Am 23. Oktober demonstrierten dreihunderttausend Menschen auf dem Innenstadtring. Zum aktuellen Protestthema wurde hier wie auch an vielen anderen Orten die Wahl des neuen SED-Chefs Krenz nun auch zum DDR-Staatsrats- und Verteidigungsrats-Vorsitzenden.[181] Gegenüber dem neuen Inhaber von Honeckers Machtfülle bestand schon seit langem ein tiefes Misstrauen, nicht erst der Reizworte „Wahlen" und „China" wegen.

Noch Ende Oktober 1989 aber versuchte die SED an manchen Orten, die Entwicklung zu eigenen Gunsten umzukehren.

Das Neue Forum hatte im Schweriner Dom für den 24. Oktober zu einer ersten Demonstration aufgerufen. Daraufhin inszenierte der SED-Bezirkschef für den selben Zeitpunkt eine öffentliche „Dialogveranstaltung", zu der SED-Claqueure und ein NVA-Lautsprecherwagen aufgeboten, Kampfgruppen mobilisiert und Zuführungs- und Internierungspunkte festlegt wurden. Der Spitzenfunktionär appellierte an die Versammelten, „Vernunft an den Tag zu legen", „fair zu sein gegenüber unserem Staat" und nicht Ratschlägen, „den Sozialismus zu beseitigen", zu folgen. Als daraufhin die Gruppe des Neuen Forums den Platz verließ, schlossen sich ihr immer mehr Menschen mit ihren Plakaten, auch SED-Leute, an zu einem schließlich von Tausenden gebildeten Demonstrationszug durch die Stadt. Nachdem ein jetzt drohendes Umschlagen in Gewalt in letzter Minute verhindert wurde,[182] versammelten sich die Menschen in den geöffneten Kirchen zu einer ersten öffentlichen Aussprache über Erfahrungen mit dem SED-Regime und brachten wichtige Anliegen vor.

Bald gab es überall im Land von Mitgliedern des Neuen Forums geleitete Aussprachen in Kirchen und Gemeindezentren. Bewegende Schicksale und schlimmste Erfahrungen mit der

---

178 Neubert, 874: „Die Fasten-Aktionen, Mahnwachen, das religiöse Liedgut und verschiedene Fürbittformen vermittelten die politischen Anliegen. Die Menschen fanden in den Friedensgebeten oft vor ihrer politischen Sprache zu ihrem eigenen Denken und Wollen zurück, ..."

179 Vgl. oben, S. 202.

180 Am 7. November setzte der Berliner Magistrat eine Untersuchungskommission ein. Ihr gehörten auch Marianne Birthler vom Stadtjugendpfarramt und Pfarrer Martin-Michael Passauer sowie der Kirchenjurist OKR Pettelkau an. Im Laufe der Arbeit zeigte es sich, dass der Sicherheitsapparat der Kommission wichtige Informationen vorenthielt.

181 Beim Wahlvorgang am 24. Oktober in der Volkskammer gab es erstmalig (nach der einzigen Ausnahme von 1972; vgl. oben, S.118) auch Gegenstimmen.

182 Neubert, 866 f. Dem Sprecher des Neuen Forums, Heiko Lietz, gelang es mit äußerstem Einsatz, das Vorgehen einer Gruppe gegen ein SED-Gebäude abzuwenden.

politischen Justiz des Regimes kamen erstmalig offen, dammbruchartig zur Sprache. Spätere Bürgerversammlungen galten vor allem kommunalen Fragen, Umweltproblemen oder auch korrupten Praktiken in der sich rasch wandelnden Situation.

Wenige Wochen nach dem Durchbruch in Leipzig erreichte mit der großen Demonstration auf dem Berliner Alexanderplatz „für Presse-, Meinungs- und Versammlungsfreiheit“ am 4. November die Befreiung eine neue Phase. Eine bekennende, ernste, freimütig-fröhliche Gewissheit bestimmte die Atmosphäre auf dem großen Platz mit über einer halben Million Menschen. Zahllose fantasiereiche Plakate und die Kurzansprachen bekannter Künstler, Schriftsteller und Vertreter der neuen Gruppierungen – für den Demokratischen Aufbruch sprach Pfarrer Schorlemmer, für die SDP Pfarrer Konrad Elmer – bekundeten, dass die Zeit der SED zu Ende und ihr Führungsanspruch verwirkt sei.
Die nicht mehr von außen gestützte politische Klasse des SED-Staates suchte durch *personelle Rochaden und Revisionspolitik* ihre Stellung zu retten. Jetzt wurde jahrzehntelang Unerreichbares möglich.

Am 6. November lag der Entwurf des von Krenz beim Staat-Kirche-Gespräch am 19. Oktober zugesagten neuen Reisegesetzes vor, der freilich, immer noch von „einschränkenden administrativen Denkvorstellungen“[183] bestimmt, binnen kurzem Makulatur wurde. Am 7. November trat Ministerpräsident Stoph mit der Regierung der DDR zurück. Das am 8. November tagende ZK wählte den für seine Reformbereitschaft bekannten Dresdner SED-Bezirkssekretär Hans Modrow ins Politbüro und schlug ihn zum Ministerpräsidenten vor; fünf Tage danach wählte ihn die Volkskammer in dieses Amt. Die vor Jahresfrist wegen ihres Friedenszeugnisses relegierten Pankower Oberschüler[184] wurden rehabilitiert. Geradezu beiläufig geschah am 9. November, was seit 1961 der große und doch gänzlich utopische Traum vieler DDR-Bürger gewesen war: Die Mauer öffnete sich. Eine entsprechende Mitteilung des Politbüromitglieds Schabowsky gelegentlich einer Fernseh-Pressekonferenz löste einen Massenansturm von DDR-Bürgern beim Brandenburger Tor und an vielen anderen Grenzpunkten aus. Das freie Passieren der Grenze, an der bei Fluchtversuchen Hunderte den Tod gefunden hatten, weckte unbeschreiblichen Jubel und machte eine Zeitenwende sichtbar. Am 10. November ersetzte die DDR-CDU den Honecker-Freund Götting durch Lothar de Maizière, Vizepräses der BEK-Synode, als neuen Vorsitzenden. Am 15. November wurde möglich, was die Kirche seit Jahrzehnten erbeten und gefordert hatte: ein Gespräch zwischen der Kirche und dem Volksbildungsministerium. Der Staat verkündete das Ende der „kommunistischen Erziehung“. Nach der unzählige Male wiederholten Zurückweisung von „Einmischung“ wurde die Kirche nunmehr um ihre Mitarbeit an einer Bildungsreform gebeten. Für Wehrdienstverweigerer wurde am 20. November der Weg zum Zivildienst frei. Schon vor der gesetzlichen Regelung konnten Wehrpflichtige in einem staatlichen Krankenhaus mit dem zivilen Einsatz beginnen. Am 30. November distanzierte sich die Modrow-Regierung, nachdem Kirchenvertreter eine Entschuldigung für den Überfall auf die ČSSR 1968 gefordert hatten, von der Intervention der Warschauer-Pakt-Truppen.

Am 1. Dezember tilgte die Volkskammer den Kernsatz der DDR-Verfassung vom Führungsanspruch der SED. Am 3. Dezember traten das Politbüro und das Zentralkomitee der SED zurück, nachdem die spektakuläre Ausgrenzung der alten Führungsriege zugunsten des politischen Überlebens der Übrigen erfolgt war: Honecker, MfS-Chef Mielke und Stoph traf das vernichtende Urteil des Parteiausschlusses; Günter

183 Stellungnahme des BEK-Sekretariats vom 17. Nov, 1989; Dokumente, 396 f.
184 Vgl. oben, S. 187 f.

Mittag und Harry Tisch, für Wirtschaft und Gewerkschaft verantwortlich, kamen wegen Amtsmissbrauchs in Haft. Ein außerordentlicher Parteitag sollte über Künftiges befinden. Für Erich und Margot Honecker, Exponenten der Ideologie-Diktatur über Jahrzehnte, verschlossen sich alle Türen. Ein Diakoniepfarrer in Lobetal bot ihnen ein Asyl.

6. Runder Tisch und Demokratisierung der DDR

Der rasche Situationswandel und chaotische Erscheinungen forderten die Etablierung einer neuen, demokratisch legitimierten Ordnung. Bürgerrechtsgruppen hatten seit Anfang Oktober, noch vor dem Durchbruch zur Friedlichen Revolution, einen *Runden Tisch* als Gremium zur Beratung und Lösung der politischen Probleme gefordert.[185]

Im kirchlichen Bereich hatten sich schon seit 1982 als Instrument der Verständigung und Problemlösung zwischen Gruppen und Kirchenleitungen „Runde Tische" bewährt.[186] Bei der Begegnung mit SED-Chef Krenz am 19. Oktober hatte der KKL-Vorsitzende Leich das öffentliche Gespräch ausdrücklich „auch mit Gruppierungen" gefordert. Beim Umschwenken zur „Dialog"-Parole hatte die SED noch versucht, deren Anerkennung zu umgehen. Am Tag nach der Maueröffnung wandte sich die Oppositions-Kontaktgruppe mit einer „Gemeinsamen Erklärung" an die Öffentlichkeit: Die krisenhafte Situation im Land sei mit den bisherigen Macht- und Verantwortungsstrukturen nicht mehr zu bewältigen; deshalb sollten sich „Vertreter der Bevölkerung der DDR zu Verhandlungen am Runden Tisch zusammensetzen, um Voraussetzungen für eine Verfassungsreform und für freie Wahlen zu schaffen".[187] Gespräche mit Bischof Forck, den Stolpe beriet, führten zu einer Verabredung, der BEK solle mit der katholischen Bischofskonferenz und der Arbeitsgemeinschaft Christlicher Kirchen zu einem Runden Tisch einladen.[188] Am 24. November bat die Oppositions-Kontaktgruppe die Sekretariate des BEK und der Berliner Bischofskonferenz, die Volkskammer-Parteien und die neuen Gruppierungen und Parteien zu einem Runden Tisch einzuladen, für die technische Durchführung zu sorgen und die Gespräche zu moderieren. Tagungsort sollte das Bonhoeffer-Haus in Berlin sein. Die Parität zwischen alten Volkskammer-Parteien und den neuen Parteien und Gruppierungen sollte ein genau vereinbarter Schlüssel gewährleisten.
Die Konstituierung des Zentralen Runden Tisches am 7. Dezember 1989 im Betsaal der Brüdergemeine begann chaotisch. Verfahrensregeln und das Hausrecht grob missachtend, beanspruchten nicht vorgesehene Personen als Vertreter von sich eben erst bildenden Gruppierungen und SED-gesteuerten Organisationen wie FDGB und DFD Sitz und Stimme in der Versammlung.[189] Unter starker Medienpräsenz drohte vor den Augen der Öffentlichkeit ein Scheitern

185 W. Ullmann, Der gemeinsame Boden einer geschichtlichen Erfahrung. Kirche und Runder Tisch, in: J. Hildebrandt /G. Thomas (Hg.), Unser Glaube mischt sich ein, Berlin 1990, 84.

186 Winter, Moderatoren, 36.

187 Neubert, 891. Schon die Leipziger „Gruppe der Sechs" und die Dresdner „Gruppe der Zwanzig" lassen sich als Ad-hoc-Bildung von Runden Tischen zur Abwendung blutiger Konfrontationen verstehen; Winter, Moderatoren, 14 f.

188 Diesen am 22. November publizierten Vorschlag suchte die SED als eigene Initiative zu reklamieren: Eine ND-Mitteilung vom 23. November sprach von einem Runden Tisch als Vorschlag des ZK der SED.

189 M. Ziegler, Es war nötig, moderierend zu wirken; in: Winter, Moderatoren, 46–64 (dort bes. 47–53).

schon vor Beginn. Dank der Leitungserfahrung, Geduld und Festigkeit des Moderators OKR Ziegler gelang dann doch noch die Konstituierung und der Beginn geregelter Arbeit. In der langen Reihe weiterer Sitzungen ermöglichte die Beteiligung von Monsignore Ducke und Pfarrer Lange von der Evangelisch-methodistischen Kirche auch einen Wechsel bei der Moderation. Am Tag nach der ersten Sitzung appellierte die KKL an die „Mitbürgerinnen und Mitbürger", in diesen „von Hoffnungen und Ängsten" erfüllten Tagen das durch die Friedliche Revolution „Erreichte vor Gefahren zu schützen". Jetzt gehe es um Besonnenheit und Nüchternheit: Das Land müsse regierbar bleiben; Versorgung, Wirtschaft und Währung dürften nicht weiter geschwächt werden. Zorn über „aufgedeckte Gewalt, Lüge und Veruntreuung" dürften nicht zu Hass und Rachegedanken führen. „Die Achtung der Menschenwürde" sei „unteilbar". Sie gelte auch gegenüber Schuldigen.[190]

Der Zentrale Runde Tisch[191] tagte von Anfang an unter großer öffentlicher Aufmerksamkeit. Angesichts der Krisensituation und eines vorerst anzunehmenden Fortbestehens der DDR ging es um die Erneuerung von Gesellschaft und Staatswesen. Bei der konstituierenden Sitzung erklärten die Teilnehmer zum Selbstverständnis des Zentralen Runden Tisches, sie träfen sich „aus tiefer Sorge um unser in eine Krise geratenes Land, seine Eigenständigkeit und seine dauerhafte Entwicklung".[192] Vordringliche Themen waren die Vorbereitung freier Wahlen, ein neues Wahlgesetz und eine Verfassungsreform. Auch nach der Tilgung des Führungsanspruchs der SED prägte der „Sozialismus" als Verfassungsgebot noch den Gesamtcharakter der Verfassung von 1968. Aktuell forderte der Zentrale Runde Tisch als ein Organ öffentlicher Kontrolle das Offenlegen „der ökologischen, wirtschaftlichen und finanziellen Situation in unserm Land". Ziel- und Endpunkt seiner Arbeit sollte die zunächst für den 6. Mai 1990 vorgesehene Volkskammerwahl sein.

Aus begründetem Anlass forderte der Zentrale Runde Tisch alsbald, bei wichtigen Entscheidungen von Volkskammer und Regierung rechtzeitig informiert und einbezogen zu werden. Zu einer Zerreißprobe wurde im Januar 1990 der Umgang der Regierung Modrow mit dem Riesenapparat des MfS als einer besonders bedrohlichen Bastion des alten Regimes. Es gab auch Gerüchte über ein drohendes Eingreifen der NVA in die Entwicklung. Nachdem die Regierung nur verschleiernde Auskünfte zur Stasi-Thematik samt Umwandlung des MfS in ein „Amt für Nationale Sicherheit" (Nachrichtendienst und Verfassungsschutz) gegeben hatte, mussten dem Ministerpräsidenten Zugeständnisse „Schritt für Schritt abgerungen werden".[193] Am 8. Januar stellten die neuen politischen Gruppierungen ein Ultimatum. Nach anfänglicher Weigerung erschien Modrow am 15. Januar 1990 am Runden Tisch. Am selben Tag kam es in Berlin zu einem „Sturm" von Demonstranten auf die Stasi-Hochburg (neuerlich „Amt für Nationale Sicherheit") in der Normannenstraße, der, wie sich dann zeigen sollte, von Stasi-Funktionären manipuliert und zur Verschleierung, u. a. der Vernichtung zahlreicher Informationen, genutzt wurde. Zwei Wochen danach beteiligte Modrow acht Vertreter der Gruppierungen an der „Regierung der Nationalen Verantwortung". Die politische Bedeutung und Wirkung des Runden Tisches wuchs zusehends.
Unmittelbar nach der Bildung des Zentralen Runden Tisches begannen überall im Lande auch regionale und örtliche Runde Tische zu arbeiten. Auch hier wurde überwiegend evangelischen Pfarrern, Superintendenten oder anderen kirchenleitend Tätigen die Moderation übertragen.

---

190 Erklärung der KKL vom 8. Dez. 1989; Kundgebungen BEK 2, 371 f.
191 Die Sitzungen – zunächst im Bonhoeffer-Haus, ab 27. Dez. 1989 auf staatlichem Terrain im Schloss Niederschönhausen – wurden durch Rundfunk und Fernsehen live übertragen.
192 Ziegler, in: Winter, Moderatoren, 54.
193 Ziegler, in: Winter, Moderatoren, 61.

Es gab auch Runde Tische für spezielle, heikle Aufgaben, so in Erfurt für das Bildungswesen. Auf diesem Gebiet nach Jahrzehnten autoritärer Indoktrinationspädagogik Reformen in Gang zu setzen, erwies sich als eine „Herkulesarbeit".[194] Beteiligte Lehrer und Funktionäre verhielten sich gegenüber den evangelischen und katholischen Gesprächspartnern zunächst eisig-abweisend, schwenkten dann aber auch flexibel (nach dem Muster verordneter Indoktrination) auf die eben jetzt erwünscht erscheinende „markt- und wirtschaftsgerechte" Schule ein.

Während der wenigen Monate leisteten die Runden Tische mit großem Einsatz der Beteiligten in beständiger, alle Kräfte aufs Äußerste fordernder Arbeit Außerordentliches, um der Friedlichen Revolution im vormals realsozialistischen DDR-Alltag Wirkung zu verschaffen. Für den Beginn der Demokratisierung war die Erfahrung evangelischer Kirchen, ihre unter der ideologischen Diktatur praktizierte demokratische Kultur von Meinungsstreit und Konfliktbewältigung, von unschätzbarem Wert. Das brachte auch mancher Dank am Ende dieser Arbeit bewegend zum Ausdruck. Wie bei der Leipziger Montagsdemonstration ein „Kirche, wir danken dir" öffentlich zum Ausdruck kam,[195] verbanden sich Dank und Hoffnung auch mit der kirchlichen Moderation an den Runden Tischen.[196]
Die erste und einzige freie Volkskammerwahl wurde wegen der Massenabwanderung nach Westdeutschland und des drohenden Staatsbankrotts auf den 18. März 1990 vorverlegt. Nach der anfangs großen Resonanz des Neuen Forums und anderer Vereinigungen blieben diese neuen Gruppierungen ohne Chance. Die Mehrheit der Stimmen ging an etablierte Parteien.

Das Wahlbündnis „Allianz für Deutschland" erhielt fast 48 % der Stimmen, die überwiegend der CDU zufielen. Deren Fortbestand hatte die West-CDU nach einigem Zögern akzeptiert. Unter den 400 gewählten Abgeordneten waren allein zwanzig ordinierte Pfarrer. Ministerpräsident wurde Lothar de Maizière. Der Regierung gehörten auch kirchlich engagierte Akademiker an. Der Synodale Dr. Walter Romberg übernahm das Finanz-, Dr. Hans-Joachim Meyer (kath.) das Bildungsressort. Pfarrer Markus Meckel wurde Außenminister, Rainer Eppelmann Minister für Abrüstung und Verteidigung. Fraktionsvorsitzender der SPD als zweitstärkster Partei wurde der Pfarrer und Dozent Richard Schröder. Bei der in der DDR neuartigen Arbeit eines frei gewählten Parlaments bewährte sich wieder evangelisch-synodale Leitungserfahrung, so in der Person von Reinhard Höppner (SPD), Synodalpräses der Kirchenprovinz Sachsen. Die vormals „führende" SED erhielt nach rasantem Mitgliederschwund und Mutation zur PDS noch gut 16 % der Wählerstimmen.

194 L. Große, Der „Runde Tisch Bildung" im Bezirk Erfurt. Am Scheideweg zwischen alter und neuer Pädagogik; in: Winter, Moderatoren, 175–187; ebd. 177. 182 f.

195 Keine Gewalt, 96.

196 In einem Dankbrief für die kirchliche Moderation am „Runden Tisch Berlin" hieß es, diese sei „im kontroversen Disput" bei einer „freundlichen, oft auch entspannenden Gesprächsführung eine wichtige und hoffentlich zukunftsträchtige Lektion in Sachen Demokratie, Toleranz, gegenseitiger Akzeptanz und Zuhörbereitschaft" gewesen; W. Krätschell, Runder Tisch Berlin. Es blieb die Stadt regierbar; in: Winter, Moderatoren, 66.

Kapitel 7
Neuaufstellung im Zeichen der Einheit Deutschlands

Der Sturz der SED-Diktatur machte die Ostblock-Bindung des DDR-Staatsgebietes zum heiß diskutierten Thema. Der Freiheitsruf der friedlich Demonstrierenden „Wir sind das Volk!" wurde binnen kurzem von der lautstarken Parole „Deutschland, einig Vaterland!"[1] übertönt. Den politisch und kirchlich Verantwortlichen war die Tragweite und Komplexität der hier anstehenden Entscheidung bewusst. Noch bis vor kurzem hatte die Zweistaatlichkeit Deutschlands als Voraussetzung und den Urhebern des Zweiten Weltkrieges auch zuzumutender Preis für den Frieden in Europa gegolten. Musste es also bei der separaten Fortexistenz beider deutscher Staaten bleiben?[2] Oder war deren Vereinigung politisch geboten und realisierbar? Die neue Situation überfiel die politisch Verantwortlichen völlig unvorbereitet, auch und besonders in Westdeutschland, wo doch das Wiedervereinigungsgebot des Grundgesetzes galt.

A DEUTSCHLAND ALS KIRCHLICHES THEMA

1. Rückblick: Wandlungen der Deutschlandfrage 1945–1989

Die Siegermächte waren 1945 vom Fortbestand der Einheit Deutschlands ausgegangen. Nach der früh einsetzenden Ost-West-Konfrontation und der Gründung beider deutscher Staaten war die deutsche Frage offen geblieben. Der Bildung einer gesamtdeutschen Evangelischen Kirche hatte auch die sowjetische Besatzungsmacht zugestimmt. Als Mittlerin starker West-Impulse wurde sie zwar für die kommunistische Führung im Osten zunehmend zum Problem, schien jedoch auch der Einflussnahme auf Westdeutschland dienen zu können.[3] Erst nach dem Scheitern entsprechender

1 Zitat aus der DDR-Nationalhymne von Johannes R. Becher („Auferstanden aus Ruinen ..."), die eben dieser Zeile wegen seit Jahrzehnten nicht mehr gesungen, sondern nur noch textlos intoniert werden durfte. Bei den Demonstrationen Hunderttausender in Leipzig am 27. November und 4. Dezember forderten Transparente und Sprechchöre die Wiedervereinigung Deutschlands.

2 Noch am 19. November hatten nicht nur Krenz, Modrow und der DDR-Außenminister Oskar Fischer (SED), sondern auch der neue CDU-Vorsitzende de Maizière erklärt, die Wiedervereinigung sei nicht „das Thema der Stunde". Das aber wurde sie binnen weniger Wochen.

3 Unter diesem Gesichtspunkt hatte Nuschke 1956 dringlich zu einer maßvollen Kirchenpolitik der DDR gemahnt; vgl. oben, S. 56 f.

Erwartungen[4] brach die SED den Regierungskontakt zur EKD ab und suchte deren gesamtdeutsches Gefüge lahmzulegen.

Angesichts der Ost-West-Konfrontation hatte die Evangelische Kirche ihren Friedens- und Versöhnungsauftrag betont[5] und trat mit dem Zeugnis von der Versöhnung und der Praxis brüderlicher Gemeinschaft der eskalierenden Feindseligkeit entgegen. Ihre Ost-West-Einheit blieb eine wichtige institutionelle Brücke für die gesellschaftlich-menschliche Kommunikation; sie konnte auch politischer Vermittlung dienen.[6]

Als die Ost-West-Kirche von Berlin-Brandenburg 1958/59 für den Fall eines totalen Kommunikationsabbruchs das rechtliche Funktionieren ihrer Verfassungsorgane regelte, gab es im Westen empörten Widerspruch;[7] nach dem Mauerbau bewährte sich diese Vorsorge. Prinzipieller Verzicht hierauf brachte die EKD in die ausweglose Lage von 1967/68. Die Bildung des ostdeutschen Kirchenbundes 1969 wurde zur innerkirchlichen Zerreißprobe: Statt alternativlos an der verfassungsmäßig-organisatorischen Einheit der EKD festzuhalten, bildete die Kirche im Osten eine eigene Organisationsform für den Zeugnis- und Dienst-Auftrag unter den Bedingungen der ideologischen Diktatur. Doch auch so blieb die gesamtdeutsche Einheit der Evangelischen Kirche als geistliche, kirchlich-menschlich gelebte Realität vielseitig erfahrbar. Sie wurde auf vielen, teils verborgenen, auch illegalen Wegen mit großem Einsatz vor allem vom Westen her praktiziert und blieb verfassungsmäßig im Bekenntnis zur „besonderen Gemeinschaft" der „ganzen evangelischen Christenheit in Deutschland" verankert.[8] In den späteren Jahren kam es auch zu gemeinsamen Erklärungen der beiden Kirchenbünde, die vor allem die ungeteilte geschichtliche Verantwortung der Deutschen betonten.[9]

Das Scheitern von Wiedervereinigungshoffnungen in den 50er-Jahren und der Übergang vom provisorischen zum mutmaßlich dauerhaften Status deutscher Zweistaatlichkeit nötigte die Kirche, anhand der evangelischen Bekenntnisaussagen ihre Stellung zur DDR als Staat zu klären. Dabei kam zu keinem Zeitpunkt eine Akklamation zur SED-Ideologie und -Machtpraxis in Betracht. Die hat es nie gegeben; hier blieb es bei dem die Christen und Gemeinden existentiell treffenden Dauerkonflikt. Vom Evangelium geleitet, musste die Kirche ihr eigenes, besonderes Wort zu den Problemen der Zeit und den Nöten der Menschen finden, ohne aber mit einer eigenen *politischen Konzeption* als Opposition zu agieren. Das Stichwort „Kirche im Sozialismus" zielte auf das Akzeptieren der gegebenen Lage im Zeichen des Evangeliums, der auch unter diesen Bedingungen wirkenden und sie verändernden Macht Gottes. Das schloss die Hoffnung auf einen *Wandel* des Regimes ein, nicht aber ein Spekulieren auf dessen Zusammenbruch mit entsprechendem politisch-taktischem Agieren. In

4 Mit dem Militärseelsorgevertrag von 1957, der in der Sicht der SED die EKD zum politischen Instrument des Westens machte; vgl. oben, S. 59. 63.

5 In der bedrohlichen Lage von 1950 durch das Wort der EKD-Synode in Berlin-Weißensee; oben, S. 38.

6 So angesichts der gefährlichen Zuspitzung 1958 (Berlin-Krise; oben, S. 73), unter veränderten Bedingungen dann wieder in den 70er- und 80er-Jahren.

7 Etwas „organisatorisch" Zweckmäßiges könne „kirchlich, seelsorgerlich, psychologisch und politisch unzweckmäßig sein"; vgl. oben, S. 74.

8 Artikel 4 (4) der Ordnung des BEK.

9 So zum Helsinki-Prozess 1977 (oben, S. 131), zum 40. Jahrestag des Beginns des Zweiten Weltkrieges 1979 (vgl. oben, S. 142) und 1986 zur Abrüstungsinitiative Gorbatschows.

diesem Sinne war der Zeugnis- und Dienst-Auftrag mit differenzierendem Urteilen, dem Einstehen für Recht, Frieden und Gewaltfreiheit zu erfüllen.
In den 80er-Jahren wurde in der Kirche die Erwartung eines fundamentalen Regimewandels zunehmend dringlich artikuliert, aber keine darüber hinausgehende Option auf eine künftige Staatlichkeit Deutschlands. Zumal der nachwachsenden Generation ging es kaum um ein Beenden der Zweistaatlichkeit Deutschlands. Höchst erstrebenswert aber erschien das Partizipieren an einem freien, prosperierenden Europa, dessen Eigenart freilich vor allem in der vielseitigen fern-nahen Dauerpräsenz der Bundesrepublik sichtbar wurde.

2. Der Parcours zur politischen Einheit 1989/90

Der revolutionäre Wandel im Herbst 1989 hatte nach jahrzehntelanger Erstarrung zu einer offenen Situation geführt. Friedensgebete und Demonstrationen, die fortdauernde Abwanderung und ein überbordendes Bekunden von Meinungen, Hoffnungen, aber auch Befürchtungen kennzeichneten die Situation, in der grundlegende Entscheidungen anstanden. „Unsere Gesellschaft verändert sich von Stunde zu Stunde", hieß es in einem Wort der KKL zur Maueröffnung. Zum Dank für den gewaltlosen Verlauf der Demonstrationen kam die Mahnung, die neuen Aufgaben „ohne Überheblichkeit und ohne Feindseligkeit" anzupacken.[10] Den turbulenten Beginn der Arbeit des Runden Tisches begleitete die Bitte, besonnen zu bleiben und die Friedliche Revolution nicht zu gefährden: Bis zu freien Wahlen müsse das Land regierbar bleiben.[11] Angesichts erster übler Erfahrungen mit skrupelloser kapitalistischer Praxis suchten überzeugte Sozialisten die sich abzeichnende rasche deutsch-deutsche Vereinigung aufzuhalten.[12]
Ohne Chance in der frei gewählten Volkskammer blieb eine von Avantgardisten der Friedlichen Revolution geforderte neue demokratische DDR-Verfassung; anderes kam jetzt zum Ziel, so der seit 1980 als Alternative zum militärischen bzw. „Bausoldaten"-Dienst geforderte Zivildienst. Zu den letzten hoheitlichen Akten der DDR vor ihrem Aufgehen im vereinigten Deutschland gehörte die Legalisierung der vom SED-Staat nie anerkannten kirchlichen Hochschulen. Die theologischen Ausbildungsstätten in Berlin, Leipzig und Naumburg erhielten den Status Kirchlicher Hochschulen; den dort in den vergangenen Jahrzehnten Graduierten und Lehrenden wurden die ihnen zukommenden Titel zuerkannt.[13]

---

10 Stellungnahme der KKL vom 11. Nov. 1989; Dokumente, 395 f.

11 Erklärung der KKL vom 8. Dez. 1989; Dokumente, 399 f.

12 So durch den von Christa Wolf und Stephan Heym stammenden, auch von einigen kirchlich Verantwortlichen unterzeichneten Aufruf „Für unser Land", der von zu befürchtenden schweren Verlusten ideeller und materieller Art sprach. Er erschien, durch die Zustimmung von Krenz und anderen SED-Größen diskreditiert, am 29. Nov. 1989 im ND. Pfarrer Eppelmann beschwor am 1. Dezember die Gefahr eines „Ausverkaufs der DDR an den Westen"; Rein, Revolution, 303 f.

13 Am 1. Oktober 1990 verlieh der Minister für Bildung und Wissenschaft, Dr. Hans-Joachim Meyer, aufgrund eines Vorläufigen Hochschulgesetzes vom 18. Sept. 1990 die entsprechenden Titel.

45 Jahre nach der alliierten Besetzung Deutschlands, nach Jahrzehnten des Kalten Krieges, fand die Ost-West-Teilung des Landes ihr Ende. Nach intensiven Verhandlungen auf vielen politischen Ebenen wurden am 3. Oktober 1990 mit dem vertraglich geregelten Beitritt der DDR zur Bundesrepublik Ost- und Westdeutschland wieder vereinigt. Die schon vor Monaten begonnene, durch die Einführung der D-Mark beschleunigte radikale Umorientierung auf dem Gebiet der erloschenen DDR setzte sich fort. Für viele erfüllten sich seit Jahrzehnten gehegte Hoffnungen; andere sahen sich harten Zumutungen ausgesetzt. In ökumenischen Gottesdiensten wurde das einzigartige Ereignis mit Danksagung und Fürbitte begangen. Bei vielen Christen im Osten Deutschlands blieb aber die seit Jahrzehnten gewahrte Distanz zum „Staat" als fremd-feindseliger Macht auch jetzt wirksam. Sie blockierte besonders in der jüngeren Generation ein Begreifen der staatlichen Wieder-Vereinigung Deutschlands als bewegenden Anlasses zum Danken und Bitten um das Gelingen großer gemeinsamer Aufgaben. Dem Tag der deutschen Einheit war auch „eine lange Debatte über das Läuten der Glocken in der Nacht vom 2. zum 3. Oktober" vorausgegangen.[14] Kurz nach dem Inkrafttreten des Einigungsvertrags äußerten sich die KKL und der Rat der EKD gemeinsam zu der rechtlich schwierigen, viele tief beunruhigenden Regelung von Eigentumsfragen. In der neuen staatlichen Ordnung komme es darauf an, „Gerechtigkeit zu schaffen und Frieden zu bewahren".[15]

Auch weiterhin fehlte es nicht an dringlichen Anlässen, aufgrund des Evangeliums zu den Lebensfragen der Menschen zu sprechen. Doch mit dem grundlegenden Wandel der Verhältnisse minderte sich die besondere Aufmerksamkeit, die unter den Bedingungen der ideologischen Diktatur dem kirchlichen Wort stets gewiss war. Mit der endlich erreichten Freiheit zum öffentlichen Wort ging die während des zurückliegenden Jahrzehnts ständig gewachsene politische Stellvertreter- und Sprecherrolle der Kirche für die Bürger zu Ende.

B RÜCKKEHR ZUR EINHEIT DER KIRCHE

Das Tempo der staatlichen Wiedervereinigung Deutschlands entsprach vor allem der Notwendigkeit, die mit dem Zusammenbruch der kommunistischen Herrschaft gegebene Chance zu nutzen und einen drohenden Zusammenbruch Ostdeutschlands aufzufangen. Eine zügige Wiederherstellung nun auch der früheren kirchlichen Einheit erschien vor allem aus westlicher Sicht als selbstverständliche Konsequenz aus dem politischen Umbruch. In den ostdeutschen Kirchen aber widerstanden besonders solche, die mit großem Einsatz für die Veränderungen eingetreten waren, einer raschen kirchlichen Ost-West-Vereinigung. Die Erfahrungen von Christen und Kirchen unter der ideologischen Diktatur und der erreichte Grad kirchlichen Zusammenwirkens beim Zeugnis und Dienst sollten keinesfalls verloren gehen. Auf dem Weg zu einer neuen Einheit der evangelischen Christenheit in Deutschland sei nichts zu überstürzen.

---

14 Leich, Horizonte, 270: „Die meisten Pfarrer und Pastorinnen folgten der Empfehlung zum Glockenläuten."

15 „Unrecht überwinden, Frieden erhalten" – Ein Wort zur Regelung der Eigentumsfrage. Stellungnahme der KKL und des Rates der EKD vom 6. Oktober 1990; Dokumente, 406–408.

1. Berlin-Brandenburg: Ende der Regionalisierung

Am 27. November 1989, in der Phase bewegter Debatten über die Konsequenzen der Maueröffnung und den Fortgang der Friedlichen Revolution, tagten erstmalig die Kirchenleitungen West und Ost von Berlin-Brandenburg gemeinsam. Eine paritätische Arbeitsgruppe sollte prüfen, wie nun mit der Notverordnung von 1959 zu verfahren sei, und votierte am 13. Januar deutlicher als erwartet in dem Sinne, dass die Landeskirche jetzt die organisatorische Einheit und eine gemeinsame Rechtsordnung wiederherzustellen habe. Zwei Tage vor der freien Volkskammerwahl, am 16. März 1990, tagten erstmalig auch beide Regionalsynoden gemeinsam.

Bischof Forck mahnte in seiner Predigt, „alles behutsam und sorgfältig" anzupacken; es dürfe nicht eine Eile über uns kommen, dies und jenes „gleich ab morgen" in Geltung zu setzen. Bei den ersten Annäherungen unter den neuen Bedingungen hatten sich erhebliche Unterschiede im Selbstverständnis von Christen der Ost- und der Westregion gezeigt. Man sei zwar „beieinander geblieben in partnerschaftlicher Freiheit" (Bischof Kruse), doch die Wiederherstellung der Einheit erschien nicht schon als selbstverständlich.[16] Beide Regionalsynoden beschlossen dann aber mit überwältigender Mehrheit, eine gemeinsame Synode zu konstituieren und bis dahin gemeinsame Beratungen zu führen. Im April 1990 verzichtete die Regionalsynode Ost schon auf die Bischofswahl für eine Nachfolge von Forck Ende 1991 und nahm eine bedeutsame Rechtsangleichung vor, die Einführung des westdeutschen Kirchensteuereinzugsverfahrens, jedoch ohne Zwangsvollstreckung. Zwei Monate nach der politischen Vereinigung Deutschlands beschlossen die gemeinsam tagenden Regionalsynoden, die Einheit der Landeskirche wiederherzustellen. Die Notverordnung von 1959 wurde aufgehoben; ab Jahresbeginn 1991 sollte es eine Gesamtsynode, eine gemeinsame Kirchenleitung (mit alternierendem Vorsitz beider Bischöfe) und ein vereinigtes Konsistorium geben. Der Bericht zur konstituierenden Tagung der neuen Synode im Januar 1991 sprach vom „Erschrecken darüber, wie verschieden die Menschen in den beiden Regionen sich entwickelt" hätten. Für den gemeinsamen Weg könne es „nur erste tastende Vorstellungen geben". Ein „Lernen voneinander" sei nicht nur „Holeschuld der Menschen in der Ostregion". Nach dem Scheitern von Reformimpulsen für die politische Wiedervereinigung biete die „einmalige Situation" der Landeskirche im vereinigten Deutschland die „unwiederbringliche Chance", mit „zukunftsgerichtete[n] Strukturen" auch anderen Kirchen ein Beispiel zu geben. Eine neue Grundordnung der wiedervereinigten Landeskirche wurde 1994 beschlossen.

2. EKD: Reaktivierung der Mitgliedschaft

Parallel zur Vereinigung in Berlin-Brandenburg verlief der Weg zur neuen gesamtdeutschen Einheit der Evangelischen Kirche.[17] Am 13. Januar 1990 beschloss die ostdeutsche KKL, über die Intensivierung der „besonderen Gemeinschaft" von BEK und EKD nachzudenken. Ergebnis einer Klausurtagung von Bischöfen und Beauftragten aus BEK und EKD vom 15.–17. Januar im Kloster Loccum war eine Willenserklärung zum Weg von Staat und Kirche. Beide deutsche Staaten sollten zusammen-

[16] Es gab die Meinung, auch künftig solle man zwar „in geistlicher Gemeinsamkeit", aber „organisatorisch getrennt" miteinander leben (Generalsuperintendent Esselbach/Eberswalde).

[17] An beiden Vorgängen Mitwirkende waren Bischof Kruse und BEK-Präses Rosemarie Cynciewicz.

wachsen;[18] die „besondere Gemeinschaft“ der evangelischen Christenheit in Deutschland sollte eine „organisatorisch angemessene Gestalt“ finden; mit den „während der Zeit der Trennung gewachsenen Erfahrungen und Unterschieden“ wolle man „sorgsam umgehen“.[19]

Die Loccumer Erklärung fand weithin Zustimmung, aber auch vehementen Widerspruch, der sich jedoch mehr auf die Legitimation als auf die Absicht jener Versammlung bezog.[20] Eine Gemeinsame Kommission von BEK und EKD setzte Ende Mai Arbeitsgruppen ein, die zu den Aspekten einer Zusammenführung beider Kirchen zu votieren und „Zwischenschritte“ zu benennen hatten. Die Frage einer Ablösung der kirchlich veranstalteten Christenlehre durch schulischen Religionsunterricht blieb umstritten; die Militärseelsorge sollte in den ostdeutschen Ländern in eindeutig kirchlicher, nicht staatlicher Verantwortung organisiert werden. Man ging von einem zweieinhalbjährigen, im Januar 1993 abzuschließenden Vereinigungsprozess aus. Die am 25. Februar 1990 in Berlin sich konstituierende VI. BEK-Synode hatte angesichts der Erregung über das Loccumer Wort erklärt: „Wir wollen uns die Zeit lassen, die anstehenden Entscheidungen, die Sache unserer Synoden sind, sorgsam miteinander zu beraten“.[21]

Ende August 1990 legte der Tübinger Kirchenrechtler Martin Heckel ein vom Kirchenamt der EKD in Auftrag gegebenes Gutachten vor, das die rechtlichen Aspekte einer Vereinigung der evangelischen Kirchen in Deutschland klärte.[22] Es bot eine wichtige Orientierung für die vom 21. bis 25. September 1990, unmittelbar vor der politischen Wiedervereinigung Deutschlands, in Leipzig tagende BEK-Synode. Das Gutachten kam zu dem Ergebnis, dass es verfassungsrechtlich, unter Beachtung von Umständen und Absicht der BEK-Gründung 1969, kein „Zusammenwachsen“ beider *Kirchenbünde,* sondern nur die „Reaktivierung“ der ursprünglichen EKD-Mitgliedschaft der ostdeutschen *Landeskirchen* geben könne. In diesem Sinne votierte ohne Verzug die KKL, indem sie „eine zügige Herstellung der Mitgliedschaft der Gliedkirchen des Bundes in der EKD“ empfahl.[23] Die Leipziger Bundessynode im September 1990 sprach sich einmütig dafür aus, bis November 1991 die Tätigkeit des Kirchenbundes zu beenden und dessen Aufgaben wieder auf die gesamtdeutsche EKD zu übertragen.

---

18 Schon kurz nach dem Fall der Mauer hatte Alt-Bundeskanzler Willy Brandt das Motto formuliert, dass jetzt „wieder zusammenwächst, was zusammengehört“.

19 Abschlusserklärung der Klausurtagung in Loccum vom 17. Jan. 1990; Dokumente, 121–123. Ein „Wir wollen“ bestimmte die Sätze zur Einheit Deutschlands und der Kirche wie auch die letztgenannte Zusicherung. Zu diesem Zeitpunkt war die Vereinigung Deutschlands noch ungewiss; man rechnete mit „mehreren Schritten im Rahmen eines gesamteuropäischen Verständigungsprozesses“ (ebd.).

20 Berliner Erklärung von Christen aus beiden deutschen Staaten. Der von Heino Falcke/Erfurt, Ulrich Duchrow/Heidelberg, Joachim Garstecki/Ost-Berlin und Konrad Raiser/Witten unterzeichnete Text galt vor allem dem Bewahren von Lernerfahrungen der „Kirche in der sozialistischen Gesellschaft“ beim Zusammenwachsen Europas in Frieden und Gerechtigkeit. Richard Schröder wertete dies als eine „künstlich festgehaltene DDR-Identität“, die „weder christlich noch vernünftig“ sei; Geschichte der EKU 3, 741.

21 Dokumente, 124. – So äußerte man sich dann auch im März für Berlin-Brandenburg (s. o.). Noch Ende Juni 1990 rechnete die KKL sogar mit Verfassungsberatungen von „bis zu fünf Jahren“ Dauer; epd-Dok Nr. 121 vom 27. Juni 1990.

22 M. Heckel, Die Vereinigung der evangelischen Kirchen in Deutschland, Tübingen 1990 (Jus Ecclesiasticum 40); gekürzt in: KJ 1990/91, 259–265.

23 KKL-Tagung vom 31. Aug./1. Sept. 1990 unter dem Vorsitz (seit Anfang 1990) des Magdeburger Bischofs Dr. Christoph Demke; Beschluss zur „Zusammenführung der Gliedkirchen des Bundes und der Gliedkirchen der EKD“; KJ 1990/91, 257.

Vom 22. bis 24. Februar 1991 tagten die EKD- und die BEK-Synode parallel in Berlin, am letzten Tag auch erstmalig gemeinsam. Die besonderen Erfahrungen und die Bewährung der Kirche in der DDR während der Trennungszeit würden, wie der EKD-Synodalpräses Jürgen Schmude erklärte, „für das Selbstverständnis der künftig gemeinsamen EKD eine Rolle spielen". Rosemarie Cynkiewicz, Präses des BEK, beklagte, dass wegen des fehlenden Reforminteresses bei den westlichen Kirchen die Chance, „gemeinsam etwas Neues zu gestalten", ungenutzt geblieben sei.[24] Beide Synoden stimmten mit überwältigender Mehrheit für das Vereinigungsgesetz; nur in der BEK-Synode gab es auch Gegenstimmen. Im März/April 1991 folgte die Zustimmung der einzelnen BEK-Gliedkirchen. Daraufhin beschlossen die Leitungsgremien beider Kirchenbünde, das Vereinigungsgesetz am 27. Juni in Kraft zu setzen. Mit diesem Tage endete nach 22 Jahren die Arbeit des ostdeutschen Kirchenbundes. Vom 28. bis 30. Juni 1991 tagte in Coburg die erste wieder gemeinsame gesamtdeutsche EKD-Synode.

3. EKU: Aufhebung der Bereiche-Gliederung

Die Evangelische Kirche der Union partizipierte an der wiedergewonnenen Einheit durch das Ende der Regionalisierung von Berlin-Brandenburg und die Rückkehr der fünf ostdeutschen Gliedkirchen in die EKD. So war nun auch die seit 1972 bestehende Ost-West-Bereichsgliederung der EKU zu beenden. Da die Grundordnung in beiden Bereichen unverändert geblieben war, gab es hier keine verfassungsrechtlichen Probleme. Die Evangelische Landeskirche Greifswald beschloss im Mai 1990 die Rückkehr zu ihrem ursprünglichen Namen „Pommersche Evangelische Kirche"; die Görlitzer Kirche bezeichnete sich ab Herbst 1990 als „Evangelische Kirche der schlesischen Oberlausitz". Auf ihrer gemeinsamen Tagung vom 19. bis 21. April 1991 beschlossen die EKU-Bereichssynoden, zum 1. Januar 1992 die Bereichsgliederung aufzuheben. Schon zuvor waren frühere EKU-Aktivitäten, die im Zeichen wachsender Gemeinsamkeit der BEK übernommen hatte, nach dessen Auflösung wieder an die EKU gefallen.[25] Ausbildungsstätten, die seit Jahrzehnten vor allem von der EKU getragenen worden waren, konnten unter den neuen Bedingungen nicht mehr finanziert werden. Das betraf die Kirchlichen Hochschulen in Berlin und Naumburg[26] und die Kirchenmusikschulen. Letztere gingen mit einer Ausnahme in staatliche Einrich-

24 Geschichte der EKU, 3, 744.

25 So der Anfang der 70er-Jahre von der EKU initiierte internationale Theologische Arbeitskreis für reformationsgeschichtliche Forschung (TARF) und die Kommission für Pietismusforschung.

26 Das 1950 gegründete „Sprachenkonvikt" in Berlin-Ost (1990: „Kirchliche Hochschule Berlin-Brandenburg") fusionierte 1991 mit der Theologischen Fakultät der Humboldt-Universität; 1993 kam auch die (West-)Berliner Kirchliche Hochschule hinzu. Für das 1949 gegründete „Katechetische Oberseminar" in Naumburg (1990: „Kirchliche Hochschule Naumburg") war die Umwandlung in ein Katechetisches Seminar in Halle und Erfurt vorgesehen, die aber nicht zustande kam.

tungen über. Auch die von den lutherischen Kirchen getragene Kirchliche Hochschule Leipzig beendete ihre Arbeit.[27]

4. VELKD: Neuformierung nach Auflösung der VELK/DDR

Schon 1988 hatte die VELK/DDR im Zuge der Kirchwerdung des Bundes, der deren bisherige Funktionen übernahm, ihre Auflösung beschlossen.[28] Die drei lutherischen Kirchen in der DDR regelten auch ihre Beziehungen zur VELKD.[29] Nach dem Ende der SED-Herrschaft erörterten die lutherischen Kirchen in Ost und West neue Möglichkeiten gemeinsamer Arbeit. Die ostdeutschen Landeskirchen planten statt einer Rückkehr in die VELKD eine Fortsetzung des Weges der vergangenen Jahre nunmehr im Rahmen der sich erweiternden EKD: Lutherische Anliegen sollten ohne das „institutionelle Schwergewicht“ konfessioneller Synoden und Leitungsgremien[30] vertreten werden. Doch Erwartungen der VELKD und die Stärkung der EKU durch die erneute Übernahme früherer Funktionen bewogen die lutherischen Kirchen in Ostdeutschland, sich wieder der VELKD zuzuwenden. Hierfür bedurfte es nach der Verselbstständigung der VELK/DDR 1968 und deren Auflösung 1988/89 einer Änderung der VELKD-Verfassung.[31] Die lutherischen Landeskirchen Sachsens und Thüringens traten nach der Zustimmung von Synoden und Leitungsgremien am 1. Oktober 1991 der VELKD bei. Die mecklenburgische Landessynode hatte im Frühjahr 1991 auf eine Abstimmung verzichtet, da keine Zweidrittel-Mehrheit für jenen Schritt zu erwarten war. Im Herbst verfehlte die Synode mit drei Stimmen das Ziel. Erst am 13. März 1992 kam nach beharrlichem Werben von Landesbischof Stier auch hier der Beitrittsbeschluss zustande. Synodale auch der anderen Landeskirchen artikulierten die Bedenken, die den nun erfolgten Schritt begleiteten, da es doch gelte, konfessionelle Grenzen zu überwinden, anstatt die Abgrenzung zu betonen. Die Kirchen in der DDR hätten „über konfessionelle Gruppierungen hinweg beglückende Erfahrungen der Zusammenarbeit“ gemacht. So bleibe die Frage, ob für eine „sicherlich sinnvolle gemeinsame theologische Arbeit“ im Rahmen der EKD dieser besondere „Apparat mit all seiner Selbstdarstellung“ benötigt werde und ob „das unserer Gemeindewirklichkeit“ entspreche.[32]

---

27 Den Dozenten des vormaligen „Theologischen Seminars“ (1990: „Kirchliche Hochschule Leipzig“) bot sich die Möglichkeit des Übergangs an die Theologische Fakultät.

28 Ein Kirchengesetz vom 4. Juni 1988 führte mit Wirkung vom 1. Januar 1989 zur Aufhebung der Verfassung der VELK/DDR; KJ 1990/91, 359.

29 Vereinbarung vom 11. Nov./16. Dez. 1988; KJ 1990/91, 360.

30 Motivationsbeschreibung durch den Leitenden Bischof der VELKD, Landesbischof Prof. Dr. Gerhard Müller, im Bericht vom 15. Okt. 1990 vor der Generalsynode in Malente; KJ 1990/91, 365.

31 Kirchengesetz zur Änderung der VELKD-Verfassung vom 17. Okt. 1990; KJ 1990/91, 369.

32 OLKR Dr. Christoph Münchow und Pfarrer Peter Vogel auf der VELKD-Generalsynode am 14. Okt. 1991; KJ 1990/91, 372 f.

C URTEILE ÜBER DEN WEG DER KIRCHE UND DIE NEUE SITUATION

1. Dominanz des Stasi-Themas. Neue „Vergangenheitsbewältigung"

Für die Mehrheit der DDR-Bürger war klar, was von der „Stasi", dem Ministerium für Staatssicherheit, das zuletzt mit über einer Viertelmillion haupt- und nebenamtlichem Personal operierte, zu halten sei. Die mutmaßliche All-Präsenz dieses Machtorgans spielte im realsozialistischen Alltag zwar keine dominierende Rolle, war aber im Sinne von Risikobewusstsein und Selbstzensur hinsichtlich politisch relevanter Äußerungen verhaltensleitend wirksam.[33] Die Auflösung dieses SED-Macht-Netzwerkes im Winter 1989/90 wurde zum spannungsvoll-krisenhaften Höhepunkt der Friedlichen Revolution. Mit der Aufhebung von Stasi-Bezirksverwaltungen im Dezember 1989 und der Berliner Zentrale im Januar 1990 kamen Stasi-Akten unkontrolliert in Umlauf. Auch Aussagen von MfS-Offizieren sorgten für Schlagzeilen. Ausmaß, Art und Umfang von Bespitzelung, Überwachung, gezielter Einflussnahme und Gewaltanwendung wurden allmählich erkennbar. Dass auch wichtige Personen der Demokratiebewegung und Kirchenleute, von denen man es nicht vermutet hätte, als „Inoffizielle Mitarbeiter" enttarnt wurden, wirkte schockierend.

In der Kirche wusste man von Anfang an, dass dem konspirativen Agieren des SED-Regimes am wirksamsten durch Offenheit zu begegnen sei. Absolventen kirchlicher Ausbildungsstätten und Ordinanden wurden verpflichtet, bei Versuchen Dritter, sie zu Auskünften zu veranlassen, umgehend den Dienstvorgesetzten zu informieren und den Befragenden dies wissen zu lassen. So konnte eine konspirative Beziehung schon im Ansatz vereitelt werden. Jetzt aber ging es um den angemessenen Umgang mit dieser Erblast.

Zu den ersten als IM identifizierten Prominenten gehörten der Mitbegründer der SDP Ibrahim Böhme, der für Bürgerrechtler tätige Rechtsanwalt und Synodale Wolfgang Schnur, bald auch der neue CDU-Generalsekretär, bisher juristischer OKR in Thüringen, Martin Kirchner. Binnen kürzester Frist wandelte sich das öffentliche Bild von der Evangelischen Kirche. Hatte sie durch die Friedliche Revolution ein hohes Ansehen gewonnen, so geriet sie nun als Tummelfeld des MfS in Schande. Mutmaßungen über kirchliche Stasi-Verstrickung erreichten aberwitzige Dimensionen. Meinte bei Beginn der Untersuchungen zu Manfred Stolpes MfS-Kontakten (s. u.) Gerhard Besier, von insgesamt 1500 bis 3000 Stasi-Mitarbeitern in den Kirchen „in Ost und West" ausgehen zu müssen, so behauptete Peter-Michael Diestel (CDU-Fraktion Brandenburg; Innenminister der letzten DDR-Regierung) im März 1992 sogar, dreiviertel aller hauptamtlichen Mitarbeiter der Evangelischen Kirche seien als IM geführt bzw. nachrichtendienstlich abgeschöpft worden.[34]

Bei Beginn der Stasi-Debatte hatte die Politik Beistand von der Kirche erwartet.[35] Seit dem Frühjahr 1990 zeigten sich zunehmend Unsicherheit, Ängste und Misstrauen auch bei kirchlichen Mitarbeitern. Der KKL-Vorsitzende Demke sprach von einem Fortwirken der

33 Der Stasi-Witz von der Nähnadel, die die Stecknadel warnt „Psst, eine Sicherheitsnadel!", traf die Situation.

34 Überprüfungen, 15.

35 Der schon abgewählte, noch amtierende Ministerpräsident Modrow bat im März 1990 die Kirche, sich der Sorge um die Verunsicherung des politischen Lebens durch Stasi-Verdächtigungen anzunehmen. Auch Ministerpräsident de Maizière erwartete kirchliche Unterstützung, da sonst ein Fortbestehen der alten Strukturen zu befürchten sei; Besier 3, 472. 474.

„Herrschaftsinstrumente des vergehenden Systems“.[36] Es gab dringliche Mahnungen, sogleich mit der kirchlichen „Vergangenheitsbewältigung“ zu beginnen.[37] Doch der in Auflösung begriffene Kirchenbund konnte sich nicht mehr auf ein gemeinsames Vorgehen verständigen.[38] So mussten die einzelnen Landeskirchen während der rasch und vehement politisch instrumentalisierten Debatte zu einem angemessenen Umgang mit der Stasi-Problematik finden. In der Bevölkerung und in der Kirche verbreitete sich ein Empfinden tiefer Kränkung. Zwei als IM geführte Pfarrer verübten Selbstmord.

Die ersten, 1990/91 beschlossenen Maßnahmen zielten auf ein vertrauliches, freiwilliges Offenbaren von Stasi-Verstrickungen im Sinne der biblischen Regel für den Umgang mit Verfehlungen (Mt 18,15–18). Seelsorge- oder Vertrauensausschüsse wurden eingesetzt; Fragebögen dienten sachbezogener Auskunft. MfS-Akten standen per Gesetz ab Januar, faktisch ab Mai 1992 für Nachfragen zur Verfügung. Trotz starken öffentlichen Drucks konnte sich zunächst keine Synode zur „Regelüberprüfung“, der systematischen Nachforschung anhand dieses Materials, entschließen. Die Hoffnung, dass Betroffene „sich selbst öffnen und das Gespräch suchen“ würden, erfüllte sich jedoch nur in geringem Maße, zumal in Fällen schwerer Belastung.[39] Mehrere Landeskirchen beschlossen zunächst für die Leitungsgremien (Synoden, Kirchenleitungen), dann auch für alle Mitarbeiter im Verkündigungsdienst die Regelüberprüfung; andere zogen die Stasi-Akten nur bei unklaren Fällen heran. Beim Umgang mit dieser Last der jüngsten Vergangenheit durfte nicht aus dem Blick geraten, was während jener Jahrzehnte stets gegolten und auch ganz überwiegend das Leben der Kirche bestimmt hatte: Dass ein Sich-Einlassen auf die konspirative Machtpraxis des Regimes das Wahrheitszeugnis der Kirche, das ohne Offenheit und Vertrauen nicht denkbar ist, tangiert und damit deren Wesen und Auftrag beschädigt.[40]

Bei der schockierenden ersten Kenntnisnahme von Stasi-Akten hatte schon jede „IM“-Registrierung durch das MfS als Beweis für eine schuldhafte Verstrickung gegolten. Bald zeigte sich aber, dass jeder einzelne Fall einer sorgfältigen Prüfung bedurfte. Es entstand ein sehr differenziertes Bild vom Zustandekommen und der Dauer, Motivation und Eigenart nachweislicher Stasi-Kontakte. Nach den weit übertriebenen ersten Mutmaßungen ergab sich eine insgesamt „eher geringfügige Verstrickung der Evangelischen Kirchen“.[41] Der Anteil von „inoffiziell und konspirativ mit dem MfS zusammenarbeitenden Pfarrern und leitenden kirchlichen Mitarbeitern“ lag bei ein bis zwei Prozent.[42] Die Zahl von Dienstentlassungen oder förmlichen

36 Besier 3, 472.

37 Wiederholt forderte dies der mecklenburgische Landesbischof Stier; Besier 3, 472. 474. Die Schweriner Kirchenleitung konnte für ihre Beziehungen zum Staat darauf verweisen, dass sie „weder mit der SED noch mit dem MfS verhandelt“ habe; Stier, „Um der Kirche willen“ – Regelüberprüfung und kirchenleitendes Handeln in der Evangelisch-Lutherischen Landeskirche Mecklenburgs; in: Vollnhals, Kirchenpolitik, 417.

38 Im September 1990 wurde protokolliert, die MfS-Problematik sei „äußerst kompliziert“; man halte es für angemessen, dass „Stasi-Akten im Rahmen einer objektiven Prozeßführung zur Verfügung stehen sollten“; Besier 3, 474 f.

39 Synode der Kirchenprovinz Sachsen, November 1991; Überprüfungen, 25.

40 W. Krötke, Das beschädigte Wahrheitszeugnis der Kirche. Zu den Folgen der Einflußnahme des MfS auf die Kirche; in: Vollnhals, Kirchenpolitik, 405–414.

41 Joachim Gauck, Bundesbeauftragter für die Stasiunterlagen, epd-Interview am 21. Aug. 1996; Überprüfungen, 10.

42 So aufgrund differenzierender Auswertung in: Überprüfungen, 16.

Disziplinarverfahren überstieg auch in den großen Landeskirchen kaum den einstelligen Bereich. Manche Mitarbeiter entzogen sich dem kirchlichen Verfahren, indem sie die Entlassung aus dem Dienst beantragten bzw. kündigten.
Dem MfS war es in mehreren Fällen gelungen, eigene Leute in kirchliche Positionen zu bringen. Spektakulär, wenngleich erst posthum entdeckt, war der Fall von Detlef Hammer, einem MfS-Offizier, der viele Jahre im Magdeburger Konsistorium als Jurist wirkte, an dessen christlicher Überzeugung[43] und kirchlicher Integrität auch kaum jemand gezweifelt hatte.[44] – Ein ganz anderer Fall beschäftigte seiner aktuell politischen Relevanz wegen jahrelang die Öffentlichkeit. Manfred Stolpe, der an der Entstehung und Arbeit des Kirchenbundes in hohem Maße beteiligt war und nun Ministerpräsident des Landes Brandenburg wurde, hatte sich schon 1990 zu seinen weitreichenden staatlichen Kontakten, auch denen zum MfS, geäußert.[45] Ein Untersuchungsausschuss des Brandenburger Landtages stellte fest, dass Stolpe im Dienst der Kirche, nicht des Staates gewirkt hatte und dass seine Verständigung mit der Staatsmacht stets der Erhaltung und Erweiterung kirchlicher Handlungsmöglichkeiten, in zahllosen Fällen auch der Hilfe für Menschen in besonderen Notlagen diente. In der Kirche war bekannt, dass Stolpe seinen generellen Verhandlungsauftrag sehr eigenständig wahrnahm.[46] Die EKD wertete Stolpes Wirken als „eine Ausnahmeerscheinung im Grenzbereich von kirchlichem Amt und Politik".[47] Die Kirche von Berlin-Brandenburg beurteilte seine MfS-Kontakte als nach Art und Umfang „nicht mit seinen Pflichten und Aufgaben als Kirchenbeamter in Einklang" stehend, sah aber in Würdigung der „gesamten Wirksamkeit" Stolpes von disziplinarrechtlichen Maßnahmen ab. Auch die damaligen Kirchenleitungen hätten „nicht nachgefragt, auf welchen Wegen Dr. Stolpe Probleme, die ihm aufgetragen wurden, einer Lösung näherbrachte".[48]

Nachdem die öffentliche Wahrnehmung zunächst weite Bereiche vormals erlebter DDR-Realität zugunsten des Stasi-Themas ausgeblendet hatte, wurden Erfahrungen unter dem SED-Regime zunehmend auch zum Gegenstand vielfältigen persönlichen Berichtens, zu dem die EKD-Synode 1992 nachdrücklich aufforderte. Die Freigabe staatlicher Akten ohne Bindung an die sonst geltenden Sperrfristen kam der gezielten Forschungsarbeit zugute. Während nach 1945 die Wahrnehmung und Rechenschaftslegung zum Jahrzwölft des NS-Regimes nur zögernd und selektiv begonnen hatte, folgte dem Zusammenbruch der zweiten deutschen Diktatur eine bald unüberschaubare Fülle und Vielfalt von Wortmeldungen.

43 Viele, die ihn kannten, erinnern sich an sein auch andere Menschen ermutigendes Glaubenszeugnis.

44 Hammer, geb. 1950, seit 1970 kirchlich engagiert und ab 1974 im Dienst der Kirchenprovinz Sachsen, wurde noch 1990 zum Konsistorialpräsidenten berufen. Erst nach seinem Tod 1991, dessen Umstände umstritten blieben, wurde seine Identität als MfS-Offizier entdeckt; H. Schultze/W. Zachhuber, Spionage gegen eine Kirchenleitung. Detlef Hammer. Stasi-Offizier im Konsistorium Magdeburg, Magdeburg 1994.

45 In einem Fernsehinterview mit Günter Gaus; M. Stolpe, Schwieriger Aufbruch, Berlin 1992, 9.

46 Erklärung der Kirchenleitung der EKiBB zum Problemkreis „Kontakte der Kirche zum Herrschaftsapparat der DDR"; Sonderdruck aus: Berlin-Brandenburgisches Sonntagsblatt, 22. Okt. 1992, 4.

47 Bericht über die Tätigkeit des Vorprüfungsausschusses der EKD vom 6. Dez. 1996; Überprüfungen, 54.

48 Beschluss vom 31. März 1995; U. Schröter, Die „Bearbeitung" der Landeskirche Berlin-Brandenburg durch das MfS; in: Vollnhals, Kirchenpolitik, 191–210 (zit. 193).

2. Zur neuen Lage der ostdeutschen Kirchen

Die Rückkehr in die EKD führte die ostdeutschen Kirchen zu einer weitgehenden Angleichung an Rechtsstellung und Arbeitsweise der Kirchen in der alten Bundesrepublik. Was sie nach ihrem mehr als vierzigjährigen Weg unter der kommunistischen Diktatur in die neue Gemeinsamkeit „einzubringen" hatten, waren nach kirchlicher Rechenschaftslegung[49] und persönlichen Rückblicken vor allem die Erfahrungen eben dieser Zeit: Wegfindung unter den Bedingungen der Diktatur bei wachsender Gemeinsamkeit kirchlicher Arbeit, die bis an die Schwelle institutioneller Einheit geführt hatte. Unter den neuen Bedingungen musste im Zeichen vielschichtiger Umstellung nun jede Landeskirche den ihr gemäßen Weg finden.

DDR-bedingte Besonderheiten der kirchlichen Arbeit wurden weitgehend hinfällig. Katechetinnen und Katecheten empfanden es als einen schmerzlichen Einschnitt, dass an die Stelle der gemeindegebundenen Christenlehre nun weitgehend der schulische Religionsunterricht trat. Bei der Militärseelsorge ließ sich für die ostdeutschen Kirchen der Grundsatz eines kirchlichen, nicht staatlichen Dienstverhältnisses durchsetzen. Die diakonische Arbeit erweiterte sich beträchtlich mit der Übernahme vormals staatlicher Einrichtungen, so z. B. von Altenheimen, durch das Diakonische Werk. Dank reichlich gewährter Beihilfen aus der alten Bundesrepublik konnten viele Kirchen restauriert und diakonische Einrichtungen instand gesetzt und modernisiert werden.

Der Situationswandel 1989/90 brachte den Menschen in Ostdeutschland eine überwiegend als positiv erfahrene lebensweltliche Veränderung, bedeutete aber in der Regel keinen fühlbaren Einschnitt im Leben der Gemeinden und der Arbeit von Pfarrerinnen und Pfarrern. Die meisten zugunsten des politischen Engagements 1989/90 beurlaubten Pfarrer kehrten in den kirchlichen Dienst zurück. Die Hoffnung, dass die große Akzeptanz der Kirche bei der Friedlichen Revolution eine generelle Rückkehr zu ihr und die Wiederbelebung der volkskirchlichen Tradition einleiten werde, fand vorerst keine Erfüllung. Eintritt oder Wiedereintritt in die Kirche war die Sache Einzelner. Die Bevölkerung der östlichen Länder blieb überwiegend „konfessionslos". Die seit Jahrzehnten etablierte Jugendweihe behauptete, jetzt in freier Trägerschaft und zu nichts verpflichtend, ihren Platz als gebräuchlichster Passageritus.

In den ostdeutschen Ländern mit ihrer nach dem Zweiten Weltkrieg noch zu über 80 % protestantischen Bevölkerung blieb die Zugehörigkeit zur evangelischen Kirche auf dem Stand von etwa 24 %.[50] Zu den deutlichsten Zeichen des Situationswandels gehörten die Einführung des kirchlich verantworteten Religionsunterrichts an den Schulen und die Gründung evangelischer Schulen. Hier öffnete sich auch Kindern und Heranwachsenden aus nichtchristlichen Familien ein Zugang zu Erfahrungen des Glaubens und zum kirchlichen Leben. Angesichts von Indifferentismus und Pluralismus blieb es wichtig, die umfassende Bedeutung des Evangeliums zu bezeugen und in diesem Sinne kirchliche Tradition zu pflegen und zu vermitteln.

---

49 W. Krusche, „Denkt daran, daß im Herrn eure Mühe nicht vergeblich ist." Rückblick auf 21 Jahre Weg- und Arbeitsgemeinschaft im Bund der Evangelischen Kirchen. 3. Tagung der VI. Synode des BEK-Synode, 22.–24. Februar 1991 in Berlin; ZdZ 44 (1991), 9–15.

50 Pollack, 381.

Zeittafel

	Politische Ereignisse	Kirchliche Vorgänge
1945	**8. Mai** Kapitulation der deutschen Wehrmacht	Neue Landes- und Provinzialkirchenleitungen Bildung von Gemeindekirchenräten
	Juli Vier-Mächte-Aufteilung Deutschlands	**31. Aug.** *Treysa*, Kirchenversammlung: Rat der EKD. Hilfswerk der Evangelischen Kirche **29. Sept.** Bildung der Kirchliche Ostkonferenz **19. Okt.** *Stuttgart*, Rat der EKD: Schuldbekenntnis; Wiederherstellung bekenntnisgebund. Pfarrerstand
1946	**21. Apr.** Ost-KPD und -SPD zur SED vereinigt	
1947	**28. Jan.** SED-Kulturkonferenz verwirft „christlichen“ (CDU-)Sozialismus	
	23. Juli SED weist USA-Hilfe (Marshallplan) zurück	**8. Aug.** *Darmstadt:* EKD-Bruderrat „Zum politischen Weg unseres Volkes“
1948		**Mai** Bischöfe der SBZ an SMAD: Unterdrückung der Religionsfreiheit
	24. Juni bis Mai 1949 Sowjetische Blockade Westberlins. Alliierte Luftbrücke	**9.–13. Juli** *Eisenach:* Grundordnung der EKD
1949	**28. Jan.** 1. SED-Parteikonferenz: SED wie KPdSU „Kampfpartei des Marxismus-Leninismus“	**1. Juni** Dibelius: Hirtenbrief zur Lage in der SBZ: Analogien zur NS-Zeit
	23. Mai/7. Sept. Gründung der BRD **7. Okt.** Gründung der DDR	
1950		**27. Apr.** *Berlin-Weißensee,* Wort der EKD-Synode: „Was kann die Kirche für den Frieden tun?“

28. Apr. Min.Präs. Grotewohl sagt ev. Bischöfen zu: Kirchliche Arbeit wie bisher
Juni Beginn des Korea-Krieges (bis 1953)

	Politische Ereignisse	Kirchliche Vorgänge
1951		**11.–15. Juli** *Berlin-Ost und -West:* Dt. Ev. Kirchentag, „Wir sind doch Brüder“ **18. Sept.** Dibelius an Stalin: Willkürjustiz in der DDR
1952	**9.–12. Juli** 2. SED-Parteikonferenz: „Aufbau des Sozialismus“, verschärfter Klassenkampf **23. Juli** DDR-Zentralisierung: 14 Bezirke statt Länder, Vertreibung aus Grenzgebieten	
1953	**27. Jan.** SED-Politbüro beschließt Maßnahmen gegen Junge Gemeinde **Febr./März** Kirchliche Mitarbeiter wegen „Spionage“ u. a. verhaftet **5. März** Tod von J. W. Stalin **April-Juni** Massives Vorgehen gegen Junge Gemeinde und Studentengemeinden	
		14. April Bischöfe an Sowjet. Kontrollkommission: Kirchenverfolgung unterbinden!
	2.–4. Juni *Moskau:* KPdSU fordert radikalen Kurswechsel der SED **9./10. Juni** SED-Politbüro: Nach „schweren Fehlern“ „Neuer Kurs“. Staat-Kirche-Gespräch: Ende der Verfolgung, Wiederherstellung kirchlicher Rechte **16./17. Juni** *Ostberlin:* Bauarbeiter streiken. DDR-weiter Aufstand, durch Rote Armee unterdrückt. Harte Strafjustiz	
1954	**14. März** SED-Politbüro beschließt „Politik der Partei in Kirchenfragen“: Bevölkerung gewinnen, „Hierarchie“ isolieren	**7.–11. Juli** *Leipzig:* Deutscher Ev. Kirchentag: „Seid fröhlich in Hoffnung“
	14. Nov. Zentraler Aufruf zur Jugendweihe	**30. Nov.** EKiBB: Konfirmation mit Jugendweihe unvereinbar
1955	**Sept.** *Moskau:* Diplomat. Beziehungen UdSSR–Bundesrepublik UdSSR erklärt Souveränität der DDR DDR-Regierung fordert Loyalitätserklärung der Kirche	
1956	**Jan.** SED agitiert gegen Bahnhofsmission, Verhaftungen **10. Febr.** DDR-Innenminister Maron: Massive Vorwürfe gegen die Kirche **14. Febr.** *Moskau:* XX. KPdSU-Parteitag. Chruschtschow fordert „Entstalinisierung“ **24. März** 3. SED-Parteikonferenz. Grotewohl: Nur „Kulthandlungen in der Kirche“ zu dulden	

	Politische Ereignisse	Kirchliche Vorgänge
1956	**Juni** *Poznań:* Unruhen. Reformkurs in Polen	**27. Juni** EKD-Synode: „Evangelium in Ost und West“. G. Jacob: „Ende d. Konstantinischen Zeitalters“
	Oktober *Ungarn:* Volksaufstand, neue Regierung, durch Rote Armee unterworfen	
1957	**22. Febr.** EKD-Bundesregierung: Militärseelsorge-Vertrag SED agitiert gegen EKD: „NATO-Kirche“ **8. März** „Staatssekretär für Kirchenfragen“ (Eggerath/SED) statt CDU-Ressort **Nov.** Verhaftungen. Zuchthaus für Studentenpfarrer Schmutzler („Boykotthetze“)	
1958	**12. Febr.** Lange-Erlass (Volksbildung): Schikanen gegen Christenlehre **17. Mai** Grotewohl suspendiert EKD-Vertretung bei der DDR-Regierung **Juni/Juli** Staat-Kirche-Gespräche: staatl. Loyalitätsforderung u. kirchl. Beschwerden **21. Juli** „Kommuniqué“: Staatl. Zusagen; Christen „respektieren ... Sozialismus“ **27. Nov.** UdSSR-*Berlin*-Ultimatum: Abzug der West-Alliierten, „Freie Stadt“ Westberlin	
1959		**13. Febr.** EKU-Handreichung: „Das Evangelium und das christliche Leben in der DDR“ **18. Juni** *Berlin:* EKiBB-Synode beschließt „Notverordnung über regionale Synoden“
1960	Zwangskollektivierung der DDR-Landwirtschaft	**Febr./März** Ev. Bischöfe protestieren gegen Methoden der Kollektivierung **8. Juli** Bischof Krummacher/Greifswald wird Vorsitzender der KOK (ab 1962: KKL)
	4. Okt. „Staatsratsvorsitzender“ Ulbricht: Christentum und humanist. Ziele des Sozialismus sind „keine Gegensätze“ **15. Nov.** Neuer Staatssekretär für Kirchenfragen: Seigewasser (bis 1979)	
1961	**9. Febr.** Ulbricht empfängt „christl. Bürger“: „Dankschreiben“ für Erklärung vom Okt. 1960 Wachsender Flüchtlingsstrom von Ost- nach Westdeutschland	
		Juli *Westberlin:* Dt. Ev. Kirchentag
	13. Aug. DDR-Grenzschließung, Mauerbau **17. Aug.** Ulbricht: Verdienstorden für Bischof Mitzenheim **31. Aug.** DDR-Organe verhindern Rückkehr von Präses Scharf nach Ostberlin	

	Politische Ereignisse	Kirchliche Vorgänge
1962	**24. Jan.** DDR: Allgemeine Wehrpflicht	**Dez.** EKiBB: Bischofswahl (Scharf) scheitert. GenSup Jacob wird Bischofs-„Verweser"
1963	**Jan.** VI. SED-Parteitag: „Umfassender Aufbau des Sozialismus"	**8. März** KKL: „Zehn Artikel über Freiheit und Dienst der Kirche"
1964	**18. Aug.** „Wartburg-Gespräch" Ulbricht-Mitzenheim: „Humanist. Verantwortung" von Marxisten und Christen **7. Sept.** DDR ermöglicht waffenlosen Militärdienst („Bausoldaten")	
1965		**10. Okt.** Ost-Denkschrift EKD(-West): Vertriebene u. Verhältnis zu östl. Nachbarn
1966	DDR unterbindet Amtsführung von Scharf in der DDR-Region	**15. Febr.** EKiBB-Regionalsynoden wählen Kurt Scharf zum Bischof
1967	**9. Febr.** Götting (CDU-Ost) diffamiert EKD-West als „NATO-hörig"	**5. Jan.** EKiBB-Ost wählt Schönherr zum Verwalter des Bischofsamtes **1.–7. Apr.** *Fürstenwalde:* EKD(-Ost)-Synode bekennt sich zur Einheit der EKD
1968	ČSSR: Reformpolitik der KPČ: „Sozialismus mit menschlichem Gesicht" **Jan.–März** DDR-Volksaussprache zum Entwurf der „Sozialist. Verfassung"	**15. Febr.** Ev. Bischöfe an Ulbricht: Sozialismus als „eine Form gerechteren Zusammenlebens" realisieren
	6. April Neue DDR-Verfassung fixiert Führungsanspruch der SED. Keine Aussagen zur Rechtsstellung der Kirchen	
	21. Aug. Ostblock-Truppen besetzen ČSSR. Ende des „Prager Frühlings"	EKiBB-Brief an Kirchen in der ČSSR beklagt Gewalt gegen ČSSR und deutsche Beteiligung
1969		**7. Jan.** Entwurf der Ordnung für DDR-Kirchenbund zur Abstimmung in den Landeskirchen **10. Juni** BEK-Gründung. Art. 4.4: „bes. Gemeinschaft der ganzen ev. Christenheit in Deutschland"
	21. Sept. *Bonn:* SPD-FDP-Regierung, „Neue Ostpolitik"	**Dez.** BEK-EKD-Beratergruppe

	Politische Ereignisse	Kirchliche Vorgänge
1970	**19. März** *Erfurt:* Treffen Bundeskanzler Brandt/DDR-Ministerpräsident Stoph **21. Mai** *Kassel:* 2. Brandt-Stoph-Treffen	**26.–29. Juni** *Potsdam,* BEK-Synode: „Zeugnis- und Dienst-Gemeinschaft … in der sozialist. Gesellschaft“
	26 Nov. VVO: Anmeldepflicht für (auch kirchliche) Veranstaltungen	
1971	**24. Febr.** Staatssekr. Seigewasser empfängt BEK-Vorstand. A. Schönherr: Gottesdienst ist für Christen Sache „des ganzen Lebens“, nicht ein vom weltlichen Leben isolierter Kultus	
	3. Mai Honecker wird 1. Sekretär des ZK der SED. Ende der Ära Ulbricht	**2.–6. Juli** *Eisenach,* BEK-Synode: Kirche „nicht neben, nicht gegen“, sondern „im Sozialismus“
1972	Scharfe SED-Reaktionen auf Falckes Rede vom „verbesserlichen Sozialismus“	**30. Juni – 4. Juli** *Dresden,* BEK-Synode: „Christus befreit – darum Kirche für andere“ (Referat Falcke) **3. Nov.** Synode der EKiBB-Ost-Region wählt Schönherr zum Bischof
	21. Dez. Grundlagenvertrag Bundesrepublik–DDR	
1973	**Juli** Beginn KSZE-Konferenz in Helsinki **18. Sept.** UNO-Mitgliedschaft von Bundesrepublik und DDR	**25.–29. Mai** *Schwerin,* BEK-Synode: Ambivalente Erfahrungen von Christen im DDR-Alltag
1974		**27. Sept.–1. Okt.** *Potsdam,* BEK-Synode: Kirche ist „Gemeinschaft von Lernenden“
1975	**30. Juli–1. Aug.** *Helsinki:* KSZE-Beschlüsse über friedl. Koexistenz u. Menschenrechte	**27. Nov.** Bischöfe des BEK protestieren gegen UN-Verurteilung von Zionismus als Rassismus
1976		**18. Aug.** Selbstverbrennung von Pfarrer Brüsewitz **11. Sept.** KKL: „Brief an die Gemeinden“ zum Tod von Brüsewitz
	SED-Reaktionen auf Brüsewitz. Honecker: KKL-Brief ist „konterrevolutionär“ **16. Nov.** Wolf Biermann ausgebürgert, Hausarrest für Havemann (ehem. SED)	
1977	Ausreiseanträge von DDR-Bürgern in wachsender Zahl	**8. Dez.** Gemeinsame Erklärung von BEK und EKD bekräftigt KSZE-Abkommen

	Politische Ereignisse	Kirchliche Vorgänge
1978	**6. März** Staat-Kirche-Spitzengespräch. Zusagen Honeckers für kirchliche Arbeit. Schönherr: Staat-Kirche-Verhältnis „ist so gut, wie es der einzelne Bürger …vor Ort erfährt“	
	März/Sept. DDR-Volksbildung führt „Wehrkunde“als Pflichtfach ein	**14. Juni** KKL-Brief an die Gemeinden. Viele Eingaben von Christen gegen Wehrkundeunterricht
1979		**28. Jan.** *Eisenach:* BEK-Delegiertenversammlung empfiehlt „Vereinigte Ev. Kirche in der DDR“
	30. März Iran wird „Islamische Republik“	
		1. Juni *Berlin:* Jugendgottesdienst mit staatskritischen Texten, später: „Bluesmessen“
		1. Sept. Gemeinsames BEK-EKD-Wort zum Frieden
	18. Okt. Tod von Staatssekretär Seigewasser	
	7. Nov. Amtsnachfolger: Klaus Gysi	**1. Nov.** BEK: Wort an die Gemeinde: „Erziehung zum Frieden“, keine Feindbilder
	27. Dez. *Afghanistan:* Sowjet. Okkupation	
1980	*Polen:* Regimekritische Bewegung „Solidarność“ setzt sich durch	
	13. Juni *Ostberlin:* Staatl. Martin-Luther-Komitee, Vorsitz: Honecker	Kirchliches Lutherkomitee, Vorsitz: Bischof Leich
		9.–19. Nov. Erste kirchliche Friedensdekade: „Frieden schaffen ohne Waffen“
1981		Wachsende Bedeutung des Friedensthemas. Initiative „Sozialer Friedensdienst“ beim Staat ohne Chance
		18.–22. Sept. BEK-Synode: Nachfolger Schönherrs als KKL-Vorsitzender: Bischof Krusche
	Nov. Beginn staatl. Kampagne gegen Aufnäher „Schwerter zu Pflugscharen“	
	11.–13. Dez. *Werbellinsee/Güstrow:* Treffen Bundeskanzler Schmidt/Honecker	
	Polen: Solidarność-Verbot	
1982		**25. Jan.** „Berliner Appell“ (Havemann, Eppelmann)
		EKiBB: „Berliner Appell“ ist „Zerrbild des politisch Verantwortlichen“
		13. Febr. *Dresden:* Gedenken an der Frauenkirchen-Ruine; Friedensforum in der Kreuzkirche

	Politische Ereignisse	Kirchliche Vorgänge
1982	**1. Okt.** *Bonn:* CDU-FDP-Regierung Kohl–Genscher	**24.–29. Sept.** *Halle,* BEK-Synode: Dienst ohne Waffen ist „deutlicheres Zeichen“
		13. Nov. Bischof Hempel wird KKL-Vorsitzender
1983		**5./6. März** *Berlin:* Friedensgruppen Koordinations-Treffen „Konkret für den Frieden“
	DDR-Fernsehen überträgt Wartburg-Feier	**4. Mai** *Wartburg:* Eröffnung u. Ökumen. Gottesdienst. Lutherjahr-Leitwort: „Vertrauen wagen!“
		Juni–Sept. Regionale Kirchentage
		14.–20. Aug. *Erfurt:* Internationaler Kongress für Lutherforschung
	Scharfe staatliche Reaktionen auf Hempels Äußerungen	**16.–20. Sept.** *Potsdam,* BEK-Synode: Hempel beschreibt Alltagserfahrungen von DDR-Bürgern
1984	**Jan.–Juni** *Ostberlin:* Ausreisewillige DDR-Bürger in USA-Botschaft und Ständiger Vertretung der Bundesrepublik	Bildung einer „Evangelischen Kirche in der DDR“ scheitert bei Abstimmung in der EKiBB-Synode
	25. Juni Milliardenkredit westdeutscher Banken an DDR	**3./4. März** *Eisenach:* „Konkret für den Frieden II“
	DDR genehmigt Ausreisen für Zehntausende	Kirchliche Äußerungen zum Ausreisethema
		21.–25. Sept. *Greifswald,* BEK-Synode: „Grundvertrauen“ zwischen Staat und Kirche?
1985	**11. Febr.** Begegnung Honeckers mit KKL-Vorsitzendem Hempel, ohne Klärung von Sachfragen	
	März Neuer KPdSU-Generalskretär Michail Gorbatschow	**März** BEK/EKD: Gemeinsames Wort zum Frieden
		20.–24. Sept. *Dresden:* BEK-Synode verlangt Gleichbehandlung der Chri sten, beschließt Vorbereitung für ein „Konzil des Friedens“
1986		**11. Febr.** Bischof Leich wird KKL-Vorsitzender
		28. Febr.–2. März *Stendal:* Basisgruppen-Treffen „Konkret für den Frieden III“ (vgl. März 1983 u. 1984)
	6. Mai BRD-DDR-Abkommen über kulturelle Zusammenarbeit	**Sept.** *Ostberlin,* Zionskirche: Umwelt-

	Politische Ereignisse	Kirchliche Vorgänge
		bibliothek, „Umweltblätter“
1986		**19.–23. Sept.** *Erfurt,* BEK-Synode: Wehrdienst- und Friedensfragen, Ökumen. Versammlung
1987	750-Jahr-Feier Berlins	**Jan.** Inititative „Frieden und Menschenrechte“ beginnt „Grenzfall“ zu publizieren
		24.–28. Juni *Ostberlin:* Evang. Kirchen tag
	27. Aug. SED-SPD-Strategiepapier „Streit der Ideologien und gemeinsame Sicherheit“	
	1.–18. Sept. Olof-Palme-Friedensmarsch mit Beteiligung kirchlicher Gruppen	
	7.–11. Sept. Bundeskanzler Kohl empfängt Honecker zu offiziellem Arbeitsbesuch	**18.–22. Sept.** *Görlitz,* BEK-Synode: „Bekennen in der Friedensfrage“, Debatte zu „Absage an Praxis und Prinzip der Abgrenzung“
	24./25. Nov. *Ostberlin:* MfS-Aktion gegen „Grenzfall“ und Zions-Umweltbibliothek	Demonstration bei der Zionskirche, Verhaftungen, Mahnwachen-Gottesdienste mit Forderung von „Glasnost“ und „Perestroika“
1988	**17. Jan.** Gruppen- und Ausreisewilligen-Protest bei sozialist. Gedenkveranstaltung	**16. Jan.** *Oranienburg:* Seminar der BEK-Synode zur „Absage an die Abgrenzung“ **12.–15. Febr.** *Dresden:* Ökumen. Versammlung (I) „Gerechtigkeit, Frieden u. Bewahrung d. Schöpfung“
	3. März *Berlin:* Gespräch Honecker–Leich	
	13./27. Juli Ablösung Gysis; Kurt Löffler neuer Staatssekretär f. Kirchenfragen	**24. Juni** „20 Thesen aus Wittenberg zur Erneuerung und Umgestaltung der DDR“ (Schorlemmer) **16.–20. Sept.** *Dessau,* BEK-Synode: „Als Gemeinde leben“, breite Kritik am DDR-Sozialismus **21. Sept.** *Greifswald:* Vorlesung Stolpes „Christen und Kirche … zu Fragen der Zeit“
	Okt. Scharfe ZK-Reaktion auf Stolpe-	**8.–11. Okt.** *Magdeburg:* Ökumen. Vorlesung Versammlung (II) **10. Okt.** *Berlin:* Schweigemarsch gegen Zensur von Kirchenzeitungen. Viele Verhaftungen
	Okt. /Nov. *Berlin,* Schulverweise wegen Kritik an militär. Machtgebaren der DDR	**20. Nov.** Fürbittgottesdienst mit vielen Jugendlichen, Dialog zu Bildungsfragen gefordert
	30. Nov. DDR-Verordnung über „Reisen	

	Politische Ereignisse	Kirchliche Vorgänge
	nach dem Ausland“	
1989	**19. Jan.** Honecker: Mauer bei Bedarf noch in 50 oder 100 Jahren	
		26.–30. Apr. *Dresden*, Ökumen. Versammlung (III): „Umgestaltung des Sozialismus“ „Mehr Gerechtigkeit in der DDR“
	SED-Urteil: Ökumen. Versammlung ist „Plattform für politische Opposition“	
	7. Mai DDR-Kommunalwahlen Demonstrative Verweigerungen	**Mai/Juni** Proteste gegen Wahlfälschungen
		3. Juni KKL-Erklärung zu den Wahlfälschungen
	4. Juni *China*: Unterdrückung der Demokratiebewegung	Proteste gegen Massaker in Peking, **18. Juni:** Synode Kirchenprovinz Sachsen an chinesischen Christenrat
	Egon Krenz: China-Besuch, Drohung gegen Konterrevolutionäre	**11. Juni** *Greifswald:* Domeinweihung, Teilnahme Honeckers auf Einladung Gienkes
	19. Aug. *Ungarn:* kurzzeitige Grenzöffnung, Flucht vieler DDR-Urlauber	**4. Sept.** *Leipzig,* Nikolaikirche: Demonstration für Reisefreiheit
	9. Sept. *Grünheide:* Gründungsaufruf für „Neues Forum“ von Bärbel Bohley u. a.	
	11. Sept. *Ungarn:* endgültigeGrenzöffnung, beginnende Massenflucht aus der DDR	
	12. Sept. *Berlin:* Gründungsaufruf für „Demokratie jetzt“	**15.–19. Sept.** *Eisenach*, BEK-Synode: Aufruf zu demokratischen Reformen in der DDR
		25. Sept. *Leipzig,* Nikolaikirche: Wachsende Beteiligung an Friedensgebet und Montagsdemonstration. Motto „Keine Gewalt“
	4./5. Okt. *Dresden:* Ausreise von ca. 14 000 Botschaftsflüchtlingen	
	7. Okt. *Schwante*, Pfarrhaus: Neugründung der Sozialdemokrat. Partei (SDP) in Ostdeutschland	
	7. Okt. 40. Jahrestag der DDR. Gorbatschow mahnt zu Reformen	
	7./8. Okt. Demonstrationen für Meinungsfreiheit und Reformen; *Berlin:* Brutales Eingreifen von MfS und VP	**ab 8. Okt.** *Berlin,* Gethsemanekirche: Mahnwache, Fürbittandachten, Dokumentation der Ereignisse. *Leipzig,* Nikolai- und andere Kirchen: Ausgangspunkt der Montagsdemonstration
	9. Okt. *Leipzig:* Massenbeteiligung an der Montagsdemonstration „Wir sind das	

	Politische Ereignisse	Kirchliche Vorgänge
	Volk!“ Durchbruch zur Friedl. Revolution	
1989	**18. Okt.** Honecker entmachtet. E. Krenz wird SED-Generalsekretär	**19. Okt.** Treffen Krenz mit BEK-Leitung (Leich u. a.)

Okt./Nov. Allerorts Demonstrationen, Bürgerversammlungen in Kirchen u. kirchlichen Räumen

	Politische Ereignisse	Kirchliche Vorgänge
	4. Nov. *Berlin,* Alexanderplatz: Großkundgebung zum Sturz des SED-Regimes **9. Nov.** Öffnung der Mauer **7./13. Nov.** Rücktritt der DDR-Regierung, H. Modrow (SED) neuer Ministerpräsident	

7. Dez. *Berlin:* Zentraler Runder Tisch auf Einladung des BEK-Sekretariates im Bonhoeffer-Haus, unter kirchlichem Vorsitz zur Demokratisierung und Vorbereitung freier Wahlen

8. Dez. SED wird „SED-PDS“, später PDS

Ende Dez./Jan. 1990 Runde Tische vielerorts, überwiegend unter kirchlicher Leitung

	Politische Ereignisse	Kirchliche Vorgänge
1990		**17. Jan.** *Loccum,* Erklärung von BEK- und EKD-Beauftragten: Zusammenwachsen der deutschen Staaten und der ev. Christenheit in Deutschland
	18. März Demokrat. Wahlen in der DDR. L. de Maizière (CDU) Ministerpräsident **3. Okt.** Einheit Deutschlands durch Beitritt der ostdeutschen Länder zur Bundesrepublik	
1991		**22.–24. Febr.** *Berlin:* Parallele und gemeinsame Synodaltagung von BEK und EKD **27. Juni** Wiederherstellung der Einheit der EKD

Register

PERSONEN

ORTE

SACHEN

Kirchengeschichte in Einzeldarstellungen (KGE)

Herausgegeben von Ulrich Gäbler und Johannes Schilling

Begründet von Gert Haendler und Joachim Rogge †

Die „Kirchengeschichte in Einzeldarstellungen“ wendet sich vor allem an Studierende, aber auch an Lehrende der Theologie, Religionspädagogik sowie der Geschichtswissenschaften und an alle kirchengeschichtlich sowie historisch Interessierten. Die Reihe ist ein Standardwerk für das Studium und die Einführung in die gesamte Kirchengeschichte von den Anfängen bis in die neueste Zeit.
Jeder Teilband ist in sich abgeschlossen und verständlich, der jeweilige Zeitraum wird übersichtlich erschlossen. Die Themen der einzelnen Bände greifen ineinander und leiten zur Lektüre des Gesamtwerkes an. Die Verzeichnisse der geschichtlichen Quellen und der weiterführenden Literatur ermöglichen die intensive Arbeit an einzelnen Themen. Zeittafeln, Register und vielfach auch mehrere Karten erleichtern den Zugang zum gesamten Stoff.

I Von der Alten Kirche bis zum Hohen Mittelalter

I/1 Das Urchristentum
von Karl-Martin Fischer †
1986, 2. Aufl. 1991 · 200 Seiten
+ 4 Seiten Beilage
ISBN 3-374-00295-1

I/2 Das Christentum im zweiten Jahrhundert
von Karl-Wolfgang Tröger
1988 · 140 Seiten
ISBN 3-374-00465-2

I/3 Von Tertullian bis Ambrosius
von Gert Haendler
1978, 4. Aufl. 1992 · 138 Seiten
ISBN 3-374-00297-8

I/4 Die Kirche des Ostens im 3. und 4. Jahrhundert
von Hans Georg Thümmel
1988 · 136 Seiten
ISBN 3-374-00466-0

I/5 Die abendländische Kirche im Zeitalter der Völkerwanderung
von Gert Haendler
1981, 4. Aufl. 1995 · 152 Seiten
ISBN 3-374-00015-0

I/6 Die östlichen Kirchen in der Epoche der christologischen Auseinandersetzungen (5. bis 7. Jahrhundert)
von Friedhelm Winkelmann
1981, 4. Aufl. 1994 · 152 Seiten
+ 1 Faltkarte
ISBN 3-374-00298-6

I/7 Die lateinische Kirche im Zeitalter der Karolinger
von Gert Haendler
1985, 2. Aufl. 1992 · 140 Seiten
ISBN 3-374-00299-4

I/8 Die Ostkirchen vom Bilderstreit bis zur Kirchenspaltung 1054
von Hans-Dieter Döpmann
1991 · 164 Seiten
ISBN 3-374-01195-0

I/9 Von der Reichskirche Ottos I. zur Papstherrschaft Gregors VII. (10. bis 11. Jahrhundert)
von Gert Haendler
1994 · 176 Seiten
ISBN 3-374-01529-8

I/10 Die Kirchen im Zeitalter der Kreuzzüge (11. bis 13. Jahrhundert)
von Friedhelm Winkelmann
1994, 2. verb. Aufl. 1998 · 150 Seiten
ISBN 3-374-01465-8

I/11 Christliches Denken im Mittelalter
von Karl-Hermann Kandler
1993 · 160 Seiten
ISBN 3-374-01429-1

I/12 Die abendländische Kirche im Hohen Mittelalter (12./13. Jahrhundert)
von Heinrich Holze
2003 · 304 Seiten
ISBN 3-374-02047-X

II Spätes Mittelalter, Reformation, konfessionelles Zeitalter

II/1 Entmachtung und Selbstzerstörung des Papsttums (1302 bis 1414)*
von Volker Gummelt

II/2 Reformkonzilien, Renaissancepapsttum, Humanismus (1414 bis 1512)*

II/3 + II/4 Anfänge der Reformation (Doppelband)
Der junge Luther/1483–1521
Der junge Zwingli/1484–1523
von Joachim Rogge †
1983, 2. Aufl. 1985 · 312 Seiten
ISBN 3-374-00300-1

II/5 Evangelische Bewegung und frühe Reformation 1521 bis 1532
von Rudolf Mau
2000 · 250 Seiten
ISBN 3-374-01795-9

II/6 Reformationsgeschichte von 1532 bis 1555/1556
Festigung und Reformation/Calvin/ Katholische Reform und Konzil von Trient
von Hubert Kirchner
1988 · 178 Seiten
ISBN 3-374-00016-9

II/7 Die Entstehung evangelischer Landeskirchen (1530 bis 1580)*
von Günther Wartenberg

II/8 Das konfessionelle Zeitalter – Katholizismus, Luthertum, Calvinismus (1563 bis 1675)
von Ernst Koch
2000 · 356 Seiten
ISBN 3-374-01719-3

II/9 Die orthodoxen Kirchen von 1274 bis 1700
von Erich Bryner
2004 · 168 Seiten
ISBN 3-374-02186-7

III Neuzeit

III/1 Der Pietismus von 1675 bis 1800
von Peter Schicketanz
2001 · 196 Seiten
ISBN 3-374-01858-0

III/2 Theologie und Kirche im Zeitalter der Aufklärung
von Wolfgang Gericke
1990 · 140 Seiten
ISBN 3-374-00859-3

III/3 Der Protestantismus in Deutschland von 1815 bis 1870
von Martin H. Jung
2000 · 164 Seiten
ISBN 3-374-01794-0

III/4 Ausserkirchliche religiöse Protestbewegungen der Neuzeit
von Helmut Obst
1990 · 120 Seiten
ISBN 3-374-00964-6

III/5 Der Protestantismus in Deutschland von 1870 bis 1945
von Martin H. Jung
2002 · 224 Seiten
ISBN 3-374-01994-3

III/6 Freikirchen in Deutschland (19. und 20. Jahrhundert)
von Karl Heinz Voigt
2004 · 272 Seiten
ISBN 3-374-02230-8

III/7 Kirchengeschichte Grossbritanniens vom 17. bis zum 20. Jahrhundert
von William Reginald Ward
aus dem engl. Manuskript übers.
von Sabine Westermann
2000 · 204 Seiten
ISBN 3-374-01750-9

III/8 Der Katholizismus von 1648 bis 1870
von Klaus Fitschen
1997 · 182 Seiten
ISBN 3-374-01633-2

III/9 Das Papsttum und der deutsche Katholizismus (1870–1958)
von Hubert Kirchner
1992 · 138 Seiten
ISBN 3-374-01406-2

III/10 Die Ostkirchen vom 18. bis zum 20. Jahrhundert
von Erich Bryner
1996 · 144 Seiten
ISBN 3-374-01620-0

III/11 Kirchengeschichte Skandinaviens (17. bis 20. Jahrhundert)*
von Heinrich Holze

IV Neueste Zeit

IV/1 Die römisch-katholische Kirche vom II. Vatikanischen Konzil bis zur Gegenwart
von Hubert Kirchner
1996 · 192 Seiten
ISBN 3-374-01621-9

IV/2 Der Protestantismus im Westen Deutschlands (1945–1990)*
von Martin Greschat

IV/3 Der Protestantismus im Osten Deutschlands (1945–1990)
von Rudolf Mau
2005 · 248 Seiten
ISBN 3-374-02319-3

IV/4 Protestantische Minderheitenkirchen in Europa (19. und 20. Jahrhundert)*
von Klaus Fitschen

IV/5 Das Christentum in Nordamerika
von Mark Noll
aus dem amerik. Manuskript übers.
von Volker Jordan
2001 · 268 Seiten
ISBN 3-374-01814-9

IV/6 Das Christentum in Lateinamerika*
von Hans-Jürgen Prien

IV/7 Das Christentum in Afrika und dem Nahen Osten
von Klaus Hock
2005 · 264 Seiten
ISBN 3-374-02089-5

IV/8 Das Christentum in Ost-, Süd- und Südostasien sowie Australien
von Friedrich Huber
2005 · 312 Seiten
ISBN 3-374-02119-0

IV/9 Das Christentum im 20. Jahrhundert*
von Hartmut Lehmann

Die mit * versehenen Titel sind in Planung